**STARK**

## ABITUR-TRAINING

Gymnasium

# Sport

Trainingslehre
Sport und Gesundheit

Wolfram Peters

**Autor:** Wolfram Peters ist ausgebildeter Lehrer für Mathematik und Sport und arbeitet heute hauptberuflich als Schulleiter eines Gymnasiums. Er ist verheiratet und hat zwei erwachsene Kinder.

Die Erfahrungen, die er in seinem langen Sportlerleben gesammelt hat und noch immer sammelt, sei es im Schulsport als Lehrer in Leistungskursen oder Neigungsfächern, sei es als Trainer im Verein sowie im Kraft- und Fitnessbereich, sei es als aktiver Sportler, früher besonders im Basketball, danach einige Jahre im Triathlon, heute eher im Fitness- und Ausdauerbereich mit Schwerpunkt auf Radfahren, sind auch in die beiden Abitur-Trainingsbände eingeflossen, die im STARK Verlag erschienen sind.

Wolfram Peters sagt selbst: „In Bewegung bleiben und Sport treiben sind zentrale Elemente einer vernünftigen Lebensführung, wobei man zentrale Säulen wie „Leistung" und „Gesundheit" oder auch „Anspannen" und „Entspannen" sehr geschickt individuell mischen muss. Insofern ist Sport natürlich nicht alles, aber ohne Sport ist alles nichts."

© 2025 STARK Verlag GmbH, St.-Martin-Straße 82, 81541 München, info@stark-verlag.de
www.stark-verlag.de
1. Auflage 1998

# Inhalt

Vorwort

**Autor:** Wolfram Peters

# Vorwort

**Liebe Schülerin, lieber Schüler,**

der vorliegende Band bietet eine **umfassende Darstellung und Erklärung** der wichtigsten Aspekte der **Trainingslehre** und zu dem Bereich **Sport und Gesundheit**. Das erste Kapitel bereitet die biologischen Grundlagen auf, das zweite Kapitel geht auf die grundlegenden Begriffe des Trainings einschließlich der Trainingsprinzipien ein. Das dritte Kapitel ist den verschiedenen Trainingsarten gewidmet. Das vierte und letzte Kapitel schließlich befasst sich mit dem Thema Sport und Gesundheit.

- Die Ausführungen sind leicht verständlich und gut nachvollziehbar formuliert und werden durch zahlreiche **Abbildungen** (Grafiken, Tabellen) verdeutlicht und ergänzt.

- Zur besseren Orientierung sind die **wichtigsten Begriffe** sowie **Definitionen blau** hervorgehoben. Um Ihnen das Nachschlagen zu erleichtern, gibt es zusätzlich ein ausführliches **Stichwortverzeichnis** am Ende des Buches.

- Jedes Unterkapitel schließt mit einer knappen **Zusammenfassung** des jeweiligen Stoffes.

- Damit Sie Ihr Wissen prüfen können, sind zu jedem Unterkapitel mehrere **Aufgaben** formuliert (darunter zahlreiche Transferaufgaben). Ausführliche **Lösungen** zu den Aufgaben finden sich im letzten Teil des Buches.

Dieser Band zur Trainingslehre ergänzt das in derselben Reihe erschienene Buch zur Bewegungslehre/Sportpsychologie (Best.-Nr. 94981).

Viel Erfolg bei der Unterrichts- und Prüfungsvorbereitung!

Wolfram Peters

# Biologisch-medizinische Grundlagen

Sport treiben bedeutet, sich zu bewegen, also neue Körperpositionen im Raum einzunehmen. Die Möglichkeit dazu bietet der **Stütz- und Bewegungsapparat**, bestehend aus Knochen und Muskeln. Die Knochen sind aufgrund von Gelenken, die durch knochenverbindende Bänder stabilisiert werden, beweglich und können von den Muskeln, die über Sehnen an den Knochen angreifen, in ihrer Stellung verändert werden. Die koordinierte Steuerung der Körperbewegungen erfolgt durch das **Nervensystem**.

Die für Bewegungen benötigte Energie wird über die **Ernährung** aufgenommen, dann beim **Stoffwechsel** umgewandelt und schließlich über den **Versorgungsapparat**, bestehend aus Herz-Kreislauf-System und Hormonsystem, den entsprechenden Stellen zur Verfügung gestellt.

## 1 Stütz- und Bewegungsapparat

Der Stütz- und Bewegungsapparat dient dazu, die Position der einzelnen Körperteile zu erhalten bzw. zu verändern. In seiner Bezeichnung spiegelt sich somit sowohl seine bewahrende als auch seine verändernde Funktion wider.

Beim Stütz- und Bewegungsapparat wird zwischen einem passiven und einem aktiven Teil unterschieden.

### 1.1 Passiver Stütz- und Bewegungsapparat

Der **passive Stütz- und Bewegungsapparat** besteht aus den Körperteilen, die bewegt werden und einen großen Teil der Stützaufgaben wahrnehmen. Zu ihm zählen das Skelett, das für die Formgebung verantwortlich ist, die Gelenke, welche die Knochen miteinander verbinden, und die Bänder, die zur Stabilisierung der Knochen beitragen.

#### Skelett

Das Skelett eines erwachsenen Menschen besteht in der Regel aus 206 **Knochen**, wobei sich die meisten davon in den Händen und Füßen befinden. Das Skelett dient zum einen dazu, dem Körper seine Form zu geben, zum anderen, wichtige innere Organe zu schützen, z. B. das Herz oder das Gehirn.

Das menschliche Skelett besteht grob aus folgenden Bereichen:

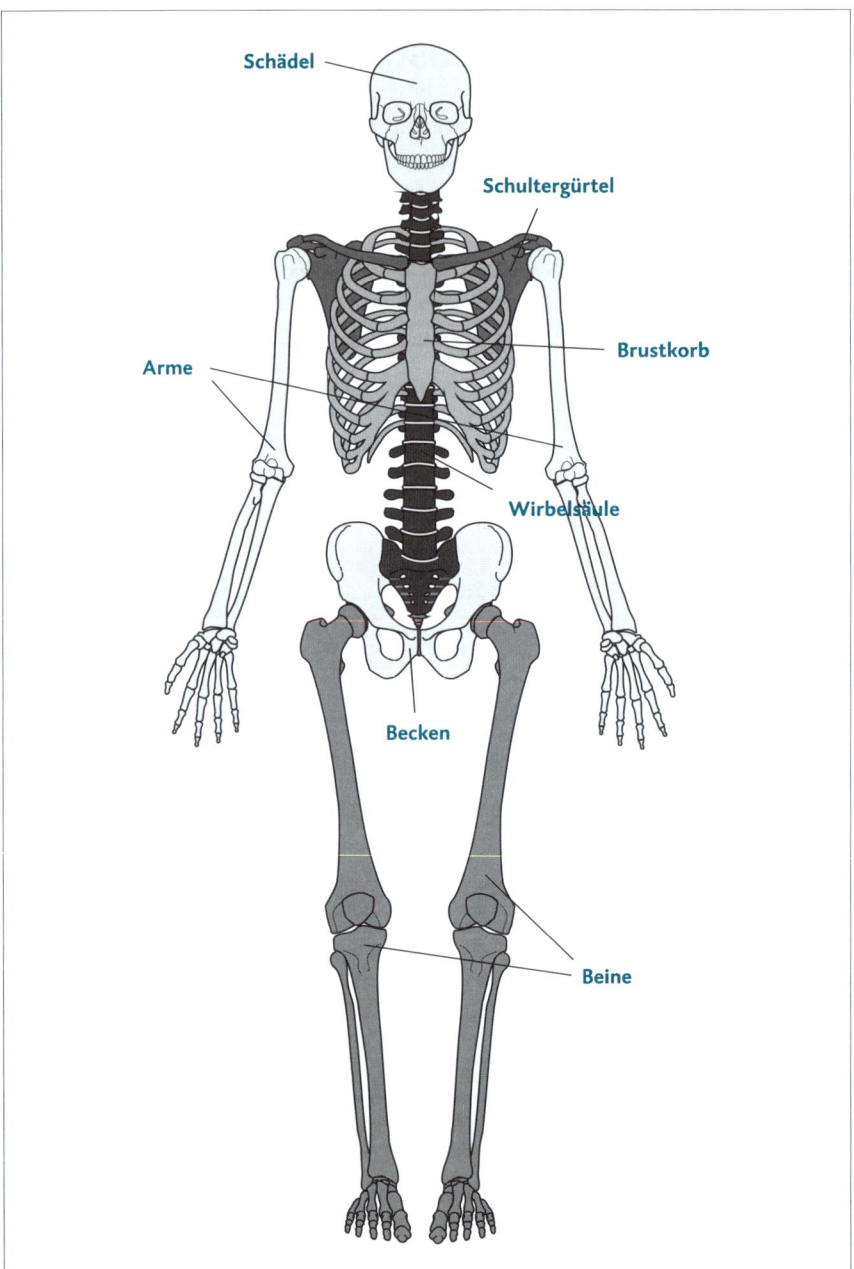

Abb. 1: Skelett des Menschen

Den zentralen Teil des Skeletts bildet die **Wirbelsäule** *(columna vertebralis)*, die das darin verlaufende Rückenmark schützt. Sie setzt sich aus Hals-, Brust- und Lendenwirbelsäule zusammen und wird von Kreuz- und Steißbein abgeschlossen.

Neben dem Schutz des Rückenmarks hat die Wirbelsäule auch die Aufgabe, das Gehirn vor Erschütterungen zu bewahren.

Durch die doppelte S-Form, die sich in Seitenansicht gut erkennen lässt, kann sie bei Stößen federnd nachgeben. Die Innenbiegungen von Hals- und Lendenwirbelsäule heißen Hals- bzw. Lendenlordose, die Außenbiegungen der Brustwirbelsäule bzw. im Bereich von Kreuz- und Steißbein Brust- bzw. Sakralkyphose. Die Begriffe Lordose und Kyphose weisen also nicht auf eine Erkrankung hin, sondern bezeichnen das normale Biegungsverhalten der Wirbelsäule. Medizinisch kritisch sind sie erst, wenn sie übermäßig stark ausfallen. So manifestiert sich etwa eine übermäßige Lendenlordose typischerweise als sogenanntes Hohlkreuz, eine übermäßige Brustkyphose als Rundrücken.

Von hinten oder vorne betrachtet bildet die Wirbelsäule hingegen eine gerade Linie. Eine krankhafte Verbiegung zur Seite wird als Skoliose bezeichnet.

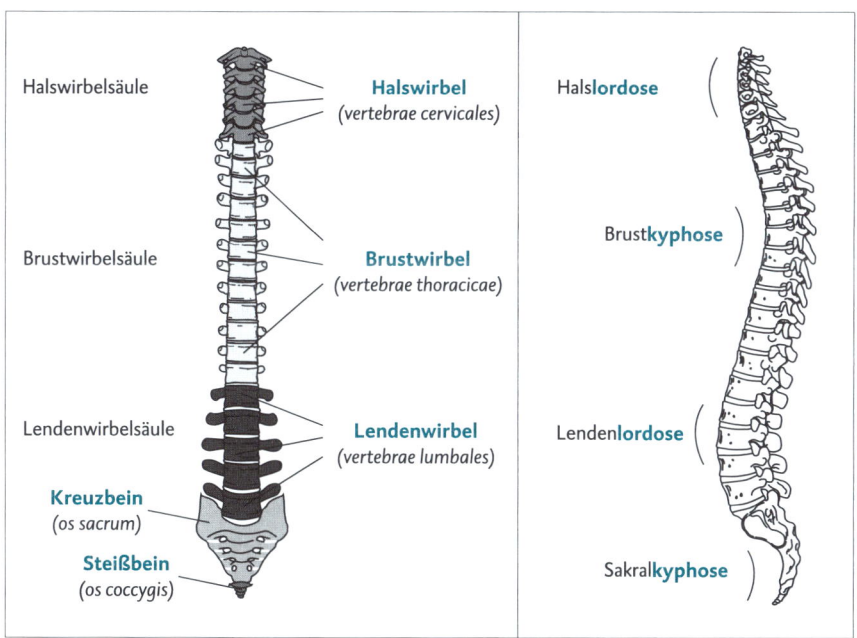

Abb. 2: Wirbelsäule

Insgesamt besteht die Wirbelsäule aus 24 freien Wirbeln, die sich auf 7 Hals-, 12 Brust- und 5 Lendenwirbel verteilen. Werden die verwachsenen Wirbel des Kreuz- und Steißbeins hinzugerechnet, kommt man auf insgesamt 32 bis 34 Wirbel. Die Dicke und damit die Stabilität der Wirbel nimmt von oben nach unten zu, weil sie zunehmend mehr Gewicht zu tragen haben. Mit Ausnahme der obersten beiden Wirbel (Atlas und Axis), sind alle Wirbel ähnlich geformt. Sie bestehen aus einem massiven knöchernen Wirbelkörper, an den sich der ebenfalls knöcherne Wirbelbogen anschließt. Diese beiden Knochen formen zusammen einen Hohlraum, das Wirbelloch. Da die Wirbel im Verlauf der Wirbelsäule so angeordnet sind, dass all diese Wirbellöcher übereinanderliegen, bildet sich ein Kanal aus, in dem das Rückenmark geschützt verlaufen kann. Die seitlichen Ausformungen der Wirbelsäule, die Querfortsätze, sind wie die zum Rücken zeigenden Dornfortsätze Ansatzstellen der Muskeln und Bänder, welche die Wirbelsäule halten und in ihren Gelenken, welche ebenfalls durch die Wirbelbögen ausgeformt werden, bewegen.

**Atlas und Axis** kommt die Sonderaufgabe zu, die Beweglichkeit des Kopfes zu ermöglichen. Für diese Funktion sind sie anders geformt als die übrigen Wirbel. Der Atlas besteht nur aus einem knöchernen Ring, der nach oben Gelenkflächen ausbildet, auf denen der Schädel aufliegt. Der Axis ähnelt anderen Wirbeln, bildet aber einen knöchernen Zahn *(dens)* aus, der mit Band-Unterstützung an den Bogen des Atlas angepasst ist und so Drehbewegungen des Kopfes ermöglicht.

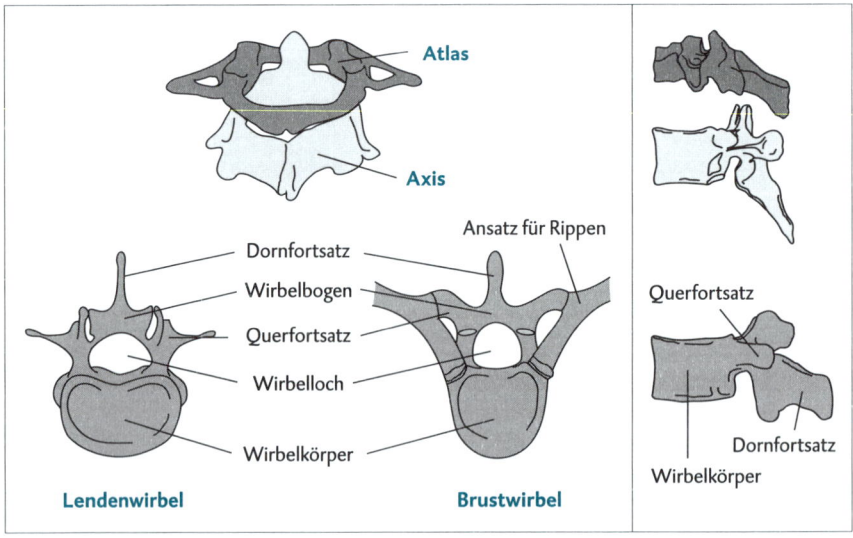

Abb. 3: Wirbel

Zwischen den freien Wirbeln, nicht jedoch zwischen Atlas und Axis, liegen Bandscheiben. Sie bestehen aus Bindegewebe und (Faser-)Knorpel und haben eine feste äußere Schale mit einem vergleichsweise weichen inneren Kern. Sie dienen zur Stoßdämpfung und unterstützen die Beweglichkeit der Wirbel zueinander. Durch längerfristige oder akute Fehlbelastungen der Wirbelsäule, sei es durch Unter- oder Überbelastung, kann der feste äußere Ring der Bandscheiben brüchig werden, wodurch der weiche Kern wulstig hervortritt und schädigend, schließlich lähmend auf die umliegenden Nerven drückt (Bandscheibenvorfall).

Die Stabilität der Wirbelsäule, die aufgrund von vielen kleinen Muskeln bis zu einem bestimmten Grad drehbar sowie nach vorne, hinten und seitlich flexibel ist, wird durch zahlreiche fein abgestimmte Bänder zwischen den Wirbelknochen garantiert.

Der **Brustkorb** *(thorax)* umfasst Brustbein und Rippen. Die hintere Wand wird von den Brustwirbeln der Wirbelsäule gebildet.

Die 12 knöchernen Rippenpaare setzen hinten an den 12 Brustwirbeln an. Vorne sind sie im oberen Bereich über Knorpel mit dem Brustbein verbunden, im unteren Bereich indirekt über andere Rippen. Keine Verbindung zum Brustbein haben die beiden untersten Rippenpaare.

Der Brustkorb bestimmt die Form des Rumpfes. Funktionell dient er besonders dem Schutz von Herz und Lunge, den lebenswichtigen Zentralorganen des Herz-Kreislauf-Systems. Durch die weichen Knorpelverbindungen bietet er gleichzeitig ausreichend Flexibilität für die Atmung und eine erhöhte Widerstandsfähigkeit gegen Bruch.

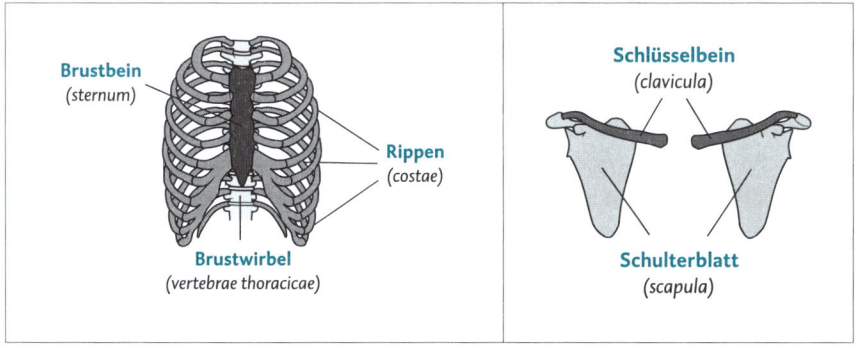

Abb. 4: Brustkorb                    Abb. 5: Schultergürtel

An den Brustkorb schließt der **Schultergürtel** *(cingulum membri superioris)* mit Schulterblatt und Schlüsselbein an. Sein Erscheinungsbild ist von den beiden großen, fast dreieckigen Schulterblättern geprägt, die mit dem Brustkorb nur muskulär, mit den Armen und den Schlüsselbeinen per Gelenk verbunden sind. Sie dienen als Ansatzpunkt zahlreicher Muskeln, die Bewegungen im Schulterbereich ermöglichen. Darunter fallen besonders alle Bewegungen der Arme, aber auch Funktionen mit dem Ziel der Haltungskontrolle. Die Haltung einer Person wird auch durch die Schlüsselbeine gesichert, ohne die die Schultern nach vorne einsacken würden.

Vom Schultergürtel gehen die beiden oberen Extremitäten des Menschen aus, die **Arme**. Sie werden in der Anatomie in die drei Bereiche Oberarm (mit Oberarmknochen), Unterarm (mit Elle und Speiche) und Hand unterteilt. Letztere besteht aus knapp 30 Einzelknochen, die den drei Abschnitten Handwurzel, Mittelhand und Finger zugeordnet werden.

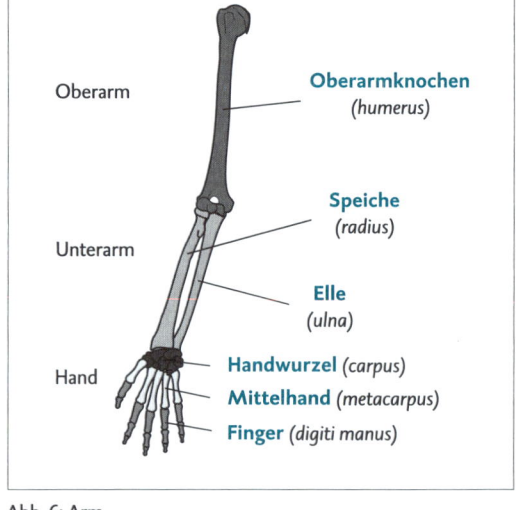

Abb. 6: Arm

Über das Kreuzbein ist die Wirbelsäule mit dem **Becken** *(pelvis)* gelenkig verbunden, das sich aus Darmbein, Sitzbein und Schambein zusammensetzt.

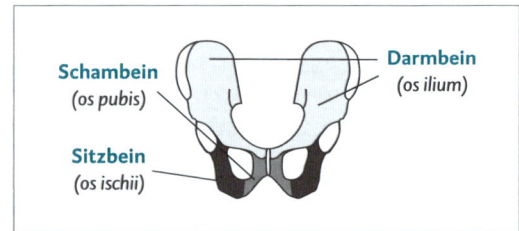

Abb. 7: Becken

Vom Becken gehen die beiden unteren Extremitäten des Menschen aus, die **Beine**. Parallel zum Arm wird das Bein in die drei Bereiche Oberschenkel (mit Oberschenkelknochen und daraufliegender Kniescheibe), Unterschenkel (mit Schienbein und Wadenbein) und Fuß unterteilt. Die knapp 30 Knochen des Fußes werden den drei Abschnitten Fußwurzel, Mittelfuß und Zehen zugeordnet. Schien- und Wadenbein bestehen von oben nach unten jeweils aus Schienbein- bzw. Wadenbeinkopf, Schaft und Knöchel *(malleolus)*.

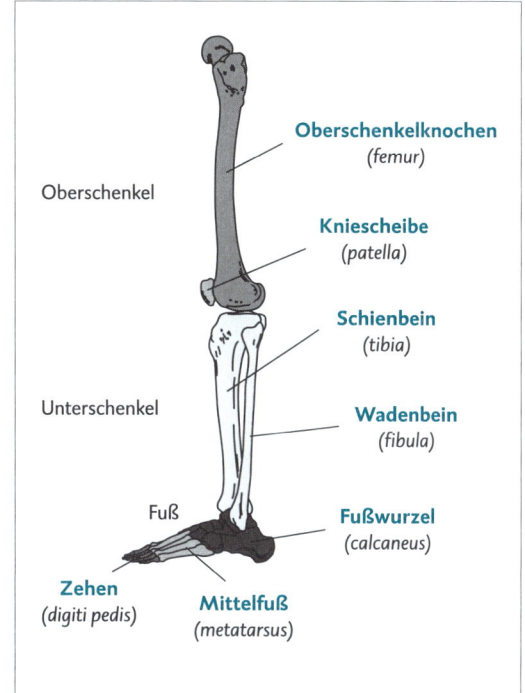

Abb. 8: Bein

## Knochen

Knochen haben einen lebhaften Stoffwechsel, der durch Blutgefäße gesichert wird. Sie können ihrer Form nach unterschieden werden:

- Röhrenknochen wie der Oberschenkelknochen weisen charakteristisch einen hohlen Schaft auf, in dem sich das Knochenmark befindet.
- Kompakte Knochen wie die Knochen der Handwurzel sind nicht hohl, sondern innen mit Knochenbälkchen ausgefüllt.
- Flachknochen wie das Schulterblatt sind schützende Platten. Im Inneren enthalten sie Knochenbälkchen und besonders viel rotes Knochenmark.
- Als unregelmäßig geformte Knochen bezeichnet man etwa Wirbel oder Knochen des Gesichtsschädels.
- Lufthaltige Knochen wie der Oberkiefer sind von Hohlräumen durchsetzt, in denen, dem Namen entsprechend, Luft, aber auch Schleimhäute liegen.
- Sesambeine wie die Kniescheibe sind in Sehnen eingebettet und ermöglichen deren Führung.

**Röhrenknochen** bilden im Wesentlichen die oberen und unteren Gliedmaßen und verfügen daher über eine starke Druck- und Biegefestigkeit. Sie bestehen aus einem Schaft *(Diaphyse)* und den beiden Knochenenden *(Epiphysen)*. Im Inneren des Schaftes befindet sich eine Knochenmarkhöhle. Das Innere der Epiphysen ist durch Knochenbälkchen *(substantia spongiosa)*, schwammartig angeordnete Knochensubstanz gefüllt. Nach außen ist der Knochen von einer festen Hülle umgeben *(substantia compacta)*, die selbst von Knochenhaut überzogen ist. An den Enden der Epiphysen sorgt eine Knorpelschicht für ein weiches Gleiten des Knochens in den angrenzenden Gelenken und für den Schutz des Knochens vor Stößen. Zwischen dem Schaft und den Epiphysen befindet sich in der Zeit des

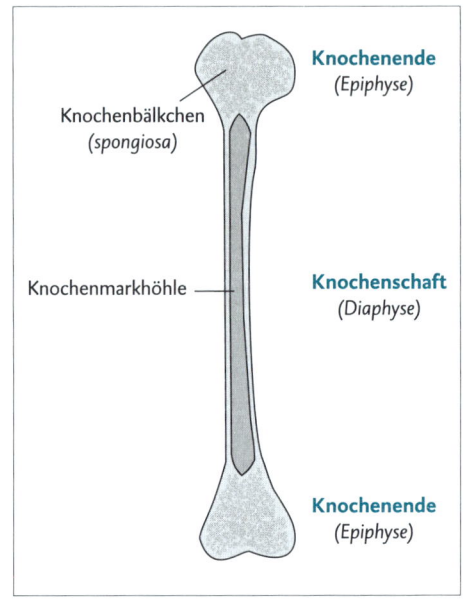

Abb. 9: Röhrenknochen

Wachstums eine knorpelige Fuge (Epiphysenfuge), welche die Flexibilität des Knochens in der Zeit seiner Ausdehnung garantiert. In der Regel bleibt nur eine der beiden Fugen langfristig flexibel. Sind die Fugen endgültig verknöchert, ist das Knochenwachstum abgeschlossen.

## Gelenke

Verbindungen von Knochen zu Knochen werden über Gelenke hergestellt, wobei zwischen unechten und echten Gelenken unterschieden wird.

- **Unechte Gelenke** (Synarthrosen) bzw. Fugen sind ununterbrochene und feste Knochenverbindungen, die aus Knorpel (z. B. am Brustbein), Knochen (z. B. am Kreuzdarmbeingelenk) oder Bindegewebe (z. B. zwischen Elle und Speiche) bestehen.
- **Echte Gelenke** (Diarthrosen) haben zwischen den Knochen einen **Spalt**. Die Enden der beteiligten Knochen, die zu ihrem Schutz mit Knorpel bedeckt sind, heißen Gelenkkopf und Gelenkpfanne. Die Gelenkhöhle (der Gelenkspalt ist ein Teil von ihr) wird von der Gelenkkapsel umhüllt und ist

mit Gelenkschmiere *(synovia)* gefüllt. Diese dient zur Versorgung des Gelenks mit Nährstoffen und der Reibungsminimierung.

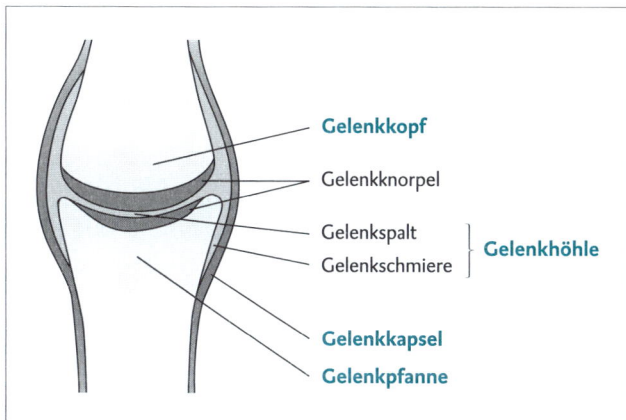

Abb. 10:
Aufbau eines Gelenks

Passen Gelenkpfanne und Gelenkkopf nicht genau in- bzw. aufeinander und sind sie schweren Belastungen ausgesetzt, liegen dazwischen knorpelige Scheiben. Je nachdem, ob die Scheibe die Gelenkhöhle ganz oder nur teilweise trennt, heißt sie Discus oder Meniskus. Die bekanntesten **Menisken** sind der Innen- und der Außenmeniskus im Kniegelenk, zwei halbmondförmige Knorpelscheiben, welche die Gelenkknorpelbeläge auf dem Gelenkkopf (Ende des Oberschenkelknochens) und der Gelenkpfanne (Ende des Schienbeins) bei der Bewältigung der im Knie auftretenden enormen Druck- und Reibungsbelastungen unterstützen. Einen **Discus** findet man z. B. im Handgelenk zwischen Elle und Handwurzelknochen.

### Bänder

Echte Gelenke sind durch **Bänder** gesichert. Bänder sind bindegewebige Verbindungen von Knochen zu Knochen, während Sehnen Knochen mit Muskeln verbinden. Bänder haben die Aufgabe, die Gelenke zu stabilisieren und übermäßige Bewegungen nach Möglichkeit zu verhindern.

- Das **Kniegelenk** ist ein zusammengesetztes Gelenk, bestehend aus dem Kniescheibengelenk (zwischen Oberschenkelknochen und Kniescheibe) und dem Kniekehlengelenk (zwischen Oberschenkelknochen und Schienbein).

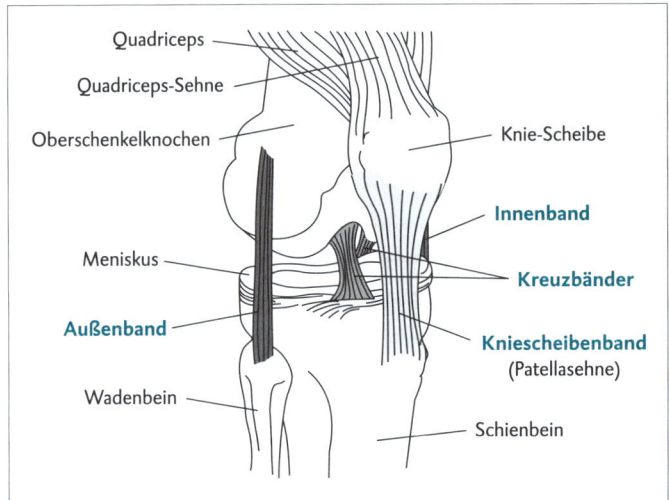

Abb. 11:
Kniegelenk

Im Kniekehlengelenk treffen Oberschenkelknochen und Schienbein aufeinander, zwischen denen sich der Innen- und Außenmeniskus befinden. Es ermöglicht Beugung und Streckung (= Scharniergelenk), in gebeugtem Zustand zusätzlich eine gewisse Rotation.

Da die Konstruktion insgesamt sehr labil ist, wird das Kniegelenk durch mehrere Bänder gestützt:

Die beiden Seitenbänder, das **Innenband**, das vom Oberschenkelknochen zum Schienbein führt, sowie das **Außenband**, welches das Wadenbeinköpfchen mit dem Oberschenkelknochen verbindet, verhindern ein Wegknicken des Knies nach innen bzw. außen.

Das **Kniescheibenband** (die sogenannte „Patellasehne") sorgt einerseits vorne für Halt, andererseits gewährleistet es, dass der Oberschenkelstrecker Zug auf den Unterschenkel ausüben kann. Der vordere Bereich des Knies wird durch ein weiteres, nicht abgebildetes Band *(retinaculum patellae)* unterstützt.

Hinten wird das Gelenk durch ebenfalls nicht abgebildete **Kniekehlenbänder** vom Überstrecken abgehalten.

Im Innern des Knies sorgen zwei überkreuz verlaufende Bänder, die sogenannten **Kreuzbänder**, für Stabilität. Da sie sich bei Einwärtsrotation des
Knies gegeneinander verdrehen und das vordere Kreuzband dabei gespannt
wird, begrenzen sie die Möglichkeiten der Einwärtsrotation. Gleichzeitig
verhindern sie, dass Unter- und Oberschenkel gegeneinander nach vorne
bzw. hinten verschoben werden können, und sorgen dafür, dass eine Über-
streckung des Beines ausgeschlossen ist. Befindet sich das Knie in gebeugter
rotierter Stellung und greift gleichzeitig eine besonders große Kraft an, ist
daher das Risiko eines Kreuzbandrisses ziemlich hoch. Eine typische Situation tritt z. B. beim Fußball auf, wenn sich die Stollen beim Stoppen gerade
in dem Moment im weichen Boden festbeißen (Kniebeugung), in dem der
Spieler den Ball seitlich (Unterschenkelrotation) aufs Tor schießen möchte.
Ähnlich ungünstig kann die Situation beim Skifahren verlaufen, wenn der
Ski in Hockstellung verkantet.

- Beim Stehen, Gehen, Laufen oder Springen muss sich der Fuß vielfältig an-
  passen. Dafür sorgt das sogenannte **Sprunggelenk**, das eigentlich aus zwei
  Gelenken besteht, dem oberen und dem unteren Sprunggelenk.
  Das **obere Sprunggelenk** wird von den beiden Unterschenkelknochen und
  dem Sprungbein gebildet, wobei Schien- und Wadenbein das Sprungbein in
  einer Gabelung umschließen. Durch diese Form ermöglicht das obere
  Sprunggelenk das Beugen und Strecken des Fußes in Längsrichtung.
  Das **untere Sprunggelenk** befindet sich dort, wo das Sprungbein, das
  Fersenbein und das Kahnbein aufeinandertreffen. Es ermöglicht die seitliche
  Kippung des Fußes, also bei Absenken der Fußinnenseite die Pronation, bei
  Anheben der Fußinnenseite die Supination.
  Die Sprunggelenke werden durch zahlreiche **Bänder** gesichert, die in
  Außenbänder, Innenbänder und Syndesmosen unterschieden werden kön-
  nen. Für den Sport sind insbesondere die drei Außenbänder von Bedeutung,
  weil sie beim Umknicken des Fußes häufig gedehnt werden oder reißen.
  Eines verbindet den Wadenbeinkopf mit dem Fersenbein, die beiden
  anderen den Wadenbeinkopf mit dem Sprungbein. Als Syndesmosebänder
  wird die Bandhaft zwischen Schien- und Wadenbein bezeichnet, sie
  verbinden also kein echtes Gelenk.

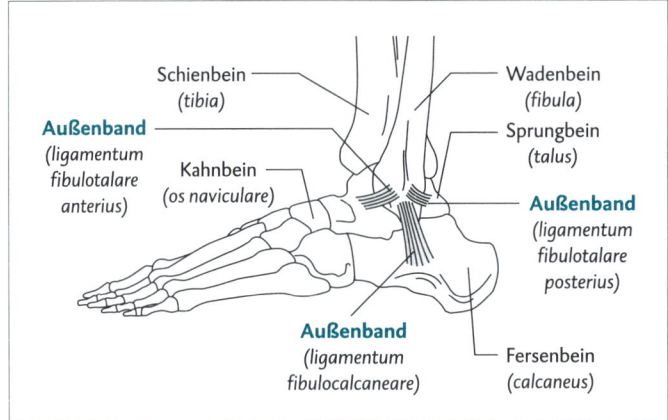

Abb. 12:
Sprunggelenk mit
Außenbändern

## Knorpel

Das Knochenmaterial des Skeletts wird durch Knorpelgewebe ergänzt, das im Vergleich zum Knochen glatter ist und weniger härtende Mineralstoffe besitzt. Durch die sich daraus ergebende Elastizität dienen Knorpel als Schutzüberzug für Gelenkflächen, als Stoßdämpfer-Material und als Grundsubstanz für weichere Stützgewebe. Knorpel besitzen keine Blutgefäße und Nerven, weshalb es durch Diffusionsprozesse aus einer ihn umgebenden Bindegewebsschicht unterhalten und gepflegt wird. Unterstützt werden diese Diffusionsprozesse dadurch, dass Knorpel durch ständig wechselnde Druckvermehrung und -verminderung be- und entlastet werden, sodass das Gewebe wechselnd ausgepresst und nachfolgend in der elastischen Wiederherstellung saugend wieder aufgefüllt wird. Das bedeutet, dass Knorpelschäden durch überlastenden Dauerdruck ebenso gefördert werden wie durch dauernde Entlastung.

Je nach Einsatzbereich unterschiedet man drei Knorpelarten:

- **Hyaliner Knorpel** ist die am meisten im Körper vorkommende Knorpelsubstanz. Sie zeichnet sich durch hohe Druckfestigkeit aus und findet sich etwa als Beschichtung in den Gelenken, um durch ihre Glätte für einen reibungsfreien Lauf zu sorgen und die harte, für Absplitterungen anfällige Knochenoberfläche vor Stößen zu schützen. In der frühkindlichen Entwicklung entstehen die meisten Knochen aus hyalinem Knorpelgewebe, in das zunehmend Calcium eingelagert wird, wodurch es zu einer Verfestigung des betreffenden Gewebes kommt.

- **Elastischer Knorpel** ist dem hyalinen vergleichbar, aber zusätzliche elastische Anteile verleihen ihm eine weichere Substanz. Man findet ihn z. B. im Bereich der Ohrknorpel.

- Faserknorpel ist seinem Namen entsprechend sehr stark durch den Besatz an (kollagenen) Fasern geprägt. Aus diesem Material bestehen etwa die Bandscheiben.

## 1.2 Aktiver Bewegungsapparat

Der **aktive Bewegungsapparat** wird von den 656 Muskeln gebildet, die für die Bewegung des Körpers zuständig sind. Es wird unterschieden zwischen der **quergestreiften Muskulatur** (Skelettmuskulatur), mit der willkürliche Bewegungen ausgeführt werden, und der **glatten Muskulatur**, die für unwillkürliche Bewegungen zuständig ist.

Die **Herzmuskulatur**, die häufig der quergestreiften Muskulatur zugeordnet wird, kann als eigene Ausprägung abgegrenzt werden, da sie sowohl Ähnlichkeiten mit der Skelettmuskulatur (Kontraktionsverhalten) als auch mit der glatten Muskulatur aufweist (bauliche Details).

Im Normalfall, wenn keine übermäßige Fettleibigkeit oder extreme Muskelentwicklung vorliegt, machen die Muskeln etwa vierzig Prozent des Körpergewichts aus. Das Skelett weist im Vergleich dazu mit zwölf Prozent einen weit geringeren Anteil an der Körpermasse auf.

Da für den Sport insbesondere die **quergestreifte Muskulatur** eine Rolle spielt, wird sich im Folgenden darauf beschränkt.

### Formen

Muskeln können in vielerlei Gestalt auftreten. Anatomisch gesehen können im Bereich der Skelettmuskulatur folgende Muskeln unterschieden werden:

- Spindelförmige Muskeln, die an ihren Enden mit einem oder auch mehreren Köpfen in Sehnen übergehen (Beispiel: Zweiköpfiger Oberarmmuskel)
- Gefiederte Muskeln, die längs ein- oder zweiseitig an eine Sehne ansetzen (Beispiel: Breitester Rückenmuskel)
- Mehrbäuchige Muskeln, die von Sehnenzügen unterbrochen sind (Beispiel: Gerader Bauchmuskel)

### Anatomie

Die folgenden Abbildungen zeigen ausgewählte Muskeln der Skelettmuskulatur in verschiedenen Körperregionen.

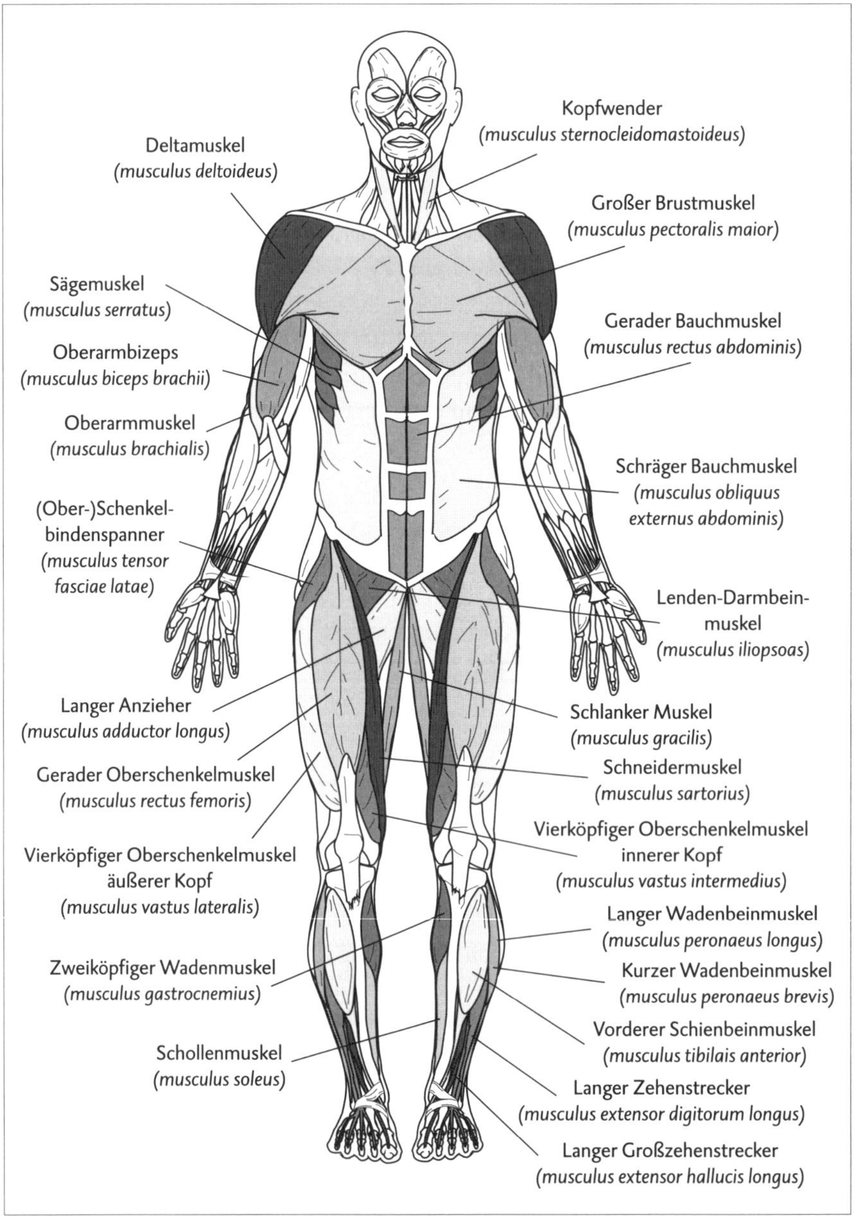

Kopfwender
(musculus sternocleidomastoideus)

Deltamuskel
(musculus deltoideus)

Großer Brustmuskel
(musculus pectoralis maior)

Sägemuskel
(musculus serratus)

Oberarmbizeps
(musculus biceps brachii)

Gerader Bauchmuskel
(musculus rectus abdominis)

Oberarmmuskel
(musculus brachialis)

Schräger Bauchmuskel
(musculus obliquus
externus abdominis)

(Ober-)Schenkel-
bindenspanner
(musculus tensor
fasciae latae)

Lenden-Darmbein-
muskel
(musculus iliopsoas)

Langer Anzieher
(musculus adductor longus)

Schlanker Muskel
(musculus gracilis)

Gerader Oberschenkelmuskel
(musculus rectus femoris)

Schneidermuskel
(musculus sartorius)

Vierköpfiger Oberschenkelmuskel
innerer Kopf
(musculus vastus intermedius)

Vierköpfiger Oberschenkelmuskel
äußerer Kopf
(musculus vastus lateralis)

Langer Wadenbeinmuskel
(musculus peronaeus longus)

Kurzer Wadenbeinmuskel
(musculus peronaeus brevis)

Zweiköpfiger Wadenmuskel
(musculus gastrocnemius)

Vorderer Schienbeinmuskel
(musculus tibilais anterior)

Schollenmuskel
(musculus soleus)

Langer Zehenstrecker
(musculus extensor digitorum longus)

Langer Großzehenstrecker
(musculus extensor hallucis longus)

Abb. 13: Muskeln (Ansicht von vorne)

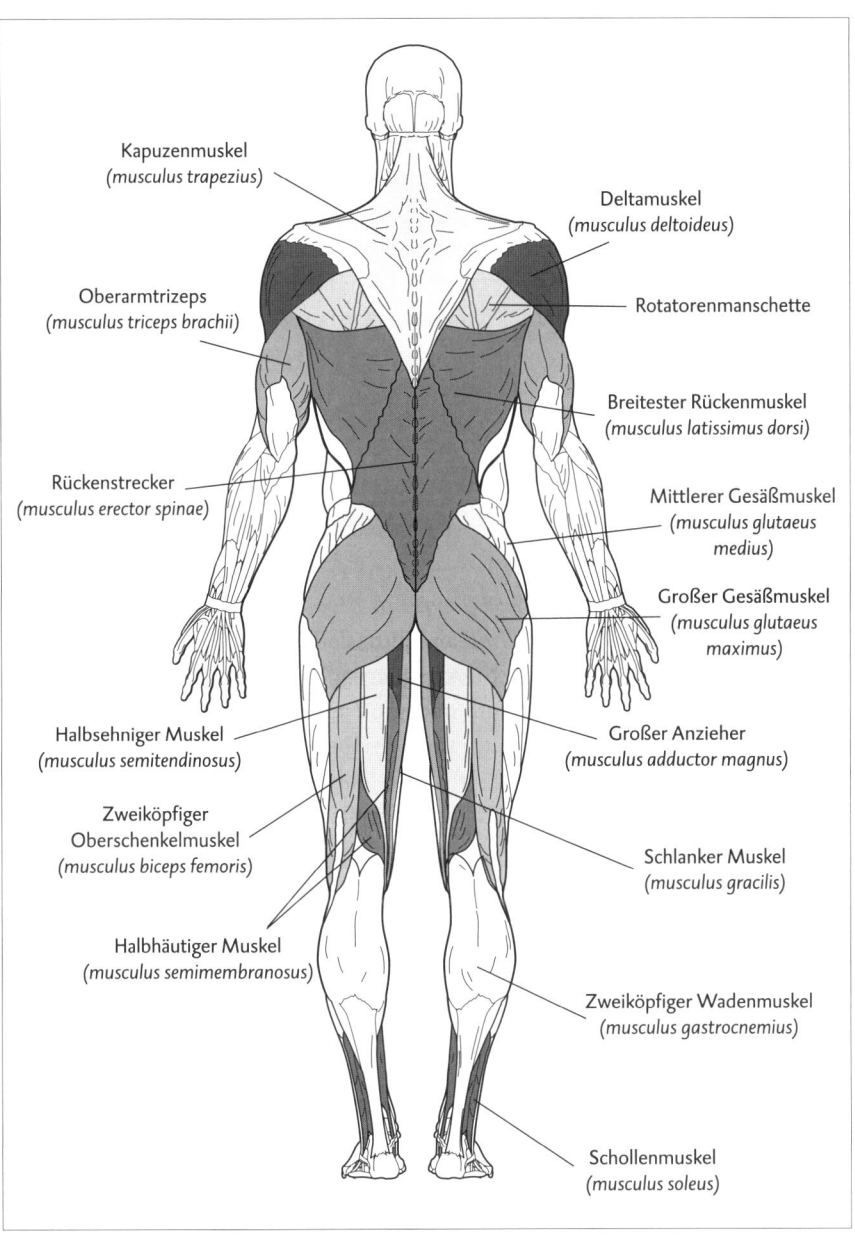

Kapuzenmuskel
(*musculus trapezius*)

Deltamuskel
(*musculus deltoideus*)

Oberarmtrizeps
(*musculus triceps brachii*)

Rotatorenmanschette

Rückenstrecker
(*musculus erector spinae*)

Breitester Rückenmuskel
(*musculus latissimus dorsi*)

Mittlerer Gesäßmuskel
(*musculus glutaeus medius*)

Großer Gesäßmuskel
(*musculus glutaeus maximus*)

Halbsehniger Muskel
(*musculus semitendinosus*)

Großer Anzieher
(*musculus adductor magnus*)

Zweiköpfiger
Oberschenkelmuskel
(*musculus biceps femoris*)

Schlanker Muskel
(*musculus gracilis*)

Halbhäutiger Muskel
(*musculus semimembranosus*)

Zweiköpfiger Wadenmuskel
(*musculus gastrocnemius*)

Schollenmuskel
(*musculus soleus*)

Abb. 14: Muskeln (Ansicht von hinten)

Im Folgenden wird eine Auswahl wichtiger Muskeln mit Hinweisen zu ihren **Funktionen** aufgelistet. Muskeln der Hand und des Unterarms sind wegen ihrer Vielzahl und ihrer geringeren Bedeutung für alles Folgende weggelassen.

Je nachdem, wie Muskeln an den Knochen angesetzt sind, kommt es zu verschiedenen typischen Bewegungen, wenn sie sich bei Anspannung verkürzen. Beispiele sind:

- Abduktionen führen eine Extremität von der Körpermitte weg, Adduktionen führen sie heran. Im Bereich der Hüfte etwa sorgen an der Außenseite (lateral) an Oberschenkel und Becken befestigte Muskeln bei Verkürzung für eine Abduktion des Oberschenkels, an der Innenseite des Oberschenkels (medial) befestigte für seine Adduktion.
- Unter Supination versteht man die Auswärtsdrehung einer Extremität, unter Pronation die Einwärtsdrehung. Wird also der hängende Arm so gedreht, dass die Handflächen danach nach vorne zeigen, hat man eine Supinationsbewegung ausgeführt, zeigen sie nach der Drehung nach hinten eine Pronationsbewegung. Bei der Kontrolle der Fußstellung in seitlicher Kipprichtung spricht man von einer Supination, wenn sich das Innengewölbe des Fußes hebt, und von einer Pronation, wenn es sich senkt.

| Hals | | |
|---|---|---|
| Kopfwender (*m. sternocleidomastoideus*) | | Drehung, Neigung und Haltung des Kopfes |
| **Schulter** | | |
| Kapuzenmuskel (*m. trapezius*) | | Heben der Schulter, Kontrolle der Schulterblätter und der Schulter |
| Deltamuskel (*m. deltoideus*) | | Abduktion (Wegführen) des Armes vom Rumpf, auch: Adduktion (Heranführen) |
| Rotatorenmanschette mit | Obergrätenmuskel (*m. supraspinatus*) | Innen- und Außendrehung des Armes im Schultergelenk; Führung des Schultergelenks |
| | Untergrätenmuskel (*m. infraspinatus*) | |
| | Kleiner Rundmuskel (*m. teres minor*) | |
| | Unterschulterblattmuskel (*m. subscapularis*) | |
| **Brust** | | |
| Großer Brustmuskel (*m. pectoralis maior*) | | Einwärtsrollen des Oberarms, Adduktion (Zusammenführen) der Oberarme, Schulterführung nach vorn |

| Sägemuskel (*m. serratus*) | Heben der Rippen (Atmung), Heben des Armes nach vorn über die Horizontale zusammen mit dem Deltamuskel |
|---|---|
| **Arm** | |
| Oberarmbizeps (*m. biceps brachii*) | Anbeugen des Armes, Supination des Unterarms (Drehen der Daumenseite nach außen) |
| Oberarmmuskel (*m. brachialis*) | Anbeugen des Unterarmes |
| Oberarmtrizeps (*m. triceps brachii*) | Streckung des Armes |
| **Rücken** | |
| Breitester Rückenmuskel (*m. latissimus dorsi*) | Heranführen des Armes aus der seitlichen oder vorderen Hochhalte (z. B. Klimmzug) |
| Rückenstrecker (*m. erector spinae*) | eigentlich eine Muskelgruppe aus vielen kleinen Muskeln, welche die Bewegungen der Wirbelsäule kontrollieren, Kontrolle der aufrechten Körperhaltung im Wechselspiel mit dem Geraden Bauchmuskel, Rumpfrückbeugung |
| **Bauch** | |
| Gerader Bauchmuskel (*m. rectus abdominis*) | Kontrolle der aufrechten Haltung im Wechselspiel mit dem Rückenstrecker, Rumpfvorbeugung |
| Schräger Bauchmuskel (*m. obliquus externus abdominis*) | Kontrolle der Haltung, Beugung des Rumpfes nach schräg vorne |
| **Hüfte** | |
| Lenden-Darmbeinmuskel (*m. iliopsoas*) | Hüftbeugung |

| Gesäßmuskel | Großer Gesäßmuskel (*m. glutaeus maximus*) | Streckung der Hüfte, Außenrotation der Hüfte, Kontrolle der aufrechten Haltung (verhindert ein Kippen des Körpers nach vorne) |
|---|---|---|
| | Mittlerer Gesäßmuskel (*m. glutaeus medius*) | Fixierung des Beckens (Standbein), seitliches Wegführen (Abduktion) des Beins (Spielbein) |
| | Kleiner Gesäßmuskel (*m. glutaeus minimus*) | |
| (Ober-)Schenkelbindenspanner (*m. tensor fasciae latae*) | | Heben des Oberschenkels nach vorn, Neigung des Beckens nach vorn |
| **innerer Oberschenkel (Adduktorengruppe)** | | |
| Kammmuskel (*m. pectineus*) | | Hüftbeugung, Adduktion (Anziehen des Beines) |
| Anzieher | Langer Anzieher (*m. adductor longus*) | Adduktion, Beugung des Hüftgelenks |
| | Kurzer Anzieher (*m. adductor brevis*) | Adduktion, Streckung des Hüftgelenks |
| | Großer Anzieher (*m. adductor magnus*) | |
| Schlanker Muskel (*m. gracilis*) | | Kniebeugung, Einwärtsrollen des Unterschenkels, Adduktion |

| vorderer Oberschenkel | | |
|---|---|---|
| Schneidermuskel (m. sartorius) | | Beugung der Hüfte und des Knies, Auswärtsrollen des Oberschenkels, Einwärtsrollen des Unterschenkels |
| Vierköpfiger Oberschenkel-strecker (m. quadriceps femoris) | Gerader Oberschenkelmuskel (m. rectus femoris) | Hüftbeugung, Beinstreckung |
| | Innerer breiter Oberschenkel-muskel (m. vastus medialis) | |
| | Vierköpfiger Oberschenkelmuskel innerer Kopf (m. vastus inter-medius) | |
| | Vierköpfiger Oberschenkelmuskel äußerer Kopf (m. vastus lateralis) | |
| **hinterer Oberschenkel** | | |
| Zweiköpfiger Oberschenkelmuskel (m. biceps femoris) | | Kniebeugung, Hüftstreckung, Auswärtsrollen des Unterschenkels |
| Halbsehniger Muskel (m. semitendinosus) | | Kniebeugung, Hüftstreckung, Einwärtsrollen des Unterschenkels |
| Halbhäutiger Muskel (m. semimembranosus) | | |
| **vorderer Unterschenkel** | | |
| Schienbeinmuskel | Vorderer Schienbeinmuskel (m. tibialis anterior) | Heben der Fußspitze |
| | Hinterer Schienbeinmuskel (m. tibialis posterior) | Heben der inneren Fußkante (Supination) |
| Strecker | Langer Großzehenstrecker (m. extensor hallucis longus) | Heben der großen Zehe, Heben der Fußspitze |
| | Langer Zehenstrecker (m. extensor digitorum longus) | Heben der Zehen, Heben der äußeren Fußkante (Pronation) |
| Beuger | Langer Großzehenbeuger (m. flexor hallucis longus) | Druck der Zehen auf den Boden, Abdruck vom Boden, Heben der inneren Fußkante (Supina-tion) |
| | Langer Zehenbeuger (m. flexor digitorum longus) | |
| **seitlicher Unterschenkel** | | |
| Wadenbeinmuskel | Langer Wadenbeinmuskel (m. peronaeus longus) | Senken der Fußspitze, Heben der Außenkante des Fußes |
| | Kurzer Wadenbeinmuskel (m. peronaeus brevis) | |
| **hinterer Unterschenkel** | | |
| Dreiköpfiger Wadenmuskel (m. triceps surae) | Zweiköpfiger Wadenmuskel (m. gastrocnemius) | Senken der Fußspitze besonders bei gestreck-tem Bein |
| | Schollenmuskel (m. soleus) | Senken der Fußspitze besonders bei gebeugtem Bein |

Tab. 1: Übersicht über die Muskeln und ihre Funktionen

### Sehnen

Während Knochen durch Bänder untereinander verbunden werden, sind **Sehnen** Verbindungsgewebe zwischen Muskeln und Knochen. Sie haben die Aufgabe, die Zugkraft der Muskulatur auf das Skelett zu übertragen.

Zwei große Sehnen des menschlichen Körpers sind etwa die Achillessehne, welche die Wadenmuskulatur mit dem Fersenbein verbindet, und die Sehne des Oberarmbizeps, die diesen Muskel im Bereich der Schulter angreifen lässt.

### Aufbau

Sämtliche Skelettmuskeln sind von **Faszien** umgeben, einer bindegewebigen Schutzhülle. Die Muskeln selbst bestehen aus vielen parallel verlaufenden **Muskelfasern** (Muskelfaserzellen), die in Muskelfaserbündeln zusammengefasst sind. Jede Muskelfaser ist von einer Zellmembran, dem Sarkolemm, eingehüllt.

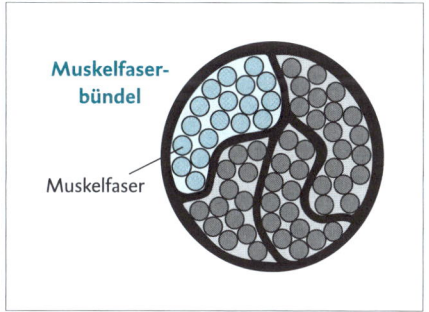

Abb. 15: Schematischer Aufbau eines Muskels

Das Innere einer Muskelfaser heißt Sarkoplasma. Dort befinden sich die Myofibrillen (Muskelfibrillen), die Arbeitsstrukturen des Muskels, sowie die Mitochondrien, die dem Muskel unter Verbrauch von Sauerstoff Energie liefern.
Myofibrillen sind abwechselnd hell und dunkel gestreift. Die hellen I-Abschnitte werden selbst von einer sogenannten Z-Membran, die dunklen A-Abschnitte von einem H-Abschnitt unterteilt. Der Bereich zwischen zwei Z-Membranen heißt Sarkomer.

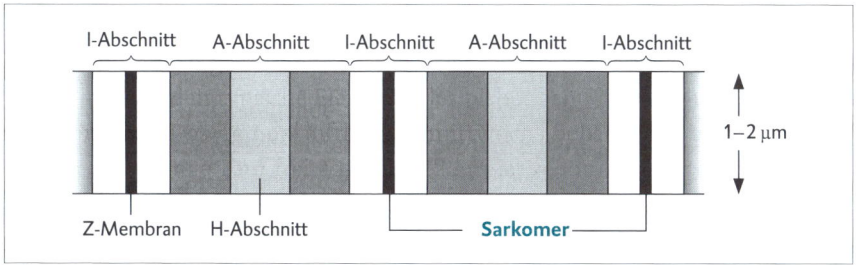

Abb. 16: Schematischer Aufbau einer Myofibrille

Die Musterung eines Sarkomers entsteht durch die Anordnung dünner Protein-Fäden (Aktinfilamente) und dicker Fäden (Myosinfilamente). Während der helle I-Abschnitt nur von dünnen Aktin-Filamenten durchzogen wird, deren Enden in der Z-Membran verankert sind, sind im A-Abschnitt jeweils sechs Aktin-Filamente kreisförmig um ein Myosinfilament angeordnet. Das Myosin ist ebenfalls mittelbar an der Z-Membran befestigt, und zwar mithilfe der elastischen Titinfilamente, deren Aufgabe darin besteht, die Lage der Myosinfilamente zu stabilisieren, den Zusammenhalt des Sarkomers zu sichern und es nach Längenveränderung, etwa durch Dehnung, wieder auf die alte Länge zurückzustellen. Titin kann also in seiner Funktion mit einer Spiralfeder verglichen werden, mit deren Hilfe Myosinfilamente an den Z-Membranen aufgehängt sind. Je nach „Härte der Feder" ergibt sich also eine höhere oder niedrigere Grundspannung der Muskulatur (Tonus), und auch die Geschwindigkeit der Muskelkontraktion hängt davon ab. Die Forschungen zur Rolle der Titinfilamente sind noch nicht als abgeschlossen anzusehen; besonders im Themenbereich „Beweglichkeit" wird ihre Rolle seit ein paar Jahren sehr stark diskutiert.

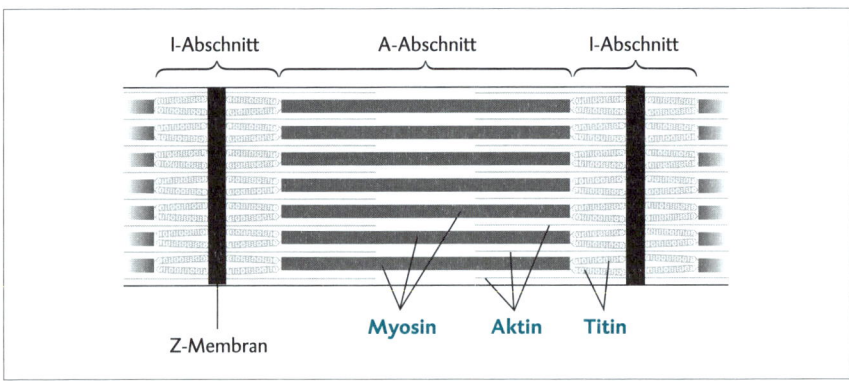

Abb. 17: Schematischer Aufbau eines Sarkomers

### Muskelkontraktion

Aktive Bewegungen des Menschen werden ausgeführt, indem sich die Muskulatur verkürzt. Das Anbeugen des Unterarmes etwa wird zu einem guten Teil durch die Verkürzung des Oberarmbizeps erreicht. Diese Muskelkontraktion erfolgt, indem sich die zu diesem Muskel gehörenden Sarkomere verkürzen.

Ist ein Sarkomer im Ruhezustand, befinden sich die sogenannten Myosinköpfchen, kleine Zacken, die aus den Myosinfilamenten hervorstehen, senkrecht zum Filament und sind nicht mit den Aktinmolekülen verbunden. Zu Beginn der Kontraktion heften sich die Myosinköpfchen an die Aktinfilamente und bilden so Querbrücken. Unter Aufbringung von Energie werden die Querverbindungen auf 45° geklappt, wodurch die Aktinfilamente des I-Abschnittes ein kurzes Stück in den A-Abschnitt hineingezogen werden. Die Länge der I-Abschnitte nimmt bei Kontraktion also ab, während die Länge der A-Abschnitte konstant bleibt. Anschließend lösen sich die Querbrücken wieder und ein neuer Kontraktionszyklus beginnt. Die Titinfilamente sind am Kontraktionsvorgang nicht aktiv beteiligt.

Ein einzelner Kontraktionszyklus eines Sarkomers bewirkt alleine kaum etwas. Die nach außen sichtbare Muskelkontraktion kommt durch Überlappung vieler Greif-Loslass-Zyklen von Sarkomeren an verschiedenen Myofibrillen zustande. Bei Kontraktion des Muskels in Bewegungen rechnet man mit etwa 50 Zyklen pro Sekunde, in denen ein Myosinkopf aktiv werden kann.

### Arten von Muskelfasern

Nicht jede Muskelfaser arbeitet gleichartig. Entsprechend der Kontraktionsgeschwindigkeit unterscheidet man schnell und langsam zuckende Arten von Muskelfasern. Dabei können interpersonelle Unterschiede auftreten, das heißt es gibt Menschen, die von Natur eher für langsame, dafür aber ausdauernde Bewegungsformen ausgestattet sind, wogegen andere eher Talent für schnelle Bewegungsformen aufweisen. Man findet aber auch intrapersonelle Unterschiede, sodass etwa bei derselben Person die Armmuskulatur mehr für Schnelligkeitsleistungen, die Beinmuskulatur eher für langsame Leistungen angelegt ist.

Anhand der chemischen Zusammensetzung der Myosinfilamente werden zwei grundsätzliche Arten von Muskelfasern unterschieden:

- Typ-I-Fasern sind dunkel gefärbt, dünn, ausdauernd und langsam zuckend, weshalb sie auch ST-Fasern (Slow-Twitch-Fasern) genannt werden. Sie werden bei geringer Kraftanforderung eingesetzt.
- Typ-II-Fasern sind hingegen hell, dick und leicht ermüdbar, aber schnell zuckend, weshalb sie auch FT-Fasern (Fast-Twitch-Fasern) heißen. Sie werden bei hoher Kraft- und Schnelligkeitsleistung benötigt.

  Die Typ-II-Fasern treten in unterschiedlicher Ausprägung auf: Die Typ-IIx-Fasern (auch mit IIb bezeichnet) – die FTG-Fasern (Fast-Twitch-Glycolytic-Fasern) oder FF-Fasern (Fast-Fatiguable-Fasern) – sind die „typischen" FT-Fasern. Sie zucken schneller als jeder andere Typ, ermüden aber auch sehr schnell. Die Typ-IIa-Fasern – die FTO-Fasern (Fast-Twitch-Oxidative-Fasern) oder FFR-Fasern (Fast-Fatigue-Resistant-Fasern) – sind schnell zuckende Muskelfasern, die aber eine höhere Ermüdungswiderstandsfähigkeit als die Typ-IIx-Fasern haben. Die Typ-IIc-Fasern (Intermediärfasern) sind

Fasern mit einem Myosin-Mischprofil, weshalb sie sich an gegebene Belastungssituationen anpassen können. Bemerkenswert ist, dass Kinder mit rund 10 % einen deutlich höheren Anteil an Intermediärfasern aufweisen als Erwachsene, bei denen der Anteil bei etwa 2 % liegt. Kinder sind somit wesentlich besser als Erwachsene etwa in Richtung schnelligkeitsbetonte Sportarten zu formen, wogegen Erwachsene in ihrem sportlichen Profil weitgehend festgelegt sind.

Der **Anteil** an ST- und FT-Fasern ist genetisch von Geburt an festgelegt. Im statistischen Normalfall findet man 50–60 % ST- und 40–50 % FT-Fasern. Die Streuung der Faserverteilung ist jedoch recht groß. In Einzelfällen hat man 10 % FT- und 90 % ST-Fasern beobachtet und umgekehrt.

Das Talent zum Klasse-Sprinter oder Klasse-Langstreckler ist zunächst also angeboren. In Grenzen ist jedoch die Muskelfaserverteilung durch **Training** beeinflussbar. Unter Krafttraining kann es bei hoher Wiederholungszahl und eher langsam-zügiger Ausführung zu einer Umwandlung von FTG- in FTO-Fasern und von FTO- in ST-Fasern kommen, die sich aber zurückbilden, sobald das auslösende Krafttraining abgesetzt wird. Durch entsprechende Wahl von Trainingsmethoden kann also eine Verschiebung im Faserspektrum angestrebt, aber auch vermieden werden. Sprinter etwa müssen den nötigen Einsatz des Krafttrainings gut planen, um negative Auswirkungen auf ihre Leistungsfähigkeit durch Umwandlung der FT-Fasern zu vermeiden, damit sie dadurch nicht das alte Vorurteil „Krafttraining macht immer langsam" bestätigen. Durch ausgiebiges, über einen langen Zeitraum angelegtes Ausdauertraining erzielt man eine Umwandlung von FT- in ST-Fasern, die nicht mehr umkehrbar ist. Diese Umgestaltung ist bei Ausdauersportlern ausdrücklich erwünscht, aber z. B. in den Ballsportarten nicht zielführend, wo eine gewisse Ausdauerleistungsfähigkeit mit guten Schnelligkeitswerten gekoppelt werden muss. Ballsportler sollten also ihr Ausdauertraining keinesfalls nach dem Motto „Je mehr, desto besser" planen.

## Zusammenfassung

Der Stütz- und Bewegungsapparat lässt sich in einen aktiven und einen passiven Teil unterscheiden.

- Der **passive Bewegungsapparat** umfasst die Knochen und Knorpel, Gelenke und Bänder (Knochen-Knochen-Verbindungen).

- Der **aktive Bewegungsapparat** umfasst die Muskeln und Sehnen (Knochen-Muskel-Verbindungen). Es gibt mehrere Arten von Muskulatur, wobei die quergestreifte Muskulatur für den Sport am bedeutendsten ist.
  Der Aufbau sämtlicher quergestreifter Muskeln ist gleich. Sie sind von Faszien umgeben und bestehen im Inneren aus zahlreichen, parallel verlaufenden Muskelfasern, die in ST- und FT-Fasern unterschieden werden können. Bewegungen des Körpers erfolgen durch Muskelkontraktion.

**Aufgaben**

1. **Sportverletzungen beim Fußball**
   a) Typische Fußballverletzungen sind das „Umknicken" des Fußes über die Außenkante oder das „Verdrehen" des Knies, wenn sich der Schuh bei einem Schuss aus der Körperdrehung im tiefen Boden „festfrisst". Erläutern Sie, welche anatomischen Strukturen dabei in Mitleidenschaft gezogen werden können.
   b) Bei Fußballern treten häufig auch Adduktorenverletzungen auf. Wodurch können diese verursacht sein?

2. **Talentsichtung**
   Erörtern Sie anhand der Sportarten Gerätturnen, Basketball und Schwimmen Möglichkeiten der Talentsichtung aufgrund der individuellen anatomischen und muskelphysiologischen Veranlagung.

3. **Talent und Trainingsfleiß**
   Einerseits können nur besondere Talente Spitzenleistung im Sport erbringen, andererseits hat diesbezüglich aber auch der Spruch „20 % Talent, 80 % Fleiß" seine Berechtigung. Erörtern Sie das Spannungsfeld, das sich hier andeutet, anhand der Langzeitausdauersportarten, des leichtathletischen Sprints und anhand von Sportarten mit vielfältigem Einfluss.

4. **Angeborene Fähigkeiten zum Sprinter und Ausdauersportler**
   Nehmen Sie Stellung zu der Aussage „Zum Sprinter wird man geboren, zum Ausdauersportler gemacht". Welche Konsequenzen ergeben sich für die Talentsichtung in Ausdauer- und Schnelligkeitsdisziplinen?

# 2 Nervensystem

Angesichts der hohen Anzahl an Muskeln und der Tatsache, dass zur Ausführung einer noch so kleinen Bewegung immer mehrere Muskeln kooperieren müssen, dass sogar in Phasen einer Bewegung unterschiedliche Gewichtungen der Anteile und Wechsel der Gruppierungen nötig werden, ergibt sich, dass eine komplexe Kontroll- und Steuerungsvorrichtung zur Abstimmung der Muskeltätigkeit, allgemein aller Körperfunktionen vorliegen muss. Diese Aufgabe übernimmt das Nervensystem.

Das Nervensystem besteht aus dem **zentralen Nervensystem (ZNS)**, das Gehirn und Rückenmark umfasst, und dem **peripheren Nervensystem**.

Das periphere Nervensystem liefert dem ZNS Informationen aus den Körperregionen (Afferenzen) und sendet umgekehrt Anordnungen des ZNS in die Peripherie (Efferenzen). Entsprechend wird bei den peripheren Nerven zwischen afferenten und efferenten Nerven unterschieden.

Die großen Aufgaben des Nervensystems werden vom ZNS erfüllt. Im Großhirn befinden sich Areale für Gedächtnis, Wille, Körpergefühl, Intelligenz und die willentlich gesteuerte Motorik. Dort werden also die Aufgaben bearbeitet, die volle Aufmerksamkeit auf oberster Bewusstseinsebene erfordern. Aufgaben des ZNS, die zumindest teilweise im Unterbewusstsein ablaufen, finden sich in anderen Bereichen repräsentiert, dem Hirnstamm und dem Kleinhirn. Zum Hirnstamm gehören das Zwischenhirn, wo Wachen und Schlafen, der Stoffwechsel, das Schmerzempfinden, der Tastsinn und die Gefühle überwacht und gesteuert werden, das Mittelhirn mit den Aufgaben Hören, Sehen und Augensteuerung sowie das verlängerte Mark, das im Übergang zwischen Rückenmark und Gehirn den Blutkreislauf, die Atmung, das Schlucken, Erbrechen und Niesen lenkt. Im Kleinhirn schließlich wird die Muskelkoordination und der Gleichgewichtssinn gesteuert. Das Rückenmark ist die Zentrale der Informationsübermittlung im ZNS. Die für sportliche Bewegungen wesentlichen Nervenbahnen des Rückenmarks sind die Pyramidenbahnen, die efferente Signale des Großhirns zur Steuerung bewusster Bewegungen zu den motorischen Nerven übermitteln, die sensiblen Bahnen, die afferente Signale von den Nerven aufgreifen und zum Gehirn weiterleiten sowie die Bahnen des extrapyramidalen Systems, die Efferenzen vom Mittel- und Zwischenhirn zur Ausführung automatisierter Bewegungen an die motorischen Nerven weitergeben. Insgesamt entsteht so ein System der Wechselwirkung, das Eigenheiten eines Regelkreises aufweist.

Im Bereich der bewussten Bewegungen kann man sich diesen Kreis so vorstellen: Wird ein Sinnesorgan gereizt, wird die Information dem Großhirn zunächst über afferente Nerven und sensible Bahnen zugeleitet. Im Großhirn wird die eingehende Information analysiert und eine motorische Reaktion darauf ausgewählt. Der zugehörige Bewegungsbefehl wird dann über die Pyramidenbahnen und die efferenten Nerven zugestellt. Dieser Vorgang braucht Zeit, etwa 120–180 ms, also rund ein bis zwei Zehntelsekunden.

Es gibt auch kürzere Kreise, welche die bewusste Steuerung des Großhirns umgehen, etwa automatisierte Bewegungen und Reflexbewegungen. So ist beim Sprintstart die Reaktionszeit auf 80–120 ms verkürzt, da der Athlet schon weiß, was er nach dem Signal tun muss, bei den schnellsten Reflexreaktionen wie dem Kniesehnenreflex sind es 30–50 ms.

## 2.1 Nervenzellen

Als Nervensystem wird die Gesamtheit aller im Körper befindlichen **Nervenzellen (Neuronen)** und Gliazellen (Stützgewebe des Nervensystems) bezeichnet.

Die Nervenzellen können zwar funktionell und anatomisch sehr unterschiedlich ausgeprägt sein, haben aber als gemeinsame Eigenschaft, dass sie mittels elektrischer bzw. chemischer Leitung Informationen efferent vom ZNS zu Körperorganen, afferent vom Körper zum ZNS, aber auch als Interneurone vermittelnd zwischen anderen Nerven übertragen können. Für den Sport besonders interessant sind die Motoneuronen, efferente Nervenzellen, die Befehle des ZNS an die Muskeln überbringen.

### Aufbau

Nervenzellen bestehen aus einem **Zellkörper** (Soma), mehreren kurzen Fortsätzen und einem langen Fortsatz, der unter Umständen eine Länge von bis zu einem Meter erreichen kann. Die kurzen Fortsätze, **Dendriten** genannt, leiten Signale zum Zellkörper hin. Der einzelne lange Fortsatz heißt **Axon** (oder Neurit) und leitet Informationen vom Zellkörper weiter. Die Weiterleitung kann von Nerv zu Nerv, aber auch vom Nerv zu einem Muskel erfolgen. Die Stellen, an denen Informationen zwischen Nervenzellen bzw. zwischen einer Nerven- und einer Muskelzelle übertragen werden, heißen **Synapsen**.

Viele Axone werden in Bündeln zusammengefasst, die ihrerseits wieder gebündelt werden. Umgeben werden diese Strukturen von schützenden und versorgenden Bindegewebshüllen, welche also die Gewebestrukturen darstellen, die man schließlich als Nervenbahnen im Körper erkennt.

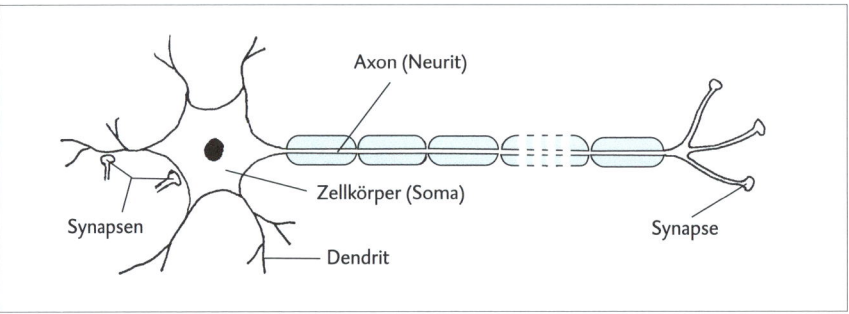

Abb. 18: Bau einer Nervenzelle

### Erregungsleitung

Die Reizübertragung innerhalb einer Nervenzelle erfolgt elektrisch. Zwischen dem Inneren eines Axons in Ruhe und der Umgebung der Nervenzelle herrscht ein Spannungsunterschied von 60–75 mV, der dadurch hervorgerufen wird, dass sich bestimmte Ionen vermehrt im Zellinneren finden, andere eher in der Umgebung der Zelle. Dieser Spannungsunterschied wird als **Ruhepotenzial** der Nervenzelle bezeichnet. Das Innere des Axons ist dabei im Vergleich zur Umgebung negativ geladen. Das Ruhepotenzial mit seinem **Konzentrationsgefälle** wird aufgrund folgender Abläufe bewahrt:

- Die Membran ist unterschiedlich durchlässig: Für Kaliumionen $K^+$ besonders gut, für Chloridionen $Cl^-$ etwas weniger gut, für Natriumionen $Na^+$ gering und für organische Anionen $A^-$ (Eiweißstoffe) gar nicht. Angeregt durch das Konzentrationsgefälle diffundieren diese Ionen, wenn möglich, durch die Membran, mit dem Bestreben, die Ionen-Konzentration im Membran-Inneren und -Äußeren anzugleichen, also ein **Konzentrationsgleichgewicht** herzustellen. Die $A^-$-Ionen können nicht folgen, weil für sie die Poren der Membran zu fein sind. Sie bleiben folglich an der Membran hängen und binden durch ihre negative Ladung die positiv geladenen $K^+$-Ionen an der anderen Seite der Membran. Die Membran ist damit polarisiert, das heißt, es gibt einen Spannungsunterschied zwischen dem Axon-Inneren und dem Axon-Äußeren. Das Potenzial wird außerdem von $Na^+$-Ionen beeinflusst, die langsam entlang des Konzentrationsgefälles in das Zellinnere wandern.
- Die unterschiedliche Konzentration an $Na^+$- und $K^+$-Ionen, die nötig ist, damit das Ruhepotenzial nicht zusammenbricht, wird durch einen Mecha-

nismus aufrechterhalten, der entgegen dem Konzentrationsgefälle K$^+$-Ionen vom Zelläußeren ins Zellinnere und Na$^+$-Ionen vom Zellinneren ins Zelläußere schafft. Diesen Vorgang, der Energie verbraucht, nennt man **Natrium-Kalium-Pumpe**.

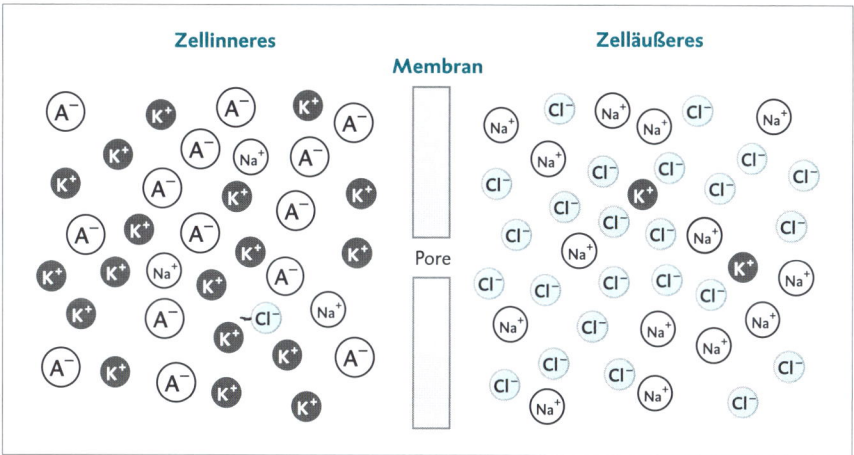

Abb. 19: Ruhepotenzial

Wird die Nervenzelle – etwa durch ein Signal des ZNS – ausreichend stark elektrisch gereizt, dann ändert die Membran schlagartig ihre Eigenschaften. Ihre Durchlässigkeit für Na$^+$-Ionen wird plötzlich auf das 500-Fache erhöht. Dadurch bricht das Ruhepotenzial von 60–75 mV zusammen, sodass sich die Spannungsverhältnisse an der Membran sogar kurzzeitig in das Gegenteil verkehren. Das Zellinnere ist dann für einen Moment positiv, das Zelläußere negativ geladen. Diesen kurzzeitig umgekehrten Spannungszustand an der Nervenzelle nennt man **Aktionspotenzial**. Ein Aktionspotenzial wird grundsätzlich vollständig ausgelöst, das heißt, Reize oberhalb einer gewissen Reizschwelle bewirken immer das gleiche Aktionspotenzial, egal wie knapp oder wie stark oberhalb der Schwelle sie auch sein mögen, Reize unterhalb dieser Reizschwelle führen zu keiner Wirkung **(Alles-oder-nichts-Regel)**.

Die folgende Abbildung zeigt den zeitlichen Verlauf eines Aktionspotenzials.

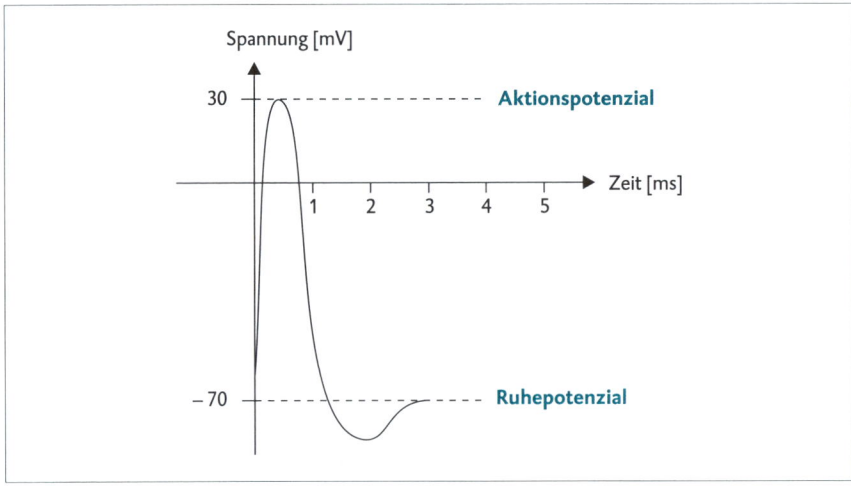

Abb. 20: Zeitlicher Verlauf der Spannungszustände während eines Aktionspotenzials

Die Reizleitung entlang des Axons einer Nervenzelle erfolgt dadurch, dass die gerade gereizte Stelle genau umgekehrt polarisiert ist wie eine benachbarte in Ruhe befindliche. Dadurch bricht das Ruhepotenzial dort zusammen. Dieser Vorgang setzt sich entlang der gesamten Strecke fort. Er wird noch dadurch beschleunigt, dass die stromisolierende Bindegewebshülle um das Axon alle 1–2 mm durch eine Einschnürung unterbrochen ist. Das Aktionspotenzial überspringt die isolierten Stellen und löst an der nächsten eingeschnürten und deshalb nicht isolierten Stelle einen Zusammenbruch des Ruhepotenzials aus, sodass sich der Strom in Sprüngen von Einschnitt zu Einschnitt fortpflanzt. Entsprechend wird dieser Vorgang auch saltatorische Reizleitung genannt.

Die Reizübertragung von einem Nerv zum nächsten, ebenso auch die Übertragung vom Nerv auf die Muskulatur findet über **Synapsen** statt, den Verbindungsstellen zwischen Nerv und Nerv oder Nerv und Muskulatur. Synapsen kann man sich vorstellen als kleine Köpfchen etwa am Ende eines Axons oder eines Dendriten. Dort wird der am Nerv entlanglaufende elektrische Reiz in einen chemischen umgewandelt. Während Nervenfasern Reize von Synapse zu Synapse übertragen, spielt sich die Reizübertragung zwischen einem motorischen Nerv und der Muskulatur in der **motorischen Endplatte** ab. Diese besteht aus den Synapsen des Axons und dem speziell strukturierten Teil des Muskels sowie dem synaptischen Spalt, der dazwischenliegt.

Der Spalt, der sich grundsätzlich bei Synapsen findet, kann nur dann durch einen elektrischen Nervenreiz übersprungen werden, wenn er mit einer leitenden Flüssigkeit, einem sogenannten Neurotransmitter, gefüllt ist. Daher wird dessen Ausschüttung, der bekannteste Transmitter ist Acetylcholin, bei Ankunft eines Reizes an der Synapse provoziert. Erst die Ausschüttung des chemischen Stoffes ermöglicht also die Weiterleitung des elektrischen Nervenreizes.

## 2.2 Motorische Einheiten

Eine motorische Einheit wird von einem Motoneuron und den von ihm innervierten Muskelfasern gebildet. Wie viele Muskelfasern zu einer motorischen Einheit gehören, unterscheidet sich von Fall zu Fall. Die Zuordnung der Motoneuronen zu den Muskelfasern ist von Geburt an gegeben und kann auch nicht durch Trainingsmaßnahmen beeinflusst werden.

ispiele

Im Bereich der Augen hat der zugehörige Muskel sehr feine und genaue Bewegungen auszuführen. Daher werden dort von einem motorischen Nerv nur 1–20 Muskelfasern angesprochen.
In den großen Beinmuskeln werden dagegen vergleichsweise eher grobe Bewegungen ausgeführt, weshalb ein einzelner Nerv an dieser Stelle bis zu 1 000 Muskelfasern versorgt.

Die Zusammenarbeit zwischen ZNS und Skelettmuskulatur über motorische Einheiten wird als **neuro- oder intramuskuläre Koordination** bezeichnet. Sie wird durch drei Mechanismen verbessert:
- **Frequenzierung:** Je mehr Impulse pro Sekunde vom ZNS zu den Muskeln gesandt werden, je höher also die Taktfrequenz ist, desto mehr motorische Einheiten werden pro Zeiteinheit aktiviert.
- **Rekrutierung:** Die motorischen Einheiten sprechen unterschiedlich schnell auf Reize des ZNS an. Während die kleinen ST-Fasern-Einheiten schon bei geringer Anforderung verstärkt zugeschaltet werden, reagieren die großen FT-Fasern-Einheiten erst, wenn ein zunehmend erhöhter Krafteinsatz nötig wird (Hennemann'sches Größenordnungsprinzip). Mit zunehmender Kraftanforderung werden also mehr Muskelfasern rekrutiert.
- **Synchronisation:** Das Intervall, das zwischen der sukzessiven Zuschaltung der einzelnen motorischen Einheiten liegt, wird bei explosiven Krafteinsätzen so stark verkürzt, dass man von einem annähernd zeitgleichen Einsatz der beteiligten Einheiten sprechen kann.

## Zusammenfassung

Das Nervensystem, bestehend aus dem zentralen Nervensystem (ZNS) und dem peripheren Nervensystem, ist für die Steuerung von Bewegungen verantwortlich.

- Das Nervensystem umfasst alle Glia- und Nervenzellen eines Körpers. Die einzelnen Nervenzellen (Neuronen) setzen sich typischerweise aus einem Zellkörper, Dendriten und einem Axon zusammen.
- Über die Nerven werden Informationen von der Körperpherie zum ZNS (afferent) und umgekehrt (efferent) geleitet.
- Die Erregungsleitung erfolgt innerhalb einer Nervenzelle elektrisch über die Auslösung eines Aktionspotenzials (Gegenteil: Ruhepotenzial). Über Synapsen hinweg wird das Signal dann chemisch weitergegeben.
- Motorische Nerven in Verbindung mit den von ihnen angesprochenen Muskelfasern heißen motorische Einheiten.

**Aufgaben** 5. **Krafttraining und intramuskuläre Koordination**

Erläutern Sie die Begriffe „Hennemann'sches Größenordnungsprinzip", „Frequenzierung", „Rekrutierung" und „Synchronisation" in Zusammenhang mit einem Kraft- und Schnelligkeitstraining.

6. **Reaktion beim Sprintstart**

Begründen Sie, warum elektronische Startmaschinen beim Sprint unter gewissen Umständen funktionsgerecht einen „Fehlstart" signalisieren, obwohl der Sprinter erst nach dem Startsignal aus den Blöcken gegangen ist.

7. **Muskelkontraktion nach Reizstrom**

Erläutern Sie, warum Muskeln kontrahieren können, wenn im Rahmen einer Reizstrombehandlung Elektroden auf die Haut aufgebracht und aktiviert werden?

# 3 Versorgungsapparat

Das Stemmen gegen die Schwerkraft, die Steuerung der Bewegungen, letztlich auch der eigene Schutz erfordert eine umfangreiche Logistik des Körpers, damit lebensnotwendige Stoffe die Plätze erreichen, wo sie gebraucht werden. Diese logistische Leistung erbringt das Blut im Herz-Kreislauf-System mit Unterstützung der Atmungsorgane, des Immunsystems und des Hormonsystems.

## 3.1 Herz

Das Herz *(cor)* ist ein Hohlorgan, dessen Wände aus spezieller quergestreifter Muskulatur, der Herzmuskulatur, aufgebaut sind. Sein durchschnittliches Gewicht beträgt 250–350 g, sein Volumen 9–12 ml/kg Körpergewicht. Die Herzgröße ist abhängig von Alter, Geschlecht, Gesundheits- und Trainingszustand, Körpergröße und -gewicht. Die genannten Ausmaße können unter Ausdauertraining weit überschritten werden.

### Aufbau
Die **Herzwand** besteht aus mehreren Schichten:
- Innere Herzhaut (Endokard)
- Eigentlicher Herzmuskel (Myokard)
- Äußere Herzhaut (Epikard)
- Herzbeutel (Perikard)

Das **Herzinnere** ist durch die Herzscheidewand in einen rechten und einen linken Teil untergliedert. Beide Hälften umfassen jeweils einen Vorhof, in den zuleitende Gefäße münden, und eine Herzkammer, wo ableitende Gefäße entspringen.
- Die schwächere **rechte Hälfte** dient dem Lungenkreislauf. Sauerstoffarmes Blut aus dem Körper wird über die obere und untere Hohlvene in den rechten Vorhof gebracht. Über die rechte Kammer und die dort ausgehende Lungenarterie wird es dann zur Lunge weitergeleitet.
- Die stärkere **linke Hälfte** dient dem Körperkreislauf. Das von der Lunge mit Sauerstoff angereicherte Blut gelangt über die Lungenvenen in den linken Vorhof, das dann über die linke Kammer und der dort abgehenden Hauptschlagader (Aorta) in den Körper gepumpt wird.

Um zu verhindern, dass das Blut in die falsche Richtung zurückfließt, haben beide Herzhälften jeweils zwei **Herzklappen**, die wie Ventile funktionieren.

Die Segelklappe liegt zwischen Vorhof und Kammer, die Taschenklappe zwischen der Kammer und den großen ableitenden Gefäßen.

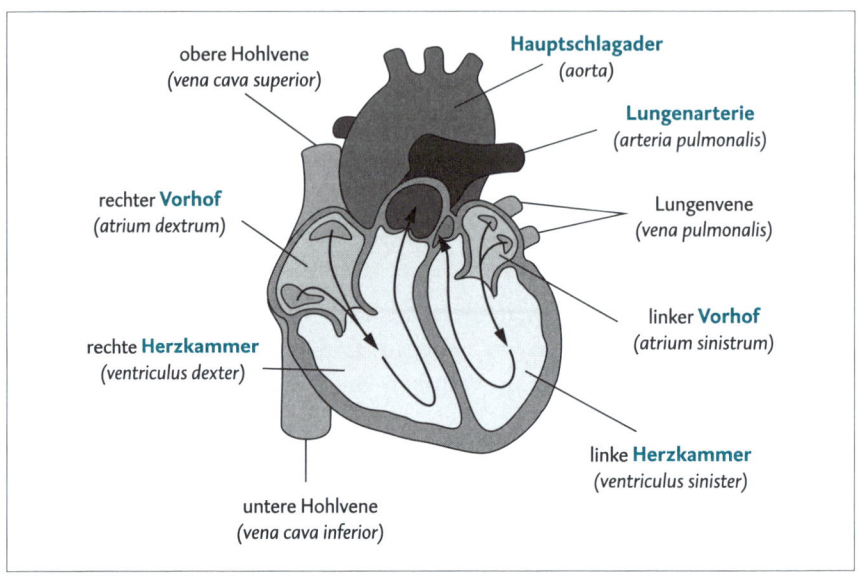

Abb. 21: Aufbau des Herzens

Außen am Herz verlaufen die Herzkranzarterien, die dafür sorgen, dass das Herzgewebe unterhalten und versorgt wird.

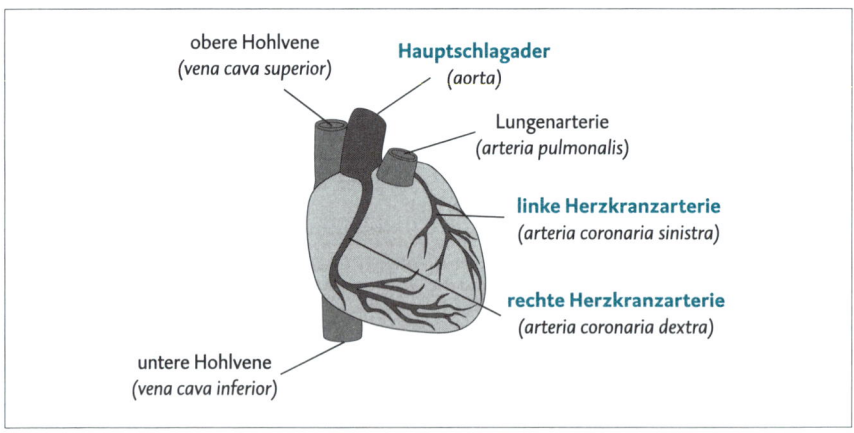

Abb. 22: Außenansicht des Herzens mit abgehenden und zuführenden Gefäßen

### Arbeitsweise

Das rhythmische Schlagen des Herzens wird durch einen ständigen Wechsel von Kontraktion und Erschlaffen der Herzmuskels (Myokard) verursacht.

- Die Kontraktionsphase wird **Systole** genannt. Sie läuft in zwei Schritten ab:
  In der Anspannungsphase wird der Herzmuskel vorgespannt. Der Druck in den Herzkammern wächst, das Herzvolumen bleibt gleich.
  Die sich anschließende Austreibungsphase beginnt, wenn der Kammerdruck so groß geworden ist, dass der auf die Taschenklappen wirkende Gegendruck der Gefäße überwunden werden kann. Jetzt wird das Blut aus dem Herz durch die Taschenklappen in die Arterien gedrückt, wobei sich das Herzvolumen verringert und der Herzkammerdruck etwa gleich bleibt.

- Die Erschlaffungsphase heißt **Diastole**. Auch sie läuft in zwei Schritten ab:
  In der Entspannungsphase wird die Kontraktion des Herzmuskels beendet, der Kammerdruck fällt ab, die Taschenklappen schließen sich aufgrund des Drucks aus den Gefäßen. Das Herzvolumen erreicht einen Tiefpunkt. Dadurch dass nun der Druck in den Vorhöfen größer wird als in der Kammer, öffnen sich die Segelklappen.
  In der Kammerfüllungsphase strömt das Blut durch die geöffneten Segelklappen in die Kammern. Der Kammerdruck bleibt gering, das Volumen nimmt zu.

Die Zeitdauer eines Zyklus aus Systole und Diastole ist abhängig vom Trainingszustand des Herzmuskels und der aktuellen Belastung und kann zwischen 2 Sekunden (bei Ausdauerhochleistungssportlern in Ruhe) und etwa 0,3 Sekunden (bei Ausbelastung) liegen. Etwa die Hälfte der Zeit braucht das Füllen in der Diastole, ein Viertel die Austreibung. Anspannungs- und Erschlaffungszeit sind jeweils sehr kurz.

### Leistung

Die Leistung des Herzens wird durch die Kenngrößen Schlagvolumen, Herzfrequenz und Herzminutenvolumen beschrieben.

- Das **Schlagvolumen** bezeichnet die Menge Blut, die das Herz mit einem Schlag auswirft. Untrainierte Erwachsene weisen in Ruhe ein Schlagvolumen von 60–70 ml auf, ausdauertrainierte Sportler von bis über 100 ml (in Ruhe). Bei Anstrengung kann das Schlagvolumen um etwa 100 % gesteigert werden.

- Die **Herzfrequenz** (Hf) wird üblicherweise in Schlägen pro Minute gemessen. Bei untrainierten, gesunden Personen liegt die Herzfrequenz in Ruhe bei 60–80 Schlägen pro Minute, bei Hochleistungssportlern des Ausdauerspektrums werden Ruhepulswerte von 30 Schlägen pro Minute erreicht. Die maximal erreichbare Herzfrequenz ($Hf_{max}$) ist von der individuellen Veranlagung und vom Alter abhängig. Eine grobe Schätzung bietet die folgende Formel: $Hf_{max} = 220 -$ Lebensalter in Jahren

- Das **Herzminutenvolumen** umfasst die Menge Blut, die das Herz pro Minute auswirft, also das Produkt von Herzfrequenz und Schlagvolumen. Das maximal mögliche Herzminutenvolumen liegt bei Untrainierten bei etwa 20 Litern pro Minute, bei stark Ausdauertrainierten werden über 40 Liter pro Minute erreicht.

### Steuerung der Herztätigkeit

Die Tätigkeit des Herzens wird durch zwei Mechanismen gesteuert, die autonome Herzsteuerung und das vegetative Nervensystem.

- **Autonome Herzsteuerung:** Das Herz ist im Gegensatz zum Skelettmuskel unabhängig von der Leitung des Gehirns. Es kann selbstständig weiterschlagen, was sich etwa zeigt, wenn ein schlagendes Herz zur Transplantation vorbereitet in einer Nährlösung liegt. Die Reize gehen von einem Zentrum im rechten Vorhof, dem Sinusknoten, aus und bewirken zunächst zur Unterstützung der Kammerfüllungsphase eine Kontraktion der Vorhofmuskulatur. Danach werden zur Vorbereitung des Blutauswurfs die Kammern kontrahiert.

- **Vegetatives Nervensystem:** Der parasympathische Teil des vegetativen Nervensystems setzt in der Nähe des Sinusknotens an und hat durch Senkung der Herzfrequenz und der Kontraktionskraft der Herzmuskulatur sowie durch die Verlangsamung der Reizleitung innerhalb der autonomen Herzsteuerung eine beruhigende Wirkung auf das Herz. Der sympathische Teil des vegetativen Nervensystems verzweigt sich über den gesamten Herzmuskel und greift über Verbindungsstellen, die Beta-Rezeptoren, am Herzmuskel an. Dadurch wird eine Steigerung der Herzfrequenz, eine beschleunigte Reizleitung innerhalb der autonomen Herzsteuerung und eine gesteigerte Kontraktionskraft des Herzmuskels bewirkt. Bei der medizinischen Behandlung mit Beta-Blockern wird der Zugang des sympathischen Nervensystems zu den Beta-Rezeptoren durch Besetzung der Ansatzstellen unmöglich gemacht.

## 3.2 Blutgefäßsystem

Über das Blutgefäßsystem wird die Logistik des menschlichen Körpers abgewickelt. Versorgende Stoffe werden dorthin gebracht, wo sie benötigt werden, Abfallstoffe werden vom Ort der Verwertung wegtransportiert.

### Blutgefäße

Zentralstation dieses Versorgungssystems ist das Herz. Die **Arterien** (Schlagadern) führen von ihm weg, die **Venen** (Blutadern) zu ihm hin. Sowohl Arterien als auch Venen sind vergleichsweise weite Adern, die große Mengen Blut transportieren können, aber nicht in der Lage sind, transportierte Stoffe an die Umgebung abzugeben oder Stoffe aufzunehmen. Sie leisten also keinen Beitrag zum Stoffaustausch. Der Stoffaustausch geschieht in den **Kapillaren**, feinsten Verästelungen der Adern, die somit im Vergleich zur transportierten Blutmenge eine sehr große Oberfläche aufweisen.

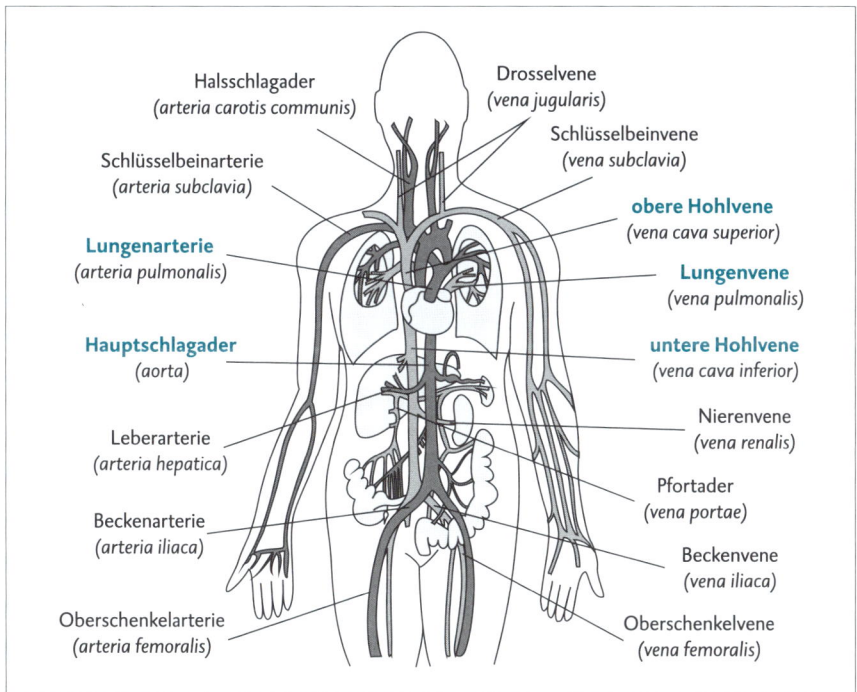

Abb. 23: Große Arterien und Venen des Blutgefäßsystems

Die Adern sind nicht nur ein passives Röhrensystem, sondern durch spezielle Bauteile und Funktionen zusätzlich für ihre Aufgaben gerüstet:

- Die **Aorta** (Hauptschlagader) trägt mithilfe besonders elastischer Wände aktiv zum kontinuierlichen Blutfluss bei, eine Leistung, die als Windkesselfunktion bezeichnet wird. Während der Systole, also in der Phase größten Druckes durch das Herz, weiten sich die elastischen herznahen Aortenwände stark aus, sodass der gedehnte Bereich mehr Blut aufnehmen kann. Bei einsetzender Diastole entfällt der Druck vom Herzen, die elastischen Aortenwände ziehen sich wieder zusammen und geben die vermehrt gespeicherte Blutmenge in den Körper ab. Während der Diastole wird also weiter Blut an den Organismus abgegeben, sodass trotz des schubweisen Blutausstoßes durch das Herz der Blutstrom kontinuierlich ist.
- Die **Venen** sind mit zahlreichen Klappen ausgestattet, die den Taschenklappen am Übergang vom Herz zu den Arterien ähneln. Wie die Herzklappen verhindern auch die Venenklappen, dass Blut in die falsche Richtung fließt. Der venöse Bluttransport selbst wird durch die Sogwirkung des Herzens und den Druck der Skelettmuskulatur, der Atmung und benachbarter Arterien gewährleistet. Arterien hingegen haben keine Klappen, da der Blutstrom vom Herzen weg ständig systolisch bzw. diastolisch unterstützt wird.
- Die **Kapillaren** nehmen die eigentliche Funktion des Blutkreislaufes wahr, die Versorgung der Organe. Sie sind entsprechend ihrer Funktion nur mit einer sehr dünnen Wand ausgestattet, durch die per Diffusion und Druckregelung die benötigten Stoffe an die Organe und die Skelettmuskulatur abgegeben bzw. Reststoffe des Organstoffwechsels und des Skelettmuskelstoffwechsels abtransportiert werden.

### Kreisläufe

Der Mensch verfügt über zwei Blutkreisläufe, die ineinander übergehen:

- Der kleine Blutkreislauf oder **Lungenkreislauf** bezeichnet den Weg des Blutes vom Herzen zu den Lungen und zurück. Das sauerstoffarme Blut, das über die großen Venenstämme zunächst in den rechten Vorhof und anschließend in die rechte Herzkammer gelangt, wird während der Systole über die Lungenarterie zur Lunge geführt, wo Sauerstoff aufgenommen wird. Das nun mit Sauerstoff angereicherte Blut fließt über die Lungenvenen zurück zum Herzen.
- Als großer Blutkreislauf oder **Körperkreislauf** wird der Weg des Blutes vom Herzen durch den Körper und zurück genannt. Das sauerstoffreiche Blut, das über den linken Vorhof zur linken Kammer fließt, wird während der Systole in die Aorta ausgeworfen. Es folgt den sich verzweigenden und

immer kleiner werdenden Arterien, bis es schließlich die feinsten Verästelungen, die Kapillaren, erreicht. Dort werden Sauerstoff und Nährstoffe abgegeben und Reststoffe aufgenommen. Der Rücktransport des nun wieder sauerstoffarmen Blutes zum Herzen geschieht über die Körpervenen. Sobald das Blut im Herzen ist, beginnt wieder der Lungenkreislauf.

Der mit **Pfortaderkreislauf** bezeichnete Teil des Körperkreislaufs zweigt mit sauerstoffreichem Blut von der Aorta ab und mündet in das Kapillargebiet des Darms. Dort wird Sauerstoff abgegeben, und Verdauungsprodukte des Darmes, das heißt die vom Organismus benötigten Nährstoffe, werden aufgenommen. Das nun sauerstoffarme, mit Nährstoffen angereicherte Blut wird über die Pfortader einem weiteren Kapillargebiet, nämlich dem Kapillargebiet der Leber zur Entgiftung und zur Speicherung von Kohlenhydraten in Form von Glykogen zugeführt. Nach dem Verlassen des Kapillargebiets der Leber gelangt das Blut in die Lebervenen, die es dann über die untere Hohlvene zum Herzen führen.

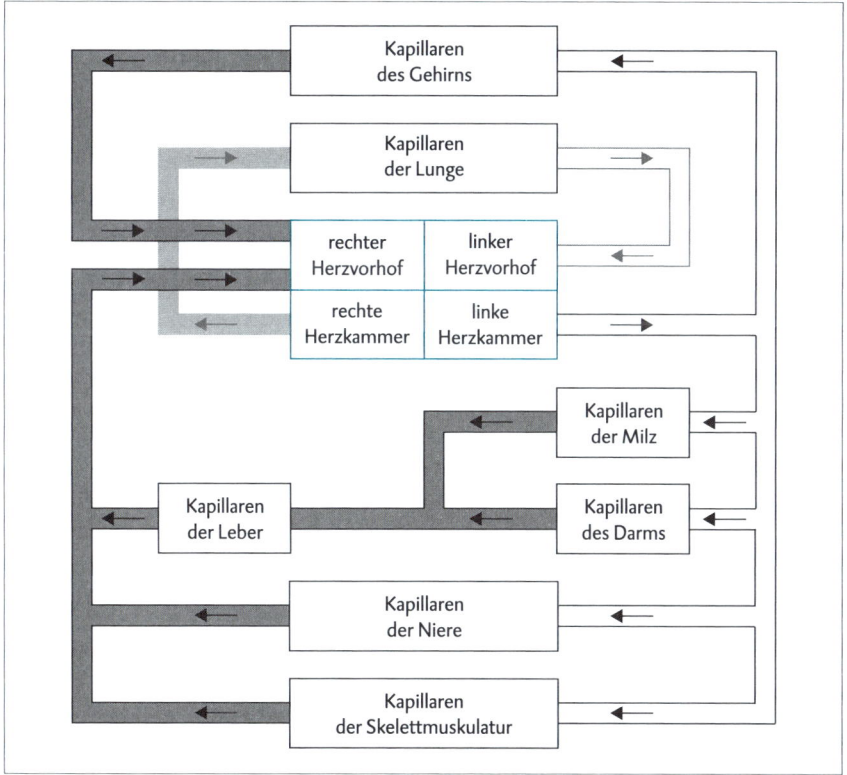

Abb. 24: Stationen des Blutkreislaufs (sauerstoffreiche Blutgefäße hell, sauerstoffarme dunkel)

## Blutdruck

Der an den Schlagadern am Handgelenk oder am Hals tastbare Puls wird durch die Druckwelle der Herzsystole ausgelöst. Man kann also über den Puls die aktuelle Herzfrequenz feststellen.

Beim Messen des Blutdrucks werden zwei Werte ermittelt, der systolische und der diastolische Druck. Der obere, **systolische Wert** gibt den Druck in dem Moment wieder, wo sich das Herz am meisten zusammenzieht (Systole), während sich der untere, **diastolische Wert** auf den Moment bezieht, wo das Herz den Punkt der größten Entspannung erreicht (Diastole).

Normwerte für den systolischen Blutdruck in Ruhe liegen bei 120 mm Quecksilbersäule, für den diastolischen Blutdruck bei 80 mm Quecksilbersäule. Unter körperlicher Betätigung kann der Blutdruck kurzfristig stark ansteigen. Dabei werden, etwa unter Pressatmung, systolische Werte von über 200 mm Quecksilbersäule erreicht, die vom gesunden Sportler jedoch vertragen werden.

Bei Personen, die auch in Ruhe einen systolischen Blutdruck von über 160 mm Quecksilbersäule oder einen diastolischen Blutdruck von über 95 mm Quecksilbersäule aufweisen, spricht man von Bluthochdruck (Hypertonie). Bluthochdruck-Patienten müssen körperliche Belastungen, die mit einer starken weiteren Erhöhung des Blutdrucks einhergehen, vermeiden. Personen mit starkem Bluthochdruck über 200/120 dürfen keinen Sport treiben. Niedriger Blutdruck unterhalb der Normwerte gilt als ungefährlich, kann jedoch zu Schwindel, Kopfschmerz, Antriebslosigkeit oder ähnlichen Symptomen führen.

## Blut

Der Mensch kann entsprechend einer Faustregel auf eine durchschnittliche Blutmenge von etwa 8 % des Körpergewichtes zurückgreifen, eine 100 kg schwere Person verfügt also über etwa 8 Liter Blut.

Dem Blut kommen vielfältige **Aufgaben** zu:
- Die klassischen Aufgaben des Blutes sind der Transport des Sauerstoffs von der Lunge zum Gewebe und des Kohlendioxids vom Gewebe zur Lunge im Rahmen der (inneren) **Atmung**, sowie die Anlieferung von Nährstoffen und Abnahme der Endprodukte der Nahrungsaufnahme (Stoffwechselschlacken) im Rahmen der **Ernährung** des Körpers.
- Weniger oft zitiert, aber nicht weniger wichtig ist die Rolle des Blutes bei der Verteilung der Körperwärme im gesamten Organismus, also der **Temperaturregulierung**, und bei der **Immunabwehr**. Schließlich reguliert das Blut seinen für den Menschen lebenswichtigen leicht alkalischen pH-Wert

trotz des Auftretens von Säuren wie z. B. Milchsäure (Laktat) oder Oxyhämoglobin. Alkalische Substanzen, die eine Säuerung des Blutes regulieren können, heißen Puffer. Ein wichtiger Puffer ist das Natriumbicarbonat.

Das Blut ist aus verschiedenen **Bestandteilen** gemischt, die jeweils eigene Beiträge zur Bewältigung seiner komplexen Aufgaben beitragen. Das Blut setzt sich aus Blutplasma (Blutflüssigkeit) und zellulären Bestandteilen zusammen, wobei das Plasma etwas mehr als die Hälfte ausmacht. Der tatsächliche Anteil der zellulären Bestandteile im Blut wird im Labor durch Zentrifugieren bestimmt, bei dem sich die etwas schwereren zellulären Bestandteile in einer ungerinnbar gemachten Blutprobe nach unten vom Plasma absetzen. Die wässrige Plasmaflüssigkeit lässt sich danach trennscharf von den zellulären Bestandteilen unterscheiden. Der Anteil der zellulären Bestandteile heißt Hämatokrit.

- Das **Plasma** ist eine wässrige Lösung, die noch etwa 10 % feste, nicht zelluläre Stoffe wie Bluteiweiße sowie alle aufgenommenen Nährstoffe und Elektrolyte beinhaltet. Die Bluteiweiße sind die Funktionsträger des Blutplasmas, die folgende Aufgaben übernehmen:
  - Regelung des Wasserhaushalts
  - Gewährleistung des Nährstofftransports
  - Anregen der Abwehr von Infektionen (Immunglobuline)
  - Lieferung von Eiweiß an das Körpergewebe
  - Beitrag zur Blutgerinnung (Fibrinogen)
- Die **zellulären Blutbestandteile** werden zu mehr als 95 % von den **roten Blutkörperchen** (Erythrozyten) gebildet, welche laufend in großer Zahl im Knochenmark neu entstehen. Diese haben ihre Färbung vom roten Blutfarbstoff, dem Hämoglobin, das sich mit Sauerstoff verbinden kann. Diese Verbindung, Oxyhämoglobin genannt, ist jedoch recht labil, das heißt, das Hämoglobin bindet den Sauerstoff nur kurzfristig und gibt ihn leicht wieder ab. Die Sauerstoffabgabe in den Kapillaren und nachfolgende oxidative Vorgänge in den zugehörigen Organen bezeichnet man als innere Atmung. Die Entstehung des Oxyhämoglobins wird einerseits durch den körpereigenen Druck in den Lungen und andererseits durch den Druck, den der Sauerstoffanteil in der Luft auf den gesamten Körper ausübt (Sauerstoffpartialdruck), möglich. Da in großer Höhe der Sauerstoffpartialdruck geringer ist, kann das vorhandene Hämoglobin weniger stark mit Sauerstoff verbunden werden als im Flachland, wodurch z. B. die Ausdauerleistungsfähigkeit bei zunehmender Höhe sinkt.

Weitere zelluläre Bestandteile des Blutes, die ebenfalls im Knochenmark gebildet werden, sind die **Blutplättchen** (Thrombozyten), die zusammen mit dem Bluteiweißstoff Fibrinogen die Blutgerinnung regeln, sowie die **weißen Blutkörperchen** (Leukozyten), die Träger der Immunabwehr. Die Leukozyten unterteilen sich in Lymphozyten (etwa 20–40 %), Granulozyten (etwa 50–70 %) und Monozyten (etwa 5 %), die jeweils an spezifischen Abwehraufgaben beteiligt sind.

Der Hämatokrit hängt besonders vom Flüssigkeitsstatus einer Person sowie der Anzahl der roten Blutkörperchen ab. Ein hoher Hämatokritwert weist also auf einen besonders hohen Erythrozytenanteil oder einen Flüssigkeitsmangel im Blut hin, ein tiefer Wert hingegen auf eine zu geringe Bildung roter Blutkörperchen bzw. einen zu hohen Wasseranteil im Blut. Der Hämatokritwert liegt normalerweise bei 40–50 %, bei Frauen etwas tiefer als bei Männern. Bei langen Aufenthalten in der Höhe kann der Hämatokritwert aufgrund des geringeren Sauerstoffpartialdrucks verbunden mit der dann nötigen verstärkten Neubildung roter Blutkörperchen bis auf 70 % steigen. Auch durch Dopingmaßnahmen wie EPO-Verabreichung oder Blutdoping kann sich der Hämatokrit und damit die Sauerstofftransportkapazität des Blutes stark erhöhen. Bei Höhenaufenthalten ist die Zunahme des Hämatokrits natürlich geregelt, da die Gerinnungsfähigkeit des Blutes in diesem Fall parallel abnimmt und somit die natürliche Blutzähigkeit etwa erhalten bleibt. Bei Doping hingegen steigt aufgrund der plötzlichen Zunahme der roten Blutkörperchen ohne Änderung der Gerinnungsfähigkeit die Gefahr, dass die Blutgefäße verstopfen.

## 3.3 Atmungssystem

Die meisten körperlichen Funktionen erfordern Sauerstoff, kein menschlicher Organismus kann mehr als wenige Minuten ohne Sauerstoffzufuhr überleben. Die Eintrittspforte für das lebenswichtige Gas bilden die Atemwege, aber auch die Haut.

### Atemorgane

Die Atemwege werden in zwei Abschnitte unterteilt:

- Die **oberen Atemwege** verlaufen im Mund-Nasen-Raum bis hin zum Kehlkopf. Die Luft gelangt durch die Nasenhöhle oder Mundhöhle in den Körper. Bei Eintritt durch die Nasenhöhle wird sie angefeuchtet, erwärmt und gesäubert, wobei etwa 80 % der in der Luft fliegenden Partikel dort hängen bleiben. Bei Einatmung durch den Mund ist ein größeres Atemvolumen möglich, die hygienischen Fähigkeiten der Nasenatmung werden dabei jedoch umgangen. Danach passiert die Atemluft den Rachen mit dem Kehlkopf. Das Gerüst des Kehlkopfes wird wesentlich durch den Ring- und den Schildknorpel sowie den Kehldeckel gebildet. Er dient dem Schutz der darunter beginnenden Luftröhre vor dem Eindringen von Fremdkörpern. Er ist Sitz der Rezeptoren des Hustenreflexes und mithilfe der Stimmbänder zuständig für die Stimmbildung.

- Die unteren Atemwege beginnen mit der etwa 10 cm langen Luftröhre, die durch Knorpelspangen verstärkt ist, um einen ungehinderten Luftstrom zu gewährleisten. Die Luftröhre verzweigt sich anschließend in die beiden Äste der Bronchien, welche sich ihrerseits in zunehmend feinere Bronchiolen verästeln und schließlich zu den Lungenbläschen führen. Dort findet der Gasaustausch mit dem Blutkreislauf statt.

Die Lunge besteht aus zwei Flügeln, die den Brustraum nahezu ausfüllen, wobei der linke das Herz umschließt, also vom Volumen her kleiner ist. Die Lungenflügel sind umgeben von zwei Häuten, dem inneren Lungenfell und dem äußeren Rippenfell, das auch das Zwerchfell umgibt. Zwischen beiden Häuten befindet sich ein flüssigkeitsgefüllter Spalt, der eine reibungslose Bewegung der Lungenflügel im Brustraum garantiert.

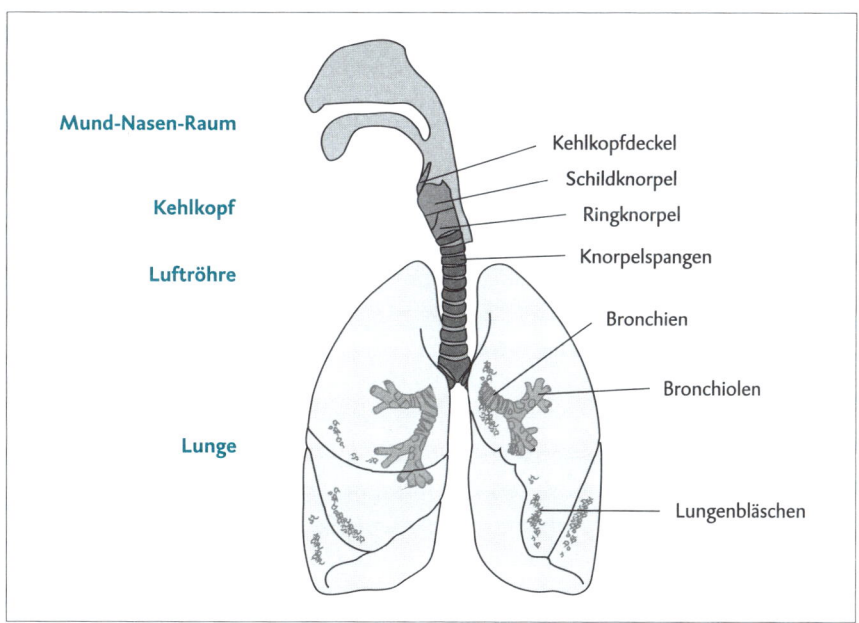

Abb. 25: Atemorgane

Nach unten wird der Brustraum durch das kuppelförmig zu den Lungen ge-wölbte **Zwerchfell** *(diaphragma)* begrenzt, das den Brust- vom Bauchraum trennt.

## Äußere Atmung

> Bei der Atmung wird zwischen einer äußeren und einer inneren Atmung unterschieden. Die Atmung über die Atmungsorgane wird **äußere Atmung** genannt, während die **innere Atmung** den Gasaustausch an den Geweben bezeichnet.

Die äußere Atmung wird durch zwei wesentliche Mechanismen unterstützt:
- **Bauch- oder Zwerchfellatmung:** Da beim Einatmen das Zwerchfell kon-trahiert und seine kuppelförmige Wölbung abflacht, vergrößert sich der Brustraum in der Höhe. Es entsteht ein im Vergleich zur Außenluft niedri-gerer Druck und die Luft wird in Richtung des entstandenen Unterdrucks in die Lungen gedrückt.
  Beim Ausatmen entspannt sich das Zwerchfell und drückt mit seiner Kup-pel gegen die Lungen. Es entsteht ein im Vergleich zur Außenwelt höherer Druck, sodass die Luft aus den Lungen gedrückt wird.
  Unterstützt wird die Arbeit des Zwerchfells durch die Bauchmuskulatur. Beim Einatmen drückt das Zwerchfell die Eingeweide nach unten und die Bauchwand wird unter Vorwölbung gedehnt. Beim Ausatmen kontrahiert die Bauchmuskulatur und drückt die Eingeweide gegen das Zwerchfell.
- **Brustatmung:** Beim Einatmen heben die Zwischenrippenmuskeln die Rip-pen, wodurch sich der Brustkorb vor allem nach vorn erweitert. Dadurch entsteht ein Unterdruck, in dessen Richtung die Außenluft gedrückt wird.
  Beim Ausatmen senken sich die Rippen. Da sich der Brustraum verkleinert, entsteht ein Überdruck, der die Luft nach außen drückt.
  Bei starker Atemarbeit wird die Brustatmung auch durch andere Muskeln im Bereich des Brustkorbs unterstützt.

## Leistung

Die Leistung der Atmungsorgane wird durch die Kenngrößen Atemvolumen, Vitalkapazität, Atemfrequenz und Atemminutenvolumen beschrieben:
- Die Luftmenge, die in Ruhe pro Atemzug eingeatmet wird, heißt **Atemvo-lumen** und liegt bei 400–800 ccm. Diese Luftmenge kann durch energi-sches zusätzliches Einatmen nach einem gewöhnlichen Atemzug etwa um weitere 1 500–2 000 ccm gesteigert werden (Einatmungsreservevolumen). Wird vor einem Atemzug zusätzlich so tief wie möglich ausgeatmet, kann

das Atemvolumen noch um zusätzliche 1 000–1 500 ccm erweitert werden (Ausatmungsreservevolumen).

- Die Summe aus Atemvolumen, Einatmungsreservevolumen und Ausatmungsreservevolumen ergibt die **Vitalkapazität** der Lunge. Sie ist gleich der Menge Luft, die nach maximaler Einatmung maximal ausgeatmet werden kann. Normwerte der Vitalkapazität liegen bei 3,5–5 Litern.

  Auch bei angestrengtester Ausatmung bleibt immer ein Restvolumen von 1 000–1 500 ccm Luft in der Lunge zurück, wodurch ein kontinuierlicher Gasaustausch gewährleistet wird.

- Die **Atemfrequenz** liegt bei untrainierten Erwachsenen zwischen 12 und 20 pro Minute. Trainierte Sportler atmen aufgrund der verbesserten Ausnützung des angebotenen Sauerstoffs nur etwa 8-mal pro Minute.

- Das **Atemminutenvolumen** ist die Menge Luft, die eine Person in einer Minute einatmet, errechnet sich also – gleichbleibende Atembelastung vorausgesetzt – als Produkt von Atemfrequenz und Atemvolumen. Das Atemminutenvolumen kann zwischen 8 Liter pro Minute in Ruhe und bis zu 200 Litern pro Minute bei Ausbelastung betragen. Dauerhaft lässt sich ein Atemminutenvolumen von 50–60 Litern pro Minute realisieren.

In der Regel ist die Kapazität der äußeren Atmung nicht leistungsbegrenzend. Es gibt Spitzensportler mit vergleichsweise geringer und untrainierte Personen mit großer Vitalkapazität. Dennoch kann eine fehlerhafte Atemtechnik zu Einschränkungen der Ausdauerleistungsfähigkeit führen.

Das Restvolumen an Luft, das die Lunge zur Sicherung eines kontinuierlichen Gasaustausches grundsätzlich behält, bringt auch einen Nachteil mit sich: Dadurch, dass beim Einatmen lediglich verbrauchte mit frischer Luft gemischt wird und die Lunge auf diese Weise niemals vollständig mit frischer Luft gefüllt ist, ist der Sauerstoffanteil in der Lunge geringer als in der Umgebung.

Für den Ausdauersportler ergibt sich daraus die Konsequenz, die Ausatmung zu forcieren, um den Anteil verbrauchter Luft in den Lungen zu reduzieren.

ispiele

Da die Atmung bei Ausdauerleistung rhythmisch verläuft, wird im Laufsport die Atmung mit der Schrittfrequenz koordiniert. Dabei ergeben sich Atemrhythmen wie „vier Schritte Einatmung, vier Schritte Ausatmung" bei lockerem Jogging bis „ein Schritt Einatmung, ein Schritt Ausatmung" bei Ausbelastung. Ein bewusstes Training der Atemfrequenzen ist normalerweise nicht nötig, es genügt, auf freie Atmung bei Akzentuierung der Ausatmung zu achten.

## 3.4 Immunsystem

Das Immunsystem ist das körpereigene Abwehrsystem, das versucht, Schädigungen durch Krankheitserreger und giftige Fremdstoffe zu verhindern. Solche Krankheitserreger können Bakterien, Viren, Pilze, Würmer oder auch Eiweißstoffe sein, die jeweils durch Leukozyten bekämpft werden. Es werden zwei Mechanismen des Immunsystems unterschieden, die angeborene, unspezifische Abwehr und die erworbene, spezifische Abwehr.

### Unspezifische Abwehr

Die unspezifische Abwehr wird besonders von zwei Arten von Leukozyten geleistet, den Granulozyten und den Makrophagen, einer bestimmten Art der Monozyten. Sie richtet sich nicht gegen einzelne Erreger, sondern allgemein gegen körperfremde Stoffe und beseitigt schädliche Substanzen durch Phagozytose, indem der unerwünschte Partikel zunächst durch Überstülpen umschlossen und dann vernichtet („gefressen") wird.

### Spezifische Abwehr

Bestimmte Fremdstoffe, **Antigene** genannt, rufen eine spezifische Immunreaktion hervor. Es kommt zur Bildung von **Antikörpern** (Immunglobulinen), die spezifisch zu dem entsprechenden Antigen passen. Träger der spezifischen Abwehr sind die Lymphozyten, eine bestimmte Art von Leukozyten:

- Die **T-Lymphozyten** bekämpfen Zellen. Von ihnen gibt es mehrere spezialisierte Unterformen: Die zytotoxischen T-Zellen (veraltet: T-Killerzelle) vernichten andere Zellen durch Vergiftung, die T-Helferzellen aktivieren andere Zelltypen des Immunsystems, z. B. zytotoxische T-Zellen, und die Regulatorischen T-Zellen (T-Suppressor-Zellen) hemmen das Immunsystem und tragen so zu einer wohl abgestimmten Immunreaktion bei.
- Die **B-Lymphozyten** lösen die Bildung von spezifischen Antikörpern aus. Der Körper verfügt über viele verschiedene Typen von B-Lymphozyten, wovon jeder für die Bildung nur eines bestimmten Antikörpers zuständig ist. Nach Aktivierung durch Antigene differenzieren sich die B-Lymphozyten in **Gedächtniszellen**, welche die Grundlage des immunologischen Erinnerungsvermögens bilden, und in **Plasmazellen**, welche die spezifischen Antikörper bilden.

Der **Ablauf** der spezifischen Immunabwehr erfolgt in vier Phasen.

- In der Erkennungsphase kommt es zum Kontakt zwischen Antigenen und B- bzw. T-Lymphozyten. Während die Rezeptoren der B-Lymphozyten die Antigene direkt anbinden können, benötigen die T-Lymphozyten die Zellen der unspezifischen Abwehr, also Granulozyten und Makrophagen, als Mittler.

- In der Differenzierungsphase werden die T- und B-Lymphozyten zur Teilung angeregt. Die T-Lymphozyten differenzieren sich dabei in zytotoxische T-Zellen, T-Helfer-Zellen und T-Suppressor-Zellen. Die B-Lymphozyten, welche von spezifischen Botenstoffen der T-Helfer-Zellen abhängig sind, werden nach der Teilung teils zu Plasmazellen, teils zu Gedächtniszellen. Antikörper werden produziert.
- Die Wirkungsphase läuft in zwei Bereichen ab, der humoralen und der zellulären Immunreaktion. An der humoralen Immunreaktion, die sich in den Körperflüssigkeiten Blut und Lymphe abspielt, sind insbesondere die B-Lymphozyten beteiligt, welche die Fremdstoffe entweder selbst unschädlich machen oder an die zelluläre oder unspezifische Immunreaktion weiterleiten. Für die zelluläre Immunreaktion sind die T-Lymphozyten zuständig. Sie richten sich gegen Erreger, die bereits in Zellen eingedrungen sind, indem sie die gesamte befallene Zelle vernichten.
- Während der Abschaltphase wird mithilfe der T-Suppressor-Zellen die humorale und zelluläre Immunreaktion eingestellt.

ispiele

Unterschiedliche Antigene auf der Oberfläche der roten Blutkörperchen (Erythrozyten) sind die Ursache für die verschiedenen Blutgruppen beim Menschen. Die Blutgruppen des ABO-Systems sind nach den vorhandenen Antigenen benannt und weisen bestimmte Antikörper auf.
– Blutgruppe A (Träger von A-Antigenen und Antikörpern gegen B)
– Blutgruppe B (Träger von B-Antigenen und Antikörpern gegen A)
– Blutgruppe AB (Träger von A- und B-Antigenen, keine Antikörper)
– Blutgruppe 0 (keine Antigene, Antikörper gegen A und B)
Die Kombination von verschiedenen Antigenen und Antikörpern hat zur Folge, dass nicht jeder Blut eines anderen annehmen bzw. einem anderen spenden kann. So lassen sich die Blutgruppen A und B nicht mischen, da dann das Spenderblut bekämpft würde und es zur Verklumpung des Blutes kommen würde. Personen mit Blutgruppe AB reagieren weder auf A- noch auf B-Antigene mit Abstoßungsreaktionen, weil beide Formen als eigene bekannt sind. Sie sind also universelle Empfänger und können Blut von jeder anderen Gruppe annehmen. Personen mit Blutgruppe 0 können allen anderen Personen Blut spenden, weil durch Blut der Gruppe 0 weder Antikörper für A-, noch solche für B-Antigene angesprochen werden; beide Antigenformen sind ja nicht vorhanden. Allerdings kann jemand mit Blutgruppe 0 auch nur Blut der Gruppe 0 empfangen.

## 3.5 Hormonsystem

Das Hormonsystem (endokrines System) ist ein Organsystem, das biologische Prozesse meist unauffällig und reibungslos erledigt. Die Hormone dienen dabei als chemische Botenstoffe.

Aufgrund der nachhaltigen Wirkung von Hormonen werden vom endokrinen System z. B. folgende, langfristige Aufgaben erledigt:

- Fortpflanzung und Arterhaltung z. B. durch Bildung von Ei- und Samenzellen, Befruchtung, Entwicklung des Kindes während der Schwangerschaft, Geburt, Milchversorgung des Säuglings, Wachstum und Entwicklung des Menschen
- Einstellung auf die äußeren Anforderungen des Lebens durch Höherregulierung oder Absenken einzelner Körpersysteme im Bedarfsfall
- Mobilisierung der Immunabwehr und Bewältigung von Stresssituationen wie Hunger, Durst, Unterkühlung, Überhitzung, Verletzung, Infektion oder emotionale Krisensituationen
- Sicherstellen des laufenden Betriebes in den Bereichen Nährstoffversorgung, Wasser- und Elektrolythaushalt, ständige Zellerneuerung

### Arten von Hormonen

Hormone können je nach Aspekt unterschiedlich kategorisiert werden:

- Aufgrund ihrer **chemischen Struktur** lassen sich die Hormone in folgende Kategorien einteilen:
  - Peptidhormone (aus Aminosäurebausteinen oder Aminosäure- und Kohlenhydratbausteinen zusammengesetzt)
  - Aminosäurenderivate (aus Aminosäuren abgeleitet)
  - Steroidhormone (aus Cholesterin abgeleitet)
  - Fettsäurederivate
- **Biochemisch** kann zwischen wasserlöslichen Hormonen (Peptide, Aminosäurenderivate) und fettlöslichen Hormonen (Steroide, Fettsäurederivate) unterschieden werden. Wasserlösliche Hormone wie Insulin werden im Magen sofort zerlegt und gelangen nicht in ihrer ursprünglichen Form ins Blut. Daher müssen sie als Medikament gespritzt werden. Fettlösliche Hormone, wie sie etwa in der Anti-Baby-Pille vorkommen, können dagegen in Tablettenform über den Verdauungstrakt aufgenommen oder auch in Form von Cremes über die Haut verabreicht werden.
- Unter Berücksichtigung der **Wirkungsweise** lassen sich folgende Gruppen nennen:
  - Die glandulären Hormone wirken direkt an den Zielorganen.

– Die glandotropen Hormone wirken von der Hypophyse aus auf periphere Hormondrüsen wie die Schilddrüse oder die Nebennieren.
– Die Releasing- und Inhibiting-Hormone wirken (fördernd oder hemmend) vom Hypothalamus aus mittelbar auf das gesamte Hormonsystem, indem sie die Ausschüttung glandulärer oder glandotroper Hormone anregen.

### Hormonproduktion

Die **Bildung der Hormone** erfolgt in verschiedenen Drüsen. Diese werden als **endokrine Drüsen** bezeichnet, da sie die erzeugten Substanzen in das Körperinnere abgeben. Im Gegensatz dazu setzen die exokrinen Drüsen wie Speichel- oder Schweißdrüsen ihre Sekrete außen frei.

Im Körper befinden sich folgende wichtige Hormondrüsen:

- Die **Schilddrüse** befindet sich im Bereich des vorderen Halses und hat die Form eines Schmetterlings. Sie wird in den meisten ihrer Arbeitsbereiche von Hypothalamus und Hypophyse beeinflusst. Ihre Hormone steuern die Entwicklung Neugeborener, z. B. den für die Knochenbildung wichtigen Calciumstoffwechsel. Im Bereich Stoffwechsel und Steuerung der inneren Organe liegen auch ihre Wirkungsschwerpunkte beim Erwachsenen: Schilddrüsenhormone wirken auf die Herzfrequenz, den Blutdruck, die Aktivitätshöhe des Stoffwechsels, die Darmaktivität sowie die Schweißproduktion. Bei einer Unterfunktion der Schilddrüse ist der Stoffwechsel verlangsamt, wodurch das Körpergewicht zunimmt, die psychische Aktivitäts-Bereitschaft abnimmt und die Haut besonders trocken wird. Bei einer Überfunktion kommt es zu Gewichtsverlust trotz permanenten Hungergefühls, Herzrasen, Schweißausbrüchen oder Störungen der Verdauung über Durchfallerkrankungen.
Die **Nebenschilddrüsen** befinden sich in der Regel an den Rändern der Schilddrüse. Ihre Hormonproduktion ist für den Calciumstoffwechsel zuständig, damit also für den Knochenbau.
- Die **Thymusdrüse**, die am oberen Ende hinter dem Brustbein liegt, dient der Immunabwehr. Sie ist das zentrale Organ für die Schulung weißer Blutkörperchen, das bedeutet, sie vermittelt den weißen Blutkörperchen, welche Zellen körpereigen, welche fremd sind. Sobald mit der Pubertät genügend weiße Blutkörperchen ausgebildet sind, verliert die Thymusdrüse zunehmend an Bedeutung. Dies und die Erkenntnis, dass das Immunsystem im Altersgang sowieso zunehmend schwächer wird, erklärt, warum sich die

Thymusdrüse bis ins hohe Alter so weit zurückbilden kann, dass sie kaum noch auffindbar ist.

- Ihrem Namen entsprechend befinden sich die beiden **Nebennieren** in unmittelbarer Nähe der Nieren, sind aber eigene Organe. Sie weisen zwei Funktionsareale auf, die Nebennierenrinde, wo Hormone zur Steuerung des Wasser-, Mineralstoff- und Zuckerhaushalts sowie Steroidhormone produziert werden, und das Nebennierenmark, das mit der Bildung der Stresshormone Adrenalin und Noradrenalin befasst ist.
- Die **Langerhans'schen Inseln** sind Zellansammlungen in der Bauchspeicheldrüse. Hier werden die Hormone Insulin und Glucagon hergestellt, die den Blutzuckerspiegel regulieren.
- In den **Eierstöcken** werden unter Steuerung der Hypophyse die „weiblichen" Hormone ausgeschüttet, im Wesentlichen die Östrogene und Progesteron. In den **Hoden** werden „männliche" Hormone abgegeben, etwa das Testosteron.

Die Steuerungszentralen der Hormonproduktion im Gehirn sind Hypothalamus, Hypophyse und Epiphyse:

- Der **Hypothalamus** ist der untere Abschnitt des Zwischenhirns. Von dort werden die Körpertemperatur reguliert, der Wasserhaushalt gesteuert, die Nahrungsaufnahme über das Hungergefühl angeregt, der tägliche Schlaf-Wach-Rhythmus (circadianer Rhythmus) überwacht sowie das Sexualverhalten mit bestimmt.
- Die **Hypophyse** (Hirnanhangdrüse) ist eine zentrale Einheit in der Hormonregulation, weil sie neben einer direkten Stimulierung des vorpubertären Wachstums durch Wachstumshormone (Somatropin, auch HGH für *Human Growth Hormone*), vorwiegend mittelbar über andere Hormone produzierende Drüsen wirkt, deren Hormonausschüttung sie initiiert. Sie weist zwei wesentliche Teile auf, den Hypophysenvorderlappen (Adenohypophyse) und den Hypophysenhinterlappen (Neurohypophyse).
- Das in der **Epiphyse** (Zirbeldrüse) produzierte Hormon Melatonin ist für die Einhaltung des Schlaf-Wach-Rhythmus zuständig.

Hypothalamus und Hypophyse sind über den Hypophysenstiel miteinander verbunden und steuern durch mittelbare Wirkung viele andere hormonelle Vorgänge des Körpers. Der Hypothalamus ist sowohl in das Nervensystem als auch in das Hormonsystem stark eingebunden und funktioniert so als Schnittstelle zwischen beiden Systemen.

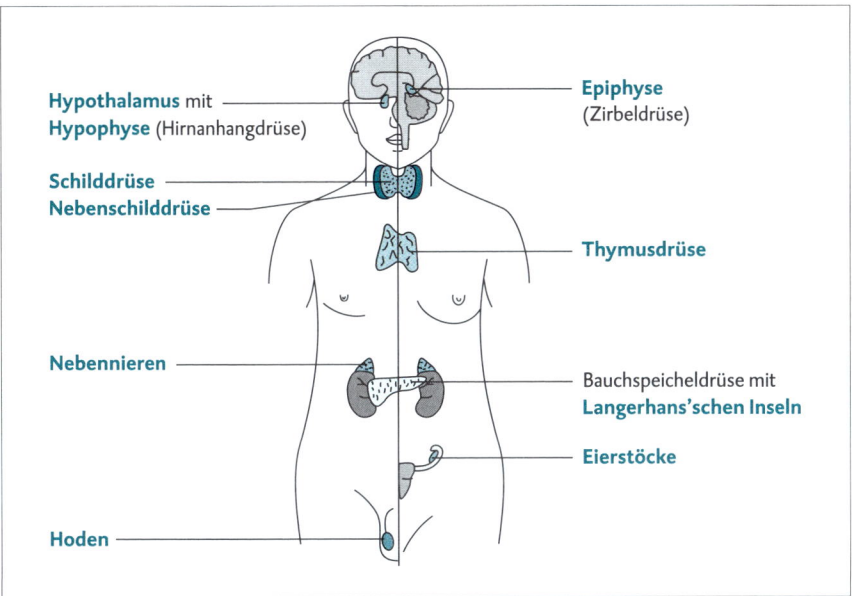

Hypothalamus mit
Hypophyse (Hirnanhangdrüse)

Epiphyse
(Zirbeldrüse)

Schilddrüse
Nebenschilddrüse

Thymusdrüse

Nebennieren

Bauchspeicheldrüse mit
Langerhans'schen Inseln

Eierstöcke

Hoden

Abb. 26: Organe der Hormonproduktion

## Hormonelle Regulation

Hormone arbeiten in **Regelkreisen**. Das bedeutet, dass die Hormonausschüttung nach Abgleich von Ist- und Soll-Werten erfolgt. Ist der Ist-Wert im Vergleich zum Soll-Wert zu niedrig, wird die Zufuhr eines bestimmten Hormons erhöht. Ist der Ist-Wert im Vergleich zum Soll-Wert zu hoch, wird die Hormonausschüttung entsprechend zurückgefahren.

Aufgrund der vergleichbaren Arbeitsweise in Regelkreisen mit permanenter Soll- und Ist-Wert-Kontrolle drängen sich an dieser Stelle zwar Vergleiche zur Arbeit des Nervensystems auf, doch sind die beiden Systeme dahingehend grundsätzlich verschieden, dass Nerven auch mit elektrischen Impulsen, Hormone dagegen rein chemisch arbeiten. Auch in der Wirkweise gibt es Unterschiede: Im Vergleich zu Nervimpulsen haben die eher langfristig wirkenden Hormone deutlich langsamere Reaktionszeiten, da sie kein eigenes Leitungssystem wie die Nerven besitzen, sondern sich mit der Fließgeschwindigkeit des Blutes im Körper bewegen.

Die Hormone erkennen auf ihrem Weg durch die Adern ihren Bestimmungsort dadurch, dass sie exakt an die Rezeptoren der Zielzellen andocken können. Da die Hormone zu den Rezeptoren wie ein Schlüssel zu einem Schloss passen, spricht man auch vom **Schlüssel-Schloss-Prinzip**.

Beispiele

- ## Hormonelle Regulation in Stresssituationen

  Bei plötzlich auftauchenden Stresssituationen, sei es aus Freude, sei es aus Angst, gibt das ZNS dem Hypothalamus den Impuls, das Releasing-Hormon CRH *(Corticotropin-Releasing Hormon)* auszuschütten. Dieses veranlasst die Hypophyse, im Hypophysenvorderlappen das Hormon ACTH *(Adrenocorticotropes Hormon)* abzugeben, das seinerseits die Nebennierenrinde Glucocorticoide in den Blutkreislauf entsenden lässt. Außerdem wird über den Sympaticus das Nebennierenmark angeregt, die Katecholamine Adrenalin und Noradrenalin (sie zählen zu den Aminosäurederivaten) in einer Mischung von 80 % zu 20 % abzugeben. Die Stressregulation verläuft also in hierarchischer Steuerung.

  Während Noradrenalin blutdrucksteigernd wirkt, fördert Adrenalin die Energiezufuhr in die Muskulatur, indem es die Herzarbeit intensiviert und den Energiestoffwechsel durch Bereitstellung von Glucose anregt. Zusammen sorgen die beiden Katecholamine also momentan und kurzfristig für die muskuläre Bereitschaft, auf eine alarmierende Situation reagieren zu können, unterdrücken aber Denkvorgänge ebenso wie die Darmbeweglichkeit, sind also ganz auf Muster wie „Kampf" oder „Flucht" konzentriert. Die vermehrte Ausschüttung der Glucocorticoide wirkt längerfristig. Der Hauptvertreter, das Steroidhormon Cortisol, ist lebenswichtig zur Regulation des Blutdrucks und des Herzschlags, zur Energiebereitstellung und zur Versorgung des Gehirns. Eine etwa durch Dysfunktion der Nebennieren hervorgerufene, dauerhaft zu niedrige Konzentration von Cortisol im Blut ist somit lebensbedrohlich. Ein zu hoher Cortisolspiegel, wie er durch andauernden Stress ohne Ruhephasen verursacht wird, führt zu Kopfschmerzen, Schlafstörungen, Einschränkungen der Immunabwehr, Lern- und Konzentrationsschwierigkeiten. Der Cortisolspiegel variiert im Laufe des Tages sehr stark. So liegen die Normalwerte je nach Tageszeit und der damit verbundenen Stressbelastung zwischen 138 (nachts) und 690 (tagsüber) nmol/l Blut. Krankhafte Abweichungen nach oben oder unten können daher nur über längerfristig erhobene Mittelwerte festgestellt werden. Da Cortisol in hoher Dosierung selbst in schweren Fällen entzündungshemmend wirkt – es wird in seiner oxidierten Form als Cortison verabreicht, das in der Leber zu Cortisol umgewandelt wird –, wird es gerne als Medikament eingesetzt. Allerdings kann es bei entsprechender Medikation über längere Zeit zu weit über die oben genannten Symptome hinausgehenden, schweren Nebenwirkungen kommen (Cushing-Syndrom).

- **Hormonelle Regulation des Wasser- und Elektrolythaushalts**

  Das Renin-Angiotensin-Aldosteron-System (RAAS) gibt dem Körper einen Regelkreis verschiedener Hormone und Enzyme an die Hand, um den Salz- und Wasserhaushalt zu regulieren. Dieses System greift auch in die Blutdruckregulation ein.

  Renin, ein in den Nieren gebildetes Enzym, wird freigesetzt, wenn der Blutdruck abfällt, was etwa aufgrund eines durch Elektrolyt- oder Wasserverlust verursachtes zu geringes Blutvolumen der Fall sein kann. Die Freisetzung von Renin löst die Produktion des Hormons Angiotensin II aus, das zu einer Verengung feiner Gefäße und damit unmittelbar zur Blutdruckerhöhung führt. Es verursacht auch die Abgabe von Aldosteron aus der Nebennierenrinde, das dafür sorgt, dass Natrium und Wasser aus dem vorhandenen Urin ins Blut zurücktransportiert werden, sodass dessen Volumen ansteigt. Außerdem wirkt es auf die Hypophyse, die über Freigabe des Hormons ADH (anti-diuretisches Hormon) die Nieren instruiert, weniger Wasser abzugeben. Dadurch dass das Hormon Angiotensin den Blutdruck erhöht, pendelt sich dieses System selbst aus, da die Freisetzung von Renin behindert wird.

- **Hormonelle Regulation von Wachstumsprozessen**

  Das Hormon Somatotropin (auch HGH für *Human Growth Hormone*) ist für das natürliche Längenwachstum bei Heranwachsenden verantwortlich. Es fördert das Wachstum von Muskeln, inneren Organen und Knochen, indem es die Zellteilung beschleunigt. Bei Mangel kommt es zu Kleinwüchsigkeit, ein Überschuss führt zu Riesenwuchs. HGH wird im Hypophysenvorderlappen gebildet und ausgeschüttet. Die Steuerung der Ausschüttung unterliegt dem Hypothalamus, der über das Hormon SRF (Somatropin-Releasing-Faktor, auch GHRH für *Growth-Hormone-Releasing-Hormone*) die Bildung anregt und gegebenenfalls über das Hormon Somatostatin wieder bremst.

  Beim Erwachsenen hat HGH seine Funktion in Reparatur-Prozessen des Körpers, wird also z. B. nach körperlicher Leistung ausgeschüttet. Mit dieser aufbauenden Wirkung in Verbindung mit der Fähigkeit, Fett zu lösen, hat es gerade für Sportler eine herausragende Bedeutung. Eine Zufuhr von außen gilt hier allerdings als Doping. Eine Überdosierung führt zu einer optischen Veränderung des Äußeren, da nicht endgültig verknöcherte Strukturen wie im Bereich des Gesichtsschädels (Nase) oder an den Extremitäten wieder wachsen. Gefährlich wird ein solch verspäteter Wachstumsprozess im Bereich der inneren Organe.

Einfluss auf das Wachstum der Muskulatur haben auch die Androgene (männliche Sexualhormone), deren bekanntester Repräsentant das Testosteron ist. Es wird beim Mann in den Hoden und in geringerer Menge auch in der Nebennierenrinde produziert und sorgt äußerlich für typisch männliche Merkmale wie eine tiefe Stimme oder verstärkte Behaarung. Auch Frauen verfügen über Testosteron aus den Eierstöcken und der Nebennierenrinde, allerdings in geringerem Maße. Dem Testosteron verwandte Stoffe, die im Sport als Doping eingesetzt werden, heißen Anabolika, oft auch Steroide, weil sie der Gruppe der Steroidhormone zuzuordnen sind.

Im Bereich der Blutbildung ist besonders das in der Niere gebildete Hormon Erythropietin (EPO) bekannt. Es regt im Knochenmark die Bildung roter Blutkörperchen an und unterstützt damit die Sauerstoffversorgung. Auch EPO ist über die Dopingdiskussion bekannt geworden, da es sich von außen zuführen lässt und die leistungsbegrenzende Sauerstoffaufnahme im Körper über die Erweiterung der Sauerstoffkapazität des Blutes erweitert, was besonders für Ausdauersportarten wichtig ist.

## Zusammenfassung

Der Versorgungsapparat dient dazu, alle lebenswichtigen Stoffe an die richtigen Stellen im Körper zu bringen und Abfallprodukte abzutransportieren.

- Das **Herz** ist das Zentrum des Blutkreislaufes. Es wird autonom bzw. über das vegetative Nervensystem gesteuert.
- Durch das Schlagen des Herzens wird das Blut durch das **Blutgefäßsystem** geschleust. Dabei sind die Arterien die Blutgefäße, die vom Herzen wegführen, die Venen diejenigen, die zum Herzen hinführen. Das Blut, das sich aus Plasma und zellulären Bestandteilen zusammensetzt, übernimmt vielfältige Aufgaben, vom Transport des Sauerstoffs über das Wegführen von Schlacken bis hin zur Unterstützung der Körpertemperaturregulierung und des Immunsystems.
- Die Zufuhr von Sauerstoff erfolgt über die **Atemwege** und die **Lunge**.
- Das **Immunsystem** ist das Schutzsystem des Körpers gegen Krankheitserreger und giftige Fremdstoffe und agiert hauptsächlich mithilfe der Leukozyten. Während bei der unspezifischen Immunabwehr global gegen Stoffe vorgegangen wird, erfolgt bei der spezifischen Abwehr eine Reaktion auf bestimmte Antigene, indem Antikörper gebildet werden.

- **Hormone** sind chemische Botenstoffe, welche alle lebenswichtigen Aufgaben unterstützen. Die Hormone werden in speziellen Hormondrüsen und dem Hypothalamus produziert und über Regelkreise gesteuert.

fgaben

## 8. Open-Window-Phänomen

Unmittelbar nach sehr großen sportlichen Anstrengungen sind die Sportler infektanfälliger als zuvor; man spricht in diesem Zustand von einem Open-Window-Phänomen. Nach Wettkämpfen wie dem Marathonlauf oder langen Triathlon-Rennen gibt man folglich den Rat, sich von anderen Personen fernzuhalten, um sich nicht eine Infektion einzufangen. Überlegen Sie zum einen, wie es zum Open-Window-Phänomen kommen kann, und begründen Sie zum anderen, warum dadurch die Gesundheitswirkung des Sportes nicht prinzipiell infrage gestellt ist.

## 9. Physiologische Grundlagen des Höhentrainings

Alle Gase, die im Blut gelöst oder in Bindungen vorhanden sind, üben zusammen einen Druck auf körpereigene Membranen aus, durch die hindurch sie diffundieren können. Ein Teil dieses gesamten Gasdrucks wird durch Sauerstoff verursacht, den Sauerstoffpartialdruck. Er bietet ein Maß für die Verfügbarkeit von Sauerstoff im Körper. Beim Aufenthalt in der Höhe sinkt der Sauerstoffpartialdruck.

Welche Anpassungen an den verringerten Sauerstoffpartialdruck wird der Körper vornehmen müssen? Was verspricht sich ein Sportler von einem Trainingsaufenthalt in der Höhe?

## 10. Herzfehler

Ein angeborener Herzfehler kann dadurch beschrieben sein, dass die Scheidewand zwischen den beiden Herzkammern ein Loch aufweist. Herzklappenfehler können im Laufe des Lebens erworben sein, führen dann aber ebenfalls zu Unregelmäßigkeiten. Wie wirken sich die genannten Defekte aus?

## 11. Blutstrom in der Systole und Diastole

Erklären Sie, warum in der Phase der Diastole der Blutdruck niedriger liegt als in der Phase der Systole. Warum kommt auch in der Phase zwischen den Herzschlägen der Blutdruck und damit der Blutfluss nicht zum Erliegen?

# 4 Stoffwechsel

Als Stoffwechsel (**Metabolismus**) werden allgemein Auf-, Ab- und Umbau-
vorgänge lebendigen Gewebes bezeichnet. Aufbauvorgänge eines Organismus,
wie sie etwa beim Muskelaufbau oder beim jugendlichen Wachstum erfolgen,
heißen **Anabolismus**, Abbauvorgänge, etwa bei der Verdauung, **Katabolismus**. Der Stoffwechsel hat zwei Hauptfunktionen, den Baustoffwechsel und
den Energiestoffwechsel.

## Baustoffwechsel

Der Baustoffwechsel dient dem Erhalt und Neuaufbau der individuellen Körpersubstanz. Diese wird aus den Aminosäuren, die dem Körper nach der Verdauung der Nahrungseiweiße zur Verfügung stehen, nach einem für den jeweiligen Körper typischen Bauplan zusammengesetzt. Dieser Bauplan ist in jeder Zelle über die DNS (Desoxyribonukleinsäure) gespeichert.

## Energiestoffwechsel

Der Energiestoffwechsel dient dem Energiegewinn, indem er **ATP** (Adenosin-
triphosphat) produziert. Diese Substanz ist sehr reaktionsfreudig und gibt bei
der Spaltung in Adenosindiphosphat (ADP) und einen Phosphorrest (P) Energie frei:

$$ATP \longrightarrow ADP + P + Energie$$

Der menschliche Metabolismus kann unmittelbar aus ATP Energie gewinnen.
Das ATP wird aus Fetten, Kohlenhydraten und Eiweißen der Nahrung bzw.
deren jeweiliger Depotform (Körperfett, Glykogen, Körpersubstanz etwa in
der Muskulatur) hergestellt. Eiweiße werden als ATP-Lieferanten jedoch nur
im Notfall, d. h. bei Hunger oder extrem lang andauernder körperlicher Belastung, herangezogen.

Die Arten der Energiegewinnung werden unterschieden nach der Sauerstoff-
nachfrage (aerob bzw. anaerob), dem Auftreten des Abfallproduktes Milch-
säure (laktazid bzw. alaktazid) und den zugrunde liegenden Energieträgern wie
Phosphat, Glucose, Fette oder Eiweiße.
Alle Arten der Energiebereitstellung kommen grundsätzlich gleichzeitig zum
Einsatz, allerdings verschiebt sich der prozentuale Anteil je nach körperlicher
Belastung und der Fähigkeit der Varianten, sich schnell auf geänderte Situatio-
nen einzustellen:

- In Ruhe wird die benötigte Energie aerob unter Verwendung von Kohlenhydraten (etwa 2/3) und Fetten (etwa 1/3) erzeugt. Die anderen Varianten
des Energiestoffwechsels liefern einen vernachlässigbar kleinen Anteil.
- Bei einsetzender körperlicher Belastung reagieren die verschiedenen Mechanismen unterschiedlich träge auf die geänderte Situation. Unmittelbar stehen die Vorräte an ATP zur Verfügung. Diese sind allerdings schnell verbraucht und werden durch die Vorräte an Kreatinphosphat ersetzt. Daran
schließt sich als nächste schnellere Variante die anaerob-laktazide Energie-
produktion an. Erst dann kommen die aeroben Varianten vermehrt in
Schwung, wobei der Kohlenhydratstoffwechsel schneller reagiert als der
Fettstoffwechsel. Bei zunehmender Belastungsdauer gewinnt jedoch der
Fettstoffwechsel mehr und mehr an Bedeutung.

## 4.1 Anaerobe Energiebereitstellung

Anaerobe Energiebereitstellung bedeutet, dass **ohne Sauerstoff** (anaerob) Energie gewonnen wird.

### Anaerob-alaktazide Energiebereitstellung
In den ersten Sekunden einer Belastung erfolgt die Energiebereitstellung ohne
Sauerstoff (anaerob) und ohne Produktion von Laktat (alaktazid), dem Salz der
Milchsäure. Als Energieträger dienen die beiden Phosphate **ATP** (Adenosintri-
phosphat) und **KP** (Kreatinphosphat).
Da der Vorrat an ATP im Muskel bei Belastung nur etwa 2 Sekunden reicht,
muss zur Aufrechterhaltung der Muskelarbeit sehr schnell neues ATP erzeugt
werden. Die schnellstmögliche Nachschubmöglichkeit bietet das KP. Folgende
vereinfacht dargestellte Reaktion **(Lohmann-Reaktion)** führt zum Wieder-
aufbau des ATP aus KP und ADP des Enzyms Kreatinkinase:

$$KP + ADP \longrightarrow Kreatin + ATP$$

Ein weiterer im Vergleich zur Lohmann-Reaktion mengenmäßig weniger be-
deutender Prozess der ATP-Resynthese ist durch die sogenannte **Myokinase-
Reaktion** gegeben, wo bei Einwirkung des namengebenden Enzyms Myokina-
se aus ADP letztendlich unter Freigabe von Ammoniak ($NH_3$) ATP wiederher-
gestellt wird. Zwei Reaktionsgleichungen veranschaulichen diesen Prozess:

$$2\,ADP \longrightarrow ATP + AMP \text{ (Adenosinmonophosphat)}$$
$$AMP + H_2O \longrightarrow 6\,NH_3 + IMP \text{ (Inosinmonophosphat)}$$

Sportmedizinisch ist dieser Weg der Wiederherstellung von ATP für die Trainingssteuerung deswegen bedeutsam, da man anhand des in das Blut übergehenden Ammoniaks den Beanspruchungs- und Trainingszustand eines Sportlers beurteilen kann. Denn die Myokinase-Reaktion wird vom Körper besonders in Ausnahmesituationen wie bei starker Belastung oder bei Mangel an Kohlenhydratvorräten (Glykogen) in Anspruch genommen. So kann man bei längerfristig erhöhter Ammoniak-Konzentration im Blut auch auf einen Übertrainingszustand rückschließen.

Der Mehraufwand für die ersten Sekunden einer harten Belastung wird allein durch die energiereichen Phosphate ATP und KP bestritten. Die KP-Aktivität erreicht dabei ihren Höhepunkt 10 Sekunden nach Belastungsbeginn mit einem Anteil von 90 % an der ATP-Gesamtproduktion. Die Vorräte an den energiereichen Phosphaten ATP und KP reichen zusammen für etwa 20 Sekunden intensiver Belastung.

Beispiele

Sportarten, bei denen die anaerob-alaktazide Stoffwechselvariante besonders genutzt wird, findet man in den technischen Disziplinen der Leichtathletik, aber auch in Sportarten wie Volleyball oder Basketball, in denen sich kurze höchstintensive Phasen bei Sprüngen oder Kurzsprints mit solchen geringerer Intensität abwechseln.

### Anaerob-laktazide Energiebereitstellung

Bereits wenige Sekunden nach Beginn der sportlichen Zusatzbelastung, also zu einem Zeitpunkt, wo noch hauptsächlich die anaerob-alaktazide Energiebereitstellung wirkt, wird die anaerob-laktazide Energiebereitstellung verstärkt, was bedeutet, dass nun Laktat gebildet wird. Die Reaktionsgleichung der anaerob-laktaziden Energiebereitstellung im Ganzen ist vereinfacht so darstellbar:

$$1 \text{ Glucose} + 2 \text{ P} + 2 \text{ ADP} \longrightarrow 2 \text{ Milchsäure} + 2 \text{ ATP}$$

Die Ausbeute von 2 Molekülen ATP aus einem Molekül Glucose ist vergleichsweise gering. Der anaerob-laktazide Stoffwechsel arbeitet also in Hinblick auf die Ausnutzung der Kohlenhydrate unökonomisch.

Bei erschöpfenden Anstrengungen mit einer Belastungsdauer von etwa einer Minute wird der anaerob-laktazide Stoffwechsel ausgereizt. Mit einem Anteil von maximal rund 70 % an der Gesamtenergieproduktion wird ein Höhepunkt etwa 45 Sekunden nach Beginn der harten körperlichen Belastung erreicht. Im Spitzenbereich werden bei Auslastung des anaerob-laktaziden Stoffwechsels Laktatkonzentrationen von bis zu 25 mmol/l im Blut gemessen, bei Untrainierten 7–8 mmol/l.

spiele

Die Paradedisziplin des anaerob-laktaziden Stoffwechsels ist bei einer Zeitdauer von knapp einer Minute der 400-m-Lauf. Hier werden die Kapazitäten der anaeroben Energiebereitstellung voll ausgenutzt. Aber auch bei längeren Läufen spielt der anaerob-laktazide Stoffwechsel eine Rolle, wenn es etwa um taktische Positionskämpfe oder den Endspurt geht, wo die eigenen Möglichkeiten auf der langen Strecke kurzfristig überschritten werden.

Der Grad der Inanspruchnahme der anaerob-laktaziden Energiebereitstellung ist ein gutes Maß zur Beurteilung der Intensität einer Ausdauerleistung. Denn je höher der Laktatspiegel bei dauernden Belastungen aufgrund des höheren Anteils an der anaerob-laktaziden Energiebereitstellung ist, desto höher ist die Intensität.

Der anaerob-laktazide Stoffwechsel ist auf hohem Niveau nicht lange zu halten, weil die als Abfallprodukt auftretende Milchsäure das leicht alkalische Blutmilieu des Körpers so stark übersäuert, dass eine Pufferung nicht mehr gelingt. Subjektiv fühlt man diese Überforderung als Schmerz in Verbindung mit schwerer Erschöpfung, objektiv wird die Energiegewinnung aus Glucose zunehmend behindert.

## 4.2 Aerobe Energiebereitstellung

Aerobe Energiebereitstellung bedeutet, dass **mit Sauerstoff** (aerob) Energie gewonnen wird.

Wird eine körperliche Belastung länger als eine Minute aufrechterhalten, werden die aeroben Formen der Energiegewinnung zunehmend intensiviert. Die chemischen Reaktionen der aeroben Energiebereitstellung finden in den Mitochondrien statt. Man rechnet, dass deren Mechanismen der Energiebereitstellung sich erst nach zwei bis vier Minuten endgültig auf eine erhöhte Anforderung eingestellt haben.

Nach dieser Anlaufzeit stellt sich, wenn die geforderte Arbeitsintensität nicht so stark ist, dass man abbrechen müsste, ein Gleichgewicht zwischen Sauerstoffaufnahme und -verbrauch ein **(Sauerstoff-Steady-State)**, das sich durch gleichbleibende Herzfrequenz und konstante Atmung auszeichnet.

Die bis zum Erreichen des Sauerstoff-Steady-States zu wenig vom Körper aufgenommene Sauerstoffmenge wird als **Sauerstoffdefizit** bezeichnet. Es ergibt sich zwangsläufig bei Aufnahme einer intensiven Belastung, weil sich die aerobe Energiebereitstellung eben erst nach wenigen Minuten auf eine erhöhte Beanspruchung eingestellt hat. Das Sauerstoffdefizit wird durch vermehrte Sauerstoffaufnahme wieder ausgeglichen. Während man früher die Meinung vertrat, dass das Defizit erst nach Ende der Belastung beseitigt werden könne, geht man heute davon aus, dass es bei Nicht-Ausbelastung des inneren Atmungssystems auch schon während der Belastung aufgehoben werden kann. Die nach der Belastung bestehende **Sauerstoffschuld** rührt nicht nur von der Beseitigung des eventuell noch bestehenden Sauerstoffdefizits her (Wiederauffüllen der Myoglobinspeicher, Herstellung des normalen Sauerstoffgehalts im Blut und den Körpergeweben, erhöhter Sauerstoffbedarf der Herz- und Atemmuskulatur nach Belastungsende), sondern ist unter anderem bedingt durch die noch erhöhte Körpertemperatur nach erfolgter Anstrengung, dem Wiederauffüllen der Speicher der energiereichen Phosphate und der Beseitigung der erhöhten Laktatkonzentration im Blut. Die Beseitigung der Gesamtsauerstoffschuld kann bis zu einer Stunde nach Belastungsende andauern. Während das Auffüllen der Phosphat- und Sauerstoffspeicher zur Beseitigung einer alaktaziden Sauerstoffschuld bereits nach etwa zwei bis fünf Minuten abgeschlossen ist, braucht die Überwindung der laktaziden Sauerstoffschuld zur Beseitigung des überschüssigen Laktats wesentlich länger.

### Aerobe Energiebereitstellung durch Kohlenhydrate

Bei aerober Energiegewinnung aus Glucose ergibt sich:

$$1 \text{ Glucose} + 38 \text{ P} + 38 \text{ ADP} + 6 \text{ O}_2 \longrightarrow 44 \text{ H}_2\text{O} + 6 \text{ CO}_2 + 38 \text{ ATP}$$

Aus 1 Molekül Glucose entstehen bei aerober Umsetzung 38 ATP. Die aerobe Energiegewinnung geht also mit dem Brennstoff Glucose wesentlich sparsamer um als die anaerob-alaktazide Energiebereitstellung.

Die Vorräte an Kohlenhydraten – sie liegen in Form des Glykogens in der Muskulatur und der Leber vor – sind begrenzt. Ohne weitere Nahrungsaufnahme während der Ausdauerbelastung ist nach einer ein- bis zweistündigen intensiven Belastung der Glykogenvorrat weitgehend erschöpft. Die Energiebereitstellung wird nun im Wesentlichen durch die aerobe Energiegewinnung aus Fetten ergänzt.

Beispiele

Typische Ausdauerdisziplinen wie der 10 000-m-Lauf, welche die aerobe Energiebereitstellung durch Kohlenhydrate in hohem Maße beanspruchen (60–75 %), haben eine zeitliche Dauer zwischen 10 und 75 Minuten.

### Aerobe Energiebereitstellung durch Fette

Im Gegensatz zu den Kohlenhydraten stehen auch bei schlanken Personen die Fette als Energielieferanten nahezu unbegrenzt zur Verfügung. Zwei vereinfachte Reaktionsgleichungen der Oxidation von Fettsäuren sind z. B.:

$$1 \text{ Palmitinsäure} + 23 \, O_2 + \ldots \longrightarrow 16 \, H_2O + 16 \, CO_2 + 129 \, ATP$$
$$1 \text{ Laurinsäure} + 17 \, O_2 + \ldots \longrightarrow 12 \, H_2O + 12 \, CO_2 + 95 \, ATP$$

Trotz ihres überragenden Energieangebotes sind die Fettsäuren nicht grundsätzlich der führende Energielieferant im Sport, weil bei der Fettsäureverbrennung deutlich mehr Sauerstoff für die Erzeugung derselben Menge ATP verbraucht wird als bei der Glucoseverbrennung. Untersucht man den Sauerstoffwirkungsgrad von Glucose und den beiden beispielhaft genannten freien Fettsäuren als das Verhältnis von ATP-Produktion und Sauerstoffverbrauch, dann bestätigen sich die getroffenen Feststellungen:

| Brennstoff | ATP-Produktion / Sauerstoffverbrauch | Sauerstoffwirkungsgrad prozentual (bezogen auf Glucose) |
|---|---|---|
| Glucose | 38/6 = 6,333 | 100 |
| Palmitinsäure | 129/23 = 5,609 | 88,6 |
| Laurinsäure | 95/17 = 5,588 | 88,2 |

Tab. 2: Wirkungsgrad mehrerer Brennstoffe

Bei lang andauernden Ausdauerbelastungen übernehmen trotzdem die Fette den Hauptanteil an der Energiebereitstellung (bis zu 80 %), da sich mit zunehmender Belastungsdauer die Glykogenvorräte so verringern, dass zur Aufrechterhaltung der Leistung ein weiterer Energieträger zugeschaltet werden muss. Die Glykogenvorräte müssen zudem durch die rechtzeitige Zuschaltung des Fettstoffwechsels geschützt werden, weil das Gehirn nur Glucose als Energieträger akzeptiert und sie reichlich benötigt. Es besteht zwar die Möglichkeit, Glucose über den Weg der Gluconeogenese aus Fetten oder Aminosäuren neu herzustellen, aber dieser Weg ist aufwendig und schwächt einen unter starker Belastung stehenden Organismus zusätzlich. Der Fett-Energiestoffwechsel erreicht seinen vollen Aktivitätszustand erst bei einer Belastungsdauer von etwa 70 Minuten und mehr.

spiele

Typische Sportarten, bei denen Fettverbrennung gesteigert vorkommt, finden sich bei den sehr langen Ausdauerdisziplinen wie Marathonlauf und anderen sehr lang dauernden, weniger intensiven Belastungsformen.

### Aerobe Energiegewinnung aus Eiweißen

Bei Kohlenhydratmangel werden Proteine, also Eiweiße zur Bereitstellung von Energie herangezogen. Dabei wird im Rahmen des Prozesses der Gluconeogenese zunächst Glucose produziert, aus der dann aerob ATP gewonnen wird. In einem ersten Schritt werden dabei im Blut frei verfügbare Proteine des Aminosäuren-Pools herangezogen, später wird aber auch Körpersubstanz direkt verbrannt.

## 4.3 Energiestoffwechsel

Die folgende Beschreibung des Energiestoffwechsels im Ganzen zeigt den Weg von der Nahrungsaufnahme zur ATP-Gewinnung. Energetisch bedeutsame Substanzen, die mit der Ernährung aufgenommen werden, sind im Wesentlichen Eiweiße, Kohlenhydrate und Fette. Alle Energieträger werden, wenn auch auf verschiedenen Wegen, aerob zu aktivierter Essigsäure ab- oder umgebaut, die damit eine zentrale Stelle des gesamten Energiestoffwechsels darstellt. Von dort aus werden (wenn Sauerstoff vorhanden ist) der Zitronensäurezyklus und die Atmungskette beliefert, aus deren Reaktionen in Verbindung mit denen der Atmungskette große Mengen ATP hervorgehen.

- **Kohlenhydrate** werden durch die Verdauung so zerlegt, dass aus den längeren Kohlenstoffketten Monosaccharide (Einfachzucker) wie Glucose entstehen. Diese werden entweder unmittelbar weiter zur ATP-Gewinnung verwertet, oder aber in die Kohlenhydratvorräte des Körpers, besonders in den Glykogenspeichern von Muskeln und Leber, aufgenommen. Die unmittelbare Verwertung der Glucose geschieht in der **Glykolyse**, die mittelbar 2 mol (Moleküle) ATP pro mol Glucose liefert. Endprodukt der Glykolyse ist die **Brenztraubensäure** (Pyruvat), wobei aus einem mol Glucose 2 mol Brenztraubensäure gewonnen werden. Aus diesen 2 mol Brenztraubensäure entstehen unter anaeroben Bedingungen nicht nur Milchsäure, sondern auch 2 mol ATP. Unter aeroben Bedingungen reagiert die Brenztraubensäure zu **aktivierter Essigsäure** (Acetyl-Coenzym A).
- **Eiweiße** werden durch die Verdauung in ihre Grundbausteine, die Aminosäuren zerlegt, die primär dem Aufbau der Körpersubstanz verpflichtet sind, sich aber nach unterschiedlichen chemischen Abbaureaktionen in **Brenztraubensäure** oder in **aktivierte Essigsäure** überführen lassen oder aber auch direkt in den Zitronensäurezyklus einfließen können.
- **Fette** werden durch die Verdauung unter anderem in Fettsäuren zerlegt, die unmittelbar in **aktivierte Essigsäure** umgewandelt werden.

Im **Zitronensäurezyklus** wird die aktivierte Essigsäure unter Gewinnung von 2 mol ATP (aus ursprünglich 1 mol Glucose) unter anderem zu chemisch gebundenem Wasserstoff abgebaut. Dieser reagiert im nächsten Schritt, der **Atmungskette**, mit Sauerstoff, wodurch 34 mol ATP gewonnen werden (aus ursprünglich 1 mol Glucose). Letzten Endes können so aus 1 mol Glucose 38 mol ATP erzeugt werden. Damit ist der aerobe Weg dem anaeroben weit überlegen, wo aus 1 mol Glucose nur 2 mol ATP entstehen.

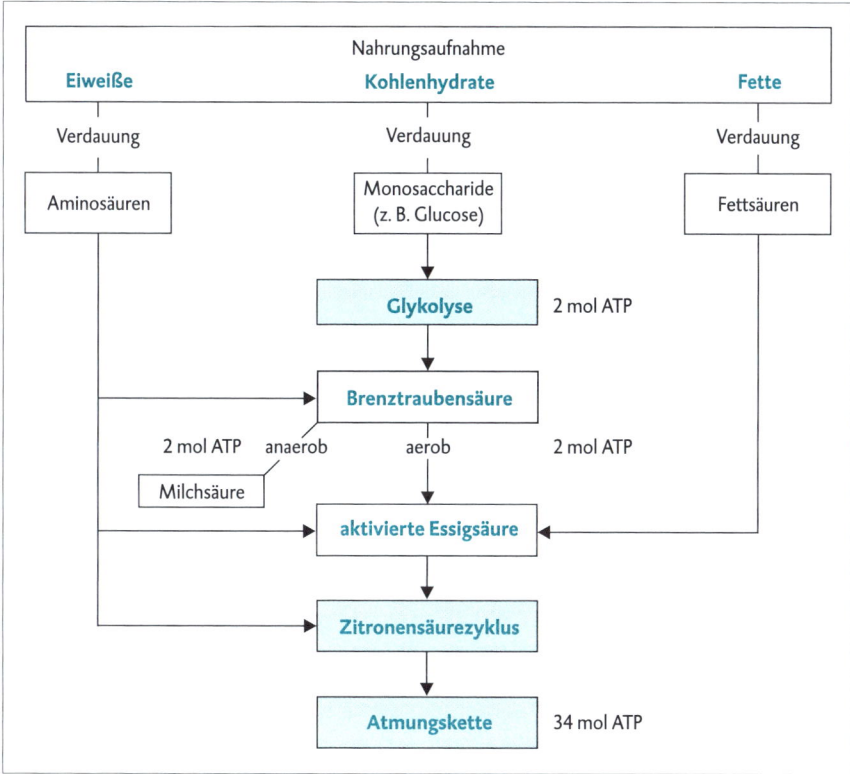

Abb. 27: Übersicht zum Stoffwechsel

## Zusammenfassung

Alle Arten der Energiebereitstellung sind immer gleichzeitig aktiv.
- In **Ruhe** wird ATP über die **aerobe Energiebereitstellung** zu ca. zwei Dritteln aus Kohlenhydraten und zu ca. einem Drittel aus dem Fettabbau gewonnen.
- Bei **Belastung** werden die im Muskel vorhandenen **Vorräte an ATP** zuerst eingesetzt, dicht gefolgt von den **Vorräten an Kreatinphosphat**. Sehr schnell, also noch im Bereich weniger Sekunden, ist anschließend auch die **anaerob-laktazide** Variante auf ein erhöhtes Niveau gebracht.
- Bei **andauernder Belastung** werden die anaeroben Wege durch die **aeroben Varianten** abgelöst. Zunächst wird Glucose verbrannt, schließlich Fette.

**Aufgaben**

**12. Energiestoffwechsel verschiedener Sportdisziplinen**
 a) Ordnen Sie den Arten der Energiebereitstellung typische Disziplinen der Leichtathletik zu.
 b) Wieso ist die Zuordnung von Energiebereitstellungsarten bei Ballsportarten weniger einfach als in den Leichtathletik-Disziplinen?
 c) In Ausdauerdisziplinen, die deutlich über eine Stunde dauern, ist es üblich, Kohlenhydrate, meistens in Form von Konzentraten, während der Belastung zuzuführen. Trotz vergleichbarer Zeitdauer wird in Ballsportarten hingegen davon in der Regel nicht gesprochen. Diskutieren Sie den Sachverhalt.

**13. Werbung für Fitness-Angebote**
 a) In der Werbung für Fitness-Angebote liest man gelegentlich, dass durch betont lockeres Training im Umfang von je etwa 30 Minuten zweimal pro Woche ein „reines Fettstoffwechseltraining" angeboten wird. Nehmen Sie kritisch Stellung.
 b) Ebenfalls in der Kategorie „zeitsparend" gibt es in vielen Studios Angebote, die Kraftübungen von einer Minute bei einer halben Minute Pause im Wechsel mit Ausdauerformen über einige Minuten in Form eines Kreistrainings anbieten. Eine Runde in diesem Kreis dauert etwa eine Viertelstunde. Zwei Runden zweimal die Woche werden als fitnesssteigernd und fettverbrennend angegeben. Vergleichen Sie mit dem in Aufgabenteil a beschriebenen Angebot.

**14. Übersäuerung**
 Erklären Sie den Begriff der Übersäuerung.

# 5 Ernährung

Die Leistung eines Sportlers ist unmittelbar abhängig vom Angebot an Energie liefernden bzw. Körpersubstanz aufbauenden Stoffen im Körper. In jeder Sportart stellt sich daher die Frage nach einer angemessenen Ernährung vor, während und nach der Belastung. So wird z. B. davon ausgegangen, dass sich die Ausdauerleistung durch Optimierung der vorbereitenden Ernährung um bis zu 15 % steigern lässt, wenn vorher eine übliche Mischkost bevorzugt wurde. Darüber hinaus hat eine angemessene Ernährung großen Einfluss auf das persönliche Wohlbefinden. Hierbei bedeutet „angemessen" in der Regel nicht „lehrbuchmäßig", gemeint ist vielmehr die individuelle Optimierung sinnvoller allgemeiner Rahmenrichtlinien.

Als wissenschaftliche Richtlinie können die fünf **Ernährungsbilanzen** (Kalorienbilanz, Nährstoffbilanz, Flüssigkeitsbilanz, Mineralstoffbilanz und Vitaminbilanz) gelten.

## 5.1 Kalorienbilanz

Die Kalorienbilanz stellt den Verbrauch und die Aufnahme der energiehaltigen Nahrungsbestandteile Kohlenhydrate, Fette und Eiweiße gegenüber, wobei die Kohlenhydrate und Fette vorrangig dem Energiestoffwechsel, die Eiweiße besonders dem Baustoffwechsel dienen.

Gemessen wird der Energiegehalt der Nahrung in Joule (J), der physikalischen Einheit für Energie, oder (bei Nahrungsmitteln gebräuchlicher) in Kilokalorien (kcal). Die Umrechnung erfolgt durch folgende Formel:

$$1 \text{ kcal} = 4{,}1868 \text{ kJ} = 4\,186{,}8 \text{ J}$$

Die Energie aus den Nahrungsmitteln wird zum einen verwendet, um über den Grundumsatz die Grundfunktionen des Lebens aufrechtzuerhalten, zum anderen, um über den Leistungsumsatz den Energiebedarf der Lebensführung abzudecken. Darüber hinaus zugeführte Energie wird in den Fettdepots des Körpers gelagert.

### Grundumsatz

Der Grundumsatz (GU) ist die an einem Tag verbrauchte Energiemenge, die der Körper in völliger Ruhe zur Aufrechterhaltung der Atmung, des Herzschlages, der Organarbeit und anderer vitaler Funktionen benötigt. Er ist von folgenden Parametern abhängig:

- **Körpergröße und -gewicht**: Durch Körpergröße und -gewicht wird die Körperoberfläche bestimmt, wovon wiederum die Wärmemenge, die der Körper abstrahlt, direkt abhängt.
- **Alter**: Bei älteren Personen liegt der Grundumsatz pro kg Körpergewicht um 15 % niedriger als bei jungen Erwachsenen, bei Kleinkindern wegen des erheblich schnelleren Wachstums um bis zu 50 % höher.
- **Geschlecht**: Schlanke, trainierte Männer haben einen um etwa 10 % höheren Grundumsatz als Frauen, weil sie aufgrund durchschnittlich geringerer Fettreserven im Körper mehr Wärme abstrahlen und durchschnittlich mehr Muskelmasse aufweisen.
- **Hormonelle Gegebenheiten**: Patienten mit Schilddrüsenüberfunktion weisen z. B. einen um bis zu 50 % erhöhten Grundumsatz auf.

Die Berechnung des täglichen Grundumsatzes unter Berücksichtigung der genannten Abhängigkeiten von Alter, Geschlecht und Statur erfolgt allgemein nach den Formeln von HARRIS und BENEDICT (leicht gerundet).

Frauen:
$GU = 655 + 9{,}6 \cdot \text{Gewicht in kg} + 1{,}8 \cdot \text{Größe in cm} - 4{,}7 \cdot \text{Alter in Jahren}$

Männer:
$GU = 66 + 13{,}7 \cdot \text{Gewicht in kg} + 5 \cdot \text{Größe in cm} - 6{,}8 \cdot \text{Alter in Jahren}$

**Beispiele**

- 30-jähriger, 1,80 m großer und 70 kg schwerer Mann:
  $66 + 13{,}7 \cdot 70 + 5 \cdot 180 - 6{,}8 \cdot 30 = 1\,721$
  Er hat einen täglichen Grundumsatz von etwa 1 700 kcal pro Tag.
- 30-jährige, 1,70 m große und 60 kg schwere Frau:
  $655 + 9{,}6 \cdot 60 + 1{,}8 \cdot 170 - 4{,}7 \cdot 30 = 1\,396$
  Sie hat einen täglichen Grundumsatz von etwa 1 400 kcal pro Tag.

Gröbere Schätzungen des Grundumsatzes geben an, dass ein erwachsener Mann 1–1,2 und eine erwachsene Frau 0,9–1 kcal pro kg Körpergewicht pro Stunde benötigt. Alle genannten Formeln und Schätzungen beziehen sich auf normalgewichtige Personen, bei übergewichtigen müssen die Zahlen nach unten korrigiert werden, nicht im Sinne einer Diät zur Gewichtsreduktion, sondern nach Abschätzung des objektiven Bedarfs zur Erhaltung des aktuellen Standes.

## Leistungsumsatz

Der Leistungsumsatz ist die Energiemenge, die der Körper über den Grundumsatz hinaus pro Tag benötigt. Der Energiemehraufwand wird im Wesentlichen benötigt zur Regelung der Körpertemperatur, zur Verdauung und – bei Sportlern besonders zu beachten – zur Muskelarbeit.

## Gesamtumsatz

Der Gesamtumsatz ist die Summe aus Grundumsatz und Leistungsumsatz. Da der Leistungsumsatz nur schwer errechnet werden kann, wird man sich in der Regel auf Schätzwerte verlassen müssen, die auf der Basis folgender übergeordneter Formel dargestellt werden:

Gesamtumsatz = Grundumsatz · Aktivitätsfaktor

Der Aktivitätsfaktor streut dabei in einem Bereich von 1,2 bei sehr passiver Lebensweise und 2,1 bei körperlich harter täglicher Belastung. Eine genauere Schätzung zeigt das Beispiel.

ispiel

Bei Radprofis, die einen Schnitt von 43 km/h fahren, werden 15,7 kcal pro kg Körpergewicht und Stunde veranschlagt. Rechnet man daraus den Leistungsumsatz eines 70 kg schweren, 180 cm großen, 30-Jährigen Fahrers bei den langen Etappen von großen Radrundfahrten wie der Tour de France, hier etwa mit einer Länge von 215 km, also auf diesem Niveau rund 5 Stunden Fahrzeit, ergibt sich folgender Leistungs-Kalorienverbrauch pro Tag:

$$15,7 \cdot 5 \cdot 70 = 5\,495$$

Der Gesamtumsatz als Summe aus dem Leistungsumsatz für die 5 Stunden Fahrzeit (ca. 5 500 kcal), geschätzten weiteren rund 1 000 kcal für den Rest des Tages und dem Grundumsatz (ca. 1 700 kcal) beläuft sich dann auf über 8 000 kcal.

Solche Kalorienmengen sind kaum täglich aufnehmbar, selbst wenn man mit Nahrungskonzentraten arbeitet. Zum Vergleich: 8 000 kcal werden etwa durch rund 2 500 g Spaghetti (ohne Sauce) geliefert, das entspricht rund zwanzig Tellerportionen.

## 5.2 Nährstoffbilanz

Bei der Nährstoffbilanz geht es um die optimale Zusammensetzung der Nahrung, wobei als Hauptenergielieferanten Kohlenhydrate, Fette und Eiweiße (Proteine) fungieren. 1 g reines Fett liefert 9,3 kcal Energie, 1 g Kohlenhydrate 4,1 kcal, also weniger als die Hälfte. Eiweiße, die bevorzugt im Baustoffwechsel eingesetzt werden, aber über den Weg der Gluconeogenese in der Leber im Mangelfall auch als Energielieferanten verfügbar sind, schlagen mit 4,3 kcal/g zu Buche. Reiner Alkohol ist zum Vergleich mit 7,1 kcal/g ein ergiebiger Energielieferant.

### Alltag

Normalpersonen wird empfohlen, den Gesamtumsatz durch einen Kalorienanteil von etwa 30 % über Fett, 48 % über komplexe Kohlenhydrate etwa aus Getreide, Gemüse oder Kartoffeln, 12 % über Eiweiß und 10 % über einfache Kohlenhydrate wie Zucker zu decken. Alkohol sollte als Energieträger keine Rolle spielen.

Die durchschnittliche Ernährung beinhaltet im Vergleich dazu mehr Fett, mehr Alkohol und mehr einfache Kohlenhydrate, alles zuungunsten der komplexen Kohlenhydrate. Dadurch sind elementare Regeln zu einer verbesserten Ernährung schon festgelegt: Man soll im Rahmen des benötigten Gesamtumsatzes Einfachzucker, Alkohol sowie einen hohen Fettanteil in der Ernährung eher vermeiden und die dort eingesparten Kalorien durch Getreideprodukte, Kartoffeln, Gemüse und Obst ersetzen.

Versucht man sich im Alltag an den Empfehlungen hinsichtlich der richtigen Anteile von Nährstoffen an der Gesamtnahrung zu orientieren, ist besonders bei der Angabe von Nährstoffen auf Nahrungsverpackungen Vorsicht geboten, da man in der Regel den prozentualen Anteil an Fett, Kohlenhydraten und Eiweiß erst errechnen muss.

Für Sportler sind mit zunehmendem Trainingsaufwand auch zunehmend Modifikationen bei der Ernährung nötig. Zum einen müssen Trainierende aus Sicht des Energiestoffwechsels darauf achten, die benötigte Energie vermehrt so zuzuführen, dass sie passend zur Verfügung steht, zum anderen sind aus der Perspektive des Baustoffwechsels im Körpergewebe von Sportlern laufend deutlich mehr Aufbauvorgänge und Reparaturmaßnahmen zu verzeichnen als bei nicht trainierenden Personen. Für verschiedene Sportartengruppen findet man jeweils modifizierte Ernährungsrichtlinien.

### Kraft- und Schnellkraftsport

Kraftsportler haben einen besonders erhöhten Bedarf an **Proteinen**. Dies rührt daher, dass einerseits (zumindest in bestimmten Trainingsphasen) Muskulatur aufgebaut werden soll, also eine wesentlich aus Eiweißkörpern bestehende körpereigene Substanz, andererseits durch die intensive Kraftarbeit Muskelgewebe so strapaziert wird, dass es unter Zuhilfenahme von Proteinen repariert werden muss, was gerade bei schon stark vergrößerter Muskelmasse einen erheblichen Mehrbedarf bedeutet. Der Eiweißbedarf einer untrainierten Normalperson liegt bei rund 1 g Eiweiß pro Kilogramm Körpergewicht pro Tag. Unter starker Kraftbelastung steigt dieser Bedarf auf 1,5–3 g/kg Körpergewicht, wobei Schnellkraftsportler wie Springer oder auch Sportspieler eher am unteren Rand dieser Spanne anzusiedeln sind, Schwerathleten wie z. B. Bodybuilder eher am oberen. Entsprechend muss sich der Ernährungsanteil von Eiweißstoffen am Gesamtumsatz ändern.

Beispiel Geht man bei einem 30-jährigen Mann mit 70 kg Körpergewicht und 180 cm Körpergröße von einem täglichen Grundumsatz von 1 721 kcal aus und berücksichtigt man dazu einen für Trainierende passenden Aktivitätsfaktor 2, braucht er täglich 3 442 kcal Energie. Bei einer Zufuhr von 2 g Eiweiß pro kg Körpergewicht und Tag werden davon 602 kcal über Eiweiß zugeführt (2 · 4,3 · 70 = 602), was etwa 17 % der Kalorienzufuhr ausmacht.

Zu beachten ist auch, dass die Wertigkeit des aufgenommenen Eiweißes möglichst hoch sein sollte, also die Aminosäurenstruktur des aufgenommenen Eiweißes der des menschlichen Körpers ähnelt. Diese Aussage gilt besonders für die essenziellen, vom Körper nicht komponierbaren Aminosäuren Valin, Leucin, Isoleucin, Threonin, Methionin, Phenylalanin, Tryptophan und Lysin, die im günstigen Verhältnis vorliegen sollten. Besonders hochwertige Eiweißquellen bieten tierische Eiweißträger wie Fleisch, doch wirkt sich der Genuss von zu viel Fleisch anderweitig ungünstig aus, da eine übermäßig hohe Menge an Fett aufgenommen wird, sich der Cholesterinspiegel erhöht, der für Erkrankungen der Blutgefäße verantwortlich gemacht wird, und Purine zugeführt werden, die, zu Harnsäure abgebaut, bei hoher Konzentration nicht mehr über die Nieren ausgeschieden werden können, sodass es zu Ablagerungen in den Gelenken und damit zu Gicht kommt. Eine günstige Proteinbereitstellung unter Vermeidung der genannten Risiken bieten Nahrungsmittelkombinationen wie Getreide mit Milchprodukten oder Ei, Getreide zusammen mit Hülsenfrüchten, Kartoffeln zusammen mit Ei oder Milchprodukten.

Da Kraftleistungen im Training kurz und intensiv gehalten werden, ist bei Kraftsportlern zur energetischen Unterstützung besonders der Stoffwechsel von **Kohlenhydraten** gefordert. Es sollte kein Kohlenhydratmangel aufkommen, da dann Proteinquellen zur Energiebereitstellung angezapft werden, die ein Kraftsportler viel dringender im Bereich des Baustoffwechsels einsetzen sollte. Insofern sollte die Mehraufnahme an Eiweißen auf Kosten des Fettanteils der durchschnittlich üblichen Ernährung gehen.

Vor einer Trainings- oder **Wettkampf**belastung müssen Kraftsportler auf gefüllte Glykogenspeicher, nach einem Wettkampf auf Zufuhr von Proteinen und Glykogenersatz achten. Ist – wie etwa beim leichtathletischen Mehrkampf – ein Wettkampf zwar mit Pausen, aber doch über eine insgesamt lange Zeitdauer angesetzt, kann und soll zwischenzeitlich leicht und kohlenhydrathaltig, eventuell auch mit Proteinen kombiniert gegessen werden, etwa Obst oder Fitness-Riegel.

### Ausdauer- und Schnellkraftausdauersport

Beim Ausdauersportler steht der Stoffwechsel von **Kohlenhydraten** im Vordergrund. Grund dafür ist, dass intensivere Ausdauerbelastungen wegen des geringeren Sauerstoffverbrauchs der Kohlenhydratverbrennung gegenüber der Fettverbrennung schwerpunktmäßig, weniger intensive aber doch auch mit einem hohen Anteil über Kohlenhydrate energetisch abgedeckt werden. Problematisch ist dabei, dass der Glykogenvorrat, über den Kohlenhydrate besonders in der Arbeitsmuskulatur und in der Leber gespeichert sind, begrenzt ist. Ohne Zufuhr von Kohlenhydraten von außen reichen die aufgefüllten Glykogenreserven für etwa 90–120 Minuten intensiver Ausdauerbelastung, während intensiver Trainingsphasen, in denen die Vorräte schon latent erschöpft sind, weniger lang. Gehen die Glykogenvorräte allmählich zur Neige, wird die Kohlenhydratzufuhr zur Muskulatur gedrosselt, um die Funktion des Gehirns zu sichern, das ausschließlich über Glucose energetisch versorgt wird. An die Stelle der Kohlenhydrate treten dann Fette als Hauptenergielieferanten, die auch bei sehr schlanken Personen genügend zur Verfügung stehen, sodass ihre Zufuhr aus Gründen der Sicherung des Energiehaushaltes nicht nötig ist. Der Einsatz von Fettverbrennung geht aber aufgrund der schlechteren Sauerstoffökonomie mit einer Minderung der Leistungsfähigkeit einher. Ausdauersportler sind also gehalten, Kohlenhydrate vor Belastung zu speichern, während langer Belastung zu ergänzen und nach Belastung möglichst schnell wieder aufzufüllen. Dies alles gilt auch für Ballsportler, die als Schnellkraftausdauer-

Spezialisten ernährungsmäßig je nach Trainingsmaßnahme eher dem Ausdauerbereich oder dem Kraftbereich zuzuordnen sind.

Vor Langzeitausdauer-**Wettkämpfen** wie einem Marathonlauf wird mithilfe von Carboloading versucht, den Glykogenspeicher maximal aufzufüllen. Die einfachste Methode dabei ist, sehr stark kohlenhydrathaltige Lebensmittel zu konsumieren, sodass die Nahrung aus über 60 % Kohlenhydratanteil besteht. Wirkungsvoller wird dieses Verfahren dann, wenn zunächst die Glykogenspeicher durch intensives Training bis etwa vier Tage vor dem Wettkampf entleert und dann bei reduziertem Training aufgefüllt werden. In extremer Form kombiniert man in der Phase der Entleerung der Glykogenreserven noch eine kohlenhydratarme Ernährung, bringt sich dadurch aber wegen des dabei notwendig auftretenden schlechteren Körpergefühls unter Umständen in eine für den Wettkampf ungünstige psychische Verfassung. Für Ballsportler sind die extremen Verfahren zur Glykogenauffüllung vor Spielen in der Regel nicht sinnvoll, weil sie den laufenden Trainings- und Spielplan mit mindestens einem wöchentlichen Spiel behindern.

Am Tag des Wettkampfes gilt für alle Sportarten mit Ausdaueranteil, dass man im Interesse eines konstanten Blutzuckerspiegels nicht mit leerem, aber auch nicht mit übervollem Magen antreten sollte, da ein Zuviel im Magen die Zwerchfellatmung behindert. Die letzte leicht verdauliche Mahlzeit sollte mit einem Kohlenhydrat-Schwerpunkt etwa drei Stunden vor dem Wettkampf eingenommen werden, kleine Snacks können auch danach noch ergänzt werden. Das prinzipielle Auffüllen der Glykogenspeicher gelingt allerdings so kurz vor dem Wettkampf nicht mehr, sodass diesbezügliche Versäumnisse nicht mehr aufzuholen sind.

Während des Wettkampfes oder Spiels sollten laufend oder in eventuellen Pausen verlorene Kohlenhydrate ersetzt werden. Bei ultralangen sportlichen Belastungen wie einem Ironman-Triathlon ist ein Erreichen des Ziels ohne zwischenzeitliche Nahrungsaufnahme nahezu ausgeschlossen. Als Wettkampfnahrung eignen sich leicht verdauliche Produkte, besonders auch flüssige Formen, wobei auf die Verträglichkeit der zugeführten Nahrung zu achten ist. Um sicherzugehen, sollte man die Wettkampfnahrungsaufnahme schon im Training geübt haben und während des Wettkampfes nicht mit ungewohnten Nahrungsmitteln experimentieren. An die Stelle großer Portionen, die im laufenden Wettkampf kontraindiziert sind, muss die regelmäßige Aufnahme kleiner Bissen treten. Bei der Zusammenstellung der Nahrung für den Wettkampf ist dafür zu sorgen, dass der Blutzuckerspiegel, d. h. die Glucose-Konzentration im Blut, konstant im optimalen Bereich zwischen 90 und 120 mg pro Deziliter

Blut verbleibt. Werte darunter gehen zulasten der Gehirnfunktion, Werte dauerhaft oberhalb dieses Bereichs lassen den Krankheitsbefund Diabetes vermuten. Während man früher versuchte, einen Glucosemangel im Blut durch direkte Gabe von Traubenzucker zu korrigieren, ist man heute davon abgekommen. Der aufgenommene Traubenzucker geht nämlich schnellstmöglich ins Blut über, gibt dort das Signal für eine erhöhte Insulinausschüttung, wodurch der Blutzuckerspiegel dramatisch aus dem gewünschten Normbereich sinken kann. Insgesamt erreicht man bei Aufnahme größerer Mengen Glucose im Endeffekt eine Destabilisierung des Blutzuckerspiegels nach unten, also das Gegenteil dessen, was man sich von der Glucoseaufnahme versprochen hat. Auch andere Lebensmittel können einen ähnlichen ungünstigen Effekt wie der Traubenzucker erzielen, indem sie den Blutzuckerspiegel zu schnell auf einen hohen Wert steigen lassen und eine überschießende Reaktion des Insulins provozieren. Als Maß für die Wirkung eines Lebensmittels auf den Blutzuckerspiegel wurde der Glykämische Index (GI) eingeführt. Glucose (Traubenzucker) dient dabei als Referenzwert (100). Ein kohlenhydrathaltiges Nahrungsmittel mit dem Glykämischen Index 50 führt demnach zu einem in der Summe halb so hohen Blutzuckeranstieg wie Traubenzucker. Einen hohen Glykämischen Index (Werte über 70) haben etwa Weißbrot, Colagetränke, Honig, einen mittelhohen (Werte zwischen 55 und 70) Bananen, Müsliriegel, einen niedrigen (Werte unter 55) Gemüse oder Milch. Während eines Wettkampfes ist die ausschließliche Aufnahme von Lebensmitteln mit hohem Glykämischen Index zur Auffrischung der Kohlenhydratspeicher allenfalls dann sinnvoll, wenn das Ziel nah ist, die überschießende Insulinreaktion also nicht mehr in die Wettkampfzeit fällt, oder wenn laufend weiter entsprechende Nahrungsmittel zugeführt werden können, wobei bei ständiger Zuführung sehr süßer Lebensmittel die Magenverträglichkeit zum limitierenden Faktor wird. Eine Mischung aus kohlenhydrathaltigen Lebensmitteln mit mittlerem Glykämischen Index und einer geringen Menge von Bestandteilen mit hohem Glykämischen Index ist optimal, weil dieser Mix einerseits einen schnellen, andererseits einen insgesamt nicht zu hohen, dafür aber dauerhaften Anstieg des Blutzuckerspiegels auf ein angemessenes Niveau bewirkt. Bei Aufnahme von Nahrung mit niedrigem Glykämischen Index ist der Anstieg des Glucosespiegels im Blut insgesamt zu gering.

Nach dem Wettkampf ist es sinnvoll, zunächst eine nicht zu große Menge Kohlenhydrate mit hohem Glykämischen Index zu verzehren, um den Blutzucker schnell wieder auf Niveau zu bringen, danach soll weiter Nahrung aufgenommen werden, um den Blutzucker auch längerfristig zu stabilisieren. Ebenso wichtig wie der Ersatz verlorener Kohlenhydrate ist zu diesem Zeitpunkt die Aufnahme von Proteinen zur Reparatur beschädigter Körperstrukturen.

### Einfachzucker, Alkohol, Fette

Die Gemeinsamkeit der drei Energieträger Einfachzucker, Alkohol und Fette ist ihr schlechter Ruf in Hinblick auf eine gesunde Ernährung.

- Werden durch die Nahrung große Mengen an **Einfachzucker** aufgenommen, wird der Blutzuckerspiegel durch den hohen Glykämischen Index der entsprechenden Lebensmittel sehr schnell in die Höhe getrieben, da die enthaltenen kurzen Kohlenhydratketten als Glucose vorliegen bzw. schnell dazu verdaut sind. Nicht unmittelbar benötigte Glucose wird zu den Glykogendepots geleitet. Sind diese bereits gefüllt, wird die Glucose in der Leber in Fett umgewandelt und in den Fettdepots gelagert. Diese Vorgänge der Speicherung werden durch Insulin gesteuert, dessen Konzentration im Blut bei Einnahme von Kohlenhydraten ansteigt. Bestehen die aufgenommenen Kohlenhydrate in großen Teilen aus kurzkettigen Zuckern, sind die Speichervorgänge schnell nach der Nahrungsaufnahme abgeschlossen. Da sich aber der durch die hohe Zuckerkonzentration stark angestiegene Insulinspiegel nicht unmittelbar anpasst, signalisiert er dem Gehirn weiterhin „Hunger!". Man ist also versucht, sofort weitere Süßspeisen zu ergänzen, deren Zucker bei bereits vorher erfolgter Füllung der Glykogendepots dann unmittelbar in die Fettdepots umgeleitet wird. Zusammenfassend kann man feststellen, dass eine mäßige Aufnahme von kurzkettigen Zuckern bei körperlich aktiven Personen keine Probleme verursacht, weil deren Kohlenhydratspeicher wegen der permanenten Inanspruchnahme in der Regel nicht ganz gefüllt sind, der Zucker zügig aus dem Blut verschwindet und in Glykogen verwandelt wird, wodurch der Blutzuckerspiegel und damit der Insulinspiegel niedrig bleibt. Bei körperlicher Inaktivität verbunden mit dauerhafter Aufnahme stark zuckerhaltiger Nahrung ist der Insulinspiegel häufig oder dauerhaft überhöht, wodurch das Risiko steigt, dass die Insulin erzeugende Bauchspeicheldrüse völlig überfordert die Insulinproduktion drosselt oder gar einstellt. Eine betroffene Person ist dann an Diabetes erkrankt.
- Von der Aufnahme großer Mengen **Alkohol** ist abzuraten. Abgesehen vom Suchtpotenzial belastet ein hoher Alkoholkonsum die Vitamin- und Mineralstoffbilanz, entzieht dem Körper Wasser und behindert die Regeneration nach sportlicher Belastung. Aus sportlicher Sicht vertretbar ist die Aufnahme geringer Mengen Alkohol wie etwa einem Glas Wein zu einer Mahlzeit, wenn sie nicht unmittelbar nach einem Training oder Wettkampf erfolgt.

- **Fette** sind lebensnotwendig. Während die Glykogenvorräte ohne größere Aktivität für etwa einen Tag, unter starker Belastung nicht einmal für zwei Stunden ausreichen, bilden Fette selbst bei schlanken Personen einen Speicher, der über Tage und Wochen Energie liefern kann, hinsichtlich sportlicher Belastungen also als unbeschränkt anzusehen ist. Fette spielen bei der Aufnahme einiger Vitamine (A, D, E, K) eine unentbehrliche Rolle, beteiligen sich wesentlich am Aufbau von Zellmembranen, sind Träger von Speisearomen und bilden etwa an den Fußsohlen oder rund um die Organe Strukturen aus, die dem Schutz der betreffenden Körperregionen dienen und für Kälteisolation sorgen. Dass es trotzdem zu einem schlechten Ruf der Fette als Bestandteil der Ernährung gekommen ist, muss angesichts dieser Massierung von Positivargumenten sorgfältig begründet werden.

  Die Fettsäuren aus der Nahrung werden im Körper als Triglyzeride gespeichert, die aus einem Teil Glyzerin und drei Fettsäureresten bestehen. Sind die beteiligten Fettsäuren chemisch ohne Doppelbindung aufgebaut, heißen sie gesättigt, weisen sie eine Doppelbindung auf, sind sie einfach ungesättigt, bei mehr als einer Doppelbindung zwei- bzw. mehrfach ungesättigt. Unter den **ungesättigten Fettsäuren** befinden sich einige essenzielle, d. h. solche, die lebensnotwendig benötigt werden, z. B. zum Aufbau von Zellstrukturen, und die durch die Nahrung zugeführt werden müssen, weil sie vom Körper nicht aus der Nahrung zusammengesetzt werden können. Unter ihnen gibt es zwei Gruppen, die Omega-6-Fettsäuren, die sich etwa in Pflanzenölen finden, und die Omega-3-Fettsäuren, die besonders in Meeresfischen wie Lachs oder Hering vorkommen. Im Allgemeinen erkennt man Fette mit hohem Anteil ungesättigter Fettsäuren an ihrer öligen Konsistenz, die sich auch bei niedrigen Temperaturen wie etwa im Kühlschrank hält. Als Energielieferanten sind die ungesättigten Fettsäuren zu den **gesättigten Fettsäuren** äquivalent, Letztere haben jedoch darüber hinaus kaum weitere Aufgaben. Sie sind aufgrund der einfachen chemischen Bindungen weniger reaktionsfreudig und gehen, wenn sie energetisch nicht gebraucht werden, in die Fettspeicher über. Eine grobe Empfehlung zur Aufnahme von Fetten aus der Nahrung sagt, dass man etwa gleich viel gesättigte, einfach ungesättigte und mehrfach ungesättigte Fettsäuren zu sich nehmen soll. In der Praxis erreicht man das gewünschte Verhältnis nur, wenn man Nahrungsmittel mit hohem Anteil an gesättigten Fettsäuren meidet, insgesamt eher fettarme Produkte zu sich nimmt und Produkte mit hohen Anteilen an mehrfach ungesättigten Fettsäuren deutlich bevorzugt.

### Cholesterin

Cholesterin ist eine besonders in der Leber gebildete Substanz, von der chemischen Einordnung her gesehen eine Alkoholverbindung, die eine besondere Bedeutung beim Aufbau der Zellen und im Bereich der Steroidhormone, etwa der Sexualhormone, hat. Es muss von außen nicht zugeführt werden, da der Körper selbst Cholesterin herstellen kann. Es kommt aber auch in tierischen Nahrungsprodukten wie Wurst, Fleisch oder Käse vor, also oft in Verbindung mit langkettigen, gesättigten Fettsäuren. Gelangt zu viel Cholesterin ins Blut, was in der Regel mit einer zu starken Akzentuierung der Nahrung in Richtung gesättigter Fettsäuren einhergeht, steigt das Risiko für Arteriosklerose, einer Basiserkrankung, bei der durch Verengung der Adern nach Ablagerung übermäßig vorhandenen Cholesterins und verschiedener Fettsubstanzen typische lebensgefährliche Zustände wie Thrombose, Angina Pectoris, Herzinfarkt oder Schlaganfall ausgelöst werden können. Wie Triglyzeride und andere wasserunlösliche Substanzen auch wird Cholesterin im Blut durch sogenannte Lipoproteine transportiert, Verbindungen, die Fette und fettlösliche Stoffe aufnehmen und nach einem Weg über den Blutkreislauf an ihren Bestimmungsorten, z. B. der Muskulatur und den Organen zur Energiegewinnung und Speicherung, den Zellen der Fettdepots oder der Leber, abgeben können. In Zusammenhang mit Cholesterin sind die beiden Lipoproteine HDL (High Density Lipoprotein) und LDL (Low Density Lipoprotein) wichtig. HDL transportiert Cholesterin zur Leber, LDL von der Leber weg. Ist also durch ein Nahrungsüberangebot an Cholesterin zu viel dieser Substanz im Blut, leistet HDL gute Dienste, LDL verschlimmert den Zustand noch. Deshalb wird die HDL-Cholesterin-Verbindung oft als „gutes", die LDL-Cholesterin-Verbindung als „schlechtes" Cholesterin bezeichnet.

## 5.3 Flüssigkeits- und Mineralstoffbilanz

Wasser ist die zentrale Substanz unseres Körpers. Es ist Baustoff aller Zellen, ermöglicht als Lösungs- und Transportmittel des Körpers den Stoffwechsel und regelt die Körpertemperatur. Je nach Person und Körperbau liegt der Wasseranteil bei 50 – 70 % des Körpergewichts. Trotz der großen Wassermenge im Körper ist ein **Wasserverlust** nur schwer tolerierbar.

- Schon ein Verlust von 2 % des Körpergewichtes, der sich durch starken Durst bemerkbar macht, führt zu Einschränkungen in der Leistungsfähigkeit und ungünstiger Wärmeregulation des Körpers, unter Umständen auch schon zum Abfall des Blutdrucks.

- Oberhalb von 5 % Verlust treten ernsthafte Probleme auf beginnend mit Kopfschmerz und Schwindelgefühlen bis hin zum Verlust der Gehfähigkeit.
- Ab etwa 8 % Verlust wird ein Kollaps zunehmend wahrscheinlicher.
- Oberhalb von 10 % Verlust wird der Wassermangel lebensbedrohlich.

Aus sportlicher Sicht sind besonders Sportarten mit Ausdaueranteil von Wasserverlust durch Schwitzen, aber auch durch Abatmen betroffen.

Beispiel | Abhängig von Temperatur und Veranlagung des Sportlers zum Schwitzen kann man Wasserverluste bei einem 10-km-Lauf auf ein bis zwei Liter, bei einem Marathonlauf auf vier Liter und mehr, bei einem Fußballspiel auf ein bis drei Liter schätzen. Zur Orientierung rechnet man, dass ein Liter Wasserverlust bei einer 70 kg schweren Person mit in Ruhe 60 % Wasseranteil im Körper etwa 2,4 % des Körpergewichts ausmachen, dass also in der Hochrechnung ein Marathonlauf – besonders bei Hitze – ohne Zuführung von Getränken während der Belastung mit einem Verlust von 10 % des Körpergewichts lebensgefährlich wird. Nicht umsonst wird bei manchen Ultra-Ausdauerwettkämpfen an ausgesuchten Kontrollpunkten das Gewicht der Teilnehmer ermittelt, mit dem Startgewicht verglichen und bei großem Verlust mindestens eine ausgiebige Trinkpause, in einzelnen Fällen ein Ausschluss vom Wettbewerb verordnet.

## Mengen- und Spurenelemente

Durch Schwitzen und anderweitigen Verbrauch gehen im Wasser gelöste Mineralstoffe verloren, die für die Muskelarbeit und viele andere Körperfunktionen notwendig sind. Man unterscheidet die Mineralstoffe in Mengen- und Spurenelemente, je nachdem wie stark sie im Körper vertreten sind. Die folgende Übersicht lässt die Bedeutung der Mengenelemente Kochsalz, Kalium, Magnesium, Calcium, Phosphor und des Spurenelementes Eisen erkennen.

| Mineralstoff | Wirkungsort | Symptome bei Mangel | Vorkommen | Empfehlung/ Bemerkung |
|---|---|---|---|---|
| Kochsalz (NaCl) | Muskelkontraktion | Mängel höchst selten (Muskelschwäche, Muskelkrämpfe) | überall in der täglichen Ernährung | Bedarf ist durch die tägliche Ernährung über das Notwendige hinaus gedeckt |
| Kalium (K) | Muskelkontraktion, Enzymunterstützung | Muskelschwäche, Herzschwäche | nicht gekochtes Obst/Gemüse | viel frisches Obst/Gemüse |

| Mineralstoff | Wirkungsort | Symptome bei Mangel | Vorkommen | Empfehlung/ Bemerkung |
|---|---|---|---|---|
| Magnesium (Mg) | Stoffwechsel, Muskelkontraktion | Muskelkrämpfe | Getreidekeime, Hülsenfrüchte, Kartoffeln | kohlenhydratreiche Vollwerternährung |
| Calcium (Ca) | Knochenfestigkeit, Muskelkontraktion, Enzymunterstüt-zung | Muskelkrämpfe, Knochenschwäche (Osteoporose) | Milchprodukte | Vermeidung von Cola-getränken (Calcium-räuber) |
| Phosphor (P) | Energiestoffwechsel (ATP-Bestandteil), Atmung | Mangel kommt so gut wie nicht vor | Fleisch, Milchprodukte u. a. | Bedarf ist durch die täg-liche Ernährung über das Notwendige hinaus gedeckt |
| Eisen (Fe) | Sauerstofftransport | Blutarmut, stän-dige Müdigkeit, Leistungs-schwäche | Fleischwaren | Frauen haben erhöhten Bedarf, Eisenpräparate für vegetarisch lebende Leistungssportler |

Tab. 3: Mengen- und Spurenelemente

Weitere neben Eisen in der Ernährungslehre diskutierte Spurenelemente sind z. B. Jod, Zink, Fluor, Selen, Kupfer, Mangan, Chrom, Molybdän und Kobalt. Die mit der Nahrung unabsichtlich aufgenommenen Spurenelemente Blei, Quecksilber, Cadmium und Arsen sind hoch giftig.

### Sportgetränke

Bei Sportgetränken zum Ausgleich von Wasser-, Mineral- und Nährstoffver-lusten ist die richtige Mischung aus Flüssigkeit und Inhaltsstoffen möglichst vor dem Zielwettkampf auszutesten, nicht nur aus leistungsphysiologischen Überlegungen heraus, sondern auch, um die Verträglichkeit zu prüfen. Je nach Konzentration an gelösten Teilchen (allgemein, nicht nur an Mineralien) wer-den drei Arten von Getränken unterschieden:

- Bei **isotonischen Getränken** ist die Konzentration an gelösten Teilchen im Wasser der Konzentration von gelösten Teilchen im Blut gleich. Sie sind im Allgemeinen zuträglich.
- Bei **hypertonen Getränken** ist die Konzentration höher. Stark hypertone Getränke entziehen dem Körper Wasser, weil osmotische Vorgänge an Kör-permembranen einen Ausgleich der Konzentrationen betreiben. Ein Ex-trembeispiel für ein hypertones Getränk ist Salzwasser, nach dessen reichli-chem „Genuss" durchaus Lebensgefahr durch Verdursten auftritt.

- Bei **hypotonen Getränken** ist die Konzentration gelöster Teilchen geringer als im Blut. Solche Getränke sind bestrebt, Wasser an den Körper abzugeben bzw. ihm Mineral- und Nährstoffe zu entziehen. Mineralstoffmangel mag sich etwa in einer Krampfneigung äußern, Nährstoff-, besonders Glucosemangel, behindert die Leistung. Die Aufnahme von destilliertem Wasser als Getränk kann bei großen Mengen tödlich sein, da durch Osmose so viel Wasser in Zellen oder Zellverbände wie die Blutkörperchen eintreten kann, dass diese platzen.

Sogenannte **Elektrolyt-Getränke**, die ebenfalls iso-, hyper- oder hypotonisch sein können, weisen neben Wasser (und anderen gelösten Teilchen) Mineralien in gelöster Form auf. Ihren Namen erhalten diese Getränke daher, dass Mineralstofflösungen, deren Mineralstoffe als Ionen vorliegen, Strom leiten.

### Regeln

Als Regeln für die Zuführung von Wasser und Elektrolyten können folgende Punkte gelten:

- Die Aufnahme von reinem Wasser ohne Elektrolyte ist nicht sinnvoll, weil Wasser ohne Elektrolytgehalt nicht im Organismus gehalten werden kann, über die Nieren ausgeschieden wird und dabei zusätzlich Elektrolyte ausschwemmt.
- Optimale Getränke enthalten folglich einen Mineralstoffanteil. Sportler sollten in der Alltagsernährung besonders auf einen hohen Magnesiumgehalt achten. Die Trinkmenge richtet sich nach der körperlichen Aktivität und der Wetterlage. Ein einfach zu handhabender Maßstab zur Ermittlung der richtigen Trinkmenge ist die Farbe des Urins, der bei ausgeglichenem Flüssigkeitshaushalt sehr hell wässrig gefärbt ist.
- Bei Belastung empfiehlt sich die Beimengung von Kohlenhydraten verschiedener Resorptionsgeschwindigkeit, z. B. könnte ein Liter eines preiswerten Sportgetränkes für eine längere Belastungsdauer etwa 700 ml Wasser, 300 ml Apfelsaft, 1 g Kochsalz und 60 g Maltodextrin enthalten.
- Unter Belastung ist unbedingt der Grundsatz „Trinken, bevor der Durst beginnt!" zu beherzigen. Da in diesem Fall die Aufnahmekapazität des Körpers bei gleichzeitig erhöhtem Verbrauch reduziert ist und der tatsächliche Bedarf so nicht ausgeglichen werden kann, vergibt man die Chance auf Ergänzung der Körperflüssigkeit für die erste Zeit der Belastung. Im Ausdauerwettkampf empfiehlt man 150–200 ml Getränk alle 15–20 Minuten.
- Von der Aufnahme von Elektrolyten ohne Wasser – etwa per Salztabletten – ist abzuraten, weil die dann überschüssigen Elektrolyte ausgeschieden werden, was zu einem zusätzlichen Wasserverlust führt.

## 5.4 Vitaminbilanz

Vitamine sind Nährstoffe ohne Energiegehalt, die mit der Nahrung zugeführt werden müssen und für alle Lebensfunktionen des Menschen unentbehrlich sind.

### Vitamine

Sie werden in zwei Klassen eingeteilt, in wasserlösliche und in fettlösliche Vitamine. Die folgende Tabelle gibt eine Übersicht:

| | Vitamin | Wirkungsort | Symptome bei Mangel (Auswahl) | Vorkommen (Auswahl) |
|---|---|---|---|---|
| wasserlöslich | B1 Thiamin | Kohlenhydratstoffwechsel | Müdigkeit, Appetitlosigkeit, Verdauungsstörungen | Vollkornbrot, Kartoffeln, Hülsenfrüchte |
| | B2 Riboflavin | Fett-, Kohlenhydrat- und Proteinstoffwechsel | Wachstumsstörungen, Hautreizungen, Einrisse im Mundwinkel | Milch, Käse, Fleisch, Vollkornbrot |
| | B6 Pyridoxin | Proteinstoffwechsel, Nervensystem | Störung des Nervensystems, Hautirritationen | Fisch, Fleisch, Kartoffeln, Vollkornbrot |
| | B12 Cobalamin | Blut | Anämie (Blutarmut) | Leber, Seefisch, Milch, Quark, Ei |
| | C Ascorbinsäure | Eisenaufnahme (innere Atmung), Immunabwehr, Gewebsstoffwechsel | Zahnfleischbluten, verzögerte Wundheilung, Appetitlosigkeit, Skorbut | Obst, Gemüse |
| | Biotin | Kohlenhydrat- und Fettstoffwechsel | trockene Haut Haarausfall | Milch, Soja, Innereien |
| | Pantothensäure | Kohlenhydrat-, Fett- und Proteinstoffwechsel | – | Leber, Brokkoli, Blumenkohl, Kalbfleisch, Rindfleisch, Milch, Vollkornbrot |
| | Niacin | Energiestoffwechsel, Herzfunktion, zentrales Nervensystem | Hautschäden, Durchfall, Schäden am zentralen Nervensystem, Pellagra | Vollkornbrot, Erbsen, Fleisch, Fisch |
| | Folsäure | Zellneubildung, Blut | Anämie, Magen-Darm-Störungen, Schleimhautveränderungen | Keime, Soja, Leber, Kohlgemüse |

| | Vitamin | Wirkungsort | Symptome bei Mangel (Auswahl) | Vorkommen (Auswahl) |
|---|---|---|---|---|
| fettlöslich | A Retinol | Unterstützung des Sehens | Nachtblindheit, Hautreizungen | Gemüse, Milch, Streichfette, Leber |
| | D Calciferol | Knochenfestigkeit (Calciumstoffwechsel) | Wachstumsstörungen, Entkalkung der Knochen, Rachitis | Meerfische |
| | E Tocopherol | Schutz vor unerwünschten Auswirkungen des aeroben Stoffwechsels (Beseitigung freier Radikale) | – | Pflanzenöle |
| | K Phyllochinon | Blutgerinnung | verzögerte Blutgerinnung | Leber, Milch, Tomaten, Blumenkohl |

Tab. 4: Vitamine

## Regeln

Allgemein wird eine vitamingerechte Ernährung sichergestellt, wenn man sich abwechslungsreich ernährt und sich darum kümmert, die Nahrung vitaminschonend – etwa durch Dünsten statt Kochen – zuzubereiten. Beachten muss man einen hohen Anteil an frischem Obst und Gemüse, den man direkt oder auch durch gewohnheitsmäßige Zugabe zu allen anderen Speisen erreicht, und die Berücksichtigung von Milch und Milchprodukten. Fleisch oder Fisch haben einen Platz in der gesunden Sporternährung, man kann sich aber auch problemlos vegetarisch ernähren, wenn Milchprodukte und Ei hinzugenommen werden (ovo-lakto-vegetarische Ernährung). Schwieriger liegt der Fall bei einer veganen, also rein pflanzlich-vegetarischen Ernährung. Hier ist eine genaue Kenntnis von Aminosäureprofilen verschiedener Lebensmittel und ihrer Kombinationen unausweichlich, um sich vollwertig und in Hinblick auf den nach sportlichem Training etwas erhöhten Proteinbedarf angemessen ernähren zu können.

# Zusammenfassung

Die individuelle Ernährung kann über fünf Bilanzen bestimmt werden, die unterschiedliche Aspekte bei der Aufnahme und Umsetzung von Nahrung betrachten:
• Die **Kalorienbilanz** befasst sich mit den energiehaltigen Nahrungsbestandteilen. Der Gesamtumsatz an Kalorien setzt sich aus einem relativ stabilen Grundumsatz und einem von den Aktivitäten abhängenden Leistungsumsatz zusammen.

- Bei der **Nährstoffbilanz** geht es um die optimale Zusammenstellung der Nahrung.
- Die **Flüssigkeitsbilanz** und die **Mineralstoffbilanz** befassen sich mit dem Anteil an Flüssigkeit und Mineralien.
- Die **Vitaminbilanz** untersucht den Anteil an Vitaminen.

gaben

### 15. Kalorienverbrauch

Begründen Sie, warum angegebene Werte zum persönlichen Kalorienverbrauch bei einer sportlichen Betätigung grundsätzlich nur als grobe Schätzungen zu gebrauchen sind.

### 16. Nährstoffzusammensetzung der Nahrung

Auf einer Packung Vollmilch ist angegeben: „Nährstoffe pro 100 ml: 3,4 g Eiweiß, 4,8 g Kohlenhydrate, 3,8 g Fett, 67 kcal." Errechnen Sie, wie viel Prozent der Kalorien jeweils durch Fette, Kohlenhydrate und Eiweiße abgedeckt sind, und decken Sie so die tatsächliche Nährstoffbilanz auf.

### 17. Saltin-Diät

In der Vorbereitung für Ausdauerwettkämpfe wird die Saltin-Diät zur Leistungssteigerung versucht. Sie besteht darin, dass etwa eine Woche vor dem gewünschten Wettkampf ein die Kohlenhydratvorräte ziemlich erschöpfendes Training durchgeführt wird, danach aber nicht für eine Auffüllung der Kohlenhydratspeicher gesorgt wird, sondern für drei Tage noch möglichst auf die Zufuhr von Kohlenhydraten verzichtet wird. In dieser Kohlenhydrat-Mangel-Phase soll weiterhin trainiert werden. Daran schließt sich für die letzten drei Tage vor dem Wettkampf eine betont kohlenhydrathaltige Ernährungsphase an, in der das Training nur noch sehr leicht sein darf. Erläutern Sie, welchen Effekt man sich wohl von dieser Diät verspricht, welche Nachteile man aber in Kauf nehmen muss.

# Training

Überlegungen zu Trainingsprozessen beschäftigen sich mit deren möglichen Zielen und mit den Wegen, wie diese Ziele systematisch erreicht werden können. Trainingsprozesse können über den Einsatz von Trainingsinhalten, Trainingsmitteln und Trainingsmethoden gestaltet werden. Darüber hinaus muss geklärt sein, wie das Erreichen der Ziele festgestellt und kontrolliert werden kann.

**Training** ist ein **zielgerichteter, planmäßiger Prozess**.

spiel

Jemand, der täglich mit dem Fahrrad zur Schule fährt, belastet sich zwar körperlich, absolviert aber kein Training, es sei denn, er plant dabei eine Abfolge von Belastungen ein, die ihn beispielsweise dem Ziel, an einem Amateur-Radrennen teilzunehmen, näher bringt.

Definiert man auf dem Weg zum Trainingsziel Teilziele, deren Erreichen kontrolliert wird, kann der Trainingsprozess als ein Regelkreis aufgefasst werden, in dem sich die Teilziele, Maßnahmen und deren Ergebnisse unter Berücksichtigung des generellen Ziels und dessen Kontrollgröße, die angibt, wann das generelle Ziel erreicht ist, ständig gegenseitig beeinflussen. Diese Rückkopplung zwischen Maßnahmen und ihren Ergebnissen ist typisch für eine Regelung. Betrachtet man aber eine Trainingsmaßnahme unabhängig von einer Rückkopplung, spricht man von einer Steuerung.

## 6    Grundbegriffe des Trainings

Um Trainingsziele ökonomisch erreichen zu können, ist das Training mithilfe von Zielen, Inhalten, Mitteln, Methoden und Kontrollen zu planen.

### 6.1 Trainingsziele

Ziel sportlichen Trainings ist die **Verbesserung** der **sportlichen Leistungsfähigkeit**.

Die Ausprägung des Ziels variiert je nach Gruppe:
- In den Bereichen Leistungs- und Hochleistungssport wird durch Training die individuelle Maximalleistung angestrebt.
- Für Breiten- und Freizeitsportler ist die Leistungsverbesserung oft eher ein angenehmer Nebeneffekt. Bei ihnen stehen aber in der Regel andere Motive wie Spaß oder Gesundheit im Vordergrund.
- Im Schulsport ist sportliche Leistung eine Grundlage für die Benotung.
- Der Gesundheitssport umfasst die Bereiche Prävention (Vorbeugung) und Rehabilitation (Wiederherstellung). Bei der Prävention wird das Erreichen der Leistungsgrenze nicht angestrebt. Bei der Rehabilitation nach Verletzungen oder Krankheiten ist es jedoch gelegentlich unumgänglich, zumindest das niedrige Leistungsmaximum zu erreichen.

**Sportliche Leistungsfähigkeit** wird von einem komplexen Geflecht an Faktoren (Determinanten) bestimmt. Da die Bezüge und die Rückwirkungen im Detail so unüberschaubar sind und sie sich darüber hinaus von Person zu Person völlig unterscheiden können, werden in der folgenden Abbildung (Abb. 28) nur mögliche Einflussgrößen dargestellt, ohne auf deren mögliche Beziehungen zueinander näher einzugehen oder eine Gewichtung vorzunehmen.

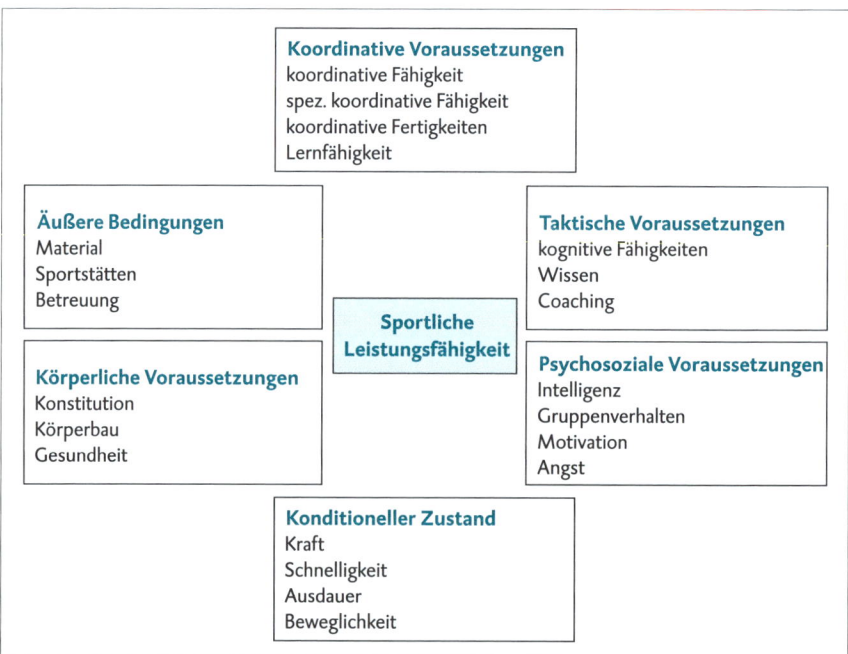

Abb. 28: Sportliche Leistungsfähigkeit

**Lernziele**

Der komplexen Übersicht entsprechend stellt sich Training als pädagogischer Prozess mit vielseitiger Wirkrichtung dar. Alle klassischen pädagogischen Lernziele werden angestrebt:

- **psychomotorische Ziele:** Verbesserung der konditionellen und koordinativen Eigenschaften und Fertigkeiten (Kraft, Schnelligkeit, Ausdauer, Beweglichkeit bzw. Koordination)
- **affektive Ziele:** Verbesserung etwa der Willensstärke, des Durchsetzungsvermögens, der Konzentrations- oder Entspannungsfähigkeit
- **kognitive Ziele:** Kenntniserwerb über Technik, Taktik, Regeln oder Methoden

## 6.2 Trainingsinhalte

Trainingsinhalte bezeichnen das, was man im Training tut, wobei **Trainingsübungen** den wesentlichen Anteil bilden.

Im Allgemeinen werden folgende drei Arten von Übungen unterschieden:
- **Allgemein entwickelnde Übungen** dienen der Fitness-Grundlage.
- **Speziell entwickelnde Übungen** basieren auf den allgemein entwickelnden Übungen, sprechen aber die Zieldisziplin genauer an.
- **Wettkampfübungen** trainieren auf der Grundlage allgemein und speziell entwickelnder Übungen genau die Zieldisziplin oder Komponenten davon unter Wettkampfbedingungen.

Beispiel

Im Training eines 1 500-m-Läufers können die Übungen folgendermaßen aussehen:
- Allgemein entwickelnde Übungen: Lange, relativ langsame Läufe, Übungen aus der Palette des Krafttrainings oder der Gymnastik und Ausübung anderer Ausdauerdisziplinen wie Radfahren oder Skilanglauf.
- Speziell entwickelnde Übungen: Übungen aus dem Sprint- und Langsprint-Repertoire, z. B. mehrere 200-m-Sprints mit Pausen (wenn das Augenmerk auf Schnelligkeit liegt). Serie von einigen submaximalen 1 000-m-Läufen mit Pausen (wenn das Augenmerk auf Ausdauer liegt).
- Wettkampfübungen: Testwettkämpfe über 1 500 Meter und in benachbarten Disziplinen wie 800-m-Lauf oder 3 000-m-Lauf; Trainingsleistungen im gewünschten 1 500-m-Wettkampftempo.

## 6.3 Trainingsmittel

> Unter dem Begriff Trainingsmittel wird die **sächliche Ausstattung** zusammengefasst, die zur Bewältigung des Trainingsprozesses zur Verfügung steht.

Bei den Mitteln kann folgende Unterscheidung getroffen werden:
- Geräteausstattung (unmittelbare Sportgeräte wie Bälle, Schläger oder Kugeln, aber auch die Infrastruktur, etwa Sporthalle, Sportplatz, Körbe, Netze oder Tore)
- Organisatorische Hilfsmittel (z. B. Hallenbelegungspläne, Spielpläne oder auch Internetauftritte der Sportligen)
- Informationsmittel (z. B. Videoaufzeichnungen, geschriebene Taktikaufzeichnungen oder Fotos)

## 6.4 Trainingskontrollen

> Kontrollen im Sport dienen zur **Ermittlung des aktuellen Leistungszustands** in seiner Gesamtheit oder in Bezug auf einzelne Komponenten.

Mithilfe von Kontrollen möchte man feststellen, ob die gesteckten Ziele erreicht wurden. Falls ja, kann weiter untersucht werden, ob der Aufwand zum Erreichen des Zieles gerechtfertigt war, allgemeiner gesprochen, ob der Prozess bis hin zum Ziel angemessen gestaltet war oder ob in vergleichbaren Anforderungssituationen eine Modifizierung erforderlich ist. Falls nein, liegt es auf der Hand, nach Gründen zu suchen, die das Erreichen des Ziels vereitelt haben könnten.

Im Sinne der rückkoppelnden Regelung ist es wichtig, schon im Verlauf eines Trainingsprozesses feststellen zu können, inwieweit Trainingsmaßnahmen erfolgreich sind, um beizeiten Kurskorrekturen vornehmen zu können.

Natürlich bietet der Wettkampf die endgültige Bestätigung eines richtigen Trainingsweges, aber sehr oft ist es unsinnig, immer wieder die genormte Wettkampfleistung abzufragen, teils, weil damit der Sportler physisch überfordert wird, der die nötige Wettkampf-Spitzenform nicht ganzjährig oder gar über Jahre hinweg auf gleichem Niveau halten kann, teils, weil ein schlechtes Ergebnis aufgrund mangelnder Form auch das Selbstbewusstsein des Sportlers ruinieren kann.

spiele

- Ein Marathonläufer, der im Training mehrfach Marathonwettkampf-leistungen erbringen müsste, obwohl pro Jahr mehr als zwei Marathon-läufe im Bereich der persönlichen Bestzeit längerfristig kaum verkraftet werden können, wäre heillos überfordert.
- Im Fußball herrscht häufiger das Problem der Wettkampfüberlastung, was sich z. B. dann zeigt, wenn ein Spieler, der in der Wettkampfpause der Liga im Nationalteam antreten musste, bald nach dem anschließen-den Saisonbeginn außer Form oder verletzt ist.

Um Wettkampfüberlastung zu meiden, soll das Leistungsvermögen der Sport-ler mit möglichst einfachen Tests erfasst werden, anhand deren Ergebnissen eine Aussage über den erreichten Stand (Leistungs-Ist-Situation) und die wei-tere Entwicklung getroffen werden kann. In Bezug auf den weiteren Trainings-prozess ist man daran interessiert, aus den Ergebnissen solcher Tests Steue-rungsgrößen für das Training zu gewinnen.

### Gütekriterien

Allgemein müssen Tests, nicht nur die im sportlichen Bereich, bestimmten Anforderungen, sogenannten Gütekriterien, genügen:

- **Objektivität:** Ein Test muss unabhängig von äußeren Einflüssen und sub-jektiven Fehlbeurteilungen durch den Tester sein.
- **Reliabilität:** Ein Test muss zuverlässig sein, d. h., wird der Test unter glei-chen Bedingungen erneut durchgeführt, muss das gleiche Ergebnis heraus-kommen.
- **Validität:** Der Test muss das messen, was er zu messen vorgibt, soll also eine verwertbare Prognose, etwa für einen Wettkampf, liefern.
- **Ökonomie:** Der Test muss mit vertretbarem Aufwand durchführbar sein.

Das größte Problem von Sporttests stellt die Validität da, da sich in fast keiner Sportart eine Wettkampfprognose nur durch Anwendung eines einfachen Tests ermitteln lässt. Noch relativ einfach ist die Diagnose in Sportarten mit geringerer Komplexität, vor allem dann, wenn – wie etwa beim Marathon-läufer oder dem Kraftdreikämpfer – eine athletische Hauptbeanspruchungs-form das Leistungsbild dominiert. In einem solchen Fall ist immerhin klar, was gemessen werden muss. Dagegen wird man in Sportarten mit komplexen Leis-tungsvoraussetzungen wie den Sportspielen keinen validen Test finden, mit dessen Hilfe ein Trainer z. B. Maßnahmen der Mannschaftsaufstellung begrün-den könnte. Daher wird in komplexen Sportarten gerne auf die Messung von Einzelkomponenten der Gesamtleistung ausgewichen, um dann aus der Menge der Teilergebnisse geeignete Schlüsse ziehen zu können. Schwierigkeiten bereitet in diesem Fall allerdings die Gewichtung der Teilergebnisse.

In jedem Fall ist es auch in komplexen Sportarten wichtig, Tests oder Messverfahren an der Hand zu haben, die wenigstens für elementare Leistungskomponenten Ergebnisse liefern, sodass das Testverfahren den Gütekriterien weitgehend genügt.

### Arten von Tests

Im Bereich des Sports werden verschiedene Arten von Tests unterschieden:

- **Labortests:** Messungen mithilfe eines Laufbands, eines Rad- oder Ruderergometers, einer Kraftmaschine oder eines anderen Trainingsgeräts unter standardisierten Bedingungen.
- **Wettkampftests:** Analyse eines Aufbauwettkampfes oder einer wettkampfähnlichen Trainingsbelastung.
- **Feldtests:** Analyse von Leistungen unter Wettkampfbedingungen, je nach Sportart also auf der Lauf- bzw. Fahrbahn, in der Sporthalle oder im Schwimmbad.

### Auswertung

Die Auswertung von Tests ist grundsätzlich in einen größeren Zusammenhang zu stellen. Dazu gehört besonders die Auflistung der geleisteten Trainingseinheiten in einem Trainingstagebuch. Darin sollten möglichst alle für den sportlichen Erfolg relevanten Daten festgehalten werden, z. B., in welcher Sportart man wie hart, wie lange belastet hat, wie das persönliche Wohlergehen war und welche privaten Sonderbelastungen es gab. Diese Informationen lassen sich dann zu Übersichten kombinieren und über längere Zeiträume vergleichen.

Beispiel

Nach vergleichbarem Vorbereitungstraining wurde ein Wettkampf nach einer Kompletterholung von drei Tagen, ein anderer aus dem vollen Training heraus, ein weiterer nach einer zweiwöchigen Phase allmählich nachlassender Trainingsbeanspruchung bestritten. Der Vergleich der Wettkampfergebnisse ermöglicht – in gewissen Grenzen – eine Einschätzung, wie der Sportler Vorwettkampfbelastungen tolerieren kann.

So oder ähnlich können auch andere Trainingsphasen einer vergleichenden Analyse aufgrund von Trainingsleistungen unterzogen werden. So kann mit der Zeit besser eingeschätzt werden, welche Testergebnisse ausgewählter Leistungstests auf welche Wettkampffähigkeiten schließen lassen.

# Zusammenfassung

**Training** ist ein zielgerichteter, planmäßiger Prozess, der mithilfe der folgenden Elemente strukturiert und durchgeführt wird.

- Zu den **Zielen** des Trainings gehört die Verbesserung der sportlichen Leistung.
- Die Übungen bilden den Kern der **Inhalte**.
- Zur Durchführung des Trainings sind **Mittel** wie Geräte, organisatorische Mittel oder Informationsmittel notwendig.
- Der Leistungsstand wird mit **Kontrollen** erfasst, die auch zur weiteren Trainingsplanung dienen.

**fgaben**    **18. Trainingsübungen**

Geben Sie insgesamt zehn allgemein und zunehmend speziell entwickelnde Übungen für einen leichtathletischen Sprinter an.

**19. Testkriterien**

a) Beurteilen Sie den Test „Liegestützen in möglichst großer Anzahl innerhalb von 30 Sekunden" hinsichtlich der Testkriterien, wenn man die Maximalkraft der Armstrecker abprüfen möchte.

b) Kann ein 10-km-Testwettkampf für einen Marathonläufer die Testkriterien erfüllen?

**20. Tests in Komplexsportarten**

In komplexen Sportarten muss man auch komplex testen. Entwerfen Sie eine Testbatterie für Fußballer.

# 7 Belastung und Trainingsmethoden

Trainingsmethoden unterscheiden sich in der Abfolge und inhaltlichen Auslegung von Belastungen.

> Unter einer **Belastung** versteht man die Summe der von außen gestellten Anforderungen an einen Sportler, die einerseits durch die Schwierigkeit der sportlichen Aufgaben, andererseits durch die Bedingungen, unter denen diese bewältigt werden, definiert sind.

Wendet man sich nach innen, rückt die Frage in den Vordergrund, wie der Sportler die äußere Anforderung verkraftet. Der Partnerbegriff zu „Belastung" heißt „Beanspruchung".

> Unter **Beanspruchung** versteht man die momentane, innere Reaktion einer Person auf die Summe der aktuell einwirkenden Belastungen.

In der traditionellen Trainingslehre drehte sich die Diskussion sehr stark um Belastungen, in jüngerer Zeit kam die Diskussion der Beanspruchung gleichrangig hinzu.

## 7.1 Belastungsnormative

Belastungsnormative sind Merkmale, mit denen Trainingsmethoden beschrieben werden können. Zu den Normativen zählen Reizintensität, Reizumfang, Reizdauer, Reizdichte, Reizkomplexität und Trainingshäufigkeit.

### Reizintensität

> Die Reizintensität einer Trainingsübung gibt an, wie stark die Belastung ist, also wie viel **Prozent der individuell maximal möglichen Leistung** erbracht wird bzw. werden soll.

Die Festlegung der Intensität ist häufig interpretationsbedürftig, weil die Bezugsgröße „maximal mögliche Leistung" unklar bleibt.

Beispiele

- Im Bereich des Laufens könnte man ein Dauerlauftempo von 15 km/h, also 4 min/km, mit 50 % Intensität bezeichnen, weil dieses Tempo etwa die Hälfte der maximalen Sprintgeschwindigkeit ausmacht.
Ein 10-km-Läufer aber, der eine Bestleistung von 30 Minuten erreichen kann, also eine Dauergeschwindigkeit von 20 km/h, wird lieber den Bezug zu seiner Bestleistung statt zur „sachfremden" Sprintleistung

herstellen und sagen, dass ein Trainingslauf mit Tempo 15 km/h bei 75 % Intensität liege.

Ein Marathonläufer wiederum, dessen Bestleistung bei 2 h 40 min liegt, was einer durchschnittlichen Geschwindigkeit von 15,82 km/h entspricht, muss für das angesprochene Tempo etwa 95 % seiner Wettkampfgeschwindigkeit erbringen.

- Es gibt auch Disziplinen, in denen das Maß der Intensität einer Übung scheinbar sehr klar festgelegt ist. So bedeutet bei der Kraftübung „Bankdrücken" 100 % das höchste Gewicht, das ein Sportler gerade einmal ohne Hilfe hochdrücken kann. Entsprechend bezeichnet dieser Kraftsportler seine Intensität mit 50 %, wenn er mit der Hälfte seines 100 %-Gewichtes arbeitet. Gerade beim Krafttraining muss man allerdings berücksichtigen, dass je nach Person und Trainingszustand eine prozentuale Belastung von z. B. 80 % völlig unterschiedlich verkraftet wird.

## Reizumfang und Reizdauer

Der **Reizumfang** zeigt an, **wie oft** ein **Trainingsreiz** in einer Trainingseinheit gesetzt wird und welchen **zeitlichen Umfang** die sich daraus ergebene Serie von Trainingsreizen hat.

Die **Reizdauer** sagt, **wie lange** ein einzelner **Trainingsreiz** zeitlich ausgedehnt ist.

spiele
- Beim Laufen ist ein langsamer Dauerlauf von 2 Stunden umfangsbetont, aber wenig intensiv. Da die Einheit nur einen Reiz umfasst, entspricht hier die Reizdauer dem Reizumfang.

  Ein Training mit vier maximalen Sprints von 200 m weist einen geringen Umfang, dafür aber eine hohe Intensität auf. Die Reizdauer entspricht der Laufzeit für einen einzelnen 200-m-Sprint.

- Im Krafttraining gelten 4×20 Wiederholungen im Bankdrücken mit einer Last von 50 kg bei einer maximalen Leistungsfähigkeit von 100 kg als ziemlich umfangreich, denn es werden im Verlauf dieser Trainingsübung insgesamt 4 000 kg gehoben. Die Intensität ist dagegen relativ gering.

  Wird aber acht Mal (mit Pausen) eine Last von 95–100 kg gedrückt, dann wird mit insgesamt knapp 800 kg ein wesentlich geringerer Umfang bewältigt, dafür aber mit einer extrem hohen Intensität.

  Die Reizdauer ist im ersten Fall durch die Zeit für 1×20 Wiederholungen, im zweiten durch die Zeit für eine Wiederholung festgelegt.

### Reizdichte

> Die Reizdichte gibt an, welches **Verhältnis Belastung und Pausen** zueinander haben.

Die Reizdichte macht also eine Aussage über die Erholungsphasen, die in einer Trainingseinheit vorgesehen sind. Trainingseinheiten mit ununterbrochenem Übungsablauf haben eine maximale Dichte, solche, in denen die verwendeten Übungen lange Pausen erfordern, eine geringe Dichte.

Beispiel
Dauerschwimmen weist eine maximale Reizdichte auf, ebenso wie ein Dauerlauf. Sechs 100-m-Sprints mit jeweils 10 Minuten Pause dazwischen haben hingegen eine sehr geringe Dichte.

### Trainingshäufigkeit

> Die Trainingshäufigkeit gibt an, **wie oft Trainingseinheiten** stattfinden. Sie wird üblicherweise über die Anzahl der Trainingseinheiten pro Woche gemessen.

Die Trainingshäufigkeit ist ein Parameter, der erlaubt, den über alle Einheiten geleisteten Gesamttrainingsumfang näher zu beschreiben. Allerdings sollte man mit Vorsicht an eine Verrechnungsformel wie „Gesamtumfang = Summe der Umfänge der Einzeleinheiten einer Woche" herangehen, da sich vom Gesamtumfang nicht unbedingt die tatsächlichen Trainingswirkungen ableiten lassen. Es wird z. B., wenn überhaupt, nur sehr wenige Langstreckenläufer geben, die einen Wochenumfang von 120 km auf 3 Einheiten à 40 km verteilen, da ein 40-km-Lauf zu sehr an die Substanz geht. Viel eher wird ein Läufer ein solches Pensum auf $6 \times 15$ km und $1 \times 30$ km oder ähnliche, kleinere Portionen verteilen, vielleicht sogar zeitweise den 15-km-Tagesumfang noch einmal in zwei Einheiten splitten. Im Fall, dass viele relativ kurze Einheiten den Gesamtumfang erhöht haben, handelt es sich wohl kaum um einen Marathonkandidaten, sondern um einen Läufer auf kürzeren Strecken. Andererseits kann man mit diesem Trainingsaufwand schon gute Marathonzeiten erreichen, wenn auch Einheiten jenseits der 30-km-Marke dabei sind.

### Komplexität von Trainingsreizen

> Trainingsreize werden komplex, wenn sie aus dem gleichen Funktionssystem **kumuliert** oder aus unterschiedlichen Funktionssystemen **kombiniert** werden. Die Qualität eines Trainingsreizes ändert sich dabei.

spiele

- **Kumulation:** Im Kraftsport, besonders im Bodybuilding, werden gerne Trainingsreize in sogenannten Supersätzen kumuliert. Man kann dabei muskuläre Gegenspieler in einem Supersatz ansprechen, indem man z. B. 10 Wiederholungen in der auf Brust-, vordere Schulter- und Armstreckmuskulatur konzentrierten Grundübung Bankdrücken direkt ohne Pause anschließend mit 10 Wiederholungen einer Zugübung kombiniert, die besonders auf den Rücken, die Armbeuger und den rückwärtigen Anteil der Schultermuskulatur wirkt. Eine weitere Möglichkeit zur Gestaltung von Supersätzen besteht darin, zunächst eine breit wirkende Kraft-Grundübung zu absolvieren, etwa Bankdrücken, um daran eine Isolationsübung anzuschließen, die von der Grundübung bereits vorermüdete Muskelgruppen bis zur Ausbelastung anspricht, in diesem Fall etwa die Armstreckmuskulatur.
- **Kombination:** Ein hoch auf Kraft trainierter Sportler wie ein Gewichtheber oder Kugelstoßer wird Schwierigkeiten haben, bei der Kraftübung Kniebeugen 50 Wiederholungen bei 50 kg Zusatzlast ebenso zügig zu absolvieren wie ein in dieser Hinsicht auf Kraftausdauer trainierter Sportler mit deutlich geringeren Maximalkraftwerten. Denn für den Kraftsportler bedeutet ein solcher Trainingsreiz im Vergleich zu seinem sonstigen Training eine enorme Umfangssteigerung und damit durch die Hinzunahme einer Ausdauerkomponente eine völlig ungewohnte, weil in einem anderen Funktionssystem angesiedelte Beanspruchung, obwohl die Übung Kniebeuge in dieser Intensität bei geringerem Umfang für ihn eine Kleinigkeit bedeutet.

### Gestaltung von Trainingseinheiten

Die Steuerungsgrößen einzelner Trainingseinheiten sind voneinander abhängig. Daraus ergeben sich folgende Kernsätze zur Gestaltung von Trainingseinheiten, die auf den ersten Blick selbstverständlich scheinen, gegen die aber in der Trainingspraxis aus falsch verstandenem Ehrgeiz oft verstoßen wird.

- Übungen mit gleichzeitig maximaler Reizintensität und maximalem Reizumfang sind nicht möglich. Bis auf Ausnahmefälle in der Wettkampfvorbereitung oder im Wettkampf selbst gilt sogar die viel schärfere Regel, dass hoch intensive Übungen mit geringem Umfang und umfangsbetonte Übungen mit sehr geringer Intensität ausgeführt werden sollen.
- Intensive Übungen verlangen eine geringe Dichte. Wenig intensive Übungen können mit maximaler Dichte bestritten werden.
- Umfangreiche Übungen oder Übungsfolgen mit großer Dichte können demzufolge nicht mit maximaler Intensität bestritten werden.

## 7.2 Grundlegende Methoden

Die Methoden sportlichen Trainings unterscheiden sich prinzipiell in der Handhabung des Normativs Dichte, im Detail aber auch bei den Normativen Intensität und Umfang. Einzelne Trainingseinheiten oder auch nur ihre sinngebenden Abschnitte können somit nach den drei Hauptmethoden (Dauermethoden, Intervallmethoden und Wiederholungsmethoden) gestaltet werden. All diese Trainingsmethoden stammen ursprünglich aus der Trainingslehre der Ausdauersportarten, von wo sie auf andere Trainingsbereiche übertragen worden sind. In jüngerer Zeit beginnen sich die Begriffe wieder zu differenzieren. So entwickelt sich im Bereich des Krafttrainings eine eigene Nomenklatur, die sich an angestrebten Trainingswirkungen orientiert.

### Dauermethode

Dauermethoden arbeiten **ohne Pause** und weisen damit eine maximale Dichte auf. Die Intensität liegt zwischen sehr gering und Wettkampftempo, der Umfang zwischen mittel und sehr hoch. Aufgrund der fehlenden Pausen sind Dauermethoden bei Sportarten mit hohem Ausdaueranteil führend.

Je nach Intensität kann die Dauermethode weiter differenziert werden:

- Die **extensive Dauermethode** findet man bei sehr umfangsbetonten Dauerleistungen mit **sehr geringer Intensität**. Sie ist Hauptmethode des Grundlagentrainings von Ausdauersportlern.
- Bei der **intensiven Dauermethode** werden Trainingsabschnitte mit intensivem Daueranteil von Auf- bzw. Abwärmphasen mit geringer Intensität eingerahmt. Die intensive Dauermethode weist von ihrer Intensität her eine erhöhte **Wettkampfnähe** auf, sie wird von Ausdauersportlern auf der Basis eines Grundlagentrainings in formbringenden Phasen eingesetzt.
- Die **variable Dauermethode** arbeitet mit **wechselnden Intensitäten**, lässt aber auch in den niedriger angesiedelten Phasen die Trainingsbelastung nie so weit absinken, dass von einer Pause die Rede sein könnte. Diese Methode eignet sich sehr gut für das Ausdauertraining der Sportspieler, also Fußballer, Handballer oder Basketballer, da sie den Anforderungen ihrer Sportarten mit wechselndem Intensitätsverlauf eher entspricht als Methoden mit gleichbleibender Belastung. Mithilfe der variablen Dauermethode wird besonders die Erholungsfähigkeit unter noch erhöhter Belastung trainiert. Außerdem eignet sie sich, im Verlauf eines Trainingsprozesses Ausdauerwettkampfhärte auszubilden.

- **Extensive Dauermethode:** Idealtypisch sind hier der wöchentliche lange Lauf („Long Jog") der Marathonspezialisten über mindestens 30 km im lockeren Dauerlauftempo oder die lange, langsame Ausfahrt der Radsportler über 4–6 Stunden in eher flachem Gelände.
- **Intensive Dauermethode:** Typisch ist ein schneller Dauerlauf von 20–40 Minuten oder im Bereich des Radsports die Bewältigung einer lang dauernden Steigung, etwa eines Alpenpasses, bzw. eine länger dauernde Phase mit erhöhtem Pedaldruck beim Fahren in weniger gebirgigem Terrain.
- **Variable Dauermethode:** Typische Formen bietet das sogenannte Fahrtspiel der Läufer, in dessen Verlauf nach Körpergefühl oder auch nach Zeitplan schnelle, sehr schnelle und langsamere Phasen, Steigungen oder Gefälle in einer größeren Trainingsrunde vereint werden.

### Intervallmethode

Intervallmethoden arbeiten mit einer stark unvollständigen Erholungspause, der sogenannten **lohnenden Pause**. Diese hat ihren Namen daher, dass die Erholung nach der vorhergehenden Belastung bei Beginn der nächsten gerade so weit vorangeschritten ist, dass man sich diese wieder zutrauen kann. Aufgrund vorhandener Pausen kann die Intensität höher gefahren werden als bei Dauermethoden, liegt also zwischen hoch und sehr hoch, der Umfang erreicht dafür aber nur ein geringes bis mittleres Niveau. Intervallmethoden mit lohnender Pausengestaltung finden in nahezu allen Sportarten Anwendung.

Wie bei der Dauermethode kann auch hier abhängig von der Intensität zwischen einer extensiven und einer intensiven Form unterschieden werden.

- Die **extensive Intervallmethode** arbeitet mit **hohen Belastungsreizen**, aber nicht mit submaximalen oder gar maximalen, die lohnenden Pausen dauern entsprechend auch nur kurz und werden häufig aktiv gestaltet, also unter Aufrechterhalten einer Minimalbelastung. Die Grenzen dieser Methode zur variablen Dauermethode sind somit fließend. Die extensive Intervallmethode eignet sich für Sportarten mit einem deutlichen Ausdaueranteil in ihrem Leistungsspektrum.
- Die **intensive Intervallmethode** arbeitet mit **sehr hohen Belastungsreizen**, dafür aber kürzeren. Die lohnenden Pausen werden inaktiv gehalten, die Grenzen zur extensiven Intervallmethode sind fließend. Dadurch, dass kurze, intensive Belastungen gesetzt werden, aber durch die lediglich lohnenden Pausen auch ein deutlicher Ausdauerakzent erhalten bleibt, kann diese Methode eingesetzt werden, wenn Sportler aus Ausdauersportarten

an den Kraft- oder Schnelligkeitskomponenten ihres Leistungsspektrums arbeiten bzw. wenn eher auf Kraft oder Schnelligkeit ausgerichtete Athleten diese Eigenschaften auch unter Ausdauerbelastungen realisierbar halten wollen. Insofern können fast alle Sportarten von einem intensiven Intervalltraining profitieren.

Beispiele

- **Extensive Intervallmethode:** Das typische Beispiel stammt aus dem Training der 10 000-m-Läufer, wenn sie 6–8×1 000 m in der geplanten Wettkampfzeit für die 10 000-m-Strecke absolvieren, sich ein 40-Minuten-Läufer also 6–8×1 000 m pro 4 Minuten vornimmt. Die Pausen werden dabei locker trabend oder gehend gestaltet und man startet z. B. wieder, wenn der Puls deutlich unter 70 % der maximal möglichen Herzfrequenz gefallen ist.
- **Intensive Intervallmethode:** Formen des bekannten Circuit-Trainings mit 30–60 Sekunden Belastung und ebenso langen Pausen sind typisch für ein intensives Intervalltraining, ebenso wie Serien von Sprüngen oder Sprints mit kurzen Pausen zwischen den Serien, oder anderen Übungen des Krafttrainings mit einigen Wiederholungen und anschließender lohnender Pause.

### Wiederholungsmethode

Wiederholungsmethoden arbeiten mit deutlich erweiterten Erholungszeiten. Man spricht dabei oft von **vollständiger Erholung**, womit allerdings eher das erholte Körpergefühl als der tatsächliche Erholungszustand des Gesamtorganismus gemeint ist. Hier erreicht die Intensität entsprechend der Möglichkeiten der angestrebten Trainingsübung submaximale bis maximale Werte, der Umfang liegt je nach Sportart zwischen sehr gering und mittel bis hoch.

Die Wiederholungsmethoden werden nicht weiter differenziert. Auch wenn sie in fast allen Sportarten einsetzbar sind, werden sie besonders in Sportarten angewandt, wo eine hohe Belastung des Nervensystems durch herausragende Kraft- oder Schnelligkeitseinsätze erforderlich ist. Aber auch in Ausdauersportarten ist ihr Einsatz möglich, wenn es darum geht, Maximalleistungen gezielt vorzubereiten.

Beispiele

Die Wiederholungsmethode findet man z. B. im Training der Sprinter, wenn in einer deutlich über einer Stunde liegenden Trainingsspanne „nur" sechs Sprints über 100 Meter absolviert werden, oder im Training der Gewichtheber, wenn bei Pausenabständen von 6–8 Minuten mehrfach submaximale bis maximale Gewichte jeweils einmal gehoben wer-

den. Ausdauersportler verwenden die Methode, wenn sie Unterdistanz-
strecken trainieren.

### Wettkampfmethode

Eine nur Leistungssportlern vorbehaltene Ergänzung zu den Grundmethoden
bietet die Wettkampfmethode, die sich in fast allen Sportarten findet. Sie setzt
eine Serie von Wettkämpfen oder wettkampfähnlichen Trainingsformen als
Trainingsmittel ein. Intensität und Umfang sind entsprechend ähnlich der Intensität des Zielwettkampfes. Die Wettkampfmethode ist deswegen eine Methode des Leistungssports, weil nur hochtrainierte Sportler eine ausreichende
Belastungs- und Erholungsfähigkeit vorweisen können, um eine Serie rasch
aufeinanderfolgender Wettkämpfe zu verkraften. Außerdem ist der Einsatz
dieser Methode zeit- und geldintensiv. In Ausdauerdisziplinen ist es oft üblich,
in Vorbereitungswettkämpfen etwas kürzere Strecken als die im Wettkampf
angestrebte zu absolvieren, wenn die Wettkampfstrecke so lang ist, dass die
aus einem ebenso langen Vorbereitungswettkampf resultierende Erschöpfung
eine Erholungsphase nötig machen und zu einem erheblichen Formverlust
führen würde. Wenn bei kürzeren Zielwettkämpfen ein Akzent auf Tempohär-
te bzw. Ausdauerbelastung gelegt werden soll, wählt man bei Einsatz der
Wettkampfmethode auch Wettkämpfe in moderater Überlänge.

## 7.3 Belastungsgrenzen

Anfängern, Fitnesssportlern und Personen, denen von ärztlicher Seite eine
Verbesserung der sportlichen Leistungsfähigkeit nahegelegt wird, stellt sich die
Frage nach der Untergrenze sinnvollen Sporttreibens: Wie müssen bei geringem Aufwand Belastungsnormative und Trainingsinhalte angelegt sein, um
überhaupt einen Effekt auf den körperlichen Zustand verzeichnen zu können?
Profisportlern stellt sich hingegen die Frage nach der Obergrenze des Mach-
baren: Wie oft, wie umfangreich, wie intensiv kann man überhaupt trainieren?

### Trainingshäufigkeit

Hinsichtlich der Trainingshäufigkeit werden wohl die meisten Fragen gestellt:
Führt ein einmaliges Training pro Woche zu einer Fitness-Verbesserung oder
ist der Effekt unter „angenehmer Zeitvertreib" zu verbuchen?
Auch bei Anfängern und gering Trainierten liegt das **Minimum** bei einem
Training pro Woche, wenn die im Training erreichten Verbesserungen gehal-
ten werden sollen. In der Aufbauphase körperlicher Fähigkeiten sollte jedoch

auch ein Breitensportler mindestens zweimal pro Woche trainieren. Natürlich führt schon ein aktiverer Lebensstil im Alltag zu Anpassungen, sodass hier nur grobe Richtwerte vorgegeben sind. Für Leistungssportler ist jedoch ein ein- bis zweimaliges Training pro Woche in jedem Fall leistungsmindernd.

Im Bereich des Profi-Sportes, besonders im Langstrecken-Ausdauerbereich, liegt das **Maximum** bei drei bis gelegentlich vier Trainingseinheiten pro Tag. Gegenwärtig ist jedoch im Training der Sportarten eher eine Abkehr von Extremumfängen zugunsten einer Intensitätssteigerung festzustellen.

### Trainingsumfang

In Zeitschriften liest man gelegentlich Anzeigen wie „Fit in zwei Minuten täglich!". Angesprochen ist ein Fitness-Training mit Minimalumfang. Für den Bereich des Ausdauertrainings ist als **Minimum** das tägliche 10-Minuten-Training propagiert worden, das zu einem Wochenumfang von gut einer Stunde führt. Diese einstündige Wochenbelastung sollte jedoch auf zwei bis vier Einheiten zu je mehr als zehn Minuten verteilt werden, da der aerobe Stoffwechsel mit seiner gesundheitsfördernden Wirkung erst nach einigen Minuten in Gang kommt. Auch eher kraftorientierte Übungen sind in einem ähnlichen Rahmen durchzuführen. Demnach summiert sich ein kraft- und zugleich ausdauerförderliches Minimal-Programm auf etwa zwei Stunden Trainingszeit pro Woche.

Spitzensportler in Ausdauerdisziplinen gehen an das absolute **Maximum**, was ein Körper an Trainingsumfang verkraften kann. Marathonläufer der Weltklasse trainieren über 200 km Laufen pro Woche. Für Triathleten sind Spitzenumfänge von zusammen 25 km Schwimmen, 140 km Laufen und 1 000 km Radfahren in einer Woche notiert. Die entsprechende reine Trainingszeit summiert sich auf über 50 Wochenstunden. Extreme Belastungsumfänge findet man auch im Radsport. Bei den großen dreiwöchigen Etappenrennen werden täglich (die „Ruhetage" ausgenommen, an denen die Fahrer in der Regel trotzdem ein Training absolvieren, um den Rhythmus nicht zu verlieren) etwa 150 km im Durchschnitt zurückgelegt. Zwar werden nicht durchgehend Höchstgeschwindigkeiten erreicht, dafür sind Hochgebirgsetappen oder Zeitfahren auch bezüglich der Intensität in den entscheidenden Phasen maximal. Bedenkt man nun, dass etliche Fahrer in einem Jahr gleich an mehreren der großen Etappenrennen teilnehmen und dazu noch eine umfangreiche Vorbereitung absolvieren, was zu einer Jahresleistung von fast 40 000 Kilometern auf dem Fahrrad führt, erkennt man, dass die Grenze der menschlichen Leistungsfähigkeit in Sicht kommt.

spiel

Die folgende Übersicht zeigt die Streckenplanung der großen Rennen Giro d'Italia und Tour de France, die nur etwa einen Monat auseinanderliegen. Für die Fahrer, die an beiden Rundfahrten teilnehmen, bedeutet das, dass sie nach der Teilnahme am Giro d'Italia keine angemessene Erholung haben.

| Tag | Giro d'Italia (2008) | | Tour de France (2008) | |
| --- | --- | --- | --- | --- |
| | Distanz in km | Charakteristik | Distanz in km | Charakteristik |
| 1 | 22 | Team-Zeitfahren | 191 | flach |
| 2 | 242 | flach | 23 | Team-Zeitfahren |
| 3 | 178 | Mittelgebirge | 198 | flach |
| 4 | 208 | Mittelgebirge | 172 | flach |
| 5 | 201 | Mittelgebirge | 158 | flach |
| 6 | 195 | Mittelgebirge | 226 | flach |
| 7 | 100 | Hochgebirge | 215 | flach |
| 8 | 214 | flach | 190 | Gebirge |
| 9 | 159 | Hochgebirge | 208 | Gebirge |
| 10 | 0 | Ruhetag | 0 | Ruhetag |
| 11 | 156 | flach | 161 | flach |
| 12 | 160 | Mittelgebirge | 168 | flach |
| 13 | 171 | flach | 209 | Hochgebirge |
| 14 | 159 | Hochgebirge | 156 | Hochgebirge |
| 15 | 210 | Hochgebirge | 168 | Hochgebirge |
| 16 | 230 | Hochgebirge | 187 | flach |
| 17 | 0 | Ruhetag | 0 | Ruhetag |
| 18 | 13 | Bergzeitfahren | 163 | Hochgebirge |
| 19 | 246 | Hochgebirge | 179 | Hochgebirge |
| 20 | 147 | Mittelgebirge | 189 | Hochgebirge |
| 21 | 211 | Hochgebirge | 109 | Hochgebirge |
| 22 | 242 | Hochgebirge | 41 | Einzel-Zeitfahren |
| 23 | 33 | Einzel-Zeitfahren | 160 | flach |
| **Summe** | **3497** | | **3471** | |

Tab. 5: Streckenplanung von Giro d'Italia und Tour de France (2011)

### Trainingsintensität

Die **Untergrenze** liegt beim Krafttraining bei 30 % Intensität, also Widerständen von 30 % der maximal mit einer Wiederholung möglichen, für Untrainierte bzw. 70 % für Hochtrainierte und beim Ausdauertraining bei 55 % der maximalen Herzfrequenz. Liegt die Belastung unterhalb dieser Grenzwerte, ist nicht mit einer Störung der Homöostase, folglich nicht mit Anpassungserscheinungen zu rechnen.

**Beispiel**

Langsames Spazierengehen ruft bei jüngeren und gesunden Menschen keine Verbesserung der Herzleistungsfähigkeit hervor, wenngleich die erholsame Wirkung unbestritten ist.

Bei Personen, die medikamentös behandelt werden, krank oder verletzt sind oder waren, kann aber auch eine Belastung „Spaziergang" durchaus eine Beanspruchung bedeuten, die Trainingseffekte erzielt.

Die **Obergrenze** für intensive Belastungen wird durch die Leistungsfähigkeit des passiven Stützapparates gesetzt. Um Verletzungen zu entgehen, trainieren deshalb auch Profi-Sportler ein- und dasselbe Funktionssystem kaum mehr als dreimal pro Woche an der intensitätsmäßig oberen Grenze ihrer Leistungsfähigkeit. Trainings- und Wettkampfphasen mit noch höherem Aufwand müssen durch eine nachfolgende vertiefte Regenerationsphase kompensiert werden.

## 7.4 Übertraining

Wird ein Sportler dauerhaft ohne ausreichende Erholung überbeansprucht, tritt ein Übertrainingszustand ein, der eine Senkung des Leistungsvermögens zur Folge hat. Übertraining wird durch folgende Faktoren gefördert: Ungünstige Trainingsplanung (etwa durch zu schnelle Steigerung des Umfangs bzw. der Intensität oder durch übermäßige Schulung der Technik schwieriger Bewegungen), einseitiges Training, zu große Wettkampfdichte, unregelmäßige Lebensweise, unangepasste Ernährung, familiäre, gesellschaftliche, schulische oder berufliche Schwierigkeiten, die für psychische Belastungen sorgen und die körperliche Überlastung auslösen bzw. noch verstärken können.

Man unterscheidet medizinisch zwei **Formen** des Übertrainings:
- **Sympathikotones Übertraining** äußert sich dadurch, dass sich das vegetative Nervensystem in einem ständigen Reizzustand befindet. Entspre-

chende Symptome sind: Schlafstörungen, Gewichtsabnahme, Neigung zum Schwitzen, innere Unruhe, schlechte Bewegungskoordination.

- **Parasympathikotones Übertraining** ist gekennzeichnet durch eine permanente Hemmung des vegetativen Nervensystems, wobei neben einer übermäßigen Ermüdbarkeit kaum weitere Symptome auftreten, die auf Übertraining schließen lassen könnten.

In der Praxis erkennt man Übertraining an der Abnahme der Leistungsfähigkeit des Sportlers trotz Trainings. Entsprechende Beobachtungspunkte können sein: Häufung von Koordinationsfehlern in der Technik, Abnahme der Kraft in Grundübungen, Erhöhung des Ruhepulses, allgemeine Unlust des Athleten, verstärkte Infektanfälligkeit.

Athleten, die umfassend sportmedizinisch betreut werden, sind vor Übertrainingszuständen zumindest in physiologischer Hinsicht besser geschützt. Durch geeignete medizinische Untersuchungsmethoden lässt sich bei entsprechend betreuten Sportlern eine beginnende Überforderung frühzeitig diagnostizieren. Die Belastung wird dann rechtzeitig vor Ausbruch der unerwünschten Zustände gedrosselt. Als **physiologischen Parameter** werden herangezogen:

- **Kreatinkinase-Konzentration im Blut:** Kreatinkinase ist ein Enzym, das die Rückführung von ADP zu ATP fördert. Etwa 6–8 Stunden nach einer ungewohnten, intensiven oder lang andauernden Belastung sowie bei Muskelkater oder Muskelverletzungen steigt die Konzentration dieses Enzyms im Blut stark an. Bei der trainingsbegleitenden Beobachtung achtet man darauf, dass zwar als Indiz einer wirksamen Belastung ein geringer Anstieg der Kreatinkinase-Konzentration zu verzeichnen ist, dieser Anstieg aber nicht zu stark ausfällt.

- **Serumharnstoff-Konzentration im Blut:** Der Serumharnstoff ist das Endprodukt des Protein-Abbaus in der Leber. Da bei sportlicher Belastung vermehrt Eiweiße im Körper abgebaut werden, steigt die Serumharnstoff-Konzentration im Blut an. Eine Konzentration von 5–7 mmol/l Blut ist im Training normal, ab 8–9 mmol/l sollte die Trainingsbelastung reduziert werden, da eine Überanstrengung vorliegt. Zur Vorbeugung eines Übertrainings werden täglich Kontrollen der Serumharnstoff-Konzentration im Blut vorgenommen, um die Höhe des Proteinabbaus, die Belastungsverträglichkeit und die Erholungsfähigkeit zu beurteilen. Man kann über diese Kontrollen ebenso feststellen, ob das Training ausreichend belastet, indem man darauf achtet, dass ein – nicht zu starker – Anstieg der Serumharnstoff-Konzentration zu verzeichnen ist.

- **Ammoniak-Konzentration im Blut:** Ammoniak entsteht als Stoffwechselzwischenprodukt, wenn energetische Engpasssituationen vorliegen. Dazu kommt es, wenn bei intensiven Kurzzeitbelastungen nicht mehr genug ATP gebildet werden kann, oder wenn bei lang andauernden Belastungen ein Glykogenmangel entsteht. Bei besser Trainierten steigt der Ammoniakspiegel bei gleicher Leistung geringer an. Über den Ammoniakspiegel lässt sich damit während der Belastung die Belastungsintensität und der Ermüdungszustand des Sportlers beurteilen.

Die Beobachtung dieser Parameter ist in dieser Form nur Hochleistungssportlern mit umfassendem medizinischen Apparat im Hintergrund möglich. Sportler ohne diese Möglichkeiten können über die Ruhe-Herzfrequenz, ermittelt morgens vor dem Aufstehen, einen Indikator für ihre physiologische Befindlichkeit erhalten. Deutliche Abweichungen vom mittleren Wert nach oben lassen auf Überbelastung oder auch einen möglichen Infekt schließen, eine dauerhafte Erniedrigung der Ruhe-Herzfrequenz ist Folge eines herzwirksamen Ausdauertrainings.

Bei der Betreuung von Spitzensportlern werden heute weitere momentbezogene, individuelle **psychologische Parameter** abgefragt. Dabei geht es um Selbsteinschätzungen bezüglich der eigenen Anstrengung während einer Belastung bzw. während eines Trainingsprozesses. Ein einfaches Instrument in diesem Zusammenhang bietet eine Skala – etwa zwischen 1 für sehr leicht und 10 für nicht mehr steigerbar – zur Einordnung der subjektiven aktuellen Anstrengung. So einfach diese Skalierung sich darstellt, bietet sie doch ein Instrument, das den Sportler zwingt, seine subjektiv erlebte Beanspruchung einzuordnen und mitzuteilen. Ihr Vorteil ist der nicht weiter nennenswerte Aufwand. Gelegentlich wird eine vergleichbare Wertung mithilfe der Ampelfarben abgegeben, beginnend mit grün für sehr leicht, gelb für mittel, rot für sehr schwer.

Insgesamt können zur Förderung der **Erholung** unterschiedlichste Maßnahmen ergriffen werden:
- Körperliche Erholung (aktive Erholung durch leichte Tätigkeiten wie Gymnastik; physikalische Therapie etwa durch Massage, Sauna, Bäder oder Elektro-Behandlung; Änderung des Trainings durch Variation der Pausen oder passende Umgestaltung; regenerationsförderliche Ernährung mit Vitaminen und Mineralstoffen)
- Psychische Entspannung (Entspannungsverfahren; Gespräche mit Trainern und Betreuern)
- Soziale Entspannung (entspannende Freizeitbeschäftigungen; Freundschaften pflegen)

Zur Bekämpfung eines Übertrainingszustandes muss zu den Erholungsmaßnahmen unbedingt eine Trainingsreduktion, unter Umständen auch eine Belastung in einer anderen Sportart hinzutreten. Ist die zugrunde liegende Erschöpfung schwerwiegend, muss die Reduktion zusammen mit erholenden Maßnahmen über Wochen ausgedehnt werden. Wird die Überlastung frühzeitig erkannt und bekämpft, genügt in der Regel eine Trainingsunterbrechung von wenigen Tagen. In keinem Fall darf nach der Wiederherstellung versucht werden, vermeintlich Versäumtes durch Zusatzleistungen wieder aufzuholen.

## Zusammenfassung

Trainingsmethoden können durch Belastungsnormative beschrieben werden.
- Zu den Belastungsnormativen zählen Reizintensität, Reizumfang, Reizdauer, Reizdichte, Reizkomplexität und Trainingshäufigkeit.
- Bei den Trainigsmethoden wird je nach Pause unterschieden in Dauermethode (ohne Pause), Intervallmethode (lohnende Pause) und Wiederholungsmethode (vollständige Erholung). Dazu kommt die Wettkampfmethode. Dauermethoden und Intervallmethoden können je nach Belastungsintensität extensiv oder intensiv sein.
- Für ein optimales Training sind Unter- und Obergrenzen der Belastung zu beachten.
- Zu hohe Belastungen führen zu Übertraining, das sich physisch und psychisch bemerkbar macht.

ufgaben  **21.  Trainingsmethoden**
Entwickeln Sie zu drei geeigneten Trainingsmethoden jeweils Beispiele aus dem Radsport.

**22.  Haupttrainingsmethoden der Schwimmer**
Geben Sie zu jeder Haupttrainingsmethode typische Übungen des Schwimmtrainings an. Begründen Sie Ihre Auswahl.

**23.  Belastungsnormative im Hochsprung, Handball und Marathonlauf**
Differenzieren Sie die Sportarten Hochsprung, Marathonlauf und Handball nach ihrem konditionellen Anforderungsprofil und schließen Sie jeweils auf die sinnvolle Einstellung des Trainings durch die Belastungsnor-

mative Intensität, Umfang und Dichte in der speziellen Vorbereitung auf die Wettkampfleistung.

## 24. Schulsport

Schulsport ist in der Regel zweimal wöchentlich mit je 45 Minuten bzw. einmal wöchentlich mit 90 Minuten angesetzt. Diskutieren Sie vor diesem Hintergrund die Möglichkeiten, die der Schulsport zum Erreichen körperlicher Anpassung bietet. Überlegen Sie weiter, welchen unmittelbaren Beitrag zur Gesunderhaltung er bieten kann.

## 25. Befindlichkeit von Sportlern

Die folgende Darstellung zeigt eine Darstellung der Befindlichkeit einer Sportlerin im Trainingslager (blaue Linie) im Vergleich zu den Werten der übrigen Trainingsgruppe (graue Linie). Der grau unterlegte Bereich gibt die Befindlichskeitswerte der übrigen Trainingsgruppe innerhalb der Standardabweichung ab. Beschreiben Sie den Zustand der Sportlerin und geben Sie an, in welchen Bereichen für sie eine Verbesserung eintreten muss.

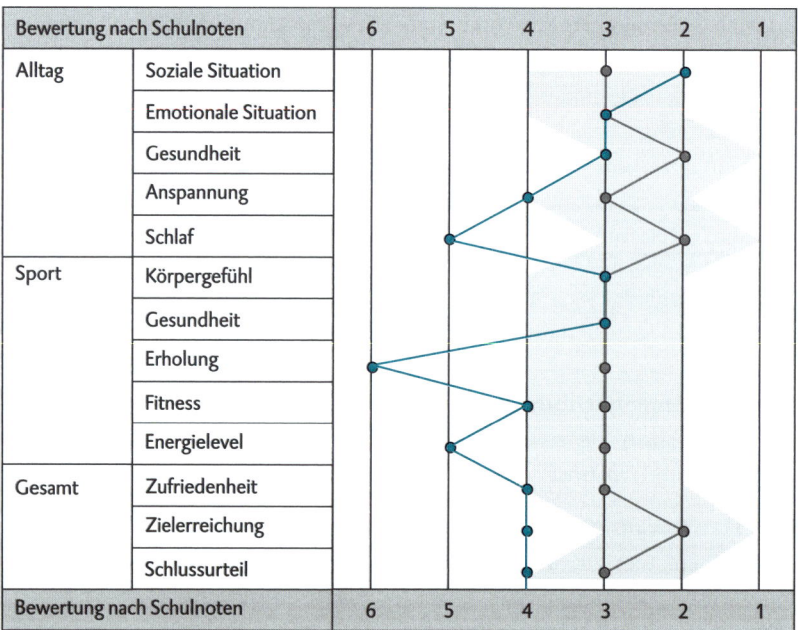

Abb. 29: Befindlichkeit

# 8 Prinzipien

Die Kunst, Trainingsbelastungen zum richtigen Zeitpunkt und in der richtigen Stärke zu setzen, kann angesichts der vielfältigen Einflüsse auf den Sportler kaum in allgemein verbindlichen, konkreten Trainingsanweisungen festgehalten werden. Trotzdem gibt es Richtlinien für die Trainingsplanung, die Trainingsprinzipien.

## 8.1 Prinzip des wirksamen Belastungsreizes

Grundlage der Erklärung von Trainingseffekten ist das schon vor über 100 Jahren formulierte Prinzip von ROUX-LANGE, das sinngemäß wiedergegeben lautet: „Der menschliche Organismus ist in der Lage, in der Reaktion auf Reize seine Struktur zu verändern, wenn der auslösende Reiz stark genug ist."

In Anlehnung an ARNDT-SCHULZ wurde später die **Reizstufenregel** formuliert, die mehrere Arten an Reizen unterscheidet:

- **Fehlender Reiz:** Der Organismus bzw. das nicht beanspruchte Organsystem verkümmert, weil keine Funktion ausgeübt wird.
- **Unterschwelliger Reiz:** Dieser wird vom Organismus nicht mit Veränderung beantwortet. Die Schwelle, ab welcher der Organismus auf einen äußeren Reiz mit Umgestaltung reagiert, ist abhängig vom Körperzustand des Einzelnen.
- **Schwach überschwelliger Reiz:** Dieser Reiz, der knapp oberhalb der Reizschwelle liegt, wirkt auf den Organismus belebend, führt aber nicht zu einem Umbau.
- **Stark überschwelliger Reiz:** Dadurch wird eine natürliche Anpassung des Organismus durch Veränderung der belasteten Strukturen provoziert.
- **Überstarker Reiz:** Der Organismus wird beschädigt.

*ispiele*

  - **Fehlender Reiz:** Personen, die infolge einer Verletzung die Ruhigstellung eines Körperteils in Kauf nehmen müssen, verlieren nach kürzester Zeit stark an Muskelmasse und zunehmend auch die Fähigkeit der Nerv-Muskel-Koordination.
  - **Unterschwelliger Reiz:** Das alltägliche Leben ändert normalerweise den Trainingszustand einer Person nicht, obwohl sie sich den ganzen Tag über bewegt. Nach einer Verletzung vermag allerdings auch die Alltagsmotorik Anpassungen des Körpers zu provozieren, wird also dann zu einem überschwelligen Reiz.

- Schwach überschwelliger Reiz: Funktionserhaltend ist bei nicht trainierten Personen die Absolvierung des alltäglichen Lebens. Ein Hobby-Ausdauersportler hält sein Niveau im Wesentlichen z. B. durch lockere Joggingläufe mit einer Belastung von etwa 70–75 % der maximal möglichen Herzfrequenz bei einer Dauer von etwa 40 Minuten. Hochleistungssportler können ihr Niveau nur durch ein Trainingsprogramm halten, das für Untrainierte oder Hobbysportler restlos überfordernd wäre.
- Stark überschwelliger Reiz: Beginnt ein bis dahin Untrainierter zu joggen, ist die Aufnahme eines Ausdauertrainings mit Pulsbelastungen von 70–80 % der maximalen Herzfrequenz bei einer Trainingshäufigkeit von zwei Einheiten pro Woche und einer jeweiligen Dauer von 30 Minuten, die gegebenenfalls auch von Gehpausen unterbrochen sein können, ausreichend, um einen Trainingseffekt durch Anpassung zu erzielen. Für trainierte Läufer ergibt sich ein entsprechend starker Reiz, wenn das bisherige Trainingsprogramm durch Erhöhung von Intensität, Umfang und Trainingshäufigkeit oder Wechsel der Inhalte variiert wird. Auf niedrigerem Niveau findet man in diesem Spektrum leicht eine Möglichkeit, neue Anpassungsreize zu setzen. Mit zunehmender Leistungsstärke wird die Bandbreite der Trainingsmöglichkeiten, die den Organismus fordern, ohne ihn zu schädigen, immer schmaler.
- Überstarker Reiz: Überstarke Trainingsreize äußern sich kurzfristig in abnormaler Ermüdung und Unlust. Außerdem wird trotz vermehrtem Training eine Stagnation oder ein Rückgang der Leistungsfähigkeit registriert. Werden langfristig Signale der Überlastung ignoriert, ist mit Verletzungen oder Infektionen zu rechnen.

### Adaptation

Angemessene Trainingsreize führen zu Verbesserungen, die durch Adaptationsvorgänge (Anpassungserscheinungen) im Körper bewirkt werden. Diese gewünschten Anpassungen treten in unterschiedlichen Geschwindigkeitsstufen ein (nach HOTTENROTT/NEUMANN, 2008, S. 54–57):

- **Erste Stufe** (nach etwa 7 bis 10 Tagen): Die Bewegungsprogramme ändern sich und es kommt zu einer Ökonomisierung der **Bewegungsabläufe**, da durch verbesserte intermuskuläre und intramuskuläre Koordination unnötige Teilbewegungen unterdrückt werden. Diese Anpassung bleibt nur bei ständiger Anforderung erhalten. So ist erklärbar, dass sich auch vergleichsweise einfache Bewegungen wie das Laufen rasch „unrund" anfühlen oder dass beim Schwimmen in kürzester Zeit das optimale Wassergefühl verloren geht, wenn ein Sportler das Training etwa wegen einer Erkrankung kurzzeitig einstellen muss. Ebenso schnell kommen die verloren geglaubten Fähigkeiten aber wieder zurück.

- **Zweite Stufe** (nach etwa 10–20 Tagen): Die **Energiespeicher**, die durch Training regelmäßig entleert wurden, vergrößern sich. Energiespeicheranpassungen werden also durch Mangelsituationen hervorgerufen. So führen wiederholte Trainingseinheiten mit Serien von einigen Sekunden dauernden, intensiven Belastungen mittelfristig zu einer Vergrößerung der Phosphatspeicher. Die Zunahme der Muskelglykogenvorräte wird bei häufiger Ausführung zügiger Ausdauerleistungen nach etwas über einer Stunde erreicht, bei langsameren Ausdauerleistungen erst nach etwa zwei Stunden. Dauern aerobe Ausdauerleistungen regelmäßig noch wesentlich länger, werden auch die muskulären Triglyzerid-Fettspeicher vergrößert. Schließlich sind Energiemangelsituationen, die mit Kraftleistungen gekoppelt sind, wesentliche Auslöser der Muskelhypertrophie.
- **Dritte Stufe** (nach etwa 20–30 Tagen): Diese Stufe der Anpassung ist gekennzeichnet durch eine Verbesserung der **Nerv-Muskel-Regulation** in den neu gebildeten Strukturen. Es kommt dadurch zu einer erhöhten sportartspezifischen Belastbarkeit etwa durch die Optimierung bei der Wahl der Energieträger wie Fettsäuren oder Glucose unter Belastung. Diese Phase ist sensibel, sodass der positive Trainingseffekt leicht zerstört werden kann, wenn zu stark weiter belastet wird. Deshalb hat sich im Leistungssport eine 3:1-Belastungsstruktur mit drei Wochen zunehmender Belastung und einer Woche Belastungsreduktion als besonders wirksam herausgestellt.
- **Vierte Stufe** (nach etwa 30–40 Tagen): Die **großen Körpersysteme**, Zentralnervensystem, vegetatives Nervensystem, Herz-Kreislauf-System, Stoffwechselsystem, Immun- und Hormonsystem, werden aufeinander abgestimmt. Der Gesamtorganismus hat eine verbesserte Anpassung an zunehmende Belastungen erreicht.

In der Trainingspraxis bedeutet dies, dass nach etwa sechs Wochen eine prinzipielle Änderung des Trainingsprogramms erfolgen sollte, um durch vermehrte Intensität, vermehrten Umfang oder geänderte Inhalte weitere Anpassungsreize provozieren zu können.

### Quantitäts- und Qualitätsgesetz

Eine Adaptation an Belastungen ist nicht unendlich ausweitbar. Man geht vielmehr grundsätzlich davon aus, dass es eine persönliche Grenze der Leistungsfähigkeit und der Anpassungsmöglichkeit an Belastungen gibt. Das Maximum dessen, was man mit Training erreichen kann, nennt man die individuell mögliche Adaptationskapazität. Zu Beginn eines Trainingsprozesses ist man, weil noch ungeübt, weit von diesem Maximum entfernt, hat also viele Möglichkeiten, sich zu verbessern. Die Differenz zwischen dem Umfang des aktuellen Leistungsvermögens (aktuelle Funktionskapazität) und der individuellen Adaptationskapazität nennt man Adaptationsreserve, wodurch also der Spielraum für Trainingserfolge bezeichnet ist. Diese ist in frühen Phasen des Trainingsprozesses noch groß, verringert sich aber mit zunehmendem Trainingserfolg. Da die Adaptationsreserve zumindest zu Beginn eines Trainings nicht voll ausgeschöpft werden kann, wird zwischen einer aktuellen Reserve (aktuelle Adaptationskapazität) und einer absoluten unterschieden.

Dabei stellt man im Verlauf des Trainingsprozesses fest, dass auf niedrigem Funktionsniveau geringe Belastungssteigerungen große Zuwächse in der Funktionskapazität bewirken, auf hohem Leistungsniveau dagegen immer größere Belastungssteigerungen notwendig werden, um auch nur geringe Verbesserungen zu erzielen. Die Anpassung der Funktionskapazität verläuft also nicht linear immer weiter steigend, sondern verflacht nach starkem Beginn mit zunehmendem Trainingsalter unter Annäherung an die individuelle Adaptationskapazität.

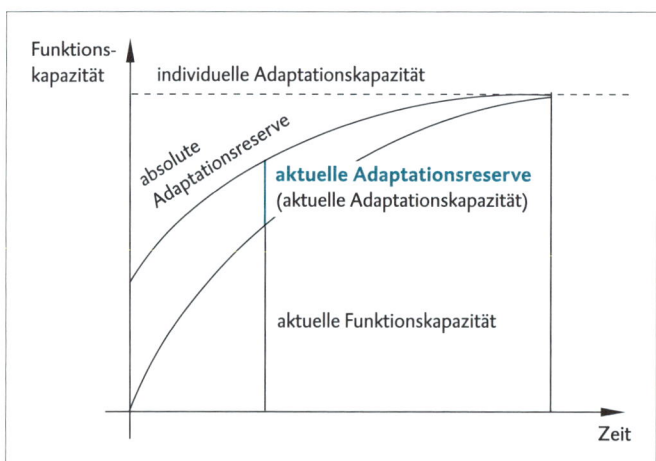

Abb. 30:
Adaptationskapazität

Das **Quantitätsgesetz** des Trainings fordert, dass angesichts der in einem Trainingsprozess zunehmend geringeren Zuwachsraten der Leistungsfähigkeit die Trainingsbelastungen kontinuierlich gesteigert werden müssen, wenn man sich auch als Fortgeschrittener weiter verbessern will.

Das **Qualitätsgesetz** ergänzt, dass mit zunehmendem Trainingsalter und zunehmender Qualifizierung des Trainierenden die Auswahl der Trainingsübungen immer spezifischer gewählt werden muss.

## 8.2 Prinzip der Homöostase und der Superkompensation

Sind die Belastungsreize so gesetzt, dass es im Organismus im Ganzen weder zu Auf- noch zu Abbauvorgängen kommt, befindet sich der Körper in einem Gleichgewichtszustand, der **Homöostase** heißt.

Ausreichend starke Reize bedeuten eine Störung der Homöostase, auf die der Organismus zunächst mit Ermüdung bei Minderung der Leistungsfähigkeit, danach mit Anpassung und erhöhtem Leistungsvermögen reagiert. Die Bereitstellung höherer Leistungsreseven als Folge der Homöostasestörung heißt **Superkompensation**. Dieser Begriff wurde ursprünglich nur im Hinblick auf die überschießende Auffüllung der Glykogenspeicher verwendet, ist aber auch in Bezug auf andere körperliche Anpassungsvorgänge gebräuchlich.

Mithilfe von Darstellungen des Superkompensationseffekts lässt sich eine fortschreitende Verbesserung des Trainings veranschaulichen:

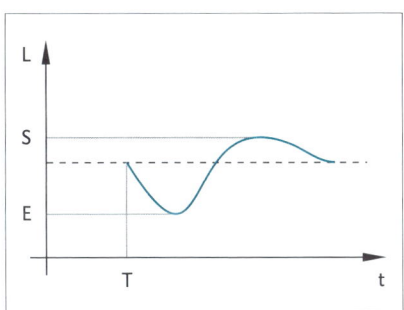
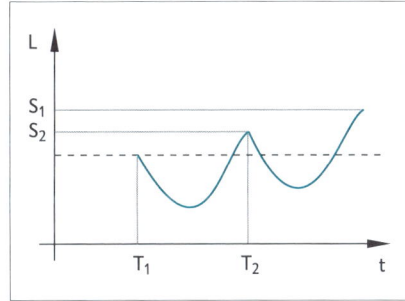

Abb. 31: Superkompensation: isolierter Reiz

Abb. 32: Superkompensation: Abfolge von Reizen

Die Abb. 31 zeigt den zeitlichen Verlauf t der sportlichen Leistungsfähigkeit L nach dem Zeitpunkt T, zu dem ein einzelner Trainingsreiz gesetzt wird. Ausgehend vom aktuellen Leistungsvermögen (gestrichelte Linie) erkennt man jeweils das Ausmaß der Ermüdung E und der Superkompensation S. Es zeigt sich, dass ein einzelner, isolierter Trainingsreiz zu keiner dauerhaften Funktionsverbesserung führt, weil sich der Effekt bei nachfolgender Inaktivität verliert.

Die rechte Abbildung (Abb. 32) stellt dar, wie man sich die Superkompensationseffekte S1 und S2 in der Abfolge zweier Trainingsreize zu den Zeitpunkten T1 und T2 geschickt zunutze machen sollte, um optimale Trainingseffekte zu erzielen. Das Modell lässt sich nachfolgend auf die Abfolge vieler Trainingsreize weiterdenken.

Im Leistungssport wird gerne mit schwerpunktmäßig eingesetzten, summierten Belastungen gearbeitet (**Overreaching**). Dabei werden mehrere Trainingseinheiten ohne ausreichende Erholungspause, also vor Erreichen des Superkompensationseffektes, aneinandergereiht. Durch die vertiefte Belastung wird eine verstärkte Superkompensation angestrebt, da man bei Sportlern mit hohem Trainings- und Leistungsniveau davon ausgeht, dass erst dermaßen starke Reize eine Homöostasestörung und damit weitere Anpassungen hervorrufen.
Die folgende Grafik (Abb. 33) verdeutlicht die Wirkung vertiefter Belastung durch eine Trainingsreiz-Serie (T1, T2, T3), gefolgt von einer Erholungsphase und der nächsten Belastungsserie (T4,T5, T6).

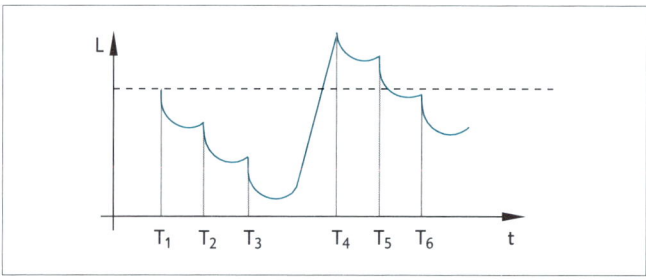

Abb. 33: Overreaching

## Kritik
Das Superkompensationsmodell gibt zwar einen optischen Anhaltspunkt, wie man sich Trainingserfolge vorstellen kann, ist aber praktisch wenig brauchbar. Kritikpunkte sind:
- Das Modell berücksichtigt die Person des Trainierenden nicht. Weder der Trainingszustand noch das Alter oder das Geschlecht spielen eine Rolle.
- Das Superkompensationsmodell stammt aus dem Bereich der Muskelphysiologie, hat deshalb für unmittelbar leistungsbestimmende Komponenten aus dem technischen oder taktischen Bereich keine Aussagekraft. Es ignoriert außerdem die psychologische Befindlichkeit der trainierenden Person.
- Das Modell spiegelt vor, dass Trainingserfolge in gleichen Zeitspannen unbeschränkt weiter erzielbar seien. Jedoch zeigt die Erfahrung, dass erstens die Leistungsfähigkeit einer Person nicht grenzenlos ausbaubar ist und sich zweitens eine Anpassung oft nicht gleichmäßig in geplanten Zeiträumen ergibt.

- Das Modell ignoriert schließlich unterschiedliche physiologische Anpassungszeiten körperlicher Teilsysteme nach einer Belastung, etwa der energiereichen Phosphatvorräte, der Glykogenspeicher oder der körperbildenden Proteine. In Wahrheit unterscheiden sich die Anpassungszeiten gravierend: Phosphatspeicher regenerieren sich innerhalb weniger Minuten, Körperproteine erst nach Tagen oder Wochen. Einen isolierten Zeitpunkt der Superkompensation nach einer Trainingsbelastung gibt es also in Wirklichkeit nicht.

Dieser letzte Kritikpunkt bringt das Superkompensationsmodell letztlich zum Scheitern, weil er den tragenden Grundgedanken raubt.

### Belastungs-Beanspruchungs-Modell

Ein Modell des Trainingsverlaufs, das besser passt als das Superkompensationsmodell, muss das Prinzip der Individualität ernst nehmen und darf nicht versuchen, für alle Sportler gleiche Kriterien zu formulieren. Grundgedanken solcher Modelle stammen aus den in der Arbeitspsychologie zuerst formulierten Belastungs-Beanspruchungs-Konzepten, die mit folgenden Kernbegriffen arbeiten:

- **Belastung:** Summe der äußeren, beschreib- und messbaren Anforderungen an einen Sportler, die sich sowohl aus der Schwierigkeit der sportlichen Aufgaben als auch aus den Trainingsbedingungen und den Verhältnissen im sozialen Umfeld ergeben. Aus Sicht des trainierenden Sportlers fallen unter den Begriff Belastung die Außenaspekte von Trainingsmaßnahmen.
- **Ressourcen:** Summe der persönlichen Leistungsvoraussetzungen, um bei Belastung bestehen zu können. Es werden innere und äußere Ressourcen unterschieden, die jeweils entweder verbrauchbar oder strukturell sind. Ressourcen sind dabei nicht nur als mittel- bzw. langfristige Optionen anzusehen, sondern haben in Abhängigkeit von aktuellen Faktoren wie dem Gesundheitszustand oder dem Grad der Ermüdung durchaus auch eine punktuelle Ansicht.
- **Beanspruchung:** Momentane, innere Reaktion einer Person auf die Summe der Belastungen aus allen Lebensbereichen durch die Inanspruchnahme von Ressourcen. Das Ausmaß der Inanspruchnahme hängt dabei auch vom Anspruchsniveau der handelnden Person ab, also inwieweit sie überhaupt bereit ist, Ressourcen zur Bewältigung einer Belastung zu investieren. Aus Sicht des Sportlers umfasst Beanspruchung die Innenaspekte von Trainingsmaßnahmen.
- **Beanspruchungsfolgen:** Als Folge der Beanspruchung tritt eine gewisse Ermüdung ein. Die daraus resultierende Ressourcenminderung ist jedoch

durch eine Phase der Regeneration nicht nur behebbar, sondern kann sogar im Sinne des Superkompensationsmodells über das ursprüngliche Maß hinaus ausgeglichen werden. Es kommt zu Anpassungen der Ressourcen an sportliche Beanspruchungen, die sowohl den physiologischen als auch den psychologischen Bereich betreffen können. Physiologisch kann es beispielsweise mittelfristig unter Ausdauertraining zu einer Vergrößerung der Glykogenvorräte kommen, längerfristig verändert sich auch die Körperstruktur, wenn etwa eine spezielle Ausprägung der Zwischentypen der Muskelfasern (IIa, IIc) auftritt. Psychologisch können sich Bewertung und Organisation von Informationen ändern, möglicherweise auch das Verhalten. Kurz: Der Sportler lernt dazu.

Beispiele

Ein Schüler, zugleich fortgeschrittener Langstreckenläufer, erhält einen Trainingsplan für eine Woche:

| Dienstag | Fahrtspiel mit 8×1000 m in 3 h 45 min nach Ein- und Auslaufen |
|---|---|
| Donnerstag | einstündiger Dauerlauf mit 75 % der maximalen Herzfrequenz |
| Samstag | halbstündiger Tempo-Dauerlauf über 8 km eingerahmt von Ein- und Auslaufen |
| Sonntag | langsamer Dauerlauf über knapp zwei Stunden |

Tab. 6: Trainingsplan für einen Langstreckenläufer

Wenn der Kern des Trainings über Strecken- und Zeitvorgaben formuliert ist (Dienstag und Samstag), werden ausschließlich Belastungsgrößen angegeben, es wird also eine externe Anforderung an den Trainierenden gestellt. Trainingsvorgaben über Prozentwerte der maximal erreichbaren Herzfrequenz (Donnerstag) orientieren sich dagegen an der tagesaktuellen körperlichen Befindlichkeit des Sportlers, sind also beanspruchungsorientiert, weil sich die Herzarbeit etwa je nach Flüssigkeitsstatus im Körper, dem aktuellen Gesundheitszustand oder der Vorermüdung unterschiedlich einstellt. Die Vorgabe für den Sonntag ist offen formuliert. Befindet sich der Sportler in einer Trainingsgruppe und passt sich deren Tempo an, ist der Lauf eher belastungsorientiert. Lässt sich der Trainierende zurückfallen, weil die Laufgeschwindigkeit der Gruppe nicht seiner Vorgabe „langsam" entspricht, reagiert er beanspruchungsorientiert.
Insgesamt ignoriert der Plan die **Belastungen** des Alltags, wie Unterricht, Prüfungen, Referate, private Sorgen und Freuden, An- und Abfahrt zur Schule, die hinzugerechnet werden müssten, wenn Beanspruchung als alleiniges Maß für die Projektierung der Trainingsarbeit gelten soll.

Innere strukturelle **Ressourcen**, die dem Sportler zur Bewältigung der Trainingswoche aus sportlicher Sicht zur Verfügung stehen, sind z. B. seine Muskulatur und deren aktueller Funktionszustand oder seine gespeicherten Bewegungsmuster. Innere Verbrauchs-Ressourcen sind etwa die Wasser- oder die Glykogenvorräte des Körpers. Äußere strukturelle Ressourcen sind repräsentiert durch funktionelle Laufbekleidung, besonders die Laufschuhe. Äußere Verbrauchs-Ressourcen bilden die mitgeführten Sportgetränke oder Snacks.

Unmittelbare **Beanspruchungsfolgen** sind etwa Durst nach dem Training, Müdigkeit in den Beinen für den Rest des Trainingstages, eine gewisse morgendliche Unlust am folgenden Tag. Die Adaptationswirkung des Trainings im Sinne einer Leistungsverbesserung mag sich etwa darin äußern, dass in der nächsten Trainingswoche die letzten beiden Intervalle aus dem Fahrtspiel leichter fallen oder der Tempo-Dauerlauf eine Verbesserung um einige Sekunden erbringt.

Das folgende Funktionsschema der sportlichen Tätigkeit fasst die Komponenten eines solchen Belastungs-Beanspruchungs-Modells zusammen und veranschaulicht auch deren gegenseitige Beeinflussung.

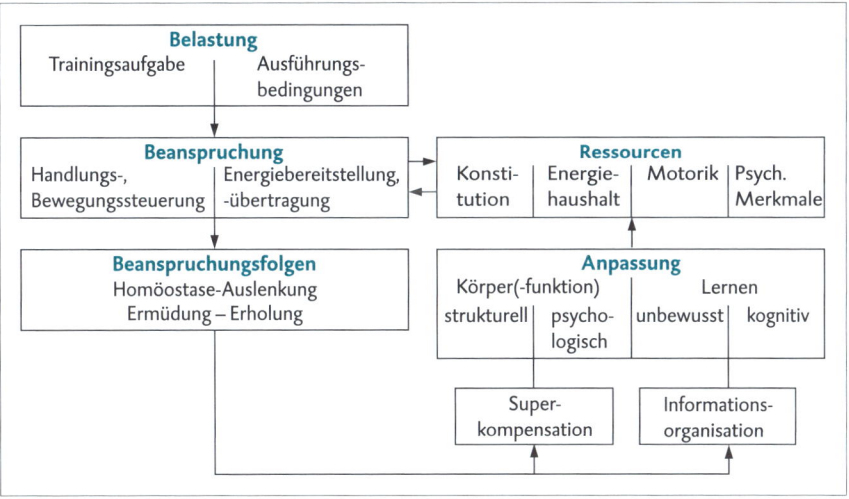

Abb. 34: Belastungs-Beanspruchungs-Modell

## 8.3 Prinzip der progressiven Belastungssteigerung

Dieses Prinzip basiert auf dem Quantitätsgesetz, das besagt, dass eine über einen längeren Zeitraum gleichförmig gehaltene Trainingsbelastung im Laufe der Zeit keine ausreichenden Reize mehr liefert, die eine körperliche Anpassung auslösen können. Die Belastung muss also erhöht werden. Wesentliche Einflussgrößen sind hierbei Intensität und Umfang, aber auch über technische und taktische Trainingsformen kann eine Belastungssteigerung erreicht werden. Steigerungen sind aber nicht beliebig stark vorzunehmen. Besonders kritisch, weil oft von Überlastungsverletzungen gefolgt, sind sprunghafte Belastungs- und Intensitätssteigerungen bei gleichzeitig hohem Trainingsumfang. Solche Maßnahmen dürfen deshalb nur dann eingesetzt werden, wenn dezentere Mittel keine Adaptationen mehr erzielen, in der Regel also, wenn bereits eine sehr gute Trainingsgrundlage vorhanden ist. In diesem Fall dürfte die Belastungsverträglichkeit auch besser entwickelt sein.

Um dieses Verletzungsrisiko zu meiden, wird im Anfängertraining und im Grundlagentraining von Fortgeschrittenen nur mäßig (statt schnell) und kontinuierlich (statt sprunghaft) gesteigert.

Mit Rücksicht auf biologisch labilere Phasen in der Belastungskompensation und -adaptation müssen auf jedem Leistungsniveau regelmäßige Erholungsphasen eingelegt werden. Im Leistungssport empfiehlt sich in der Regel eine 3 : 1-Rhythmisierung des Trainings, d. h., auf drei Wochen mit zunehmender Trainingsbelastung folgt eine Woche mit Trainingsreduktion. Für weniger weit Fortgeschrittene ist durchaus auch eine 2 : 1- oder 1 : 1-Anlage sinnvoll.

Progressive Belastung soll sich wie die Regenerationsplanung auch in der langfristigen Trainingsbilanz, die über Jahre geht, niederschlagen.

Beispiel

Ein Beispiel mit fiktiven Zahlen aus dem Laufsport zeigt eine Anwendung des Prinzips der progressiven Belastung zur Umfangssteigerung unter Ausnutzung auch der sprunghaften Steigerung. Das Training ist nach dem Prinzip 3 : 1 aufgebaut: Nach drei Wochen mit einer wöchentlichen Umfangssteigerung von rund 10 % folgt eine Woche Erholung bei 70 % des letzten Umfangs. Nach acht Wochen Aufbautraining wird ein Trainingslager mit sprunghafter Belastungssteigerung eingeplant, das eingerahmt ist von einer Woche mit geringerer Belastung und einer einwöchigen Regenerationsphase, die nötig ist, um die erhöhte Belastung in vertiefte Superkompensation umzusetzen.

| Woche | Umfang (km) | Anmerkung |
|:-----:|:-----------:|:---------:|
| 1 | 50 | Belastung |
| 2 | 55 | Steigerung |
| 3 | 61 | Steigerung |
| 4 | 42 | Erholung |
| 5 | 61 | Belastung |
| 6 | 67 | Steigerung |
| 7 | 74 | Steigerung |
| 8 | 51 | Erholung |
| 9 | 100 | Trainingslager |
| 10 | 120 | |
| 11 | 30 | Regeneration |

Tab. 7:
Trainingsplan mit progressiver
Belastungssteigerung

## 8.4 Prinzip der Variation

Dauerhaft gleichförmiges Training bedeutet nicht nur, dass durch fehlende überschwellige Reize körperliche Anpassungen ausbleiben, sondern birgt durch seine Einseitigkeit auch ein Risiko für die Gesundheit, weil immer dieselben Strukturen belastet und andere vernachlässigt werden. Zudem hat es durch seine Monotonie negative Auswirkungen auf die Motivation. Aus diesen Gründen muss das Training variiert werden. Man unterscheidet zwei Gesichtspunkte:

- **variierende Belastung:** Variation der Belastung durch Wechsel der Geschwindigkeit und/oder der Bewegungsausführung, Zusatzaufgaben, ungewohnte Belastungskombinationen, Änderungen der Pausengestaltung oder allgemein durch Wechsel der Methode.

- **wechselnde Belastung:** Bei Sportarten mit vielseitigem athletischen Profil entgeht man Überlastungen, wenn man von einer Belastung zur nächsten das körperliche Funktionssystem wechselt. Einer Kraftbelastung unter besonderer Beanspruchung des Baustoffwechsels sollte beispielsweise eine ausdauerorientierte Einheit folgen, die den Energiestoffwechsel fordert. Der Wechsel des Funktionssystems kann von Trainingseinheit zu Trainingseinheit, aber auch – besonders bei Leistungssportlern – nach summierten Belastungen von 2–4 Einheiten mit Kraftbetonung auf 2–4 Einheiten mit ausdauerbetontem Training erfolgen. Möglich und üblich ist auch die Gestaltung des Trainings mit Schwerpunktwochen, in denen eine Teilkomponente der Disziplin verstärkt angesprochen wird.

Hinsichtlich der optimalen Leistungsentwicklung sind Grenzen der Variation dann erreicht, wenn ein Trainingsdurcheinander an die Stelle einer geplanten abwechslungsreichen Gestaltung tritt. Entsprechend sollte man folgende Regeln bei der Variation beachten:

- **Allgemeine vor spezieller Ausbildung:** Ausdauersportler bilden zuerst die Grundlagenausdauer aus, dann die wettkampfspezifische Ausdauer. Kraftorientierte Sportler beginnen mit einem Hypertrophietraining und bauen darauf ein intramuskuläres Koordinationstraining auf. Je nach speziellem Ziel werden Schnellkraft- oder Kraftausdauerformen ergänzt.

- **Betonung der speziellen Ausbildung bei zunehmender Leistungsstärke:** Anfänger trainieren grundlagenorientiert, Fortgeschrittene mit zunehmendem Anteil am Gesamttrainingsumfang speziell. Im Hochleistungsbereich mancher Sportarten ist allerdings eine Rückkehr zu höheren Anteilen allgemeinen Trainings zu beobachten, wenn eine Steigerung der Gesamtbelastung zwar gewünscht, die spezielle Belastung aber nicht weiter zu steigern ist.

- **Optimale Relation der Leistungskomponenten:** Auf der Basis des Anforderungsprofils einer Sportart ist darauf zu achten, dass Koordination, Kraft, Schnelligkeit und Ausdauer im entsprechenden Mischverhältnis geschult werden und nicht etwa eine Komponente übermäßigen Anteil findet. Die Einschätzung der Gegebenheiten ist allerdings hochgradig subjektiv und individuell verschieden. Entsprechend sollte man für Experimente offen sein und die Wirkung auf die Leistungsentwicklung beobachten.

- **Niveaukontinuität durch Dauerhaftigkeit:** Die Variation des Trainings findet ihre Grenzen in der Forderung nach der Dauerhaftigkeit des Trainings. Gesetzte Trainingsreize müssen wiederholt werden, um eine entsprechende Anpassung erreichen zu können.

Die hier genannten Regeln zur Trainingsgestaltung zeigen, dass auch das Qualitätsgesetz des Trainings mit Augenmaß umgesetzt werden muss.

## 8.5 Prinzip der richtigen Belastungsfolge

Wenn verschiedene motorische Hauptbeanspruchungsformen in einer Trainingseinheit zusammen trainiert werden sollen, gilt es, die Ermüdung des zentralen Nervensystems zu beachten. Übungen, die ein ausgeruhtes Nervensystem erfordern, stehen deshalb am Anfang einer gemischt beanspruchenden Trainingseinheit. Demzufolge wird eine gemischte Trainingseinheit nach folgender Reihenfolge zusammengestellt:

| Aufwärmen | |
|---|---|
| 1. Übungen mit **höchster Beanspruchung** des zentralen Nervensystems | unbekannte oder ungewohnte Koordinationsübungen, Lernen von Techniken, Schnelligkeitstraining |
| 2. Kraftübungen mit **hoher Beanspruchung** des zentralen Nervensystems | Maximalkrafttraining |
| 3. Übungen mit **mittlerer Beanspruchung** des zentralen Nervensystems | Übungen zur Schnelligkeitsausdauer, Übungen zur Kraftausdauer, andere Ausdauerübungen mit hohem anaeroben Anteil an der Gesamtleistung, Intervallbelastungen |
| 4. Übungen mit **geringer Beanspruchung** des zentralen Nervensystems | Ausdauerübungen mit aerober Energiebereitstellung, Belastungen nach der Dauermethode |
| Abwärmen | |

Tab. 8: Gestaltung einer Trainingseinheit mit gemischten Inhalten

## 8.6 Prinzip der Kontinuität

Es wird gefordert, dass Sportler ganzjährig, ohne wesentliche Pausen trainieren sollten, da eine Unterbrechung des Trainingsprozesses zu einem raschen Absinken der sportlichen Leistungsfähigkeit führt. Besonders schnell verlieren sich kurzfristig erworbene konditionelle Fertigkeiten und Fähigkeiten, langfristig angelegte werden länger konserviert. Im Einzelnen gilt:

- Intensive Trainingsphasen führen schnell zum Erfolg, der sich ebenso schnell nach Absetzen der spezifischen Belastung wieder verliert.
- Wenig intensive Trainingsphasen führen erst allmählich zu einer Leistungssteigerung. Die Ergebnisse sind aber auch beständiger.
- Die Erfolge intensiver Trainingsphasen werden besser konserviert, wenn begleitend ein weniger intensives Training mit gleicher Zielsetzung durchgeführt wird.
- Sicher beherrschte Techniken verlieren sich erst nach sehr langer Zeit, diesbezügliche koordinative Trainingsergebnisse weisen also die größte Stabilität auf.

Die Forderung nach kontinuierlicher Belastung bedeutet nicht, dass ganzjährig die individuelle Höchstform angesteuert wird, da diese sowohl physiologisch als auch psychologisch nicht lange zu halten ist. Daraus folgt, dass die Form zu bestimmten Zeiten hochgetrieben wird, um sie danach mit Absicht wieder abflauen zu lassen.

## 8.7 Prinzip der optimalen Relation von Belastung und Erholung

Trotz des Prinzips der Kontinuität sind Belastungen langfristig über Wochen, Monate und Jahre ebenso durch Erholungsphasen auszugleichen wie kurzfristig über Stunden und Tage. Die Gleichrangigkeit von Belastungs- und Erholungsmaßnahmen wird in der folgenden Grafik aufgezeigt. Der auf der Belastungsseite betrachteten aktuellen Funktionskapazität, die sich im Trainingsablauf der Adaptationskapazität nähert, wird auf der Erholungsseite die Erholungskapazität gegenübergestellt, die anzeigt, welche Beanspruchungsfolgen ausgeglichen werden können. Dabei muss neben der körperlichen auch die mentale Erholung berücksichtigt werden, um etwa die Motivation zu stärken, oder um ungünstigen Stress, eine nicht unmittelbar zu beseitigende, negativ zu bewertende Beanspruchungsfolge zu vermeiden. Bemerkenswert ist in diesem Zusammenhang, dass Stress auch als Folge von Unterforderung auftreten kann, wenn etwa zu monoton trainiert wird.

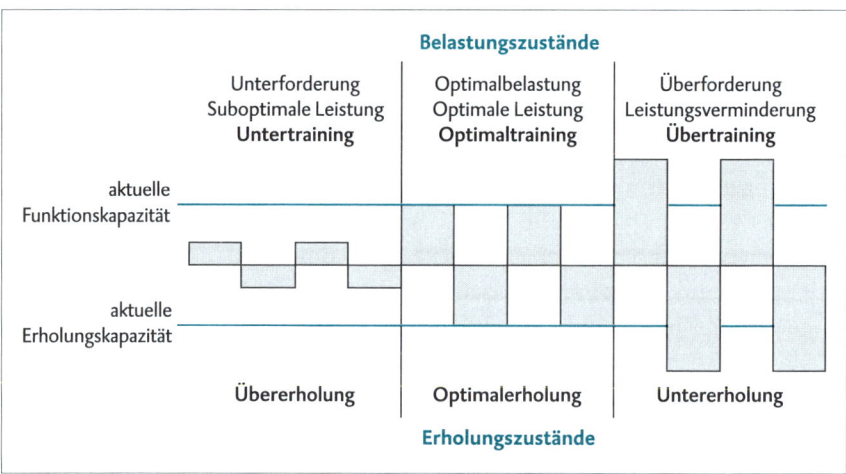

Abb. 35: Prinzip der optimalen Relation von Belastung und Erholung

Die benötigte Erholungszeit richtet sich nach den individuellen Gegebenheiten, insbesondere aber nach dem Trainingszustand des Sportlers und ist auch abhängig von den Teilsystemen, die unter einer Belastung besonders genützt bzw. erschöpft worden sind. Eine psychische Erschöpfung braucht unter Umständen sehr viel mehr Regenerationszeit als eine physiologische:

| Erholungsbereich | Dauer (ca.) | folgend auf ... |
|---|---|---|
| Auffüllen der Kreatinphosphatspeicher | wenige Minuten | alle Kurzzeitbelastungen |
| Laktatabbau | eine Stunde | anaerobe Ausdauerbelastung |
| Elektrolyt- und Flüssigkeitsausgleich | ein halber Tag | alle schweißtreibenden Belastungen |
| Auffüllen der Glykogenspeicher | ein bis zwei Tage | Ausdauerbelastungen |
| Aufbau von Proteinen (Aktin/Myosin) | zwei Tage | Kraft- und intensive Ausdauerbelastungen |
| Aufbau zerstörter Mitochondrien | eine Woche | lange, zugleich intensive Ausdauerbelastungen |
| Wiederherstellung des Immunsystems | eine Woche | starke Ausdauerbelastungen |
| Psychische Erholung | bis zu mehreren Wochen | alle Sportarten |

Tab. 9: Erholungszeiten

Vergleicht man die Glykogenspeicher- und die Proteinstruktur-Erholung, erklärt sich, warum Krafttraining tendenziell längere Erholung braucht als ein Ausdauertraining. Wenn man die notwendige psychische Erholungszeit bis zur erneuten Aufnahme des Leistungstrainings einrechnet und wenn man berücksichtigt, dass nach Ultra-Belastungen auch weitere komplexe Reparaturvorgänge im Körper erforderlich sind, wird klar, warum Ausdauer-Grenzbelastungen wie ein Marathon- oder Ironmanwettkampf nur etwa zweimal pro Jahr auf dem individuellen Maximalniveau durchgeführt werden können.

## 8.8 Prinzip der Periodisierung und Zyklisierung

Im Bereich des Leistungssports sind langfristige Planungen für ein- bis mehrjährige Trainingsabschnitte üblich. Aus den Überlegungen zur individuell sinnvollen Gestaltung von Belastungs- und Erholungsphasen ergibt sich ein wellenförmiger Trainingsverlauf, der sich schließlich auch in einem wellenförmigen Verlauf der sportlichen Leistungsfähigkeit widerspiegelt.

Langfristige Pläne werden in Perioden und Zyklen unterteilt.

- **Perioden**: Die ein- bis mehrjährigen Abschnitte gliedern sich in Vorbereitungsperioden (Hinführung auf Wettkämpfe), Wettkampfperioden (Teilnahme an Wettkämpfen) und Übergangsperioden (Regeneration). Die Anordnung der Perioden im Jahr kann ein- oder zweigipflig erfolgen, je nachdem, ob ein oder zwei Wettkampfhöhepunkte angestrebt werden sollen.
- **Zyklen**: Die Perioden selbst werden in Zyklen unterteilt, und zwar in 3–6-wöchige Makrozyklen, die wiederum Mikrozyklen von etwa einer Woche umfassen. Sind die zu einem Makrozyklus gehörigen Mikrozyklen sinnvoll

gruppierbar, stellt man sie in Mesozyklen, Blöcken von 2–4-wöchiger Dauer zusammen.

Die folgende Tabelle gibt Anhaltspunkte zur Gestaltung einer **eingipfligen Periodisierung**:

| Periode | Makrozyklus | Ziel | Dauer | Trainingscharakteristik |
|---|---|---|---|---|
| Vorbereitungs-periode | Vorbereitungs-phase I (VP I) | allgemeine Entwicklung | 4 Monate | Umfangsbetonung, geringe Intensität, aber intensive Akzente |
| | Vorbereitungs-phase II (VP II) | spezielle Entwicklung | 2 Monate | wachsende Intensität, kaum verringerter Umfang, wettkampfspezifische Übungen |
| Wettkampf-periode | Wettkampf-phase I (W I) | Aufbauwett-kämpfe, Wett-kampfpraxis | 2 Monate | hohe Intensität, hoher Umfang |
| | Entspannungs-phase (E) | Regeneration Fehlerbeseitigung | max. 1 Monat | zunächst regeneratives Training, dann individuelle Steuerung |
| | Wettkampf-phase II (W II) | Hauptwettkämpfe | 2 Monate | höchste Intensität, verringerter Umfang |
| Übergangs-periode | Übergangs-phase (Ü) | Regeneration | 1 Monat | geringe Intensität, geringer Umfang, Spaß |

Tab. 10: Anordnung von Trainingszyklen bei eingipfliger Jahresperiodisierung

Die Spalte „Trainingscharakteristik" zeigt, dass Höhepunkte der sportlichen Leistungsfähigkeit prinzipiell so angesteuert werden müssen, dass langfristig vor der geplanten Hochform ein Höhepunkt im Trainingsumfang bei gleichzeitig mäßiger Intensität, kurzfristig vorher ein Höhepunkt in der (wettkampfspezifischen) Trainingsintensität bei verringertem Umfang einsetzt.

In Langzeitausdauer-Disziplinen ist die getroffene Aussage zur Wettkampfansteuerung zu modifizieren. Hier muss der Sportart und der Streckenlänge entsprechend bis kurz vor dem Wettkampf auf hohe Umfänge geachtet werden. Gleichzeitig werden Einheiten im wettkampfspezifischen Tempo eingestreut. Verkraftbar wird ein solches Training dadurch, dass das Wettkampftempo mit zunehmender Streckenlänge niedriger ist und damit die wettkampfspezifische Belastung – gemessen an der maximalen Laufgeschwindigkeit bzw. dem maximalen Laktatausstoß – weniger intensiv zu werten ist.

Die folgende Grafik zeigt den idealen Formverlauf bei eingipfliger Periodisierung:

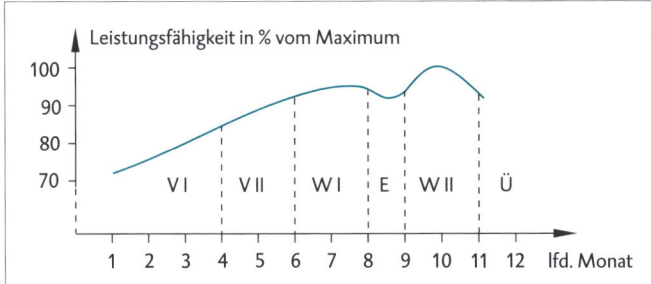

Abb. 36:
Leistungsfähigkeit
bei eingipfliger
Periodisierung

Eingipflige Periodisierungen findet man besonders in Individualsportarten wie der Leichtathletik. Sie ermöglicht eine ganzjährige Konzentration auf ein großes Ziel, kann jedoch besonders im psychischen Bereich zu Schwierigkeiten führen, wenn lang dauernde Trainingsperioden als monoton erfahren werden oder eine geringe Wettkampfdichte zum Verlust der Wettkampfhärte führt. Um den Nachteilen der Einfachperiodisierung zu entgehen, wählt man unter Umständen die Alternative der **zweigipfligen Periodisierung** (Doppelperiodisierung): Vorbereitungsperiode – Wettkampfperiode – Erholungsperiode/ Vorbereitungsperiode – Wettkampfperiode – Übergangsperiode. Schwierigkeiten bei Wahl einer Doppelperiodisierung ergeben sich dann, wenn die betriebene Sportart, wie in den Langzeitausdauerdisziplinen, umfangreiche Grundlagenarbeit erfordert. In diesem Falle geht die erste Wettkampfperiode zulasten der Grundlagenbildung der zweiten, sodass in beiden Wettkampfperioden die Bestform verpasst wird. Folglich findet man in solchen Disziplinen manchmal eine „halbherzige Doppelperiodisierung" mit einer ersten Wettkampfperiode, die aus dem Grundlagentraining heraus ohne spezielle Vorbereitungsmaßnahmen bestritten wird, und einer zweiten Wettkampfperiode mit spezieller Vorbereitung. Günstig ist eine Doppelperiodisierung für Sportarten aus dem Kraft- und Schnellkraftspektrum.

Eine den zweigipfligen Periodisierungen ähnliche Struktur findet man in den Spielsportarten Fußball, Basketball, Handball oder Volleyball. Hier werden – bildlich gesprochen – nicht zwei Gipfel, sondern zwei Hochplateaus der Leistungsfähigkeit beabsichtigt. Ein entsprechender Jahresplan hat etwa folgende Gliederung:

| Periode | Makrozyklus | Ziel | Dauer |
|---|---|---|---|
| Vorbereitungsperiode | Vorbereitungsphase (V) | allgemeine und spezielle Entwicklung | 2,5–3,5 Monate |
| Wettkampfperiode | Wettkampfphase I (W I) | Vorrunde | 3–4 Monate |
| | Wettkampfpause (P) | Regeneration, Fehlerbeseitigung | 1 Monat |
| | Wettkampfphase II (W II) | Rückrunde | 3–4 Monate |
| Übergangsperiode | Übergangsphase (Ü) | Regeneration | 1 Monat |

Tab. 11: Anordnung von Trainingszyklen in Spielsportarten

Der Trainingsplan professioneller Mannschaften sieht in aller Regel für Übergangs- und Vorbereitungsperiode weniger Zeit vor, weil wirtschaftliche Erwägungen die Teilnahme an dazwischengeschobenen Spielrunden erforderlich machen. Auch die Entspannungsphase im Winter fällt oft solchen Überlegungen zum Opfer. Dazu kommen die Verpflichtungen von Auswahlspielern in höheren Wettbewerben. Trainingsmethodisch sinnvoll sind solche Zeiteinteilungen mit permanenter Wettkampfserie nicht.

Die folgende Grafik veranschaulicht modellhaft, wie sich die Einhaltung des vorgestellten Zeitrahmens ideal auf die sportliche Leistungsfähigkeit (durchgezogene Linie) auswirken soll. Angedeutet ist auch, wie das Training entsprechend durch geeignete Wahl der Intensität (gestrichelte Linie) und des Umfangs (gepunktete Linie) gestaltet werden soll:

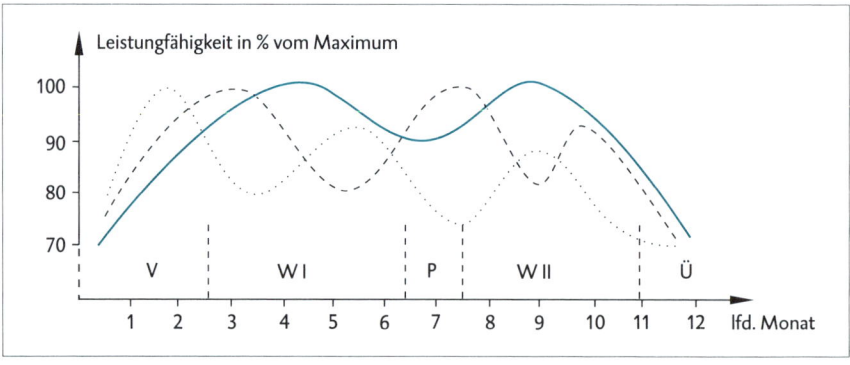

Abb. 37: Leistungsfähigkeit bei zweigipfliger Periodisierung

## 8.9 Prinzip der Individualität

Training muss – unabhängig von der Sportart – möglichst stark auf den Einzelsportler zugeschnitten sein. Dieser Gesichtspunkt bestimmt und relativiert letzten Endes jedes andere Trainingsprinzip, denn keines von ihnen bietet ein allgemein und für alle Personen passendes Konzept im Sinne einer immer gültigen Gebrauchsanweisung. Die Praxis des Trainingsbetriebes in den verschiedensten Sportarten zeigt jedoch, dass gerade hinsichtlich der individuellen Trainingsgestaltung am ehesten trainingsmethodische Fehler begangen werden, wenn etwa unbedacht fremde Trainingspläne imitiert werden oder zugunsten der Gruppendisziplin an individuellen Stärken und Schwächen vorbei geplant wird.

In Mannschaftssportarten ist das Prinzip der Individualität am schwierigsten zu verwirklichen. Denn so muss z. B. einerseits verhindert werden, dass Spieler mit schlechter Ausdauergrundlage mit gleichen Vorgaben Ausdauertraining betreiben sollen wie solche mit guter Ausdauer, andererseits mag eine starke Individualisierung dazu führen, dass Spieler, die ungern Ausdauer trainieren, sich dem Gruppenzwang mit Vorwänden entziehen, damit dem Mannschaftsklima schaden und so ein Gruppenproblem provozieren.

## 8.10 Prinzip der Alters- und Entwicklungsgemäßheit

Neben den beim Prinzip der Individualität genannten psychologischen Gesichtspunkten muss man im Rahmen der Individualität besonders das Alter und die Trainingsgeschichte der Trainingsteilnehmer berücksichtigen, da die **motorische Entwicklung** einen unterschiedlichen Stand aufweist:

| Phase | Altersbereich ♀ | Altersbereich ♂ | motorische Besonderheiten |
|---|---|---|---|
| Neugeborenenalter | 1–3 Monate | | ungerichtete Massenbewegungen |
| Säuglingsalter | 4–12 Monate | | erste koordinierte Bewegungen |
| Kleinkindalter | 2–3 Jahre | | Aneignung vielfältiger Bewegungsformen |
| Vorschulalter | 4–6 Jahre | | Vervollkommnung vielfältiger Bewegungsformen; erste Bewegungskombinationen |
| frühes Schulkindalter | 7–9 Jahre | 7–10 Jahre | schnelle Fortschritte in der motorischen Lernfähigkeit |
| spätes Schulkindalter | 10–11 Jahre | 11–12 Jahre | beste motorische Lernfähigkeit in der Kindheit |

| Phase | Altersbereich ♀ | Altersbereich ♂ | motorische Besonderheiten |
|---|---|---|---|
| frühes Jugendalter (Pubeszenz) | 11/12–13/14 Jahre | 12/13–14/15 Jahre | Umstrukturierung von motorischen Fertigkeiten und Fähigkeiten |
| spätes Jugendalter (Adoleszenz) | 13/14–17/18 Jahre | 14/15–19/20 Jahre | geschlechtsspezifische Differenzierung |
| frühes Erwachsenenalter | 18/20–30/35 Jahre | | Erhaltung der motorischen Leistungsfähigkeit |
| mittleres Erwachsenenalter | 30/35–45/50 Jahre | | allmähliche Leistungsminderung |
| späteres Erwachsenenalter | 45/50–60/65 Jahre | | verstärkte Leistungsminderung |
| spätes Erwachsenenalter | 65/70 Jahre und älter | | ausgeprägte motorische Involution (Rückbildung) |

Tab. 12: Motorische Entwicklung

Die motorischen Entwicklungsphasen treten bei Einzelpersonen mehr oder weniger deutlich auf. Zudem überlagern sich die wachstumsbedingte individuelle motorische Entwicklung und das durch Training erreichte Niveau der sportlichen Ausbildung. Trotzdem können mithilfe grober Anhaltspunkte aktuelle Auffälligkeiten in der sportlichen Entwicklung erklärt und Rahmentrainingspläne sinnvoll angelegt werden. Im Normalfall rechnet man mit folgenden Trainingskonsequenzen aus der Kenntnis der durch das natürliche Wachstum gegebenen Phasen in der körperlichen Entwicklung Jugendlicher:

- Im frühen und späten **Schulkindalter** entwickelt sich die motorische Lernfähigkeit besonders. Daher stehen in diesem Alter vielfältige koordinative Fähigkeiten und das Erlernen sportlicher Techniken im Mittelpunkt eines Trainings.
- Mit dem Eintritt in das **Jugendalter** kommen koordinative Fähigkeiten wie Gleichgewichtssinn, Rhythmusgefühl und motorische Lernfähigkeit in eine leichte Krise. Daher sollte in diesem Alter der Trainingsschwerpunkt stärker auf die Grundlegung der athletischen Fähigkeiten Kraft bzw. Ausdauer verlagert werden, gleichzeitig aber versucht werden, schon gewonnene koordinative Fähigkeiten zu erhalten.
- In der **Adoleszenz**, der zweiten Phase der Reifung, stabilisieren sich die koordinativen Fertigkeiten wieder. Man registriert erneut ein Hoch der motorischen Lernfähigkeit. Die athletische Entwicklung schließt gegen Ende der zweiten Reifungsphase ab.
- Im **Erwachsenenalter** fällt die im Sport mit leistungsbestimmende Komponente „natürliches Wachstum" weg, ebenso bei vielen Menschen auch

die Bereitschaft, sich neben einer beruflichen Tätigkeit sportlich zu belasten. Zwei Zitate von MULFORD und WEINECK zum Bewegungsverzicht mit zunehmendem Lebensalter sind in diesem Zusammenhang besonders aussagekräftig: „Die Leistungsfähigkeit des Menschen nimmt nur deshalb so erheblich ab, weil er sich hat einreden lassen, dass sie abnehmen muss." „Der Abfall der körperlichen Leistungsfähigkeit in späteren Lebensabschnitten ist oftmals mehr Ausdruck der Arbeits- und Lebensweise in einem modernen Industriestaat als biologische Gesetzmäßigkeit. Hinter vermeintlichen Alterungsprozessen verbirgt sich häufig ein mangelhafter Trainingszustand." Tatsächliche **Alterungsprozesse** sollen durch beide Zitate nicht geleugnet werden und werden durch folgende Trainingsregeln respektiert:

– Im Mittelpunkt des Trainings älterer Sportler stehen hinsichtlich der konditionellen Anforderungen Kraft und Ausdauer sowie koordinierende Übungen.

– Sportarten mit einer erhöhten Verletzungsgefahr sind für Ältere weniger geeignet. Darunter fallen besonders schnellkräftige Sportarten, die wegen der Belastung im Bereich der Sehnen und Gelenke zunehmend weniger vertragen werden, ebenso wie Sportarten, in denen der Gegner die Bewegungen mitbestimmt, die also nicht ganz der eigenen Kontrolle unterliegen. Für den Einzelfall wird hier aber auch auf das Prinzip der Individualität hingewiesen, denn, einen insgesamt für eine bestimmte Sportart leistungsfähigen Organismus vorausgesetzt, muss auch der ältere Sportler nicht darauf verzichten. In Grenzfällen muss man abwägen zwischen der Liebe zur Disziplin und den möglichen ungünstigen Auswirkungen auf den Körper.

– Der Trainingsprozess sollte auf sprunghafte Intensitätswechsel verzichten und einer kontinuierlichen Entwicklung stärkeren Vorrang geben. Für ältere wie für jüngere Sportler ist hinsichtlich ihrer sportlichen Entwicklung und ihrer Belastbarkeit das Trainingsalter in ihrer betriebenen Sportart maßgeblich. Neben den konditionellen Leistungsvoraussetzungen spielen aber auch psychologische Gesichtspunkte der Persönlichkeitsentwicklung ebenso eine Rolle wie die taktische Reife.

# Zusammenfassung

Als Richtlinien für die Trainingsplanung wird auf allgemeine Prinzipien zurückgegriffen.

- Das **Prinzip des wirksamen Belastungsreizes** besagt, dass ein Reiz eine bestimmte Intensität haben muss, um eine erwünschte Anpassung (Adaptation) des Organismus zu erreichen. Das Quantitäts- und das Qualitätsgesetz fordern, wie die Reize zu setzen sind.
- Das **Prinzip der Homöostase und der Superkompensation** geht davon aus, dass durch gezielte Störung der Homöostase (des Gleichgewichtszustands) über eine Minderung der Leistungsfähigkeit eine Erhöhung der Leistungsfähigkeit (Superkompensation) erreicht wird. Diesem traditionellen Modell steht das heute favorisierte **Belastungs-Beanspruchungs-Modell** gegenüber, das die individuellen Gegebenheiten stärker berücksichtigt.
- Nach dem **Prinzip der progressiven Belastungssteigerung** müssen die Reize mit der Zeit verstärkt werden, um weitere Anpassungseffekte zu erzielen.
- Das **Prinzip der Variation** fordert, dass die Art der gesetzten Reize variiert wird.
- Das **Prinzip der richtigen Belastungsfolge** betont, dass beim Setzen von Reizen innerhalb einer Trainingseinheit spezifische Ermüdungserscheinungen berücksichtigt werden müssen.
- Das **Prinzip der Kontinuität** besagt, dass stetig, ohne längere Pausen trainiert werden soll.
- Das **Prinzip der optimalen Relation von Belastung und Erholung** fordert die Berücksichtigung von Erholungsphasen.
- Das **Prinzip der Periodisierung und Zyklisierung** richtet sein Augenmerk auf die langfristige Gliederung des Trainings.
- Das **Prinzip der Individualität** fordert eine gezielte Ausrichtung des Trainings an die individuellen Gegebenheiten des Sportlers.
- Das **Prinzip der Alters- und Entwicklungsgemäßheit** verlangt die Berücksichtigung des Alters und der (motorischen) Entwicklung des Sportlers.

**Aufgaben**

**26. Zu regelmäßiges Training**

Ein Kraftsportler geht seit längerer Zeit regelmäßig dreimal pro Woche zum Training in ein Studio und trainiert dort sein bewährtes Standardprogramm. Er wundert sich jedoch, keine Leistungsverbesserungen mehr feststellen zu können. Welche Trainingsprinzipien missachtet er?

## 27. Trainingslager

Im Hochleistungssport wird zur Erreichung der Trainingsziele gerne und oft auf den Einsatz von Trainingslagern zurückgegriffen. Diskutieren Sie den Wert dieser Maßnahmen vor dem Hintergrund von Superkompensation, Belastung und Beanspruchung sowie des Prinzips der optimalen Relation von Belastung und Erholung.

## 28. Systematischer Trainingsaufbau im Triathlon

Auf einer Internetseite wird für einen Sportler, der schon länger etwa 10 Stunden pro Woche trainiert, folgender 20-Wochen-Plan vorgeschlagen, um das Ziel „Ironman" (3,8 km Schwimmen, 180 km Rad fahren, 42,2 km Laufen) zu erreichen. Analysieren Sie die Gestaltung dieses Plans anhand passender Trainingsprinzipien.

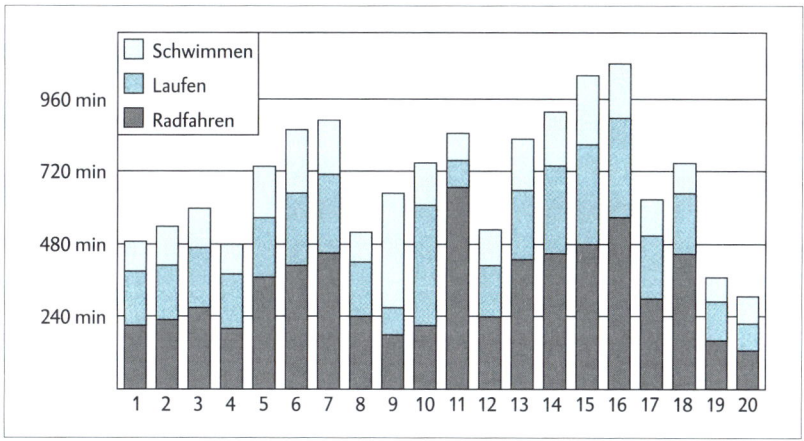

Abb. 38: Trainingsplan Triathlon

## 29. Imitation von Trainingsplänen

Erörtern Sie Vor- und Nachteile der Imitation von Trainingsplänen anderer Sportler.

## 30. Krafttraining für junge Sportler

Lange Zeit galt Krafttraining unter dem Gesichtspunkt des Prinzips der Entwicklungsgemäßheit als kontraindiziert für Kinder und Jugendliche. Unter dem Eindruck von zunehmenden Haltungsschwächen von Kindern haben namhafte Wissenschaftler im Rahmen des Projektes „Kidcheck" im Gegensatz dazu die These „Krafttraining für Kinder so früh wie möglich" postuliert. Ein Widerspruch?

# Trainingsarten

Sportliche Leistungen werden bezüglich ihres athletischen Zuschnitts von den Hauptkomponenten Ausdauer, Kraft und Schnelligkeit in jeweils unterschiedlichen Anteilen und Ausprägungsformen bestimmt. Daneben spielt die Beweglichkeit eine Rolle, und es ist auch klar, dass über diesen Bereich ebenso wie über die koordinative motorische Leistungsfähigkeit ein weiteres Feld eröffnet wird, dessen Einflüsse weit über den physiologischen Bereich hinausreichen. Die Grenze zwischen athletischer Fähigkeit im Sinne von Ausdauer, Kraft oder Schnelligkeit und den mehr koordinativen Fähigkeiten ist nicht exakt zu definieren. Trotzdem ist über den Begriff der Kondition, womit eine optimale Mischung der Kraft-, Schnelligkeit- und Ausdauermöglichkeiten eines Sportlers bezüglich seiner Sportart zu verstehen ist, eine Abgrenzung zum Begriff der Koordination gegeben und somit eine Zweiteilung des Sportlerprofils hinsichtlich seiner körperlichen Voraussetzungen zur Bewältigung sportlicher Aufgaben.

## 9  Ausdauertraining

> Unter **Ausdauer** versteht man sowohl die Fähigkeit eines Sportlers, eine Belastung lange Zeit tolerieren und somit einer **Ermüdung widerstehen** zu können, als auch die Fähigkeit, sich nach Belastungen zügig zu **regenerieren**.

### 9.1 Biologische Grundlagen

Ausdauerleistungen sind geprägt durch die Fähigkeit des Sportlers, Energie über einen längeren Zeitraum bereitzustellen. Da je nach Intensität die verschiedenen Varianten des Energiestoffwechsels unterschiedlich stark zum Tragen kommen, liegt es nahe, die Leistung einer ausdauerbelasteten Person über die Art der Energiebereitstellung zu messen. Als besonders geeignet für solche Messungen hat sich die Beobachtung der anaerob-laktaziden Stoffwechselvariante erwiesen, weil deren Abfallprodukt, das Salz der Milchsäure (Laktat), im Blut leicht nachzuweisen ist und die Blutlaktatkonzentration parallel zur Intensität der Beanspruchung ansteigt. Vereinfacht gilt also: Je stärker der Laktatgehalt im Blut ansteigt, desto höher ist die Ausdauerbeanspruchung.

### Schwellenwerte

Je nach Intensitätsgrad dominiert bei einer Ausdauerleistung die aerobe oder die anaerobe Energiebereitstellung.

- Bei dominant **aeroben Ausdauerleistungen** bleibt die Laktatkonzentration im Durchschnitt bei unter 4 mmol/l Blut. Auch bei aerober Ausdauerleistung ist zwar der anaerob-laktazide Stoffwechsel aktiv, jedoch nicht dominant, weil das anfallende Laktat durch den Körper gepuffert wird. Dominant aerobe Leistungen können langfristig erbracht werden. Belastungen von einer Dauer von mehr als 10 Minuten werden zu 80 % oder mehr aus aeroben Energieprodukten bestritten.
- Dominant **anaerobe Ausdauerleistungen** erzwingen einen Laktatspiegel von im Durchschnitt mehr als 4 mmol/l Blut. In diesem Bereich wird der anaerob-laktazide Stoffwechsel vorherrschend. Das anfallende Laktat kann nicht mehr komplett beseitigt werden, sodass die Laktatkonzentration bei gleichbleibender Leistung zunehmend weiter ansteigt (Laktatkumulation), bis bereits nach kurzer Zeit eine Fortsetzung der Leistung wegen laktazider Übersäuerung nicht mehr möglich ist.

Die Laktatkonzentration von 4 mmol/l Blut, die im statistischen Mittel den Grenzwert zwischen aerober und anaerober Belastung angibt, heißt **anaerobe Schwelle**. Bei Ausdauerleistungssportlern liegt sie meistens tiefer (2,5–3 mmol/l), bei untrainierten Personen eher höher (5–6 mmol/l). Der Grenzwert, der für den Einzelnen gilt, wird als **individuelle anaerobe Schwelle** bezeichnet. Der Wert der individuellen anaeroben Schwelle hängt von der Veranlagung, besonders aber auch vom Trainingszustand der jeweiligen Person ab. Die anaerobe Schwelle trennt zudem die extensive von der intensiven Intervallmethode: Bei der extensiven Intervallmethode liegt die Laktatproduktion gerade noch unterhalb der anaeroben Schwelle, bei der intensiven oberhalb.

Der dominant aerobe Ausdauerbereich wird nochmals unterteilt:

- **Stark aerobe Ausdauerbelastungen** sind wenig intensiv, weshalb das entstehende Laktat im Muskel direkt beseitigt werden kann. Die Laktatkonzentration im Blut liegt allenfalls geringfügig über der im Ruhezustand, wo eine Laktatkonzentration von etwa 1–1,5 mmol/l Blut nachweisbar ist. Als obere Grenze für stark aerobe Ausdauerbelastungen gilt eine Laktatkonzentration von 2 mmol/l, die auch als **aerobe Schwelle** bezeichnet wird. Bei Ausdauerleistungen unterhalb dieser Schwelle halten sich Sauerstoffaufnahme und Sauerstoffverbrauch die Waage, es herrscht also ein Sauerstoffgleichgewicht **(Sauerstoff-Steady-State)**. Davon unberührt ist das Sauerstoffdefizit, das in den ersten 2–4 Minuten einer Belastung eingegangen wird. Dieses Defizit wird erst nach Belastungsende aufgearbeitet, behindert die Leistung aber nicht.

Ausdauerbelastungen, die eine Laktatkonzentration unterhalb der aeroben Schwelle auslösen, können über sehr lange Zeit aufrechterhalten werden. Daher wird die aerobe Schwelle, unterhalb der die Herzfrequenz selbst bei gleichbleibender Arbeitsleistung nach (stunden-)langer Belastung nicht ansteigt, auch Dauerleistungsgrenze genannt.

- Bei **Ausdauerbelastungen im aerob-anaeroben Übergangsbereich** kann das im Muskel anfallende Laktat nicht direkt beseitigt werden, sondern tritt in das Blut über. Die Menge hält sich jedoch so in Grenzen, dass eine Pufferung möglich ist. Entstehung und Abbau des Laktats im Blut halten sich also die Waage, weshalb dieser Zustand Laktatgleichgewicht oder **Laktat-Steady-State** genannt wird. Da bei Überschreiten der individuellen anaeroben Schwelle die Laktatkonzentration kumuliert, wird die anaerobe Schwelle auch mit „maximaler Laktat-Steady-State" (maxlass) bezeichnet.

Ausdauerleistungen, die eine Laktatkonzentration an der anaeroben Schwelle auslösen, kann man trainiert etwa eine knappe Stunde lang durchhalten.

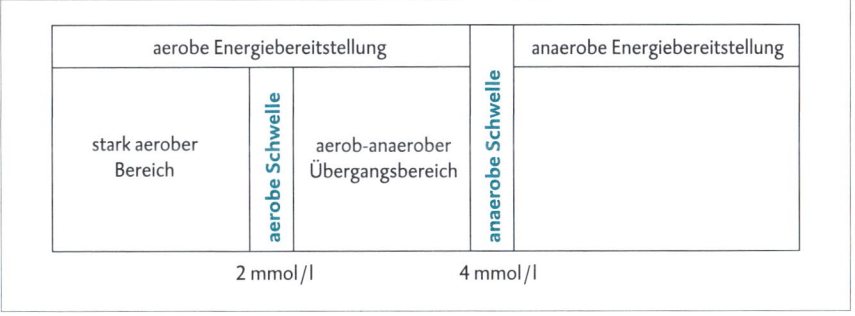

Abb. 39: Schwellen bei der Energiebereitstellung

### Aerobe Leistungsfähigkeit

Die aerobe Leistungsfähigkeit eines Sportlers ist sportmedizinisch bestimmbar durch zwei Messwerte:

- Die **Leistungsfähigkeit an der anaeroben Schwelle** wird durch ihre direkte Beziehung zu trainingspraktisch leicht handhabbaren Parametern wie Herzfrequenz oder Tempo zu einem wichtigen Instrument der Intensitätssteuerung im Training.

- Die **maximale Sauerstoffaufnahmefähigkeit** (VO$_2$ max) wird ermittelt durch:

$$VO_2 \ max = \frac{Sauerstoffaufnahme \, (ml)}{Zeit \, (min)}$$

Dieses maximale Aufnahmevermögen bezeichnet die Menge Sauerstoff, die tatsächlich im Körper verwertet wird. Diese ist von dem über die Lunge eingeatmeten Volumen und der Fähigkeit, den im Blut kursierenden Sauerstoff zu nutzen, abhängig. Die eingeatmete Menge kann durch Training um maximal 20 %, die Ausnutzung aber um bis zu 50 % verbessert werden.

Die zum Körpergewicht **relativierte maximale Sauerstoffaufnahmefähigkeit** (rVO$_2$ max) ergibt sich durch folgende Formel:

$$rVO_2 \ max = \frac{VO_2 \ max}{Körpergewicht \, (kg)} = \frac{Sauerstoffaufnahme \, (ml)}{Zeit \, (min) \cdot Körpergewicht \, (kg)}$$

Der rVO$_2$ max als Messgröße wird in Ausdauersportarten wie dem Langstreckenlauf der Vorzug vor der VO$_2$ max gegeben, weil der Sportler hier sein Körpergewicht ohne Unterstützung bewegen muss. Der Leistungsstand eines Ruderers oder Radfahrers wird dagegen eher über die VO$_2$ max abgeschätzt. Nach Trainingszustand ergeben sich bei Personen zwischen 20 und 30 Jahren folgende mittlere Werte für rVO$_2$ max:

| Leistungsniveau | Männer (rVO$_2$ max) | Frauen (rVO$_2$ max) |
|---|---|---|
| Bewegungsmangel | 35 | 30 |
| ohne Training | 40 | 35 |
| Fitness (allgemein) | 45 | 40 |
| Freizeitsport (Ausdauer) | 55 | 50 |
| Leistungssport (Ausdauer) | 80 | 65 |
| Spitzensport | 90 | 75 |

Tab. 13: Relativierte maximale Sauerstoffaufnahmefähigkeit

Wichtiger als die rVO$_2$ max selbst ist ihr Zusammenhang mit den Schwellenwerten:

| Leistungsniveau | aerobe Schwelle (% von VO$_2$ max) | anaerobe Schwelle (% von VO$_2$ max) |
|---|---|---|
| Untrainierte | 45–50 | 50–70 |
| Trainierte | 60–65 | 70–80 |
| Hochtrainierte | – | 85–95 |

Tab. 14: Die maximale Sauerstoffaufnahmefähigkeit in Bezug zu den Schwellen

### Herzfrequenz

Ein einfaches und wenig aufwendiges Mittel der Leistungssteuerung im Ausdauersport ist die Bestimmung der maximalen Herzfrequenz, die mithilfe eines Pulsmessers z. B. im Endspurt eines Mittelstreckenlaufes leicht abzulesen ist.

Dieses Verfahren ist zur Steuerung des Grundlagenausdauertrainings anerkannt, da hier hohe Ökonomie mit hoher Aussagekraft verbunden ist. Hat man die maximal mögliche Herzfrequenz bestimmt, kann man mithilfe eines Herzfrequenzmessers im laufenden Training zwar nur grob, aber sehr einfach abschätzen, in welchen Trainingsbereichen man sich gerade bewegt: Die aerobe Schwelle kann bei etwa 70 % der maximalen Herzfrequenz angesetzt werden, die anaerobe Schwelle bei etwa 90 %. Natürlich ist eine solch grobe Einordnung exakten medizinischen Verfahren zur Bestimmung der Schwellenbelastungen unterlegen. Sie hilft aber sehr, bei vergleichsweise geringen Kosten die Konzentration im Training und die Trainingsdisziplin zu bewahren, wenn es etwa im Grundlagenbereich darum geht, ein niedriges Tempo über lange Zeit beizubehalten oder im Entwicklungs- und Spitzenbereich einer schärferen Belastung über vorgegebene Zeiteinheiten nicht auszuweichen. Für den Bereich der Grundlagenausdauer ist allerdings anzumerken, dass sich bei langen Ausdauerbelastungen die Herzfrequenz trotz gleichbleibender Beanspruchung in der Regel nach zwei bis drei Stunden um etwa 10 Schläge erhöht (*cardiovascular drift*), was der Erhöhung der Körpertemperatur unter Belastung, und dem verringerten Blutvolumen nach Flüssigkeitsverlusten zugeschrieben wird.

Das Training sollte nicht mit einer nach Faustformeln errechneten maximalen Herzfrequenz gesteuert werden, da Regeln wie „Maximale Herzfrequenz = 220 – Lebensalter" zwar einen Anhaltspunkt liefern, aber das individuelle Herzfrequenz-Verhalten oft von der Norm erheblich abweicht. Zur Leistungsdiagnose ist die Ermittlung der maximalen Herzfrequenz absolut unbrauchbar, weil ihre Höhe keinerlei Auskunft über den Leistungsstand des beobachteten Sportlers gibt.

## 9.2 Anpassung

Durch Ausdauertraining kommt es zu Anpassungen des Organismus.

### Aerobes Ausdauertraining

* Ausgiebiges aerobes Ausdauertraining von mindestens 8–10 Trainingsstunden pro Woche führt zur Ausbildung eines **Sportherzens** mit folgenden Eigenschaften:

Im Vergleich zum Normalherzen kann das Volumen des Sportherzens bei Männern von 11–12 ml auf 14–18 ml pro kg Körpergewicht, bei Frauen von 9–10 ml auf 14–16,5 ml pro kg Körpergewicht ansteigen.

Das Myokard, das Kernstück der muskulösen Herzwand, ist beim Sportherzen im Vergleich zum Normalherzen verdickt. Das Herzgewicht kann dadurch von 250–300 g auf 350–500 g zunehmen. Bei 500 g, dem kritischen Herzgewicht, ist die Grenze zwischen „gesund und leistungsstark" und „krankhaft groß" erreicht. Bei einem Herzgewicht über 500 g leidet die Versorgung des Myokards. Ein solches Gewicht wird durch Training allein aber nicht erreicht.

Das Ruhe-Schlagvolumen von 60–70 ml pro Herzschlag bei Untrainierten kann bei Ausdauertrainierten bei bis zu 105 ml liegen. Da man von einer bis zu hundertprozentigen Steigerungsmöglichkeit des Schlagvolumens unter Belastung ausgeht, steigert es sich unter Belastung von 120–140 ml auf bis zu 210 ml. Ein Sportherz kann also mit jedem Schlag rund 50 % mehr Blut auswerfen als untrainierte Herzen.

Das Herzminutenvolumen, das bei Untrainierten bei 20 l/min liegt, kann bei Trainierten 30–40 l/min erreichen.

Der Ruhepuls kann bis unter 40 Schläge/min gesenkt werden. Spitzen-Ausdauersportler weisen einen Ruhepuls von etwa 30 Schlägen/min auf.

Typisch für ein austrainiertes Herz ist auch die beschleunigte Pulsberuhigung nach Belastungsende.

- Aerobes Training führt zu einer Querschnittsvergrößerung der Kapillaren, einer größeren Zahl geöffneter Kapillaren in der Arbeitsmuskulatur, einer verbesserten Blutverteilung durch Engstellung nicht benötigter Kapillargebiete und damit allgemein zu einer **verbesserten Kapillarisierung** der Arbeitsmuskulatur. Die Folge ist eine verstärkte Versorgung der Arbeitsmuskulatur mit Sauerstoff und Nährstoffen und ein optimaler Abtransport von Stoffwechselschlacken. Insgesamt kann die Anzahl an Kapillaren der Arbeitsmuskulatur unter Ausdauertraining etwa verdoppelt werden.

- Das **Blut**, das als Transportmedium für Sauerstoff und Nährstoffe dient, reagiert parallel zum Blutgefäßsystem mit Änderungen:
  Es kommt zu einer Vermehrung der roten Blutkörperchen und so des Hämoglobins durch eine Vergrößerung des Blutvolumens um 1–2 l. Damit erhöht sich die Menge des Hämoglobins um 200–300 g. Da das Hämoglobin die Substanz ist, die Sauerstoff zum Transport im Blutkreislauf binden und in der Arbeitsmuskulatur wieder abgeben kann, erhöht sich dadurch auch die maximale Sauerstoffaufnahme.

Mit Erhöhung des Blutvolumens nimmt auch die Menge an Blutplasma zu, wodurch die Wasserreserve des Körpers vergrößert wird und die Viskosität (Zähigkeit) des Blutes abnimmt. Dadurch wird die Herzarbeit erleichtert.

Die Kapazität von Stoffen (z. B. Natriumbikarbonat), die übermäßigen Laktatanfall puffern können, wird erhöht. Dadurch wird eine Übersäuerung verzögert.

- In der **Muskulatur** ergeben sich als Folge aeroben Ausdauertrainings eine höhere Anzahl von Mitochondrien in den ST-Fasern und eine Vermehrung der dortigen Enzyme des aeroben Stoffwechsels, eine Erweiterung der Glykogenspeicher in den Muskeln (und der Leber) bis auf das Doppelte, und eine Ausprägung der FTG-Fasern als FTO-Fasern.

### Anaerobes Ausdauertraining

Die wesentlichen Auswirkungen anaeroben Ausdauertrainings sind ein verbesserter Umgang mit erhöhten Laktatspiegeln (Säuretoleranz) und die Erweiterung der (Kreatin-)Phosphatspeicher.

Unter Säuretoleranz versteht man die Fähigkeit des Muskels, trotz ungünstiger Laktat-Säuerung noch zu kontrahieren. Entsprechend nehmen die Enzyme des anaerob-laktaziden Stoffwechsels zu und die Pufferkapazität des Blutes wird erhöht. Die Säuretoleranz hängt aber auch stark von psychischen Einflussgrößen ab, weil eine Belastung oberhalb der anaeroben Schwelle in den körperlichen Grenzbereich führt und nicht jeder mit gleicher Härte die dann durch die Übersäuerung auftretenden Schmerzen und Erschöpfungszustände aushält.

### Höhentraining

Training in der Höhe – optimal sind 1 800 – 2 800 m – wird sinnvoll von bereits hochgradig Ausdauertrainierten angewendet und verbessert den aeroben Stoffwechsel. Die Wirkung beruht auf einer Sauerstoffmangelversorgung des Körpers, die auf einen verminderten Druck des Sauerstoffanteils der Luft (Sauerstoffpartialdruck) in der Höhe zurückzuführen ist. Der Organismus gleicht den Mangelzustand aus und reagiert.

Einer Verbesserung der aeroben Ausdauerleistung unmittelbar zuträglich sind folgende Wirkungen des Höhentrainings:

- Vergrößerung des Anteils an roten Blutkörperchen im Blut und damit über eine Zunahme des Hämoglobins Verbesserung der Sauerstoffaufnahmefähigkeit
- verbesserte Kapillarisierung
- vermehrte Myoglobinspeicher
- Vermehrung der Mitochondrien

Leistungsmindernd sind folgende Begleiteffekte des Höhentrainings:

- Erhöhung des Kohlenhydratverbrauchs verbunden mit den Nebenwirkungen eines im Vergleich zum Aufenthalt im Flachland erhöhten Laktatspiegels bei gleicher Belastung und eines möglicherweise erhöhten Proteinverbrauchs im Energiestoffwechsel
- verstärkter Wasserverlust durch die erhöhte Atmungsaktivität

## 9.3 Formen der Ausdauer

Ausdauerleistungen können nach dem dominierenden Energiegewinnungsweg (Wettkampfleistungen) oder nach dem angestrebten Ziel (Trainingsleistungen) unterschieden werden.

### Wettkampfleistungen

Für die Erstellung angemessener Methoden des Ausdauertrainings muss man sorgfältig unterscheiden, welcher Art die im Wettkampf ausdauernd zu erbringende Leistung sein soll. Eine sinnvolle Gliederungsmöglichkeit ergibt sich dabei nach der Länge der geforderten Leistung. Dahinter stehen Gesichtspunkte der Energiebereitstellung, da bei kurzen Ausdauerbelastungen andere Arten der Energiebereitstellung dominant sind als bei langen, auch wenn grundsätzlich immer alle Formen der Energiebereitstellung gleichzeitig aktiv sind. Die folgenden Ausdauerleistungen werden so verstanden, dass sie mit der maximal realisierbaren Intensität in den jeweils behandelten Zeiträumen durchgeführt werden.

- **Schnelligkeitsausdauer (SA):** Belastungen zwischen 7 und 35 Sekunden. Die zusätzlich zum Ruhezustand erforderliche Energiebereitstellung erfolgt anaerob-alaktazid und anaerob-laktazid.
- **Kurzzeitausdauer (KZA):** Belastungen zwischen 35 Sekunden und 2 Minuten. Die zusätzliche Energiebereitstellung erfolgt bis zu 80 % anaerob, wobei die anaerob-laktazide Komponente mit einem Anteil von 50 % am nötigen Energieaufwand dominiert. Entsprechend erreicht die Laktatkonzentration im Blut nahezu das individuell mögliche Maximum, bei Hochleistungssportlern also bis zu 20 mmol/l Blut. Auch die Sauerstoffaufnahme und die Herzfrequenz gehen bis an die Grenzen der Kapazität.
- **Mittelzeitausdauer (MZA):** Belastungen zwischen 2 und 10 Minuten. Hier beginnt der aerobe Stoffwechsel mit einem Anteil von rund 50 % des Mehrbedarfs an Bedeutung zu gewinnen, der nach zwei Minuten voll aktiviert ist. Als Brennstoff des aeroben Stoffwechsels finden hier fast aus-

schließlich Kohlenhydrate Verwendung. Sauerstoffaufnahme, Herzfrequenz und Laktatkonzentration sind fast maximal.

- **Langzeitausdauer 1 (LZA I):** Belastungen zwischen 10 und 35 Minuten. Die Energiebereitstellung erfolgt überwiegend aerob unter Verbrennung von Kohlenhydraten. Bei Tempoverschärfungen wird der anaerob-laktazide Energiestoffwechsel stark in Anspruch genommen. Das bedeutet, dass die Arbeitsherzfrequenz und die Sauerstoffaufnahme etwas über 90 % vom individuellen Maximum liegen. Die maximalen Laktatwerte liegen bei Leistungssportlern bei rund 10 mmol/l Blut oder noch höher, bei Anfängern gehen sie nicht über die anaerobe Schwelle hinaus.

**Langzeitausdauer 2 (LZA II):** Belastungen zwischen 35 und 90 Minuten. Die Energiebereitstellung erfolgt aerob, wobei als Energieträger Glucose und mit rund 20 % Beteiligung Fettsäuren auftreten. Phasen anaerober Energiebereitstellung können bei zwischenzeitlichen Tempoverschärfungen oder Positionskämpfen eine Rolle spielen, sind jedoch nicht typisch. Die erreichbaren Herzfrequenzen liegen bei knapp 90 % ebenso wie die maximale Sauerstoffaufnahme. Die maximalen Laktatwerte liegen bei Leistungssportlern, abhängig vom Trainingszustand, bei rund 6 mmol/l Blut.

**Langzeitausdauer 3 (LZA III):** Belastungen zwischen 90 Minuten und 6 Stunden. Die Energiebereitstellung erfolgt aerob, die Kohlenhydratvorräte (Glykogen) erschöpfen sich allmählich jenseits der 90-Minuten-Grenze, sodass mit zunehmender Dauer der geforderten Leistung mehr und mehr Fette (insgesamt zu etwa 50 %) als Energieträger herangezogen werden. Der anaerobe Stoffwechsel spielt für die Gesamtleistung eigentlich keine Rolle mehr. Gelegentlich jedoch mag ein Zweikampf im Finale eines Wettkampfes über die Fähigkeiten dieser Stoffwechselvariante entschieden werden. Je nach Zeitdauer der Ausdauerleistung und des Trainingszustands des Sportlers erreicht die Sauerstoffaufnahme 60–85 %, die Herzfrequenz bewegt sich zwischen 60 % und 90 %. Die Laktatwerte erreichen mit maximal rund 4 mmol/l Blut höchstens die anaerobe Schwelle, dies aber auch nicht über die gesamte Wettkampfzeit hinweg.

**Langzeitausdauer 4 (LZA IV):** Belastungen über 6 Stunden. Energieträger sind vorwiegend Fette, aber auch Kohlenhydrate und über den Weg der Gluconeogenese Eiweiße. Der anaerobe Energiestoffwechsel spielt keine Rolle mehr. Alle Belastungsparameter sind so eingestellt, dass man sie theoretisch dauerhaft tolerieren könnte. Die Herzfrequenz bleibt im Wesentlichen unterhalb der 70 %-Marke, die Sauerstoffaufnahme liegt bei 50–60 % des Maximums, der Laktatspiegel bleibt mit rund 2 mmol/l Blut im Bereich der aeroben Schwelle. Eine wesentliche Komponente solcher Ultra-Leistungen ist die Belastbarkeit des Stützapparates.

### Trainingsleistungen

Je nach Region und Sportart gibt es Unterschiede bei der methodischen Gliederung. Gemeinsam ist jedoch die Einordnung in vier Großbereiche:

- Training im **Kompensationsbereich** (KB-, REKOM- oder auch KO-Training) dient der Erholung. Es wird bei sehr geringer Intensität, etwa bei 60 % der maximal möglichen Herzfrequenz absolviert. Ist – etwa bei Training auf einem Ergometer – die Leistung an der anaeroben Schwelle bekannt, sollte im KB-Bereich bei etwa 55 % davon trainiert werden, strebt man einen Wettkampf an, sollte die KB-Geschwindigkeit in Bezug auf die bekannte oder wenigstens doch realistisch vermutete Leistung unter 70 % liegen.
- Training im **Grundlagenbereich** (GA) legt die Ausdauerbasis. Man unterscheidet häufig zwei Bereiche. Der Grundlagenbereich 1 (GA 1) ist an der aeroben Schwelle angesiedelt und ist durch Pulswerte bei etwa 70 % der maximal möglichen Herzfrequenz und einer Belastung von etwa 75 % der an der anaeroben Schwelle erbrachten Leistung gekennzeichnet, wobei normal geführte Gespräche noch möglich sind. Im Grundlagenbereich 2 (GA 2) wird bei etwa 80 % der maximal möglichen Herzfrequenz trainiert, einer mittleren, bei langer Dauer aber trotzdem als hart empfundenen Intensität. Im GA 2-Bereich kostet ein Gespräch schon etwas Mühe, die erbrachte Leistung im Vergleich zur anaeroben Schwellenleistung liegt bei etwa 90 %. Bezogen auf die Wettkampfgeschwindigkeit liegt das GA 1-Training je nach Dauer der Belastung bei 70–80 %, das GA 2-Training bei etwa 85 %.
  In Sportarten wie Radfahren, die eine besondere Kraftkomponente aufweisen, unterschiedet man auch noch die Grundlagenausdauerformen KA 1 und KA 2 mit erhöhtem Kraftanteil in der Grundlagenausdauerbelastung, wobei man über den Sinn einer Konstruktion KA 1 durchaus streiten kann, weil beim angestrebten Pulsniveau von etwa 70 % der maximalen Herzfrequenz dauerhaft keine bedeutende Kraftleistung erbracht werden kann.
- Training im **Entwicklungsbereich** (EB) erarbeitet Komponenten der angestrebten sportlichen Leistung. Das Training läuft im Bereich der anaeroben Schwelle ab, wo man, bei einer Herzfrequenz von etwa 90 % des Maximums, schwer atmet und sich nur noch mit kurzen Sätzen verständigen kann. Die Geschwindigkeit an der anaeroben Schwelle ist etwa 5 % langsamer als im Wettkampf.

- Training im **Spitzenbereich** (SB) zielt auf die obere Grenze der Leistungsfähigkeit ab. Die Belastung ist in jeder Beziehung maximal, ein Gespräch
  unmöglich.

## 9.4 Methoden

Als Trainingsmethoden für die Ausdauer sind die im Kapitel 7.2 näher aus-
geführten **Dauermethoden**, **Intervallmethoden** und die **Wiederholungsmethode** zu nennen, die allesamt ursprünglich aus der Trainingslehre der
Ausdauersportarten stammen, von wo sie dann in andere Trainingsbereiche
übernommen worden sind.

Beispiele     Anwendung von Trainingsmethoden sind:

| Kompensationsbereich | |
|---|---|
| Ziel | Unterstützung der Erholung |
| Methode | extensive Dauermethode |
| Intensität | Laktatwerte unterhalb der aeroben Schwelle, Hf bei etwa 65 % von $Hf_{max}$ |
| Umfang | weniger als 45 Minuten |
| **Grundlagenbereich** | |
| Ziel | verbesserte Kapillarisierung; Stabilisierung der Ausdauerleistung; Fettstoffwechseltraining |
| Methode | extensive Dauermethode |
| Intensität | Laktatwerte an der aeroben Schwelle, Hf bei etwa 70–75 % von $Hf_{max}$ |
| Umfang | 1–6 Stunden (abhängig von Sportart und Trainingszustand) |
| **Entwicklungsbereich/Grundlagenbereich (Dauerbelastung mit Variation)** | |
| Ziel | Stabilisierung der Ausdauerleistung; Optimierung der Glykogenausnutzung; Verbesserung der Herz-Kreislaufleistung; alles bei ungleichmäßiger Belastung zur Anpassung an Tempowechsel und unterschiedliche Bewegungsausführungen |
| Methode | variable Dauermethode (Fahrtspiel) |
| Intensität | wechselnd zwischen aerober und anaerober Schwelle (Hf bei etwa 70–75 % bzw. 85–90 % von $Hf_{max}$) |
| Umfang | 1–3 Stunden (je nach Intensität, Sportart und Trainingszustand) |
| **Entwicklungsbereich (Dauerbelastung)** | |
| Ziel | Verbesserung der Herz-Kreislaufleistung und der Ausdauerleistung; Optimierung der Glykogenausnutzung |
| Methode | Dauermethode |
| Intensität | im aerob-anaeroben Übergangsbereich, Hf bei etwa 75–85 % von $Hf_{max}$ |
| Umfang | 30–120 Minuten (je nach Intensität und Sportart) |

| Entwicklungsbereich (Intervallbelastung) | |
|---|---|
| Ziel | Verbesserung der Herz-Kreislaufleistung und der Ausdauerleistung, Optimierung der Glykogenausnutzung |
| Methode | extensive Intervallmethode |
| Intensität | im Bereich der anaeroben Schwelle, jedoch nicht darüber, Hf bei etwa 85–90 % von $Hf_{max}$ |
| Umfang | 20–80 Minuten (je nach Sportart) |
| **Entwicklungsbereich (Extensives Kraftausdauertraining)** | |
| Ziel | Verbesserung der Herz-Kreislaufleistung unter Kraftbelastung |
| Methode | Dauermethode, ext. Intervallmethode, Wiederholungsmethode |
| Intensität | im aerob-anaeroben Übergangsbereich, Hf bei etwa 80 % von $Hf_{max}$ |
| Umfang | 30–120 Minuten (je nach Sportart) |
| **Entwicklungsbereich (Intensives Kraftausdauertraining/Schnellkraftausdauertraining)** | |
| Ziel | Verbesserung der anaeroben Kapazität unter Kraftbelastung |
| Methode | intensive Intervallmethode, Wiederholungsmethode |
| Intensität | an der anaeroben Schwelle und mäßig darüber, Hf bei etwa 90 % von $Hf_{max}$ |
| Umfang | 20–60 Minuten (je nach Sportart) |
| **Entwicklungsbereich, Spitzenbereich (Wettkampfspezifisches Intensitätstraining)** | |
| Ziel | Einüben des geplanten Wettkampftempos |
| Methode | Dauermethode, Wiederholungsmethode, Wettkampfmethode |
| Intensität | der mittleren Wettkampfintensität gleich, also je nach Wettkampf verschieden |
| Umfang | 50–120 % des Wettkampfumfangs (je nach Disziplin und Methode) |
| **Spitzenbereich (Wettkampfspezifisches Kraft- und Schnelligkeitsausdauertraining)** | |
| Ziel | Verbesserung der anaeroben Kapazität (Wettkampf-Spitzenbelastung) |
| Methode | Wiederholungsmethode, Wettkampfmethode |
| Intensität | sehr hoch im dominant anaeroben Bereich, Hf bei etwa 95–100 % von $Hf_{max}$ |
| Umfang | bis insgesamt maximal 30 Minuten (je nach Sportart) |

Tab. 15: Schwellen bei der Energiebereitstellung

Gleichgültig, zu welchem Zweck ein Sportler Ausdauertraining betreibt, die Basis liegt immer im Training des **Grundlagenbereichs**, dessen Ziel die Steigerung der allgemeinen aeroben Ausdauerfähigkeit ist. Als Trainingsmittel sind alle Belastungen geeignet, die den aeroben Stoffwechsel beanspruchen. Man unterscheidet allgemeines und spezielles Grundlagenausdauertraining.

- **Allgemeines Grundlagenausdauertraining** bewegt sich fast ausschließlich im Bereich GA 1 mit Intensitäten an der aeroben Schwelle. Aufgebaut wird es nach der extensiven Dauermethode, Alternativsportarten werden gerne eingesetzt. Läufer können also mit dem Rennrad, Radfahrer oder Schwimmer mit Laufen ihre aerobe Ausdauerbasis erweitern.

- **Spezielles Grundlagenausdauertraining** wird dagegen ausschließlich in der Zielsportart absolviert. Die Intensität liegt im aerob-anaeroben Übergangsbereich, ist also im Vergleich zum allgemeinen Grundlagenausdauertraining erhöht. Entsprechend wird die Methodik erweitert: Neben der reinen Dauermethode finden besonders die extensive Intervallmethode und die variable Dauermethode (Fahrtspiel) Verwendung. Der Übergang zum Entwicklungsbereich ist fließend. Liegt die Intensität nah an der anaeroben Schwelle, wird man es dem Grundlagenbereich, sonst dem Entwicklungsbereich zuordnen.

Sportler fast aller Sportarten und Leistungsniveaus können von einem Grundlagenausdauertraining profitieren. Neben allgemein gesundheitsförderlichen Wirkungen wie der Prophylaxe von Herz-Kreislauf-Erkrankungen, der Stabilisierung des Immunsystems sowie der Steigerung der psychischen Belastbarkeit im Sinne einer erhöhten Fähigkeit zur Stressbewältigung erwartet man disziplinspezifisch noch mehr:

- Ausdauersportler auch kürzerer Distanzen legen mit Grundlagenausdauertraining die Basis, auf der sich das wettkampfspezifische Ausdauertraining entfalten kann. Nach einem Grundlagenausdauertraining nimmt insbesondere die Belastungs- und Erholungsfähigkeit deutlich zu, sodass danach ein umfangreicheres und intensiveres Training durchgeführt werden kann, ohne Überlastungen zu riskieren. Im Wettkampf zahlt sich ein erhöhtes Grundlagenausdauerniveau durch verzögerten Eintritt der Ermüdung während der Belastung und einer beschleunigten Erholung danach aus. Damit sind auch Wettkampfserien auf hohem Niveau realisierbar. Für Ausdauersportler ist ein Grundlagenausdauertraining also unmittelbar leistungsfördernd.

- Auch in Sportarten mit Ausdaueranteil an der Gesamtleistung, z. B. bei den großen Sportspielen, ist eine Optimierung der Grundlagenausdauer angezeigt. Man erwirbt eine Zunahme der Belastungsfähigkeit sowohl in Umfang als auch Intensität und eine optimierte Erholung nach Belastungen. Mittelbar ergeben sich für Sportspieler weitere Vorteile: Durch die Verminderung der Ermüdung unter Spielbelastung rechnet man mit einer Verringerung technischer und taktischer Fehlleistungen und hoher Handlungs- und Reaktionsschnelligkeit auch gegen Spielende. Außerdem erhofft man sich eine Verminderung des Verletzungsrisikos durch Koordinationsverbesserung selbst unter Ermüdung. Für ausdauerschwache Spielsportler wird ein Grundlagenausdauertraining auch unmittelbar leistungsfördernd sein. Auf keinen Fall wird jedoch in Sportarten mit gemischtem Anforderungsprofil das Maximum der aeroben Leistungsfähigkeit angesteuert, damit nicht andere Leistungskomponenten überdeckt werden.

- Sogar Sportler in ausgesprochenen Nicht-Ausdauerdisziplinen mit großem Trainingspensum profitieren von einem erhöhten Grundlagenausdauerniveau durch eine Verbesserung ihrer Erholungsfähigkeit. Hier ist die Anwendung eines Grundlagenausdauertrainings jedoch nur so lange sinnvoll, als die eigentlichen Leistungskomponenten nicht beeinträchtigt werden. Deshalb sollten Nicht-Ausdauersportler ein Grundlagenausdauertraining im Jahresablauf dann platzieren, wenn keine Wettkämpfe bevorstehen.

Das **spezielle Ausdauertraining** baut auf dem allgemeinen und speziellen Grundlagenausdauertraining auf. Es bereitet einen Sportler durch Maßnahmen aus dem Entwicklungs- und Spitzenbereich unmittelbar auf einen Wettkampf vor. Trainingsinhalte und -intensitäten sind dem kommenden Wettkampf angepasst, besonders das Wettkampftempo wird eingeschliffen. Spezielles Ausdauertraining wird demnach in der formbringenden Trainingsphase und in der Vorwettkampfphase bevorzugt. Die folgenden Informationen zeigen grobe Richtlinien und Beispiele zur Gestaltung entsprechender Trainingseinheiten; dabei sind jeweils nur reine Belastungszeiten angegeben, Auf- und Abwärmübungen wie Ein- und Auslaufzeiten müssen ergänzt werden.

| Schnelligkeitsausdauer | |
|---|---|
| Voraussetzungen | gute Schnelligkeitsfähigkeiten |
| Inhalte | wettkampfnahe Sprintübungen in Überdistanz oder Serien |
| Methode | intensive Intervallmethode |

Tab. 16: Schnelligkeitsausdauer

Schnelligkeitsausdauertraining wird hauptsächlich von Sprintern und Langsprintern betrieben. Für Sportspieler ist es eher leistungseinschränkend, weil es zulasten der Antrittsschnelligkeit geht und Langsprints über mehr als 100 m im Sportspiel nicht vorkommen.

Beispiel

Sprinter
- Sprints über Distanzen, die 10–20 % über der Wettkampfstrecke liegen; dabei wird versucht, das Tempo möglichst hoch zu halten
- Tempowechselläufe (z. B. in der Form „Ins and Outs", d. h. auf der Stadionrunde schnell in die Kurve hinein, Freilaufen, schnell aus der Kurve hinaus)
- Sprint-Übungen in Verbindung mit der intensiven Intervallmethode

| Kurzzeitausdauer | |
| --- | --- |
| Voraussetzungen | neben Ausdauerparametern sehr gute Schnelligkeits- bzw. Kraftwerte |
| Inhalte | wettkampfnahe Übungen |
| Methode | intensive Intervallmethode, Wiederholungsmethode, Wettkampfmethode |
| Umfang | eine einzelne Belastung bei 40–75 % der Wettkampfstrecke, Summe aller Intervall-belastungen bei 200–500 % der Wettkampfstrecke |

Tab. 17: Kurzzeitausdauer

ispiel

800-m-Läufer
- 6×400 m im Wettkampftempo nach der Wiederholungsmethode
- 8×200 m im Wettkampftempo mit 2–3 Minuten Gehpausen nach der intensiven Intervallmethode
- Wettkampfmethode in Testwettkampfserien; in Testwettkämpfen bevorzugt man u. U. Strecken, die länger oder kürzer als die Spezialstrecke sind, um eine Aussage zu erhalten, ob eher Schnelligkeits- oder eher Ausdauerparameter weiter zu verbessern sind

| Mittelzeitausdauer | | |
| --- | --- | --- |
| Voraussetzungen | sehr gute anaerobe, sehr gute aerobe Fähigkeiten | |
| Inhalte | Dauerbelastungen oder extensive Intervallbelastungen für die aerobe Kapazität; intensive Intervalle oder Langsprints für die anaerobe Kapazität | |
| Methode | intensive Dauermethode, extensive Intervallmethode (aerob), intensive Intervallmethode, Wiederholungsmethode (anaerob) | |
| Umfang | intensive Dauermethode: | 20–50 Minuten |
| | extensive Intervallmethode: | 4–10×3–8 Minuten |
| | intensive Intervallmethode: | viele kurze Intervallbelastungen |
| | Wiederholungsmethode: | lange Belastungen im Wettkampftempo |

Tab. 18: Mittelzeitausdauer

spiele

Die sich anschließende Tabelle zeigt Trainingsbeispiele zur Mittelzeitausdauer aus dem Laufsport nach der extensiven Intervall- und Wiederholungsmethode. Die daraus ablesbaren großen Umfänge sind unter der extensiven Intervallmethode bei einem Trainingstempo an der anaeroben Schwelle zu gestalten (typisch: 8×1 000 m mit 3 Minuten Trabpause). Bei kleinen Umfängen wird mit der Wiederholungsmethode und einem Tempo oberhalb der anaeroben Schwelle gearbeitet (typisch: 600 m – 2 Minuten Trabpause – 600 m – 6 Minuten Gehpause – 600 m – 2 Minuten Trabpause – 600 m).

| Belastungsstrecke (m) | Anzahl der Läufe | Pausenlänge (min) | Pausengestaltung |
|---|---|---|---|
| 600 | 4–6 | 2–5 | Traben |
| 600 | 2×2–3 | 2 (Serienpause 5–10) | Traben (Serienpause: Gehen) |
| 1 000 | 4–10 | 3–5 | Traben |
| 2 000 | 3×2 | 2 (Serienpause 5–10) | Traben (Serienpause: Gehen) |

Tab. 19: Trainingsbeispiele zur Mittelzeitausdauer

| **Langzeitausdauer 1** | |
|---|---|
| Voraussetzungen | sehr gute aerobe Fähigkeiten (Kohlenhydratstoffwechsel), gute anaerob-laktazide Fähigkeiten |
| Inhalte | Dauerbelastungen, Tempowechselbelastungen, extensives Intervalltraining |
| Methode | intensive Dauermethode, extensive Intervallmethode, Fahrtspiel, Wiederholungsmethode (in der Reihenfolge der Häufigkeit ihres Einsatzes) |
| Umfang | intensive Dauermethode:     20–50 Minuten<br>extensive Intervallmethode:  4–10×3–8 Minuten<br>Fahrtspiel:                  nach Gefühl<br>Wiederholungsmethode:        2–3×2×3–6 Minuten |

Tab. 20: Langzeitausdauer 1

Entsprechende Trainingsübungen ähneln den zur Mittelzeitausdauer genannten. Jedoch wird der Anteil anaerober Übungen zugunsten von Trainingsformen an der anaeroben Schwelle zurückgefahren. Die sich dadurch ergebende Intensitätsminderung ermöglicht eine Umfangssteigerung.

| **Langzeitausdauer 2** | |
|---|---|
| Voraussetzungen | sehr gute aerobe Fähigkeiten (Kohlenhydrat- und Fettstoffwechsel) |
| Inhalte | Dauerbelastungen, Tempowechselbelastungen, extensives Intervalltraining |
| Methode | intensive Dauermethode, extensive Dauermethode, Fahrtspiel, extensive Intervallmethode, Testwettkämpfe auf kürzerer Distanz (in der Reihenfolge der Häufigkeit ihres Einsatzes) |
| Umfang | intensive Dauermethode:     20–50 Minuten<br>extensive Dauermethode:      90–150 Minuten Laufsport<br>                             bis etwa 4 h Radsport<br>variable Dauermethode:       nach Gefühl<br>extensive Intervallmethode:  Intervallbelastungen bis 15 Minuten |

Tab. 21: Langzeitausdauer 2

**Langzeitausdauer 3**

| Voraussetzungen | sehr gute aerobe Fähigkeiten (Kohlenhydrat- und besonders auch Fettstoffwechsel) | |
|---|---|---|
| Inhalte | Dauerbelastungen, Tempowechselbelastungen, extensives Intervalltraining | |
| Methode | extensive Dauermethode, intensive Dauermethode, Testwettkämpfe auf kürzerer Distanz, Fahrtspiel, extensive Intervallmethode (in der Reihenfolge der Häufigkeit ihres Einsatzes) | |
| Umfang | Extensive Dauermethode: | 90–180 min. Laufsport bis etwa 6 h Radsport |
| | Intensive Dauermethode: | 20–50 Minuten |
| | Variable Dauermethode: | nach Gefühl |
| | Extensive Intervallmethode: | Intervallbelastungen bis 15 Minuten |

Tab. 22: Langzeitausdauer 3

**Langzeitausdauer 4**

| Voraussetzungen | sehr gute aerobe Fähigkeiten |
|---|---|
| Inhalte | Dauerbelastungen |
| Methode | extensive Dauermethode |
| Umfang | 3–5 h Laufsport; 6–8 h Radsport |

Tab. 23: Langzeitausdauer 4

Das Training der Langzeitausdauer 4 wird dominiert durch lange Belastungen nach der extensiven Dauermethode, wobei Belastungen mit oder ohne Nahrungsaufnahme auf die zu erwartenden Extremsituationen hinführen. Der gesamte Trainingsumfang wird maximiert unter dem Vorbehalt, dass die psychische Belastungsfähigkeit und die Möglichkeiten des Binde- und Stützgewebes des Sportlers nicht überlastet sind.

## 9.5 Leistungstests

Ausdauerleistungstests sollen mit vergleichsweise geringem Aufwand Auskunft darüber geben, wo ein Sportler in seiner Leistung gerade einzuordnen ist. Es ist prinzipiell sinnvoll, solche Tests anzuwenden, denn ein Marathonläufer z. B. kann unmöglich seine Wettkampfdisziplin im Training auf voller Leistung absolvieren, wenn er danach im eigentlichen Wettkampf noch ein Ergebnis im Bereich seines persönlichen Maximums erhalten möchte. Allgemein kann und soll die absolute Spitzenleistung in der Regel aus physischen wie psychischen Gründen nur zu den Wettkampfzeiten angezielt werden, um ein Ausbrennen zu verhindern. Würde es den optimal aussagekräftigen Test geben, könnte man auf Wettkämpfe ganz verzichten und einfach nur die Test-Messergebnisse gegeneinander abwägen. Ganz abgesehen davon, dass ein solches Verfahren sportlich langweilig wäre, weiß man aber auch, dass es diesen optimalen Test zur Erfassung komplexer sportlicher Leistungen nicht gibt. Trotzdem verwendet man Tests gerne, um eine Leistungseinschätzung und Hinweise für eine Handlungsorientierung oder auch für die Motivation zu gewinnen.

### Laktattests

Der wissenschaftlichen Messung von Ausdauerleistungen im Labor liegt die Auswertung von Laktatstufentests zugrunde, die auf dem Laufband bzw. auf sportartspezifischen Ergometern absolviert werden.

Ein Laktatstufentest besteht aus einer Ausdauerbelastung, deren Intensität nach gleichen zeitlichen Abständen, den sogenannten Stufen, sprunghaft erhöht wird. Vor jeder Belastungserhöhung wird Blut abgenommen, dessen Laktatgehalt als Zeichen der individuellen Anstrengung gilt. Stellt man die Messwerte grafisch in einem Koordinatensystem dar, ergibt sich eine sogenannte Laktat-Leistungskurve, die den Zusammenhang zwischen Belastung und Laktatkonzentration zeigt. Im Einzelnen wird ein Laktatstufentest nach folgenden Gesichtspunkten organisiert:

- Man beginnt mit einer Belastung, die deutlich unterhalb der aeroben Schwelle liegt. Je nach Leistungsstand wird mit 50–150 Watt Ergometerbelastung bzw. 7–10 km/h Laufgeschwindigkeit begonnen.
- Auf einer Stufe, die drei Minuten oder länger dauert, bleibt das Tempo bzw. die Ergometerbelastung gleich.
- Die nächste Stufe bringt normalerweise auf einem Ergometer eine Belastungserhöhung um 50 Watt. Beim Laufen wird um 0,5 m/s (1,8 km/h) gesteigert.
- Die Belastung wird bis zu der Stufe, die den Probanden zur Erschöpfung führt, gesteigert.

Beispiel

Die Grafik in Abb. 40 zeigt das Beispiel zweier Laktatleistungskurven eines Sportlers vor und nach einem Ausdauertraining auf dem Rad:

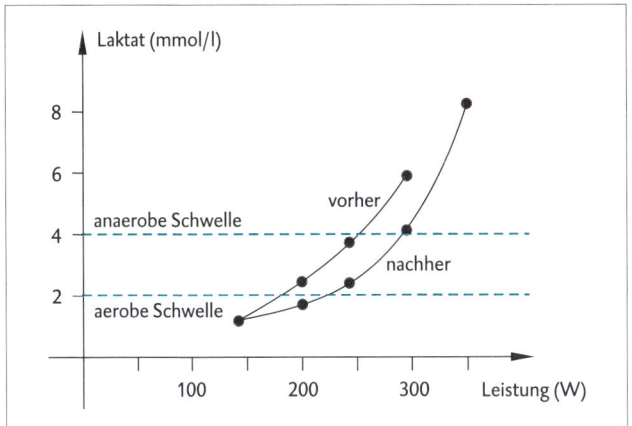

Abb. 40:
Laktatleistungs-
kurven

Laktatleistungskurven aufeinanderfolgender Untersuchungen erlauben eine **Interpretation** des Trainingserfolges des Sportlers:

- Rechtsverschiebung der Laktatleistungskurve besonders im unteren Kurvenbereich (bis etwa 3 mmol/l Laktat): aerobe Leistungsverbesserung
- Rechtsverschiebung der Laktatleistungskurve im mittleren Bereich (etwa bei 5–7 mmol/l Laktat): Erfolg intensiverer Trainingsabschnitte oder eines Kraftausdauertrainings
- Linksverschiebung der Laktatleistungskurve im gesamten Bereich: Verschlechterung der aeroben oder eine Verbesserung der anaeroben Kapazität. Man kann damit zu wenig umfangreiches oder auch für die optimale aerobe Leistungsentwicklung zu intensives Training erkennen.
- Erhöhung des Endpunktes der Laktatleistungskurve bzw. Zunahme der Steigung des Endabschnittes: Zunahme anaerober Fähigkeiten. Bei unerwünscht flachem Verlauf des Endabschnittes kann auf zu extensives Training geschlossen werden.

Ideales Trainingsergebnis vor einem angestrebten Leistungshöhepunkt ist eine Leistungsverbesserung in allen genannten Kategorien, also eine Rechtsverschiebung im unteren und mittleren Kurventeil verbunden mit einer höheren und steileren Endphase.

Erfasst man während eines Laktatstufentests auch laufend die Herzfrequenz, kann man das nachfolgende Training nicht nur über das Lauftempo, sondern auch über die Herzfrequenz steuern. Ein entsprechendes Messprotokoll stellt die Verbindung her.

## CONCONI-Test

Nach einer zehnminütigen Erwärmung durch langsames Laufen beginnt der eigentliche Test. Er besteht aus einem Lauf, dessen Tempo alle 200 Meter um 0,5 km/h zunimmt. Gut trainierte Läufer mit einer 10-km-Leistung deutlich unter 40 Minuten beginnen mit einer Geschwindigkeit von 12 km/h (200 m in 60 Sekunden) oder noch schneller, andere starten mit 10 km/h (200 m in 72 Sekunden). Unter Umständen kann und muss das Anfangstempo noch geringer sein. Alle 200 m wird die Herzfrequenz protokolliert. Die Einhaltung der vorgesehenen Geschwindigkeit wird alle 50 m von Helfern kontrolliert und gegebenenfalls korrigiert. Der Testlauf dauert, bis der Läufer erschöpft aufgibt.

| Weg (m) | v Soll (km/h) | v Ist (km/h) | t200 Soll (s) | t200 Ist (s) | Hf (1/min) |
|---|---|---|---|---|---|
| 200 | 12,0 | **11,9** | 60,0 | **60,3** | 146 |
| 400 | 12,5 | **12,6** | 57,6 | **57,2** | 155 |
| 600 | 13,0 | **13,1** | 55,4 | **55,1** | 161 |
| 800 | 13,5 | **13,6** | 53,3 | **53,0** | 166 |
| 1 000 | 14,0 | **13,9** | 51,4 | **51,7** | 169 |
| 1 200 | 14,5 | **14,4** | 49,7 | **50,0** | 174 |
| 1 400 | 15,0 | **15,0** | 48,0 | **48,1** | 175 |
| 1 600 | 15,5 | **15,6** | 46,5 | **46,3** | 179 |
| 1 800 | 16,0 | **16,0** | 45,0 | **45,0** | 180 |
| 2 000 | 16,5 | **16,5** | 43,6 | **43,6** | 181 |
| 2 200 | 17,0 | **17,0** | 42,4 | **42,3** | 182 |
| 2 400 | 17,5 | **17,7** | 41,1 | **40,7** | 184 |
| 2 600 | 18,0 | **18,0** | 40,0 | **40,1** | 186 |
| 2 800 | 18,5 | **19,0** | 38,9 | **37,9** | 188 |
| 3 000 | 19,0 | – | 37,9 | – | – |

Tab. 24: Protokoll eines CONCONI-Stufentests

Die Messwerte zur Geschwindigkeit (v) und Herzfrequenz (Hf) werden grafisch erfasst:

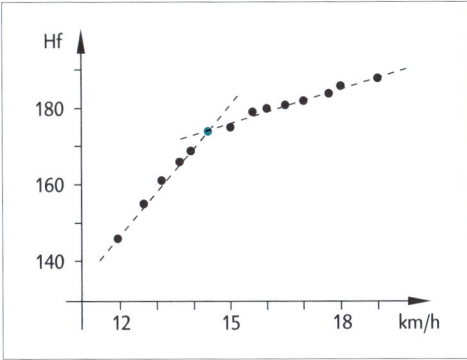

Abb. 41: Messwerte zur Geschwindigkeit
und Herzfrequenz bei einem CONCONI-Test

Es fällt auf, dass sowohl im unteren als auch im oberen Geschwindigkeitsbereich die Messpunkte ungefähr auf je einer Geraden zu liegen scheinen. Der Punkt, an dem sich die beiden fiktiven Geraden schneiden, nennt man **Deflektionspunkt** (Umschlagpunkt) oder CONCONI-**Schwelle**. Die am Deflektionspunkt vorliegende Geschwindigkeit $v_d$ *(velocity deflection)* und der entsprechende Puls $p_d$ *(pulse deflection)* werden ermittelt und zur Leistungsdiagnose bzw. zur Trainingssteuerung verwendet. In dem angeführten Beispiel liegt die Deflektions-Geschwindigkeit $v_d$ = 14,4 km/h bei einem Deflektions-Puls von 174 Schlägen/min.

Anhand der Lage des Deflektionspunktes lässt sich das Ausdauerleistungsvermögen der Testperson beurteilen:

• Je weiter rechts der Deflektionspunkt liegt, desto besser ist die aerobe Leistungsfähigkeit der Testperson.
• Je mehr Strecke jenseits des Deflektionspunktes noch absolviert werden kann, desto besser ist die anaerobe Leistungsfähigkeit.

Im vier- bis sechswöchigen Abstand vorgenommene CONCONI-Tests lassen sich weiter vergleichen:

• Eine Rechtsverschiebung der Geraden deutet auf eine Verbesserung der aeroben Ausdauerleistungsfähigkeit hin, eine Linksverschiebung auf eine Verschlechterung.
• Wird die Kurve flacher, hat sich die Grundlagenausdauer verbessert.
• Steigt bei einem Nachfolgetest die Kurve bei gleichem Puls nach dem Deflektionspunkt steiler an als bei einem Vorgängertest, dann schließt man auf eine Verbesserung anaerober Fähigkeiten.

Im Vergleich zu laktatorientierten Messverfahren stellt man fest:

- Die Ermittlung der CONCONI-Schwelle gelingt nicht immer und ist weniger exakt, weshalb die Ergebnisse mit größerer Vorsicht in die Trainingsplanung zu integrieren sind.
- Beide Verfahren haben ihre Stärke in der Leistungsdiagnostik, ihre Schwäche in der Anwendung auf die Leistungssteuerung.
- Der CONCONI-Test ist ökonomischer, daher also z. B. auch im schulischen Sportunterricht durchführbar.

## COOPER-Test

Die Wettkampfleistung selbst ist das zuverlässigste Instrument zur Trainingssteuerung, vorausgesetzt, der Trainer kennt den Sportler so gut, dass er beurteilen kann, wie hoch der Sportler prozentual zur Wettkampfleistung belastet werden darf, um optimale weitere Ergebnisse zu erzielen.

Dass das Training nicht komplett nach Wettkampfleistungen ausgerichtet werden kann, liegt daran, dass Ausdauerwettkämpfe besonders im Ultra-Langstreckenbereich den Sportler so stark auszehren können, dass er danach eine Erholung benötigt. Nach der Regenerationsphase hat eine Steuerung nach „alten" Wettkampfleistungen keinen Sinn mehr.

Ein wettkampfähnlicher Test, der oft propagiert worden ist, ist der COOPER-Test, der verlangt, bei einem Lauf über 12 Minuten eine möglichst weite Strecke zurückzulegen. Er ist hinsichtlich der aeroben Ausdauerfähigkeit nur für geringer Ausdauertrainierte oder Untrainierte aussagekräftig; trainierte Läufer erzeugen in diesem Zeitrahmen einen zu großen Teil der benötigten Energie anaerob. Die folgenden Leistungsklassifizierungen betreffen daher in Hinblick auf Ausdauerleistungssport nur gering Trainierte (Alter < 30 Jahre), für die das im Test gelaufene mittlere Tempo etwa mit der Geschwindigkeit an der anaeroben Schwelle identifiziert werden kann.

| Bewertung | ♀ | ♂ |
|---|---|---|
| sehr gut | > 2 600 | > 2 800 |
| gut | 2 150–2 600 | 2 400–2 800 |
| mittel | 1 850–2 150 | 2 000–2 400 |
| schlecht | 1 550–1 850 | 1 600–2 000 |
| sehr schlecht | < 1 550 | < 1 600 |

Tab. 25: COOPER-Test für Personen unter 30 Jahren

## 9.6 Trainingsplanung

Bei der längerfristigen Trainingsplanung muss angemessen zwischen Ruhe- und Trainingseinheiten abgewechselt werden. Die Gestaltung der Trainings-Ruhe-Rhythmik hängt nicht nur vom Anspruch und der verfügbaren Zeit des Sportlers ab, sondern insbesondere auch von seinem Trainingszustand und seinem Trainingsalter ab. Ein Anfänger sollte also niemals im Leistungsbereich einsteigen.

spiel

Die folgenden Grafiken zeigen eine Trainingsübersicht, bei der ein 2–3 : 1 Rhythmus konsequent durchgehalten wird, wobei jeweils die Säulenhöhe Anhaltspunkte für die Belastungsgröße gibt:

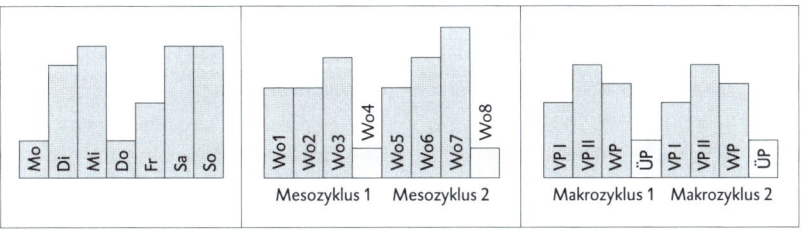

Abb. 42: Mikrozyklus        Abb. 43: Mesozyklus        Abb. 44: Makrozyklus

Eingebettet in einen Jahrestrainingsplan ergibt sich für einen Langstrecken-läufer folgende Gestaltungsmöglichkeit mit Ziel von Marathonwettkämpfen im Frühjahr und im Herbst:

| Zyklus | Frühjahrsmakrozyklus | | | | | | | Herbstmakrozyklus | | | | |
|---|---|---|---|---|---|---|---|---|---|---|---|---|
| Monat | Nov | Dez | Jan | Feb | Mär | Apr | Mai | Jun | Jul | Aug | Sep | Okt |
| Periode | ÜP | VP I | | VP II | | WP | | ÜP | VP I | VP II | WP | |
| Wochen | 4 | 12 | | 10 | | 6 | | 3 | 6 | 5 | 6 | |
| Intensität Inhalte | KB | GA 1 (mehrere Sportarten) | | GA 1, GA 2 (Laufen) | | GA1, EB, SB (Laufen) | | KB | GA 1 (mehrere Sportarten) | GA 1, GA 2 (Laufen) | GA1, EB, SB (Laufen) | |
| Ziele | Erho-len | allg. Voraus-setzungen verbessern | | spez.Voraus-setzungen verbessern | | Wettkampf-form | | Erho-len | Stabilisieren | | Wettkampf-form | |

Tab. 26: Jahresplan für einen Marathonwettkampf

Mögliche konkrete Ausprägungen des Marathontrainings:

| | VP I | VP II | WP (Trainings-woche) | WP (Wett-kampfwoche) | WP (Erholungs-woche) |
|---|---|---|---|---|---|
| **Mo** | KB | KB | KB | Laufen GA 1-2 | KB |
| **Di** | Laufen GA 1-2 | Laufen GA2 | Laufen EB/SB | Laufen EB/SB | Ausdauer GA1* |
| **Mi** | Ausdauer GA1* | Ausdauer GA1-2* | Laufen GA1 | Laufen GA1 | Laufen GA1 |
| **Do** | Laufen GA1 | Laufen EB/SB | Laufen GA2 | wenig Laufen GA1-2 | Ausdauer GA1* |
| **Fr** | KB | KB | KB | KB | KB |
| **Sa** | Ausdauer GA1-2* | Laufen GA1-2* | Laufen GA1 | wenig Laufen GA 1 | Laufen GA1-2 |
| **So** | Laufen GA1 | Laufen GA1 | Ausdauer GA1-2* | Wettkampf | Ausdauer GA1 |

\* Inhalte in anderen Ausdauerdisziplinen (z. B. Rad fahren, Ausdauer-Fitnessgeräte, Skilanglauf)

Tab. 27: Ausprägungen eines Jahresplans für einen Marathonwettkampf

Zum Vergleich nun ein Trainingsplan für Hobby-Radsportler mit einigen Jahren Radsport-Erfahrung, die wöchentlich bis zu 11 Stunden für die Vorbereitung eines Rennrad-Marathons aufbringen wollen und können. Ein Radmarathon umfasst Streckenlängen von mindestens 200 km und führt je nach Möglichkeiten des Veranstaltungsortes häufig durch hügeliges oder bergiges Gelände. Der Ausführung dieses Plans muss ein Vorbereitungstraining vorangegangen sein. Im Unterschied zur Betrachtungsweise der obigen Trainingspläne zum Laufen wird nun vom fertigen Plan zum Prinzip des Planes hin analysiert.

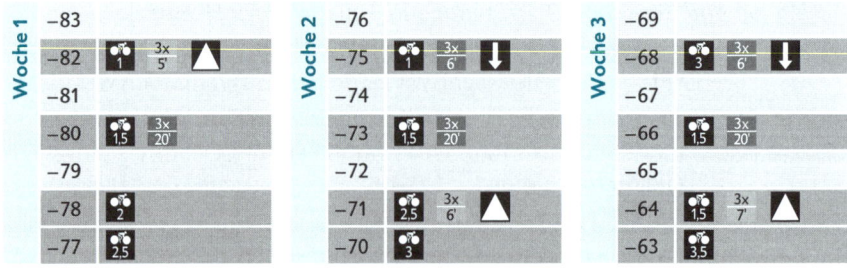

**Woche 4**
-62
-61
-60
-59
-58
-57
-56

**Woche 5**
-55
-54
-53
-52
-51
-50
-49

**Woche 6**
-48
-47
-46
-45
-44
-43
-42

**Woche 7**
-41
-40
-39
-38
-37
-36
-35

**Woche 8**
-34
-33
-32
-31
-30
-29
-28

**Woche 9**
-27
-26
-25
-24
-23
-22
-21

**Woche 10**
-20
-19
-18
-17
-16
-15
-14

**Woche 11**
-13
-12
-11
-10
-9
-8
-7

**Woche 12**
-6
-5
-4
-3
-2
-1
RENNEN

Gesamt-Trainingsdauer in Stunden bzw. Minuten (hier: eine Stunde)

**INTERVALLTRAINING**
Dafür empfiehlt sich die Wiederholungsmethode: In den Pausen sollte sich der Körper vollständig erholen – Anhaltspunkt ist ein Puls von etwa 110.

**Intervalle GA2** Längere Tempoeinlagen und Kraftausdauer werden im GA2-Bereich trainiert (hier: dreimal 20 Minuten).

**Intervalle EB** Training im Entwicklungsbereich hebt die anaerobe Schwelle (ANS) (hier: zweimal zehn Minuten).

**Intervalle oberer EB** Intensive Intervalle. Das subjektive Belastungsgefühl ist höher als bei EB-Intervallen (hier: dreimal 3 Minuten).

**RADSPEZIFISCHES TRAINING**

**Frequenzorientiert** Kleine Gänge mit einer Trittfrequenz von 100 bis 120 Umdrehungen pro Minute.

**Kraftorientiert** Intervalle mit niedriger Trittfrequenz (ideal 50, max. 70 Umdrehungen pro Minute) an der Grenze GA2/EB.

**Bergtraining** Bergfahrten in Oberlenkerhaltung oder im Wiegetritt.

**Leistungstest** Idealer Zeitpunkt für einen Leistungstest am Berg über acht Minuten (MP8) oder länger.

**Lesebeispiel**

Eine Stunde Training; davon drei zehnminütige Intervalle im Entwicklungsbereich am Berg mit hoher Trittfrequenz.

**Stretching** Dehnübungen sollten auf jede Trainingseinheit folgen. Stretching ist deshalb im TOUR-Plan nicht jedes Mal extra ausgewiesen.

Tab. 28: Trainingsplan für Hobby-Radsportler

Ein Radmarathon in hügeliger Umgebung hat zwei wesentliche Leistungskomponenten, die Streckenlänge und das Geländeprofil. Insofern muss der Trainingsplan insbesondere hinsichtlich der Umfänge als auch der Intensitätsanforderungen analysiert werden. Der Aufbau des Plans hinsichtlich des Umfangs ist eindeutig 3 : 1 strukturiert, wie man auch der folgenden grafischen Darstellung (Abb. 45) der Wochentrainingsstunden besonders im Verlauf der ersten acht Wochen entnehmen kann. Die Woche 9 ist noch einmal besonders umfangsbetont gestaltet, während dann danach, beginnend mit Woche 10, besonders aber in den Wochen 11 und 12, im Rahmen der unmittelbaren Wettkampfvorbereitung das Thema „Erholung von großen Umfängen" vorrangig wird.

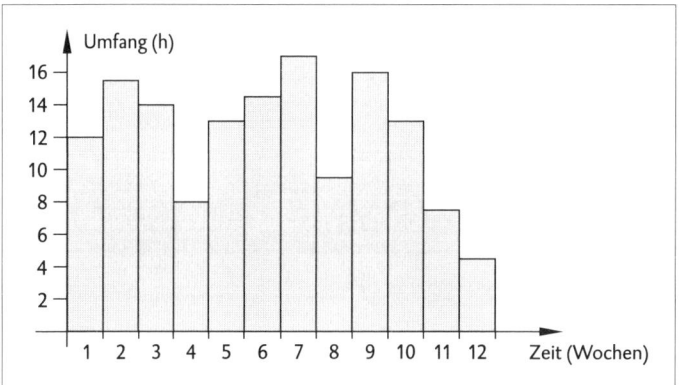

Abb. 45: Umfänge in Vorbereitung auf einen Radmarathon

Der Gipfel der Intensivbelastungen wird typischerweise später als der Gipfel der umfänglichen Belastungen erreicht. Die Wochen 10 und 11 sehen mit jeweils insgesamt einer knappen halben Stunde SB-Training die härtesten Spitzen vor, die allerdings langfristig vorbereitet sind. In den ersten 8 Wochen wird im Rahmen der 3 : 1-Anlage des Trainings auch mit GA2 und EB-Belastungen die Grundlage für den längerfristigen Aufenthalt in größeren Belastungsbereichen gelegt, wobei der Spitzenbereich auch schon leise angedeutet wird. Die beiden Wochen 7 und 11 legen dann die entscheidende Grundlage für die Teilnahme an der Zielveranstaltung: Woche 7 bildet den Umfangshöhepunkt, versehen auch mit vielen mittelhohen Belastungen (GA2); in Woche 9 wird das Umfangsthema noch einmal aufgegriffen, die mittelhohen Belastungen weichen aber einer vermehrten Belastung an der anaeroben Schwelle (EB); also kommt hier zum großen Umfang noch vermehrt Härte hinzu. Die Woche 10 bietet die insgesamt meisten härteren Belastungen, wobei im Intensitäts-Spitzenbereich auch in Woche 11 noch nicht nachgelassen wird. Bemerkenswert ist hinsichtlich der Belastungsgestaltung auch, dass die „große Bergwoche", in der vier von fünf Ausfahrten in bergiges Gelände führen sollen, schon in Woche 6 platziert ist; Grund mag der neben der starken körperlichen Anstrengung verstärkte psychische Aufwand sein, denn psychische Belastungen nehmen unter Umständen mehr Erholungszeit in Anspruch als physische. Insofern erkennt man sehr genau, dass hier in klassischer Form der Leistungsgipfel angesteuert wird, mit zunächst einer Phase der Umfangssteigerung im unteren und mittleren Intensitätsbereich, der schließlich bei nachlassendem Umfang, aber doch noch überlappend, die Phase der Intensivbelastungen nachgeschaltet wird. Typisch für lange Ausdauer-Herausforderungen ist hier auch die Vorwettkampfphase in den beiden letzten Wochen mit stark nachlassenden Umfangsbelastungen und einer letzten Woche, in der vier Tage vor dem Tag X noch eine zählbare, aber nicht erschöpfende Trainingsbelastung steht, gefolgt von zwei Tagen Erholungspause und einer kleinen Vorwettkampf-Belastung am Tag vor dem Wettkampf, die den Körper kurz antippt, um ihn auf die Belastung einzustimmen. Kürzere Ausdauerdisziplinen werden ähnlich angesteuert, die Fristen werden aber kürzer gewählt.

## Zusammenfassung

**Ausdauer** ist sowohl die Fähigkeit eines Sportlers, unter andauernder Belastung einer **Ermüdung widerstehen** zu können, als auch die Fähigkeit, sich nach Belastungen zügig zu **regenerieren**.

- Je nach Länge der Ausdauerleistungen sind andere Energiegewinnungswege dominierend. Somit können grob **aerobe** und **anaerobe Ausdauerleistungen** unterschieden werden.
- Ausdauertraining führt zu **Anpassungen des Organismus**, wie zur Ausbildung eines Sportherzens, zu verbesserter Kapillarisierung und zu Veränderungen des Blutes und der Muskulatur.
- Entsprechend der **Länge einer Ausdauerleistung** wird zwischen Schnelligkeitsausdauer, Kurzzeitausdauer, Mittelzeitausdauer und Langzeitausdauer (I, II, III, IV) unterschieden.
- Für das Training der Ausdauer sind je nach **Zielsetzung** vier Bereiche anzusetzen, der Kompensationsbereich (Erholung), der Grundlagenbereich (Ausdauerbasis), der Entwicklungsbereich (Erarbeitung neuer Komponenten) und der Spitzenbereich (Grenze der Leistungsfähigkeit).

- Zu den typischen **Methoden** des Ausdauertrainings zählen die Dauermethoden, Intervallmethoden, Wiederholungsmethoden und die Wettkampfmethode.
- Die Ausdauerleistung kann mithilfe verschiedener **Tests**, wie einem Laktat-Test, dem CONCONI-Test oder dem COOPER-Test, geprüft werden.

Aufgaben

### 31. Kohlenhydrataufnahme im Ausdauerwettkampf

Fette liefern wesentlich mehr Energie als Kohlenhydrate. Wieso sollten trotzdem auch Langzeitausdauersportler darauf achten, im Wettkampf genügend Kohlenhydrate zu sich zu nehmen?

### 32. Aerober und anaerober Stoffwechsel in Ausdauerdisziplinen

Warum wird der anaerobe Stoffwechsel von Marathonläufern selbst im Wettkampf so gut wie nicht in Anspruch genommen? Warum nehmen dagegen Ausdauerathleten auf kürzeren Strecken, wie z. B. dem 800-m-Lauf den anaeroben Stoffwechsel ausführlich in Anspruch, obwohl man sagt, er sei unökonomisch?

### 33. Aerober und anaerober Stoffwechsel aus heutiger und früherer Sicht

In früheren Jahren gliederte man das Ausdauertraining aus der Sicht des Stoffwechsels lediglich in zwei Formen, aerobe und anaerobe Belastung. Inwieweit hat diese Gliederung auch heute noch ihre Daseinsberechtigung? Wie hat man sie verfeinert?

### 34. Ermittlung von Trainingsbereichen

Ein Läufer hat einen Maximalpuls von 186 Schlägen und eine 10-km-Bestzeit von 37 : 00 Minuten. Geben Sie Richtlinien für die Trainingsbereiche GA1, GA1/2 und GA2 anhand eines puls- und eines geschwindigkeitsorientierten Lauftrainings an.

### 35. Analyse eines Marathontrainings

Die Übersicht zeigt einen Trainingsplan mit dem Ziel Marathonlauf für einen vorher schon lange im Training stehenden Sportler mit einer Zielzeit zwischen 3 : 15 h und 3 : 30 h. Analysieren Sie den Plan. Legen Sie dabei besonderen Wert auf die unmittelbare Wettkampfvorbereitung mit den Phasen „Peaking" (die letzte besonders große Anstrengungsphase des Trainings, die den entscheidenden Leistungsschub auslösen soll) und „Tapering" (die sich daran notwendig anschließende Erholungsphase).

| | | |
|---|---|---|
| **Woche 1** | Mo | 40 min ruhiger DL |
| | Di | 30 min Crosstraining (Kraft, Schwimmen, Radfahren etc.) |
| | Mi | 40 min ruhiger DL, anschließend 5 Steigerungen |
| | Do | Tempoläufe: 3 km Einlaufen, 7×800 m in 3:15–3:30 min, 3 min Trabpause), 3 km Auslaufen |
| | Fr | 40 min ruhiger DL |
| | Sa | |
| | So | 25 km langsamer DL; vorsichtig beginnen! |

| | | |
|---|---|---|
| **Woche 2** | Mo | 40 min ruhiger DL |
| | Di | |
| | Mi | Tempoläufe: 3 km Einlaufen, 8×800 m in jeweils 3:15–3:30 min (Trabpause 3 min), 3 km Auslaufen |
| | Do | 50 min ruhiger DL |
| | Fr | 30 min Crosstraining (Kraft, Schwimmen, Radfahren etc.) |
| | Sa | 40 min lockerer DL, anschließend 3 Steigerungen |
| | So | 25 km langsamer DL, anschließend 3 Steigerungen |

| | | |
|---|---|---|
| **Woche 3** | Mo | 40 min ruhiger DL |
| | Di | 30 min Crosstraining (Kraft, Schwimmen, Radfahren etc.) |
| | Mi | 70 min lockerer DL |
| | Do | |
| | Fr | 2 km Einlaufen, 10 km Fahrtspiel (d. h. wechselndes Tempo nach Gefühl), 3 km Auslaufen |
| | Sa | 50 min ruhiger DL |
| | So | 28 km langsamer DL |

| | | |
|---|---|---|
| **Woche 4** | Mo | 40 min ruhiger DL |
| | Di | Tempoläufe: 2 km Einlaufen, 4×1600 m in 6:30–7:00 min (Trabpause 5 min), 2 km Auslaufen |
| | Mi | |
| | Do | 40 min lockerer DL |
| | Fr | 3 km Einlaufen, 8 km im geplanten Marathon-Renntempo, 4 km Auslaufen |
| | Sa | 30 min ruhiger DL |
| | So | 30 km langsamer DL (sehr vorsichtig beginnen!) |

| Woche 5 | Mo | 50 min ruhiger DL |
|---|---|---|
| | Di | Tempoläufe: 3 km Einlaufen, 10 × 400 m in 1:30–1:35 min (Trabpause 200 m), 3 km Auslaufen |
| | Mi | 50 min ruhiger DL |
| | Do | |
| | Fr | 3 km Einlaufen, 8 km im geplanten Marathon-Renntempo, 3 km Auslaufen |
| | Sa | 40 min ruhiger DL |
| | So | 30 km langsamer DL, anschließend 5 Steigerungen |

| Woche 6 | Mo | 40 min ruhiger DL |
|---|---|---|
| | Di | Tempoläufe: 3 km Einlaufen, 10 × 800 m in 3:15 min (Trabpause 3 min), 3 km Auslaufen |
| | Mi | 40 min ruhiger DL |
| | Do | |
| | Fr | 3 km Einlaufen, 10 km im Marathon-Renntempo, 3 km Auslaufen |
| | Sa | 40 min langsamer DL |
| | So | 32 km langsamer DL |

| Woche 7 | Mo | 30 min Schwimmen |
|---|---|---|
| | Di | 70 min ruhiger DL |
| | Mi | Tempoläufe: 3 km Einlaufen, 4 × 1600 m in 6:30 min (Trabpause 3:30 min), 3 km Auslaufen |
| | Do | 40 min lockerer DL |
| | Fr | 3 km Einlaufen, 10 km im Marathon-Renntempo, 3 km Auslaufen |
| | Sa | |
| | So | 32 km langsamer DL (Vorsicht: Sehr langsam beginnen. Nur zwei Tage nach dem Tempodauerlauf vom Freitag und mit zwei anstrengenden Trainingswochen in den Beinen fällt der lange Lauf nicht leicht.) |

| Woche 8 | Mo | 40 min ruhiger DL |
|---|---|---|
| | Di | Tempoläufe: 3 km Einlaufen, 10 × 400 m in 1:30–1:35 min (Trabpause 1 1/2 min) 3 km Auslaufen |
| | Mi | 22 km langsam (sehr langsam!) |
| | Do | |
| | Fr | 40 min lockerer DL |
| | Sa | 40 min lockerer DL, anschließend 5 Steigerungen |
| | So | 10-km-Wettkampf mit Ein- und Auslaufen (Erwarten Sie keine Bestzeit, die zurückliegenden Wochen waren nicht „ohne".) |

| Woche 9 | Mo | 40 min ruhiger DL |
|---|---|---|
| | Di | 30 min lockerer DL |
| | Mi | Tempoläufe: 3 km Einlaufen, 800 m 3:15 min, 1600 m 6:30 min, 2400 m 9:50 min, 800 m 3:15 min (Trabpause 3 min, 4 min, 5 min), 3 km Auslaufen |
| | Do | |
| | Fr | 22 km langsamer DL |
| | Sa | 30 min langsamer DL |
| | So | |

| Woche 10 | Mo | 30 min lockerer DL |
|---|---|---|
| | Di | 2 km Einlaufen, 5 km im Marathon-Renntempo, 2 km Auslaufen |
| | Mi | |
| | Do | 20 min langsamer DL, 5 Steigerungen |
| | Fr | |
| | Sa | 15 min langsamer DL, 3 Steigerungen |
| | So | **MARATHON** |

Erläuterungen zu den Begriffen und Abkürzungen in dem Trainingsplan:
DL:             Dauerlauf
Langsamer DL:  Puls etwa 70–75 Prozent der maximalen Herzfrequenz
Ruhiger DL:    Puls etwa 75–80 Prozent der maximalen Herzfrequenz
Lockerer DL:   Puls etwa 80 Prozent der maximalen Herzfrequenz
Fahrtspiel:    Wechselndes Tempo über verschieden lange Teilstücke. Der Läufer bestimmt Tempo und Länge der Belastungen selbst
Renntempo:     Tempo, das Sie bei einem Wettkampf unter Normalbedingungen laufen können
Steigerungen:  Lauf über eine Strecke von 80 bis 100 Meter, bei dem das Tempo kontinuierlich vom Trab bis zum Sprint gesteigert wird

Tab. 29: Trainingsplan zur Vorbereitung auf einen Marathon

## 36. Wissenschaftliche Ausdauertests im Unterricht

Vergleichen Sie CONCONI-Tests und Laktat-Tests anhand der Testkriterien und diskutieren Sie, ob man sie sinnvoll im Unterricht der Schulen einsetzen kann.

# 10  Krafttraining

Kraft ist neben der Ausdauer die zweite bedeutende Säule des konditionellen Profils eines Sportlers.

> Unter **Kraft** versteht man im Sport die Fähigkeit des Menschen, mit der er **Widerstände** überwindet, sie im Gleichgewicht hält oder ihrer Schwerkraft entgegenwirkt.

Der Widerstand kann durch den eigenen Körper gebildet werden, aber auch als äußerer Widerstand auftreten.

## 10.1 Biologische Grundlagen

Kraft wird durch die Muskeln ausgeübt, die den Körper durchziehen. Die folgende Übersicht zeigt typische Bewegungen (allgemein und im Sport) sowie die beteiligten Muskeln.

| Bewegung | wesentlich beteiligte Muskeln | typische Bewegung | Bemerkungen |
|---|---|---|---|
| Rumpfaufrichten aus der Rückenlage mit gestrecktem Knie und zuvor gestreckter Hüfte | Gerader Bauchmuskel, Schräge Bauchmuskeln, Lenden-Darmbeinmuskel | Krafttraining: Sit-ups mit gestreckten Beinen, Beinheben mit gestreckten Beinen | Bei gestrecktem Knie und gestreckter Hüfte übernehmen die Hüftbeuger bei dieser Bauchmuskelübung einen großen Teil der Arbeit. |
| Rumpfaufrichten aus der Rückenlage mit gebeugtem Knie und zuvor gebeugter Hüfte | Gerader Bauchmuskel, Schräge Bauchmuskeln | Krafttraining: Crunches | Bei gebeugten Knien und gebeugter Hüfte wird die Arbeit der Hüftbeuger stark unterdrückt; die Bauchmuskulatur wird intensiver angesprochen. |
| Rumpfaufrichten aus der Bauchlage | Rückenstrecker, Breitester Rückenmuskel, Kapuzenmuskel, Großer Gesäßmuskel, Muskeln des hinteren Oberschenkels | Boden- und Gerätturnen: Bogengang rückwärts | Der Breiteste Rückenmuskel und der Kapuzenmuskel nehmen die Schulter zurück, der Gesäßmuskel und die hinteren Oberschenkelmuskeln überstrecken die Hüfte. |

| Bewegung | wesentlich beteiligte Muskeln | typische Bewegung | Bemerkungen |
|---|---|---|---|
| Rumpfbeugen seitwärts | Gerade Bauchmuskeln, Schräge Bauchmuskeln, Lenden-Darmbeinmuskel, Großer Brustmuskel, Rückenstrecker, Breitester Rückenmuskel, Kapuzenmuskel | Boden- und Gerätturnen: Rad | Die Seitbeugung entsteht durch links- bzw. rechtsseitigen Einsatz der beteiligten Muskeln. Der Brustmuskel zieht die Schulter nach unten, die Rückenmuskeln die Schulter zur Seite. |
| Rumpfdrehung zur Seite | Schräge Bauchmuskeln, Großer Brustmuskel, Sägemuskel, Kopfwender, Zwischenrippen-muskulatur/Rippenheber, Breitester Rückenmuskel, Kapuzenmuskel | Basketball: Drehdribbling | |
| Vorhochführen des Armes aus der Tiefhalte bis zur Waagerechten (Anteversion) | Deltamuskel | Gewichtheben | |
| Vorhochführen des Armes aus der Waagerechten bis zur Senkrechten (Elevation) | Deltamuskel, Sägemuskel, Kapuzenmuskel | Gewichtheben | Die Bewegung ist nur durch Drehung des Schulterblattes möglich (Säge-, Kapuzenmuskel). |
| aktives Senken des Armes aus der Senkrechten | Großer Brustmuskel, Oberarmtrizeps, Breitester Rückenmuskel | Gerätturnen: Schwungstemmen vorwärts an Reck und Barren Leichtathletik: Werfen Schwimmen: Zugphase beim Kraul | |
| Führung des Arms aus der Tiefhalte nach hinten (Retroversion) | Deltamuskel, und andere Schultermuskeln | Schwimmen: Ende der Druckphase beim Kraul (Hand verlässt das Wasser) | |
| seitliches Anheben des Armes aus der Tiefhalte (Abduktion) | Deltamuskel | Gewichtheben | |
| aktives Führen des Arms an den Rumpf aus der seitlichen Hochhalte (Adduktion) | Großer Brustmuskel, Oberarmtrizeps, u. a. | Gerätturnen: Stütz an den Ringen | Die beiden genannten Muskeln sind die Hauptausführenden; viele andere besorgen die notwendige Fixierung des Schulterbereiches. |

| Bewegung | wesentlich beteiligte Muskeln | typische Bewegung | Bemerkungen |
|---|---|---|---|
| Armbeugen im Ellenbogengelenk | Oberarmbizeps, tiefer Oberarmbeuger u. a. | Gerätturnen: Klimmzug | |
| Armstrecken im Ellenbogengelenk | Oberarmtrizeps | Leichtathletik: Kugelstoßen | |
| Hüftbeugung (Führung des Oberschenkels nach vorne-oben (Anteversion) | Gerader Oberschenkelmuskel, Lenden-Darmbeinmuskel, Oberschenkelbindenspanner, Schneidermuskel, Kleiner Gesäßmuskel, Kammmuskel | Leichtathletik: Absprung beim Weit- oder Hochsprung Sprint | |
| Hüftstreckung (aktive Führung aus der Hüftbeugung zurück in die Normalstellung) | Großer Gesäßmuskel, Großer Anzieher, Halbhäutiger Muskel, Halbsehniger Muskel, Mittlerer Gesäßmuskel, Oberschenkelbizeps | Gewichtheben: Aufstehen aus der Hocke Leichtathletik: Absprünge | |
| seitliches Anheben des Oberschenkels (Abduktion) | Mittlerer Gesäßmuskel, Gerader Oberschenkelmuskel u. a. | Eiskunstlauf: Pirouetteneinleitung und -auflösung | Die Abduktion ist besonders für die Körperstatik wichtig (Haltung der Hüfte beim Gehen/Laufen). |
| Heranführen des Oberschenkels von der Seite (Adduktion) | Muskeln der Adduktorengruppe, Großer Gesäßmuskel, Muskeln des hinteren Oberschenkels | Reiten: Halten auf dem Pferd Skifahren: Ski zusammenhalten | Die Adduktion ist zusammen mit der Abduktion besonders für die Körperstatik wichtig (Haltung der Hüfte beim Gehen und Laufen). |
| Streckung des Kniegelenks | Vierköpfiger Oberschenkelmuskel | Leichtathletik: Springen, Laufen (Abstoß vom Boden) | |
| Beugung des Kniegelenks | Halbhäutiger Muskel, Halbsehniger Muskel, Zweiköpfiger Oberschenkelmuskel | Leichtathletik: Laufen (Vorbringen des Schwungbeines) | |
| Senken der Zehenspitzen (Plantarflexion) | Zweiköpfiger Wadenmuskel, Schollenmuskel | Leichtathletik: Laufen, Springen | Andere Muskeln des Unterschenkels dienen der Kontrolle der korrekten Fußstellung beim Aufsetzen. |
| Heben der Zehenspitzen (Dorsalextension) | Vorderer Schienbeinmuskel, Langer Zehenstrecker u. a. | Skifahren: Heben der Skispitze | Das Heben der Zehenspitzen ist beim Gehen und Laufen zur Vermeidung des Stolperns wichtig. |

| Bewegung | wesentlich beteiligte Muskeln | typische Bewegung | Bemerkungen |
|---|---|---|---|
| Heben der Fußaußen-kante (Pronation) | Langer Wadenbein-muskel, Kurzer Wadenbein-muskel | Skifahren: Kanten-einsatz Gerätturnen: Ba-lance auf dem Schwebebalken | Die Pronation besorgt mit die Stellung des Fußes beim Gehen und Laufen. |
| Heben der Fußinnen-seite (Supination) | Zwillingswadenmuskel, Schollenmuskel, Schienbeinmuskeln, Zehenflexoren | Gerätturnen: Ba-lance auf dem Schwebebalken | Supination und Pronation sind die Teilbewegungen zur Fußstellung beim Gehen und Laufen. |

Tab. 30: Typische Bewegungen und die beteiligten Muskeln

Die isolierte Betrachtung von Einzelmuskeln ist im Sport nicht sehr ergiebig, weil bei nahezu allen sportlichen Bewegungen mehrere Muskeln zusammen-wirken. Diese Zusammenarbeit nennt man **intermuskuläre Koordination**. Entsprechend werden kooperierende Muskeln in Funktionsgruppen eingeord-net, wie Agonisten, Antagonisten und Synergisten.

> **Agonisten** und **Antagonisten** bilden Muskelpaare, wobei der Agonist eine bestimmte Bewegung fördert, der Antagonist diese Bewegung hemmt.
> Als **Synergisten** werden die Muskeln bezeichnet, die, in Funktionsgruppen integriert, ge-meinsam in eine Richtung wirken.

Ohne die sich ergänzende Arbeit von Agonisten und Antagonisten wären ko-ordinierte Bewegungen unmöglich, denn jede körperliche Bewegung lässt sich in eine oder mehrere durch Agonisten betriebene Beschleunigungs- und durch Antagonisten bewirkte Bremsphasen gliedern. Je nach Mischung der Kraft-anteile der jeweiligen Agonisten und Antagonisten resultiert aus der Muskel-arbeit eine schnelle oder langsame Beugung bzw. Streckung.

ispiele

Paare von Agonisten und Antagonisten:

- Armbeugung: *Musculus biceps brachii* und *musculus brachialis* auf der Armvorderseite wirken synergistisch als Agonisten, der *musculus tri-ceps brachii* auf der Armrückseite, der die Bewegung bremst, als Anta-gonist.
- Armstreckung: *Musculus triceps brachii* ist Agonist, der *musculus biceps brachii* Antagonist.
- Rumpfbeugung und -streckung: Rückenstrecker *(musculus erector spi-nae)* und gerade Bauchmuskulatur *(musculus rectus abdominis)*.

- Streckung und Beugung der Hüfte: Der Große Gesäßmuskel *(musculus glutaeus maximus)* richtet die Hüfte auf, der Lenden-Darmbeinmuskel *(musculus iliopsoas)* beugt sie.
- Beinstrecker *(musculus quadriceps femoris)* und Beinbeugemuskulatur *(musculus biceps femoris, musculus semimembranosus, musculus semitendinosus)* arbeiten an der Beugung und Streckung im Kniegelenk.
- Die Adduktoren des Oberschenkels werden besonders in Anspruch genommen, wenn etwa die gestreckten Beine aus einer Grätsch- in eine geschlossene Haltung geführt werden sollen; die Abduktoren sorgen für die Gegenbewegung. Gemeinsam sorgen sie für die Statik beim Stehen, Gehen und Laufen.
- Anziehen und Strecken des Fußes: Waden- und Schienbeinmuskulatur.

Es ist für Sportler aus mehreren Gründen wichtig, für ein kräftemäßig gut abgestimmtes Verhältnis von Agonisten und Antagonisten der sportlichen Bewegungen zu sorgen (**Muskelbalance**):

- Verbesserung der Körperstatik des Sportlers
- Optimalere Feinabstimmung von Bewegungen
- Schutz vor Verletzungen durch mangelnde Koordination und Vorbeugen von langfristigen Schäden

Mangelnde Abstimmung von Agonisten und Antagonisten führt mittel- oder langfristig zu orthopädischen Problemen. Bei nicht ausgeglichener Balance der agonistischen und der antagonistischen Muskulatur spricht man von **Muskeldysbalancen**. Diese treten bevorzugt dann auf, wenn ein Agonist übermäßig stark beansprucht wird, ohne dass dem Antagonisten genügend Aufmerksamkeit gewidmet wird. Wird einem durch Dysbalance stark beanspruchten Muskel zusätzlich noch wenig Erholung gegönnt, muss man z. B. damit rechnen, dass er sich chronisch schmerzhaft verkrampft.

Muskeldysbalancen treten bei Sportlern wie auch bei Nichtsportlern häufig auf. Ein Beispiel ist die Dysbalance in der Statik des Rumpfes im Lendenbereich, die zu „Kreuzschmerzen" führt. Bei dauerhafter Nichtbehandlung kann sie der entscheidende Grund für körperliche Schäden im Bereich der Wirbelsäule sein, die sich letztlich nur noch operativ behandeln lassen. Nicht umsonst gehört ein Programm „Rückenschule" zum Gesundheitsangebot der meisten Fitness-Studios.

Beispiele

Muskeldysbalancen im Lendenbereich werden im Wesentlichen ausgelöst durch Überanstrengung und nachfolgende Verkrampfung des geraden Rückenmuskels bei gleichzeitig schwacher Bauchmuskulatur. Die Ver-

krampfung des Rückenmuskels ist auf eine ungenügende Leistungsfähigkeit aufgrund von Bewegungsmangel zurückzuführen, rührt aber auch
daher, dass dieser Muskel durch seine Rolle als ständig aktiver Körper-
aufrichter leicht zur Verkrampfung neigt. Die Verkrampfung zeigt sich in
einer Verkürzung und nachfolgend in einer chronischen Stauchung des
unteren Rückens.

Gefördert wird dieser Zustand zusätzlich durch eine schwache Bauchmuskulatur, wie sie besonders bei Personen mit überwiegend sitzender
Lebensweise typisch ist. Dazu kommt im ungünstigen Fall eine Dysbalance der ebenfalls zur Verkrampfung neigenden Hüftbeuger und der zur
Abschwächung tendierenden Hüftstrecker in der Gesäßmuskulatur.

Alle Symptome zusammen ergänzen sich zu einer chronischen Kippung
des Beckens nach vorne, die zur Verbiegung der Lendenwirbelsäule nach
vorne führt (überstarke Lendenlordose).

Weiter verstärkt wird die Kippung des Beckens unter Umständen durch
Schuhe mit hohen Absätzen: Hier führt die Höherlagerung der Ferse bei
nicht ausreichender Fußgelenksbeweglichkeit dazu, dass die Knie beim
Gehen und Stehen nicht mehr ganz gestreckt werden können. Soll der
Oberkörper bei ständig leicht gebeugten Knien trotzdem senkrecht gehalten werden, muss eine verstärkte Lendenlordose für die aufrechte Haltung sorgen.

In der Regel arbeiten mehrere Muskeln als Agonisten einer Bewegung zusammen. Eine solche Gruppe heißt **Muskelschlinge**.

ispiel

Die Beinstreckschlinge ist für alle Lauf- und Sprungbewegungen von aus-
schlaggebender Bedeutung. Sie umfasst – ihrem Namen entsprechend –
diejenigen Muskeln, die für die Streckung des Beines etwa beim Laufen
oder Springen zusammenarbeiten: Die Gesäßmuskeln (Streckung der
Hüfte), die Beinstreckmuskulatur am vorderen Oberschenkel, die Wadenmuskulatur und die Fußsohlenmuskulatur. Die jeweiligen Antagonisten
sind nicht leistungsbestimmend, spielen aber in der Regulation der Bewegungen und der Verletzungsprophylaxe eine nicht zu unterschätzende
Rolle.

## 10.2 Anpassung

Kraftleistungen von Sportlern sind abhängig von
- dem Muskelquerschnitt, also der Dicke der Muskulatur,
- dem angeborenen Verhältnis von ST- und FT-Fasern in der Muskulatur,
- der neuromuskulären (intramuskulären) Koordinationsfähigkeit,
- der intermuskulären Koordinationsfähigkeit,
- der Energiebereitstellung,
- der Motivation und Willensstärke des Athleten,
- der Beherrschung der zur entsprechenden Übung gehörenden Technik.

Entsprechend sollen Maßnahmen im Krafttraining darauf zielen, auf diese Schwerpunkte Einfluss zu nehmen. Dabei kommt es physiologisch zu zwei Hauptwirkungen: Muskelhypertrophie und neuromuskuläre (intramuskuläre) Koordinationsverbesserung in der trainierten Muskulatur.

### Muskelhypertrophie und Muskelhyperplasie

> Unter **Hypertrophie** eines Muskels versteht man die Vergrößerung des Muskelquerschnitts durch Verdickung der Muskelfasern.
> Vergrößert sich der Muskelquerschnitt durch Vermehrung der Muskelfasern, spricht man von **Hyperplasie**.

Bei intensivem Krafttraining kommt es speziell bei den FT-Fasern (und hier besonders bei den FTG-Fasern, die zu einem Großteil zum Maximalkraftwert beitragen) zu einer Vergrößerung des Muskelquerschnitts. Diese setzt eine besondere Intensität des Baustoff-, also des Proteinstoffwechsels voraus, weil die wachsenden Strukturen aus Proteinen bestehen. Die besondere Anregung dieses Stoffwechselzweiges erklärt man auf zwei Arten:
- Nach der **Energiemangeltheorie** löst Krafttraining dann eine Hypertrophie aus, wenn bei wiederholten submaximalen Belastungen bis zur Erschöpfung ein Energiemangel ausgelöst wird, der in diesem Moment auch die Proteinsynthese im trainierten Muskel hemmt. Ist dieser Mangelzustand behoben, kommt es zu einer überschießenden Ankurbelung des Proteinstoffwechsels in diesem Bereich und damit zur Hypertrophie.
- Nach der **Protein-Katabolismus-Theorie** kommt eine Vergrößerung des Muskelquerschnitts dadurch zustande, dass während ausbelastender Krafttrainingsreize Myofibrillen zerstört werden, also ein Abbau (Katabolismus) von Proteingewebe stattfindet, der vom Körper durch einen verstärkten Aufbau (Anabolismus) beantwortet wird. Man geht im Detail davon aus, dass Myofibrillen bei dieser Zerstörung in Längsrichtung aufgerissen wer-

den und die beiden Reste anschließend zwei neue Myofibrillen ausbilden. In diesem Zusammenhang wird von Hyperplasie gesprochen, also der Neubildung von Muskelfasergewebe, nicht nur der Verstärkung des Bestandes.

Der klassische methodische Übungsablauf des Hypertrophie-Krafttrainings ist vergleichbar mit den Intervallmethoden des Ausdauertrainings. Es wird in Sätzen zu 8–12 Wiederholungen mit mittlerer bis hoher Intensität trainiert, die von lohnenden Pausen unterbrochen sind. Im Unterschied zum Ausdauertraining ist beim Krafttraining die Kontrollmöglichkeit über die Herzfrequenz aber nicht möglich.

## Neuromuskuläre Koordination

Die bei Anfängern schnell nachweisbaren Erfolge im Krafttraining sind im Wesentlichen auf eine Verbesserung der neuromuskulären Koordination zurückzuführen, da die Hypertrophievorgänge erst nach längerfristiger Beanspruchung in Gang kommen.

> **Neuromuskuläre (intramuskuläre) Koordinationsverbesserung** bedeutet, dass die Nerv-Muskel-Zusammenarbeit in der betreffenden motorischen Einheit verbessert wird. Insofern ist das Attribut „neuromuskulär" zutreffender, im Bereich der Trainingswissenschaft hat sich allerdings der Begriff „intramuskulär" etabliert. Die Mechanismen der Frequenzierung, Rekrutierung sowie Synchronisation bewirken eine verbesserte neuromuskuläre Koordination.

Neuromuskuläre Koordinationsverbesserung tritt aber auch bei fortgeschrittenen Sportlern auf. Intramuskuläres Koordinationstraining (IKT, auch IMKT) wird dann zum Trainingsziel erhoben, wenn entweder eine hohe Relativkraft gefragt ist, also wenn hohe Kraftleistungen bei vergleichsweise geringer Körpermasse erbracht werden sollen, oder wenn die vorhandene Muskelmasse in Phasen der sportartspezifischen Höchstform besonders stark mobilisiert werden soll.

Beispiel

- Verbesserung der Relativkraft: Diese ist das Ziel bei Sportlern wie Hochspringern, deren Kraftleistung darin besteht, ihr eigenes Körpergewicht zu überwinden. Sie sind also daran interessiert, eine hohe Kraftleistung in Verbindung mit einem niedrigen Körpergewicht zu erbringen.
- Optimale Mobilisation des Muskelpotenzials: Sportler wie Kugelstoßer oder Gewichtheber, deren Ziel es ist, einen körperfremden Widerstand zu überwinden, verwenden IKT in formbringenden Trainingsphasen.

Typisch für das intramuskuläre Koordinationstraining sind im Allgemeinen kurze maximale Krafteinsätze, die vergleichbar der Wiederholungsmethode mit großen Pausen organisiert werden.

## Stoffwechsel und Innervierung

Weitere Wirkungen eines Krafttrainings auf den Organismus sind die Vermehrung der Energiedepots und der Fermente des anaeroben Stoffwechsels und die Zunahme der Erregbarkeit und Erregungsleitgeschwindigkeit.

- Durch Krafttraining vergrößern sich im Muskel die Kohlenhydratspeicher (Glykogenspeicher) und die Kreatinphosphatspeicher. Unmittelbar leistungsfördernd ist die Steigerung der Vorräte an Kreatinphosphat um 20 – 75 %.
- Da bei Kraftbelastungen oberhalb 50 % der Maximalkraft die den Muskel versorgenden Blutgefäße durch den Druck der Muskulatur verschlossen sind, muss die Energiebereitstellung für größere Kraftleistungen anaerob erfolgen. Demnach verbessern sich die Fähigkeiten des anaeroben Stoffwechsels.
- Auf Kraft trainierte motorische Einheiten werden nach der Absolvierung eines Krafttrainingsprozesses leichter und schneller zur Tätigkeit angeregt als vorher.

## Intermuskuläre Koordination

Die Absolvierung von ausschließlich nicht sportartspezifischen Kraftübungen führt nicht unmittelbar zu einer Verbesserung in der betreffenden Sportart, weil die Krafteinsätze im Detail meist unterschiedlich koordiniert sind. So kann es sein, dass Einzelmuskeln unterschiedlich ihre Krafteinsätze erhalten, zu unterschiedlichen Zeiten ihr Kraftmaximum entfalten müssen oder dass in den Bewegungsphasen die Kombination von beteiligten Einzelmuskeln abweicht. Die Umsetzung eines erworbenen Kraftniveaus in die Sportart erfordert also ein begleitendes Koordinationstraining mit großer Nähe zur sportartspezifischen Technik und gelingt letztendlich nur dann zufriedenstellend, wenn die sportartspezifische Technik beherrscht ist. So ist z. B. der Versuch, allein über ein Kniebeuge-Training mit Gewichten die Hochsprungleistung zu verbessern, nicht Erfolg versprechend.

## 10.3 Formen der Kraft

Das **Ziel** des Krafttrainings ist je nach Sportart die Verbesserung der Maximalkraft, der Schnellkraft, der Reaktivkraft, der Kraftausdauer oder der Schnellkraftausdauer.

### Maximalkraft

> Unter **Maximalkraft** versteht man die größtmögliche, willkürlich auszulösende Kraft, die das Nerv-Muskel-System gegen einen Widerstand aufwenden kann.

Dahinter verbergen sich noch Reserven, die in natürlicher Umgebung nur im Falle stärkster Gefahr mobilisiert werden können. Die Leistungsmöglichkeit dieser Reserven bezeichnet man als **Kraftdefizit**. Es beträgt beim Leistungssportler, der durch besondere Leistungsfähigkeit und Motivation in den bei Normalpersonen verborgenen Reservebereich eindringen kann, noch etwa 10 %, bei Untrainierten etwa 30 %. Die Summe aus der Maximalkraft mit den Reservekräften nennt man **Absolutkraft**.

Um die Maximalkraft zu verbessern, wird das Training in folgenden beiden Stufen angelegt.
* Die individuell mögliche Maximalkraft wird zunächst durch Training zur **Erhöhung des Muskelquerschnitts** (Hypertrophietraining) angestrebt.
* An den Hypertrophieblock schließt sich **intramuskuläres Koordinationstraining** zur Optimierung des Systems Nerv–Muskel an.

Begleitet wird der Trainingsprozess durch Übungen mit dem Ziel einer verbesserten intermuskulären Koordination, also der Feinabstimmung der auf Kraft trainierten Muskeln. Die Energie für maximalkraftorientierte sportliche Leistungen wird durch die Vorräte an energiereichen Phosphaten geliefert, da die Zeitdauer einer maximal intensiven Anstrengung nur sehr kurz sein kann. Am Maximalkraftergebnis sind sowohl ST- als auch FT-Fasern beteiligt, wobei für die Leistungsfähigkeit entsprechend dem angeborenen Talent des Sportlers besonders der Anteil und das Entwicklungsniveau der FTG-Fasern ausschlaggebend sind. Eine typische Maximalkraftsportart ist der Kraftdreikampf.

### Schnellkraft

> **Schnellkraft** ist die Fähigkeit, Widerstände in kurzer Zeit, also mit hoher Geschwindigkeit zu überwinden.

Die Schnellkraft-Leistungsfähigkeit ist von vielfältigen Gegebenheiten und Trainingswirkungen abhängig:

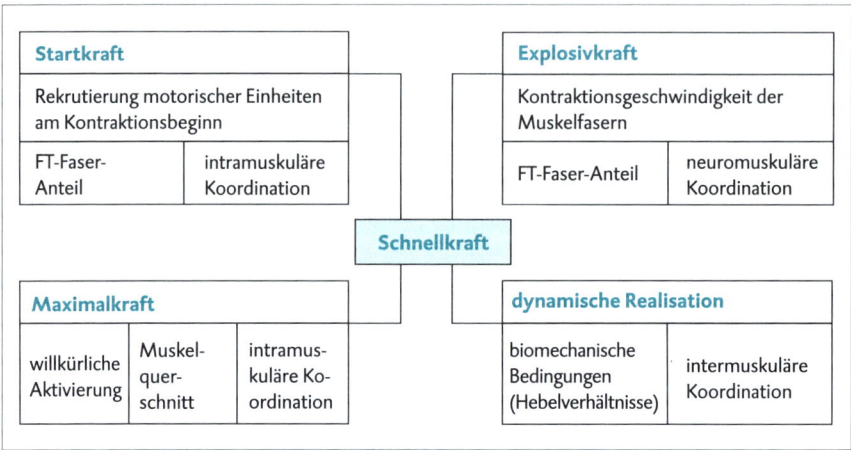

Abb. 46: Schnellkraft als komplexe Krafteigenschaft

Beispiele

- Ist der zu überwindende Widerstand relativ niedrig, wie bei den leichtathletischen Wurfdisziplinen, dominiert die Startkraft die Schnellkraftleistung.
- Soll der Widerstand des Körpergewichts überwunden werden, ist die Explosivkraft besonders schnellkraftförderlich.
- Bei schweren zusätzlichen Lasten (Gewichtheben) garantiert besonders die Maximalkraft den Erfolg der schnellkräftigen Übung.

Die Schnellkraftleistung hängt von folgenden Faktoren ab:
- Schnellkraftleistung ist mehr noch als die Maximalkraftleistung von der angeborenen **Faserverteilung** abhängig, also stark talentbedingt.
- Grundlagen für eine verbesserte Schnellkraft im Rahmen der persönlichen Veranlagung werden über eine Verbesserung der **Maximalkraft** gelegt, wobei der neuromuskulären Koordinationsverbesserung besondere Aufmerksamkeit zukommt.
- Dazu kommt ein umfassendes, durch schnellkräftige Bewegungen bestimmtes **Koordinationstraining** in der betreffenden Disziplin sowie reaktives Krafttraining.

Typische Schnellkraftsportler sind Springer und Werfer in der Leichtathletik oder Gewichtheber, wobei bei Letzteren ein deutlicher Akzent auf der Maximalkraft liegt.

## Reaktivkraft

**Reaktivkraft** tritt auf, wenn ein Muskel nach schlagartiger Dehnung kontrahiert.

Diese schnelle Kontraktion eines Muskels resultiert aus dem Dehnungs-Ver-
kürzungszyklus einer Muskelschlinge. Er umfasst also zunächst eine exzentrische Phase, bei der die betreffenden elastischen Muskeln und Sehnen gegen ihren Widerstand gedehnt werden und dabei vergleichbar einem gedehnten
Gummiband Energie speichern, die in der folgenden konzentrischen Phase bei
der Auflösung der Dehnung wieder frei werden kann, wodurch unter optimalen Bedingungen (nicht zu starke Dehnung, kurze Dehnungszeiten, günstige
Gelenkwinkel) die konzentrische Phase noch zusätzlich unterstützt wird.

Beispiele

- Beim Sprung aus erhöhter Lage auf den Boden mit nachfolgendem
  schnellen Absprung nach oben (Tiefsprung) findet die exzentrische
  Phase im Moment der Landung statt, wo die Beinstreckschlinge gegen
  ihre Spannung gedehnt wird, die konzentrische Phase beginnt ab dem
  tiefsten Punkt der Hocke, ab dem der Springer wieder nach oben beschleunigt.
- Ein Laufschritt weist in der Landephase eine exzentrische Dehnung besonders der Fußsohlen- und der Wadenmuskulatur auf, der von einer
  konzentrischen Phase beim Abstoß abgelöst wird. Besonders beim
  Sprint ist hierbei auch das Kriterium „kurze Bodenkontaktzeit" erfüllt.
- Sportliche Sprünge werden in aller Regel durch eine Auftaktbewegung
  (Amortisation) eingeleitet, wo die erforderliche Dehnung der dann
  konzentrischen Arbeitsmuskulatur stattfindet. Das gilt erst recht für
  Serien von Sprüngen, wo die Landephase des einen Sprungs bereits die
  Dehnungsphase für den nächsten bedeutet.
- Im Kleinen finden vergleichbare Muskelkontraktionen auch statt, wenn
  das Gleichgewicht gehalten werden muss, wie man an der Arbeit der
  den Fuß stellenden Muskulatur im Einbeinstand deutlich erkennt, wo
  bei einem drohenden Balanceverlust der haltende Muskel gedehnt
  wird, um darauf in einer schnellen Reaktion die Körperbalance wieder
  zu sichern.

Reaktive Krafteinsätze kommen also in jeder Sportart und im Alltag vor. Sie
haben eine besondere Bedeutung im Training der Schnellkraftsportarten.

## Kraftausdauer

**Kraftausdauer** ist die Ermüdungswiderstandsfähigkeit bei dauernden Kraftleistungen.

Kraftausdauerleistungen sind bei hohen Widerständen in erster Linie von der **Maximalkraft** und der Fähigkeit der anaerob-alaktaziden Energiebereitstellung abhängig, bei niedrigen Widerständen zunehmend von der **Ausdauerleistung**. Je geringer der Widerstand ist, desto wichtiger wird der Anteil der aeroben Energiebereitstellung für die Kraftausdauerleistung.

Das Training wird entsprechend ausgerichtet:
- Bei hohem Kraftanteil dominieren Mittel des Maximalkrafttrainings bei gesteigertem Umfang.
- Bei hohem Ausdaueranteil werden disziplinspezifische Übungen unter Zusatzbelastungen trainiert.

Beispiele

Sportarten mit deutlichem Kraftausdaueranteil sind: Rudern, Kanu- und Kajakfahren, Radfahren, Skilanglauf, Crosslauf oder Triathlon. Rudern, Kanu- oder Kajakfahren sind eher maximalkraftorientiert, weshalb in diesen Sportarten Maximalkrafttraining stattfindet. In den übrigen genannten Sportarten ist Maximalkrafttraining unüblich, einerseits wohl, um zu vermeiden, zusätzlich belastende Körpermasse durch Hypertrophie aufzubauen, andererseits, weil angesichts der langen Wettkampfzeiten die schnell ermüdende FT-Muskulatur nicht auftrainiert werden soll.

## Schnellkraftausdauer

Unter **Schnellkraftausdauer** versteht man die Ermüdungswiderstandsfähigkeit gegen unregelmäßig wiederkehrende kurze, schnellkräftige Bewegungen.

Die Schnellkraftausdauerleistung ist abhängig von der **Schnellkraftentwicklung** des Sportlers und der anaerob-alaktaziden und der aeroben Leistungsfähigkeit. Die anaerob-alaktazide Stoffwechselkomponente garantiert den Einsatz der energiereichen Phosphate für kurzzeitige hochintensive Schnellkrafteinsätze, die aerobe Leistungsfähigkeit die schnelle Erholung.

Beispiele

Typische Schnellkraftausdauersportarten sind die Sportspiele Handball, Fußball, Volleyball, Basketball.

## 10.4 Methoden

Zu den speziellen Methoden des Krafttrainings zählen insbesondere das statische (isometrische) sowie das dynamische (auxotonische) Krafttraining.

### Statisches (isometrisches) Krafttraining

> **Statisches Krafttraining** beinhaltet Kraftaufwendungen gegen unbewegliche Widerstände, wobei die **Länge des Muskels gleich** bleibt (isometrisch).

In einer Belastungsphase von 5–12 Sekunden (je nach Grad der Anspannung) wird Druck auf einen unbeweglichen Widerstand ausgeübt, ohne dass der Gelenkwinkel verändert wird. Diese Belastung wird, von halb- bis einminütigen Pausen unterbrochen, drei- bis fünfmal durchgeführt. Nach einer Serienpause von etwa 2 Minuten wird zur nächsten Gelenkwinkelstellung oder zu einer anderen Muskelgruppe übergegangen.

Da bei isometrischem Krafttraining die Anspannzeiten der Muskulatur in geringer Zeit hoch sind und dadurch die anaerob-laktazide Energiebereitstellung durch energiereiche Phosphate stark beansprucht wird, kommt es durch statische Kraftübungen bei geringem Trainingsaufwand schnell zu einem Zuwachs der Maximalkraft durch **Hypertrophie**. Außerdem können die Muskeln in beliebigen Winkelstellungen der Gelenke gezielt angesprochen werden.

Für Sportler, die Kraft in der Bewegung benötigen, ist das isometrische Krafttraining nur dann geeignet, wenn – wie beim Abfahrtsskilauf – die Sportart einen hohen Anteil an isometrischer Muskelspannung erfordert. In solchen Fällen kann auch isometrische Muskelanspannung über die Dauer von mehreren Minuten im Sinne einer statischen Kraftausdauer sinnvoll in das Training integriert werden.

Für die dynamische Kraftentwicklung allgemein, besonders aber für die Entwicklung von Schnellkraft-Eigenschaften, ist statisches Krafttraining wenig geeignet, weil statische Übungen so gut wie keinen Einfluss auf die Entwicklung der intermuskulären Koordination der Sportarten aufweisen.

Eine sinnvolle Anwendung findet das isometrische Training, wenn besondere muskuläre Defizite schnell aufzuarbeiten sind. Daher spielt es eine Rolle in der **Rehabilitation** und bei der **Prophylaxe von Verletzungen**. In diesen Fällen haben isometrische Übungen zudem den Vorteil, dass um eventuell vorhandene Schmerzpunkte bei Bewegungen „herumtrainiert" und dadurch die Muskulatur auch an verletzten Körperteilen weitgehend erhalten werden kann. Im Verlauf einer Rehabilitationsmaßnahme muss jedoch darauf geachtet werden, dass frühestmöglich koordinative Übungen das statische Krafttraining ergänzen.

Die Übungsauswahl ist im statischen Krafttraining denkbar einfach: Da sowieso durch statisches Krafttraining keine koordinativen Trainingseffekte erzielt werden, trainiert man entsprechend den Elementarbewegungen, die in festen Winkelstellungen angehalten werden.

Beispiele

- **Training der Bauchmuskulatur:** Zur Kräftigung der Bauchmuskulatur wird die Elementarübung „Rumpfaufrichten aus der Rückenlage mit gebeugtem Knie und gebeugter Hüfte" verwendet.
  Der Sportler liegt dazu auf dem Rücken, die Beine erhöht gelagert, etwa auf einem Turnkasten. Rumpf- und Kniewinkel betragen jeweils etwa 90°. In der Belastungsphase werden Kopf und Schultern vom Boden gehoben und die Arme rechts und links neben die Mitte des Oberschenkels geführt. Halten dieser Position für etwa 10 Sekunden, dann wieder langsames Lösen der Spannung. Es folgt eine Pause von einer Minute, danach die nächste Anspannung und so weiter. Die schrägen Bauchmuskeln werden verstärkt angesprochen, wenn beide Arme jeweils gleich nach rechts bzw. links vom Oberschenkel geführt werden.
  Eine Intensivierung der Übung wird nicht etwa dadurch erreicht, dass der Oberkörper in seiner ganzen Länge möglichst nah an die Oberschenkel gehoben wird. Diese Arbeit würden mit zunehmender Annäherung mehr und mehr die Hüftbeuger übernehmen. Vielmehr arbeitet man härter, wenn man sich vorstellt, dass der Bauch sich stärker „einrollt".
- **Training der Oberschenkelmuskulatur:** Nach einer Knieverletzung stellt sich in der Regel das Problem, die Muskulatur rund um das Knie wiederherstellen zu müssen, um die volle Leistungsfähigkeit zurückzugewinnen und einer baldigen erneuten Verletzung vorzubeugen. Dazu müssen die Oberschenkelabduktoren, die Adduktoren, die Beinstrecker und die Beinbeuger trainiert werden. Für die Oberschenkelstrecker wird das Vorgehen am Beispiel der Übung „Beinstrecken" erläutert:
  Die Beinstreckübung verlangt vom Sportler, dass er aus dem Sitz – etwa auf einer Tischkante – das Bein in die Waagerechte streckt. Nach Verletzungen des Kniegelenks kann diese Übung meistens nicht über das komplette Ausmaß der Bewegung schmerzfrei ausgeführt werden. Nimmt man beispielsweise an, dass der Schmerzpunkt bei einem Kniewinkel von 135° liegt, dann wählt man folgendes Vorgehen unter Zuhilfenahme des isometrischen Krafttrainings.

Das verletzte Bein wird für jeweils etwa 10 Sekunden in den Winkelstellungen 120°, 150° und 180° gehalten. Der Schmerzpunkt bei 135° wird umgangen, indem ein Helfer das verletzte Bein über die kritische Winkelstellung hinweghebt, ohne dass der verletzte Sportler Kraft aufwendet. Trainiert man allein, kann der Fuß des gesunden Beines den anderen über die Schmerzschwelle hinwegschieben.

Mit zunehmender Gesundung wird die Übung verstärkt, indem ein schwerer Schuh angezogen bzw. in einem Fitness-Center eine Beinstreckmaschine genutzt wird, mit deren Hilfe eine genaue Dosierung der Belastung möglich ist.

## Dynamisches (auxotonisches) Krafttraining

Auxotonische Spannungsregulierung tritt bei allen Bewegungen des Körpers auf.

> **Auxotonisches Krafttraining** ist gekennzeichnet durch ein ständiges Zu- und Abschalten motorischer Einheiten, um genau den fließend **wechselnden Kraftansprüchen** in **verschiedenen Winkelstellungen** gerecht zu werden. Dabei ändert sich die Länge des Muskels.

Auxotonisches Training wird zur Abgrenzung von statischem Muskeltraining auch als dynamisches Training bezeichnet.

Es gibt mehrere Formen des dynamischen Trainings, das positiv-dynamische Training, das negativ-dynamische Training, das propriozeptive Training und das plyometrische (reaktive) Training.

- Das **positiv-dynamische Training**, auch überwindendes Training genannt, ist die Haupt-Trainingsform im Krafttraining der dynamischen Sportarten, weil es auch die sportartspezifische Koordination schulen kann, wenn Übungen ausgewählt werden, deren Krafteinsatz dem der Zielübung ähnelt.
  Mögliche Trainingsziele positiv-dynamischen Trainings sind die Verbesserung der Maximalkraft zum einen durch neuromuskuläre Koordinationsverbesserung (bei hoher Intensität, geringem Umfang und explosiver Muskelanspannung mit lohnenden oder vollständigen Pausen), zum anderen durch Hypertrophie der trainierten Muskulatur (bei mittlerem Umfang, hoher Intensität und langsamer bis zügiger Übungsausführung mit lohnenden Pausen), die Verbesserung der Kraftausdauer (bei vergleichsweise niedriger Intensität, hohem Umfang und zügiger Übungsausführung) und die Verbesserung der Schnellkraft durch Training der Startkraft und Explosivkraft (bei

niedriger Intensität, mittlerem Umfang und explosiver Übungsausführung mit lohnenden oder vollständigen Pausen).

Die Übungsauswahl im positiv-dynamischen Krafttraining richtet sich nach dem Trainingsziel. Im Laufe der Zeit ist der Grundsatz der zunehmenden Spezialisierung zu beachten. Man unterscheidet im Allgemeinen einfache Kraftübungen, die Elementarbewegungen mit oder ohne Zusatzbelastung beinhalten, von komplexen Kraftübungen, die mehrere Elementarbewegungen zugleich schulen, und speziellen Kraftübungen, die die angestrebte Wettkampfübung bzw. eine sehr ähnliche Bewegung unter Zusatzbelastung trainieren.

Beispiele

- einfache Kraftübung: Anbeugen der Arme gegen Widerstand
- komplexe Kraftübungen: Übungen aus dem Repertoire der Gewichtheber wie Kniebeuge unter Hantelbelastung, Stoßen, Reißen, Standstoßen, Standreißen, aber auch „volkstümliche" Kraftübungen wie Klimmzüge oder Liegestütze
- spezielle Kraftübungen (z. B. für Sprinter): Sprints bergauf, Sprünge mit Bleiweste

Am Beispiel „Verbesserung der Sprungkraft" soll die Differenzierung der Übungen positiv-dynamischen Krafttrainings gezeigt werden:

| Kategorie | Ziel des Kraft-trainings | Übungen | Methode und Belastungsnormative | |
|---|---|---|---|---|
| einfache Kraft-übungen | Schulung isolierter Funktionsgruppen der Beinstreck-schlinge | Beinstrecken an der Beinstreckmaschine Wadenheben in der Wadenmaschine | Intensität: | so, dass der geforderte Umfang gut zu schaffen ist (80 %) |
| | | | Umfang: | 4 Serien à 8–10 Wiederholungen |
| | | | Dichte: | Serienpause 3–5' |
| | | | zügige Übungsausführung | |
| Komplex-übungen | Hypertrophie als Grundlage der Maximalkraft-verbesserung der Beinstreckschlinge | Kniebeuge bis zum 90°-Winkel oder Beinpressmaschine | Intensität: | 80 % des Maximums bei einer Kniebeuge |
| | | | Umfang: | 4 Serien à 8–10 Wiederholungen |
| | | | Dichte: | Serienpause 3–5' |
| | | | zügige Übungsausführung | |

| Kategorie | Ziel des Kraft-trainings | Übungen | Methode und Belastungsnormative |
|---|---|---|---|
| Komplex-übungen | Neuromuskuläre Koordinations-verbesserung zur Verbesserung der Mobilisationsfähig-keit der Muskulatur der Beinstreck-schlinge | Kniebeuge bis zum 90°-Winkel oder Beinpressmaschine | Intensität: 90–95–100 % der maximalen Kniebeugeleistung<br>Umfang: je 2 Serien à 4–3–1 Wiederholungen<br>Dichte: Serienpause 3–6'<br>möglichst schnelle Übungsausführung<br>explosiver Muskeleinsatz |
| spezielle Kraftübung | Schnellkraft der Beinstreckschlinge | einbeiniges Aufsteigen mit Zusatzbelastung | Intensität: ~25 % der maximalen Knie-beugeleistung<br>Umfang: 4 Serien à 7 Wiederholungen<br>Dichte: Serienpause 3–5'<br>schnelle Übungsausführung<br>explosiver Muskeleinsatz |

Tab. 31: Übungen zur Verbesserung der Sprungkraft

- **Negativ-dynamisches Training**, auch nachgebendes Krafttraining ge-nannt, dient der Kraftverbesserung durch Hypertrophie, wenn die Möglich-keiten des positiv-dynamischen Trainings erschöpft sein sollten. Im Ver-gleich zu diesem wird es wesentlich seltener angewandt, da sich nicht aus-reichend vorbereitete Sportler bei negativ-dynamischem Training leicht überlasten und entsprechend verletzen können. Beim negativ-dynamischen Training werden Intensitäten gewählt, die bei über 100 % der positiv-dyna-mischen Fähigkeiten liegen. Der Umfang bleibt gering. Diese Form des Trai-nings wird oft in Sportarten verwendet, die große Muskelmasse erfordern (Bodybuilding). Für Schnellkraftsportler ist seine Anwendung zur unmit-telbaren Leistungssteigerung weniger geeignet, weil die Negativdynamik nicht direkt der Zielübung entspricht.

spiel

- Bankdrücken ist eine Kraftübung, die dem Liegestütz von der Grund-form her entspricht. Nur liegt der Sportler hier mit dem Rücken auf einer Trainingsbank und lässt ein Gewicht aus der Hochhalte auf die Brust ab und drückt es danach wieder nach oben. Bei der Ausführung negativ-dynamischen Trainings wird ein Gewicht gewählt, das 110–120 % des Maximalgewichts entspricht, das einmal positiv-dynamisch, also aus eigener Kraft, bewältigt werden kann. Der Sportler lässt dieses überschwere Gewicht langsam auf die Brust herab und leistet so viel Widerstand, wie er irgend kann. Helfer befördern das Gewicht an-

schließend wieder nach oben, der Sportler lässt es wieder ab und so
weiter.

- Im Bodybuilding-Training ist es auch üblich, gegen Ende eines Satzes
mit positiv-dynamischer Übungsausführung bei Erschöpfung der Muskulatur unter Zuhilfenahme eines Mitsportlers noch einige Wiederholungen zusätzlich auszuführen. Der Helfer unterstützt dabei nur die zu
überwindende Aufwärtsphase, die der Trainierende allein nicht mehr
bewältigen kann, abwärts wird dann nach dem Prinzip des negativ-
dynamischen Trainings gearbeitet.

Die Muskelspannung bei überwindender Arbeit wird konzentrisch genannt,
weil der Muskel sich verkürzt, bei nachgebender Arbeit exzentrisch, weil er
sich unter Spannung verlängert. Die Kombination von sowohl exzentrisch als
auch konzentrisch orientiertem Training (also einer Kombination aus positiv-
und negativ-dynamischem Training) wird durch Trainingsgeräte möglich, bei
denen sich die Kraftwirkung in verschiedenen Phasen einer Bewegung separat
regeln lässt.

Beispiel    Eine Beinpressmaschine ermöglicht Kniebeugen, die im Sitzen gegen eine
schiefe Ebene ausgeführt werden. Auf elektronischem Weg kann die exzentrische Belastung beim Absenken des Gewichts getrennt von der konzentrischen Belastung beim Hochdrücken des Gewichtes geregelt werden,
sodass sowohl eine betont exzentrische als auch eine betont konzentrische Belastung im gleichen Trainingssatz möglich wird. In der nachgeben-
den Phase kann eine höhere Belastung eingestellt werden als in der über-
windenden. Denn die maximalen konzentrischen Kraftwerte liegen aufgrund der Tatsache, dass die Spanne, in der ein Widerstand überwunden
werden kann, begrenzt ist und die Kraftanstrengung schließlich statisch
wird, knapp unter den maximalen isometrischen. Unter exzentrischer
Spannung bleiben auch noch Widerstände kontrollierbar, die deutlich
über den isometrisch haltbaren liegen.

- Das **reaktive Krafttraining**, auch plyometrisches Krafttraining genannt, ist
eine Methode zur Verbesserung der explosiven Kraftfähigkeiten ohne wesentliche Körpermassezunahme. Es verbessert die neuromuskuläre Koordination der Muskulatur und führt auch bei bereits hochgradig trainierten
Schnellkraftsportlern noch zu Verbesserungen, sofern die entsprechende
Disziplin reaktive Kraftleistungen durch Dehnungs-Verkürzungszyklen erfordert. Dies ist besonders bei Sprüngen aus dem Anlauf der Fall, wenn

durch das Stemmen im letzten Schritt vor dem Absprung die Muskulatur gedehnt und danach im Absprung wieder kontrahiert wird.

spiel

Niedersprungtraining ist das typische Beispiel der Anwendung des reaktiven Krafttrainings. Der Sportler springt von einem erhöhten Punkt (z. B. Turnkasten) hinunter und versucht, im Moment des Bodenkontaktes wieder explosiv maximal hoch oder weit abzuspringen. Die Absprunghöhe wählt man so, dass der folgende Sprung nach oben maximale Höhe bzw. Weite erreicht. Es werden 3–5 Serien à 6–8 Wiederholungen trainiert. Die Serienpause beträgt etwa drei Minuten.

Ähnliche Effekte erzielt man bei Seriensprüngen über kleine Hindernisse oder vergleichbare Übungen. Besonders Hoch- und Weitspringer bedienen sich der Möglichkeiten des plyometrischen Krafttrainings. Auch für Sportspieler ist dieses Training hinsichtlich der Sprungkraftverbesserung zu empfehlen.
Andererseits ist aber durch die schlagartige Belastung die Verletzungsgefahr beim plyometrischen Krafttraining hoch. Zur Vorbeugung sollte man sich an die in der folgenden Grafik dargestellte „Sprungkraftleiter" halten und plyometrisches Training erst dann in das Sprungkrafttraining einbauen, wenn Gelenke, Sehnen und Bänder durch mehrjähriges Krafttraining vorbereitet sind und andere Methoden keine Verbesserungen mehr erzielen.

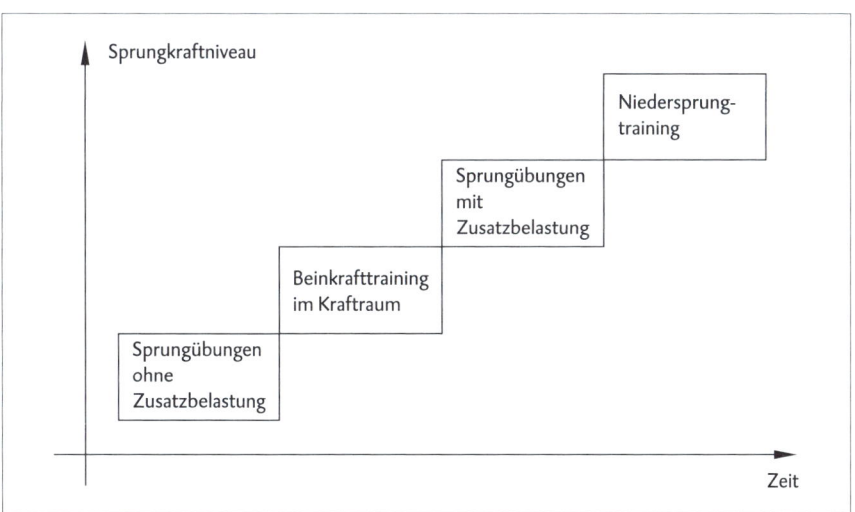

Abb. 47: Zunehmende Belastung im Sprungkrafttraining

- Eine vergleichsweise neue Spielart ist das **propriozeptive Training**, das im Bereich der Physiotherapie schon lange genutzt wird. Unter Propriozeption versteht man die Wahrnehmung des eigenen Körpers über die Registrierung der Spannungszustände der Muskulatur sowie der Lage und des Bewegungszustandes der einzelnen Körperteile. Propriozeptives Krafttraining verbindet also Kraftübungen mit Wahrnehmungsübungen.

**Beispiele**

- Bei einbeinigen Kniebeugen auf einer instabilen Plattform kommt es darauf an, einerseits das Gleichgewicht zu bewahren, andererseits die geforderte Kraftleistung zu erbringen. Vergleichbare Übungen für die Muskulatur anderer Körperregionen sind Liegestütze mit Handstütz auf einem großen Medizinball oder Bauchmuskelübungen auf dem Wackelbrett.
- Der Kraftanteil kann auch eine andere Körperregion betreffen als der Propriozeptivanteil, wenn z. B. Übungen zur Armbeugung mit Kurzhanteln mit einem instabilen Stand auf einem Balancebrett oder Hockstand auf Medizinbällen kombiniert werden. Genaue Normative sind für solche Kombinationsübungen kaum vorzugeben, die Übungen sind stark von der ausführenden Einzelperson abhängig.

Verwendung findet dieses Training besonders bei Sportarten, deren Belastungsprofil einen hohen Kraftanteil mit einem hohen Koordinationsanteil kombiniert. Sinnvoll ist es also etwa in Kampfsportarten oder den großen Sportspielen. In eine ähnliche Richtung zielt das Vibrationstraining, bei dem Krafttraining auf vibrierenden Untergründen absolviert wird. Die Wirkrichtung dieser Form des Trainings wird jedoch noch wissenschaftlich uneinheitlich diskutiert, gleichwohl jedoch in Fitness-Studios eingesetzt.

Im Krafttraining der Sportarten gibt es viele weitere Variationen und Kombinationen der genannten Formen des Krafttrainings.
- Die **Kontrastmethode** kombiniert unterschiedliche Varianten zu einer Einheit, indem z. B. in einem Satz sofort hintereinander einige Wiederholungen von Übungen für die Maximalkraft mit einigen weiteren aus dem Schnellkraftbereich verbunden werden.

**Beispiel**

Zur Sprungkraftverbesserung könnte man sich den folgenden Satz vorstellen: Vier Wiederholungen Kniebeugen mit 90–95 % Belastung des möglichen Maximums, gefolgt von vier Steigesprüngen auf einen Kasten mit leichtem bis mäßigem Zusatzgewicht auf der Schulter, dann wieder

vier Sprünge ohne jede Belastung. Danach wird diese Abfolge noch zweimal wiederholt.

Kontrastierendes Training kann auch über eine Trainingseinheit verteilt
werden, indem zunächst ein Maximalkraftblock für eine Muskelgruppe absolviert wird, dem dann Schnellkraftblocks folgen.

Beispiel
Nimmt man das Beispiel zur Sprungkraft wieder auf, würde man dreimal
Kniebeugen mit hohem Gewicht absolvieren, dann drei Serien Steige-
sprünge mit Zusatzbelastung, dann drei Serien Sprünge mit dem eigenen
Gewicht.

Die Übersichten zeigen zusammenfassend Methoden des Krafttrainings.

### Methoden zur Maximalkraftsteigerung

| Name der Methode | Ziel | Spannung | Intensität | Tempo | Wieder-holungen | Bemerkung | Sätze | Pause (min) |
|---|---|---|---|---|---|---|---|---|
| Standardm. | MQ | konzentrisch | 70–80 % | zügig | 8–12 | bis zur Er-schöpfung | 3 | 3–5 |
| int. Body-buildingm. | MQ | konzentrisch | 80–95 % | langsam | 5–8 | bis zur Er-schöpfung | 3–5 | 3–5 |
| ext. Body-buildingm. | MQ | konzentrisch | 60–70 % | langsam | 15–20 | bis zur Er-schöpfung | 3–5 | 2–3 |
| Muskelleis-tungsm. | MQ | konzentrisch | 50–60 % | schnell | max. in 30" | bis zur Er-schöpfung | 3–5 | 3–5 |
| Pyramiden-m. | MQ | konzentrisch | 60–70–80–90–95 % | zügig | 20–5 | – | 5 | 3–5 |
| Isometri-sche M. | MQ | isometrisch | 100 % | statisch | 1×10–12" | – | 3–5 | 3–5 |
| Desmodro-nische M. | NA | exzentrisch | 120–150 % | zügig | 2–5 | – | 3–5 | 3–5 |
| Maximal-kraftm. | NA | konzentrisch | 95–100 % | maximal | 1–2 | – | 5 | 3–5 |
| Explosiv-kraftm. | NA | konzentrisch | 50–95 % | maximal | 2–5 | – | 2–5 | 3–5 |

MQ Muskelquerschnitt (Hypertrophie), NA Neuromuskuläre Aktivierung (Intramuskuläre Koordination)

Tab. 32: Methoden zur Maximalkraftsteigerung

**Methoden zur Schnellkraftsteigerung**

| Name der Methode | Spannung | Intensität | Tempo | Wieder-holungen | Bemerkung | Sätze | Pause (min) |
|---|---|---|---|---|---|---|---|
| Schnellkraftm. | konzentrisch | 30–50 % | maximal | 6–12 | – | 3–5 | 2–3 |
| Schnellkraftm. nach Zeit | konzentrisch | 40–60 % | maximal | 6–8 in je 10" | – | 3–5 | 3–5 |
| Kontrastm. | konzentrisch | 95 / 60 % | maximal | 3–5 | Wechsel Maximal / Schnellkraft | 2×1–3 | 2–3 |
| Pyramidenm. | konzentrisch | 30–35– 40–45– 50 % | maximal | 20–5 | – | 5 | 3–5 |

Tab. 33: Methoden zur Schnellkraftsteigerung

**Methoden zur Kraftausdauersteigerung**

| Name der Methode | Spannung | Intensität | Tempo | Wieder-holungen | Bemerkung | Sätze | Pause (min) |
|---|---|---|---|---|---|---|---|
| Hochintensive KA | statisch | 75–95 % | statisch | 1×10–30" | - | 3–5 | 3–5 |
| | dynamisch | 75–95 % | zügig | 20–30 | | | |
| Mittelintensive KA | statisch | 50–75 % | statisch | 1×30–120" | - | 6–10 | 2–3 |
| | dynamisch | 50–75 % | zügig | 30–50 | | | |
| Niedrigintensiv e KA | statisch | 15–50 % | statisch | 1×30–120" | - | 3–5 | 2–3 |
| | dynamisch | 15–50 % | zügig | 80–100 | | | |

Tab. 34: Methoden zur Kraftausdauersteigerung

Die endgültige Auswahl der Kraftübungen erfolgt nach der Analyse des Bedarfs, wobei im Sinne eines vernünftigen Trainingsaufbaus die Regel „vom allgemeinen zum speziellen Krafttraining" zu beherzigen ist. Für ein spezielles auf konkrete Sportarten passendes Krafttraining gibt es zwei Hauptziele: Das Krafttraining soll erstens einen Verletzungsschutz bieten, indem es sportarttypische Muskeldysbalancen ausgleicht, wie sie etwa aufgrund der Einseitigkeit bei Rückschlagsportarten gegeben sind. Zweitens soll selbstverständlich eine Leistungssteigerung erreicht werden. Diese gelingt dann besonders gut, wenn die gewählte Kraftübung in Intensität und Art der Spannung zur Wettkampfübung passt, die Bewegungsschnelligkeit annähernd übereinstimmt, die Arbeitswinkel der Muskulatur vergleichbar sind und insgesamt die gleichen Muskeln angesprochen werden, wie in der Zielübung.

## 10.5 Leistungstests

Krafttests sind in der Regel darauf ausgerichtet, bestimmte Formen der Kraft zu testen, wie die Maximalkraft, die Schnellkraft oder die Kraftausdauer.

### Maximalkrafttest

Tests zur Überprüfung der Maximalkraftfähigkeit sind einfache Feldtests. Testinhalt sind gängige Grundübungen des Maximalkrafttrainings. Gemessen wird, wie viel Gewicht mit einer Wiederholung bewältigt werden kann.

spiele

| Testname | Testinhalt | Prognosebereich |
|----------|-----------|-----------------|
| Bankdrücktest | maximal mögliche Last bei einer Wiederholung im Bankdrücken ermitteln | Maximalkraft der Armstreck- und der Brustmuskulatur |
| Bankziehtest | maximal mögliche Last bei einer Wiederholung im Bankziehen ermitteln | Maximalkraft der Armbeuge- und der oberen Rückenmuskulatur |
| Kniebeugetest | maximal mögliche Last bei einer Wiederholung in der Kniebeuge ermitteln | Maximalkraft der Beinstreckschlinge |

Tab. 35: Maximalkrafttest

Sie haben den Vorteil, dass anhand der Ergebnisse leicht Trainingsintensitäten berechnet werden können. Doch die Steuerung des Trainings über Gewichte, die prozentual aus dem Maximaltest mit einer Wiederholung errechnet werden, führt zu so unterschiedlichen Trainingsreaktionen und Bewältigungssituationen, dass man guten Gewissens keine Prozentwerte angeben kann. Man empfiehlt deshalb eher Training mit Gewichten, die man gerade noch für eine bestimmte Wiederholungszahl bewältigen kann.

Der Nachteil der genannten Maximalkrafttests besteht darin, dass der Sportler, besonders der Anfänger im Krafttraining, im Grenzbereich ein erhöhtes Verletzungsrisiko eingeht. Deshalb wäre es eine Alternative, die maximale Leistung bei höherer Wiederholungszahl auszutesten. Ausreichend maximalkraftorientiert wäre etwa ein Test, der untersucht, welches Gewicht der Sportler gerade noch fünfmal bewältigen kann. Erfahrungsgemäß liegt das Ergebnis dieses modifizierten Tests bei etwa 85–90 % des Gewichtes, das bei der maximalen Ausreizung mit einer Wiederholung ermittelt worden wäre. Natürlich erhält man so nur Schätzwerte, aber auch Abweichungen in der Tagesform machen Messungen, die genau zu sein scheinen, letztlich doch ungenau.

Da das **Kraftdefizit**, also die Differenz aus Absolutkraft und Maximalkraft, bei Trainierten und Untrainierten stark divergiert, wird sie auch als ein Maß für die kraftmäßige Austrainiertheit des Sportlers angenommen. Schätzt man das Kraftdefizit auf mehr als 20 %, vermutet man eine mangelhafte Ausprägung der neuromuskulären Koordination und entsprechenden Handlungsbedarf in diese Richtung. Liegt es deutlich darunter, diagnostiziert man eine unzureichende Muskelmasse, wenn man plant, weiter Kraft aufzubauen. Liegt das Kraftdefizit, etwa bei einem Anfänger im Krafttraining, im Bereich von 30 % oder mehr, sind die Muskelspannungen, die durch konzentrisches Krafttraining aufzubauen sind, so gering, dass die großen FT-Fasern kaum angesprochen werden. Ein gezieltes neuromuskuläres Training ist damit fast unmöglich, weil die gewünschten Wirkungen nicht erzielt werden können. Die harten Krafteinsätze eines neuromuskulären Trainings sind allerdings für einen Anfänger aufgrund der erhöhten Verletzungsgefahr sowieso nicht empfehlenswert. Durch die Ermittlung des Kraftdefizits erhält man also unmittelbare Trainingshinweise. Zur messbaren Abschätzung des Kraftdefizits vergleicht man die exzentrische Kraft-Leistungsfähigkeit der betroffenen Muskelschlinge mit ihrer konzentrischen Maximalkraft. So wird etwa beim Bankdrücken verglichen, wie viel Gewicht man gerade noch kontrolliert ablassen kann (exzentrischer Teil), mit der Last, die man aktiv nach oben drücken kann (konzentrischer Teil). Da aus Gründen der Verletzungsgefahr eine Ermittlung der maximalen exzentrischen Spannung an freien Gewichten kaum infrage kommt, verwendet man für diese Messung Trainingsmaschinen, bei denen sich die exzentrische Spannung getrennt von der konzentrischen regeln lässt. Aber auch hier ist die Zuverlässigkeit der Messung schwierig, weil die psychische Anspannung maximal und deshalb nicht immer gleich reproduzierbar ist. Man wird sich also mit Schätzwerten begnügen müssen.

Jenseits der Trainingspraxis stehen noch medizinische Methoden zur Bestimmung des Muskel-Trainingszustandes zur Verfügung, die mit Elektrostimulation zur Erzeugung einer maximalen Muskelspannung oder Computertomografie zur genauen Abbildung der betroffenen Muskeln arbeiten.

### Schnellkrafttests

Auch im Bereich der Schnellkraft sind einfache Feldtests zur Ermittlung des Leistungsniveaus üblich.

spiele

| Testname | Testinhalt | Prognosebereich |
|---|---|---|
| Jump and Reach | Reichhöhe im Stand an der Wand markieren; beid- oder einbeinig aus dem Stand oder mit 2–3 Schritten Anlauf hochspringen und möglichst weit oben anschlagen; die Differenz zwischen den beiden Marken wird gemessen. | vertikale Sprungkraft |
| Standweitsprung | beidbeiniger Weitsprung ohne Anlauf; gemessen wird die erzielte Weite | horizontale Sprungkraft |
| 10-m-Sprint | 10 Meter aus dem Stand sprinten; gemessen wird die Zeit bei Passage von zwei Lichtschranken | Beschleunigungskraft |
| Medizinballwurf | beidarmiger Wurf mit Ausholbewegung über dem Kopf; gemessen wird die erzielte Weite | Wurfkraft |
| Medizinball-stoßen | beidarmiger Stoß des Medizinballes aus der Schrittstellung; der vordere Fuß behält Bodenkontakt; gemessen wird die erzielte Weite | Wurfkraft |

Tab. 36: Schnellkrafttest

Die Ergebnisse der Schnellkrafttests werden in der Diagnose der Schnellkraftleistungsfähigkeit verwendet. Eine Anwendung als Bezugsgröße in der Trainingssteuerung entfällt, weil im Schnellkrafttraining alle Widerstände mit maximaler Kraftaufwendung überwunden werden, also keine Abstufungen vorgenommen werden.

### Kraftausdauertests

Bei Kraftausdauertests werden Übungen aus dem Spektrum des Krafttrainings unter zeitlichem Druck absolviert. Die vorgegebene Zeit muss so lang sein, dass die mit der Übung beabsichtigte Form der Energiebereitstellung ausreichend in Gang gekommen ist. Für einen Kraftausdauertest in Verbindung mit anaerob-laktazider Energiebereitstellung ist eine Dauer von etwa einer Minute geeignet. Sollen die Kraftleistungen unter aerober Energiebereitstellung erbracht werden, sollten mindestens zwei Minuten veranschlagt werden.
Mögliche Formen sind:
- Zählen möglicher Wiederholungen pro Zeiteinheit,
- Messen der Zeit, die zur Durchführung einer bestimmten Wiederholungszahl benötigt wird,
- Messen der Übungszeit oder der Wiederholungszahl bis zur Erschöpfung.

Die Intensität der Zusatzbelastungen in Kraftausdauertests wird bei rein anaerober Energiebereitstellung, also bei relativ kurzer Übungsdauer, prozentual (30–60 %) nach den Ergebnissen eines Maximalkrafttests geschätzt und individuell eingestellt. Im aeroben Bereich werden dagegen eher Steuerungsmöglichkeiten des Ausdauertrainings verwendet.

## 10.6 Trainingsplanung

Die Planung von Krafttrainingsphasen muss besonders die im Vergleich zum Ausdauertraining erhöhten Belastungen des Nervensystems berücksichtigen. Die Trainingsmaßnahmen sind insgesamt zeitlich kürzer, dafür intensiver, Erholungspausen spielen eine größere Rolle und die Trainingsblöcke, etwa innerhalb einer Vorbereitungsphase, werden knapper.

### Organisation von Trainingseinheiten

- Die Hauptorganisationsform im Krafttraining ist das **Stationstraining**, bei dem eine Übung nach der anderen im geforderten Umfang absolviert wird. Übungen im Stationstraining werden jeweils mit ein bis zwei Aufwärmserien begonnen; danach folgt die geforderte Trainingsbelastung je nach dem Trainingsziel Maximalkraft, Kraftausdauer oder Schnellkraft. In der Regel wird man den Belastungsteil einer Übung so trainieren, dass konsequent ein Trainingsziel verfolgt wird, also innerhalb eines Maximalkrafttrainings etwa $5 \times 3$ Wiederholungen Bankdrücken bei einer Intensität von 90 % des Maximalgewichtes zur Steigerung der neuromuskulären Koordinationsfähigkeit oder $5 \times 10$ Wiederholungen Bankdrücken bei einer Intensität von 60–75 % des Maximalgewichtes zum Erreichen von Hypertrophie.
- Hat man wenig Zeit, einen Krafttrainingsblock in sein Training zu integrieren, bietet sich die Form des **Pyramidentrainings** an. Hierbei werden in einer Übung mehrere Krafttrainingsziele abgedeckt. Ein Belastungsteil zur Maximalkraftverbesserung in der Übung Bankdrücken hätte etwa folgende Vorgaben: $2 \times 10$ Wiederholungen mit 70 % des Maximalgewichtes, $2 \times 6$ Wiederholungen mit 80 % des Maximalgewichtes, $2 \times 3$ Wiederholungen mit 90 % des Maximalgewichtes, $2 \times 1$ Wiederholung mit 95–100 % des Maximalgewichtes. Dabei werden die Trainingsziele Hypertrophie und Steigerung der neuromuskulären Koordinationsfähigkeit in einen Trainingsblock integriert. Man hat also nach vier bis sechs Trainingswochen sowohl einen Hypertrophieeffekt als auch eine Steigerung der neuromuskulären Koordinationsfähigkeit zu erwarten. Bei ausreichender Zeit ist die Gestaltung des Trainings nach eindeutigen Trainingszielen jedoch zu bevorzugen.
- Im **Kreistraining** wird die Übung nach jeder Serie gewechselt. Also wird jeweils eine Serie über alle Übungen der Trainingseinheit absolviert, daran schließt sich die zweite Serie über alle Übungen an und so weiter. Die bekannteste Form des Kreistrainings ist das Circuit-Training (Zirkeltraining), eine Trainingsform zur Steigerung der Kraft-, Schnelligkeits- oder Schnellkraftausdauer. In der Grundform wechseln sich Belastungs- und Pausen-

phasen nach 30 Sekunden ab. Je nach Konditionsstand der Übungsgruppe und Trainingsziel lassen sich die Belastungsphasen oder die Pausen verlängern bzw. verkürzen. Übungsinhalte sind etwa fortlaufende Sprünge über kleine Hindernisse, Liegestütze, Übungen zur Rumpfaufrichtung aus der Rückenlage und andere. Der Trainierende versucht in den Belastungsphasen möglichst viele Wiederholungen zu erreichen.

### Organisation von Trainingsprozessen

Die **Jahresperiodisierung** von kraftorientierten Sportarten wie den Schnellkraftdisziplinen der Leichtathletik oder dem Gewichtheben ist im Allgemeinen zweigipflig angelegt. Leistungshöhepunkte werden in diesen Sportarten in einer etwa 20-wöchigen Vorbereitung angesteuert. Kürzere Vorbereitungszeiten führen nicht zu den gewünschten Anpassungen der Muskulatur, längere Vorbereitungszeiten führen zu keiner wesentlichen Verbesserung. Dieser Zyklus wird in einem Jahr zweimal durchgeführt. Die beiden Zyklen sind getrennt durch eine Regenerationsphase. Ein Zyklus berücksichtigt die Reihenfolge Muskelaufbau vor IKT und dieses vor speziellem Krafttraining. Die Trainingsinhalte des 20-Wochen-Zyklus sind in der folgenden Übersicht angedeutet:

| **Ziel** | Maximalkraft | | | | | | | | | | | | | | | | nach Sportart: Schnellkraft oder Kraftausdauer | | | |
|---|---|---|---|---|---|---|---|---|---|---|---|---|---|---|---|---|---|---|---|---|
| **Art** | Muskelaufbau Hypertrophietraining | | | | | | | | neuromuskuläres Koordinationstraining (IKT) | | | | | spezielles Training z. B. reaktives Training, ergänzende Methoden | | | Training der Zielübungen: – Schnellkraft mit IKT bei Drosselung der reaktiven Übungen – Kraftausdauer | | | |
| **Periode** | Vorbereitungsperiode I | | | | | | | | Vorbereitungsperiode II | | | | | | | | Wettkampfperiode | | | |
| **Woche** | 1 | 2 | 3 | 4 | 5 | 6 | 7 | 8 | 9 | 10 | 11 | 12 | 13 | 14 | 15 | 16 | 17 | 18 | 19 | 20 |

Tab. 37: Krafttraining, 20-Wochen-Zyklus

Bei Zeitmangel oder aus anderen Gründen kann eine Verkürzung des 20-Wochen-Zyklus sinnvoll sein. Eine Minimalversion des vorgestellten Planes könnte etwa so gestaltet werden:

| Ziel | Maximalkraft | | Schnellkraft bzw. Kraftausdauer | |
|---|---|---|---|---|
| Art | Muskelaufbau Hypertrophietraining | intramuskuläres Koordinationstraining (IKT) | spezielles Training z. B. reaktives Training, ergänzende Methoden | Training der Zielübungen: Schnellkraft/Kraftausdauer; dazu IKT bei Drosselung der reaktiven Übungen |
| Intensität | 40–60 % | 65–95 % | 60–130 % | –100 % |
| Periode | Vorbereitungsperiode I | Vorbereitungsperiode II | | Wettkampfperiode |
| Woche | 1 | 2 | 3 | 4 | 5 | 6 | 7 | 8 | 9 | 10 | 11 | 12 | 13 | 14 |

Tab. 38: Krafttraining, 14-Wochen-Zyklus

## Zusammenfassung

Unter **Kraft** versteht man im Sport die Fähigkeit, **Widerstände** zu überwinden, sie im Gleichgewicht zu halten oder ihrer Schwerkraft entgegenzuwirken.

- Kraft wird durch **Muskeln** ausgeübt. Die Muskeln können je nach Funktion in einer bestimmten Bewegung als Agonisten, Antagonisten und Synergisten begriffen werden.
- Als Folge von Krafttraining kommt es zu **Anpassungserscheinungen** des Körpers wie verbesserte neuro- und intermuskuläre Koordinationsfähigkeit und Muskelhypertrophie.
- Kraft umfasst mehrere Formen, etwa die **Maximalkraft**, die **Schnellkraft**, die **Reaktivkraft**, die **Kraftausdauer** und die **Schnellkraftausdauer**.
- Als **Methoden** des Krafttrainings sind in erster Linie das statische (isometrische) und das dynamische (auxotonische) Training zu nennen. Daneben gibt es aber noch viele weitere Methoden.
- Die individuelle Leistung der einzelnen Formen der Kraft (etwa der Maximalkraft, der Schnellkraft und der Kraftausdauer) lässt sich durch **Krafttests** abschätzen.

**fgaben**  37.  **Methoden des Krafttrainings**

Ergänzen Sie die folgende Tabelle zu Methoden des Krafttrainings.

| Name der Methode | Spannung | Gewicht (% von Max.) | Tempo | Wiederh. (Anzahl) | Sätze (Anzahl) | Pause (min) | Sportart |
|---|---|---|---|---|---|---|---|
| Standard-methode | konzentrisch | | zügig | | | | |
| | konzentrisch | 60–70–80–90–95 | zügig | | | | |
| | | 100 | statisch | | | | |
| Maximal-kraftm. | konzentrisch | 95–100 | maximal | 1–2 | 5 | 3–5 | |
| | konzentrisch | 50–95 | maximal | 2–5 | 2–5 | 3–5 | |
| Schnellkraft-methode | konzentrisch | 30–50 | maximal | | | | |
| Mittelinten-sive KA | | 50–75 | zügig | 30–50 | | | |
| | dynamisch | | zügig | 80–100 | | | |

Tab. 39: Methoden des Krafttrainings

38.  **Hochsprung**
  a)  Erklären Sie die Begriffe „Agonist" und „Antagonist" am Beispiel der Absprungbewegung beim Hochsprung.
  b)  Welchen gesundheitlichen Nachteil bringt das einseitige Training der leistungsbestimmenden Muskelschlinge mit sich?
  c)  Wie kann ein Springer solche Nachteile vermeiden oder wenigstens ihre Konsequenzen abmildern? Geben Sie dazu Trainingsbeispiele an.

39.  **Physiologie der Maximalkraftsteigerung**

Welche muskelphysiologischen Änderungen führen zu einer Steigerung der Maximalkraft? Wie sind typische Trainingsmaßnahmen zu gestalten, welche die genannten Änderungen auslösen sollen?

**40. Circuit-Training**

Eine gerade auch im Schulsport beliebte Trainingsform mit dem Ziel Kraftzunahme ist das Circuit-Training mit Übungen, bei denen das eigene Körpergewicht zu Hilfe genommen wird, wie Strecksprünge, Liegestützen, Situps oder Pendelsprints mit jeweils 30 Sekunden Belastung und 30 Sekunden Pause. Diskutieren Sie den Sinn dieses Trainings unter den Trainingszielen Maximalkraftverbesserung, Schnellkraftverbesserung und Kraftausdauerverbesserung.

**41. Langsamkeit und Krafttraining**

Es gilt häufig das Vorurteil „Krafttraining macht langsam". Stimmt das?

**42. Athletiktraining im Basketball**

Ein Basketball-Center-Spieler wird von seinem Trainer als zu leichtgewichtig und zu wenig robust eingestuft und deshalb zum Krafttraining geschickt. Welche Maßnahmen wird man dem Spieler sinnvoll empfehlen? Stellen Sie mindestens fünf Übungen mit Übungsanweisungen zusammen.

**43. Kraftausdauer und Schnellkraftausdauer**

Unterscheiden Sie die Begriffe Schnellkraftausdauer und Kraftausdauer. Geben Sie jeweils typische Sportarten und Trainingsformen an, die den Unterschied verdeutlichen.

**44. Gleiche Kraftübung – unterschiedliche Zielstellung**

Hochspringer und Bodybuilder sind Sportler, die ein Krafttraining zur Verbesserung ihrer sportartspezifischen Leistungsfähigkeit betreiben, teilweise sogar mit gleichen Übungen wie z. B. der Kniebeuge mit Zusatzgewichtsbelastung. Warum sehen die Sportler trotzdem so ganz unterschiedlich aus?

# 11 Schnelligkeitstraining

In einem ersten Zugriff definiert man im Sport Schnelligkeit als die Fähigkeit, Bewegungen in minimaler Zeit auszuführen. Der Begriff der Schnelligkeit kann und sollte aber noch weiter ausdifferenziert werden:

> **Schnelligkeit** ist die motorische Fähigkeit, in kürzester Zeit Informationen zu verarbeiten bzw. auf Reize zu reagieren und Bewegungen oder Bewegungshandlungen unter Ausschluss von Ermüdung und bei minimalem äußeren Widerstand in kürzester Zeit auszuführen.

Die Zusatzbedingung „Ausschluss von Ermüdung" grenzt den Begriff „Schnelligkeit" von „Ausdauer" deutlich ab. Gleiches leistet die Bedingung „minimaler äußerer Widerstand" für die Abgrenzung zum Begriff „Kraft".

## 11.1 Biologische Grundlagen

Schnelligkeitsleistungen sind physiologisch durch folgende Faktoren bedingt:
- hohe Reizleitgeschwindigkeit und leichte Erregbarkeit der Nerven
- hoher FTG-Faseranteil verbunden mit großer Dehnbarkeit und Elastizität der Muskulatur
- hohe Speicherkapazitäten an Kreatinphosphat
- hohe Koordinationsfähigkeit verbunden mit der Beherrschung der für die schnelle Bewegung erforderlichen Technik

Prüft man diese physiologischen Basisbedingungen der Schnelligkeitsleistung auf Angriffspunkte für ein Training zur Verbesserung der Schnelligkeit ab, stellt man fest, dass Schnelligkeit eine in hohem Maße anlagebedingte Fähigkeit ist. Daher kann z. B. ein untrainierter Erwachsener seine 100-m-Zeit nur in Ausnahmefällen um mehr als 15–20 % verbessern. Die Fähigkeit zur schnellen Bewegung nimmt auch mit zunehmendem Alter am frühesten und stärksten ab.

## 11.2 Anpassung

Schnelligkeitstraining ruft folgende Wirkungen hervor:
- Hypertrophie der FT-Fasern
- Vermehrung der Kreatinphosphatspeicher
- Ausweitung der Glykogenspeicher im Muskel zur Verwendung des Glykogens im Rahmen der anaerob-laktaziden Energiebereitstellung

## 11.3 Formen der Schnelligkeit

Man unterscheidet zwischen Grund- und Komplexschnelligkeit.

Die Grundschnelligkeit bezeichnet Komponenten der Schnelligkeitsleistung, die durch keine andere motorische Hauptbeanspruchungsform beeinflusst werden. Diese sind:

- Die **Reaktionsschnelligkeit** kann sich wie bei der Reaktion auf den Startschuss in einfachen oder in komplexen Situationen äußern. Besonders komplexe Situationen treten in den Sportspielen auf, wo in kürzester Zeit Spielsituationen zu analysieren sind und entsprechend passend gehandelt werden muss.
- Die **Koordinationsschnelligkeit** äußert sich unter azyklischen Bedingungen in der Schnelligkeit des Dehnungs-Verkürzungs-Zyklus und unter zyklischen Bedingungen in der Fähigkeit, eine hohe Bewegungsfrequenz zu erzielen.

Beide Komponenten der Grundschnelligkeit werden wesentlich durch die Fähigkeit der schnellen Reizleitung im Nervensystem beeinflusst.

Komplexschnelligkeit findet man in Zusammenhang mit anderen psychischen oder physischen Fähigkeiten und umfasst zusätzlich zu den Fähigkeiten der Grundschnelligkeit noch Aktionsschnelligkeit und Handlungsschnelligkeit.

- **Aktionsschnelligkeit** äußert sich als zyklische Schnelligkeit, wenn – wie beim Sprintlauf – ein immer gleichbleibendes Bewegungsmuster ständig wiederholt wird, oder als azyklische Schnelligkeit, wenn es – wie bei den leichtathletischen Sprung- oder Wurfdisziplinen – um eine einmalig herzustellende Maximalgeschwindigkeit geht. Azyklische Schnelligkeitsleistung ist begrifflich eng mit Schnellkraft verbunden, sodass beide Begriffe gleichberechtigt verwendet werden.
- **Handlungsschnelligkeit** zeigt sich bei der Lösung technischer oder taktischer Probleme.

Die Übersicht stellt die genannten Gesichtspunkte in Bezug auf das Zentrum Komplexschnelligkeit zusammen und stellt Verbindungen zu anderen Leistungsvoraussetzungen (Schnellkraft, Schnelligkeitsausdauer, Koordination, technisch-taktisches Wissen) her:

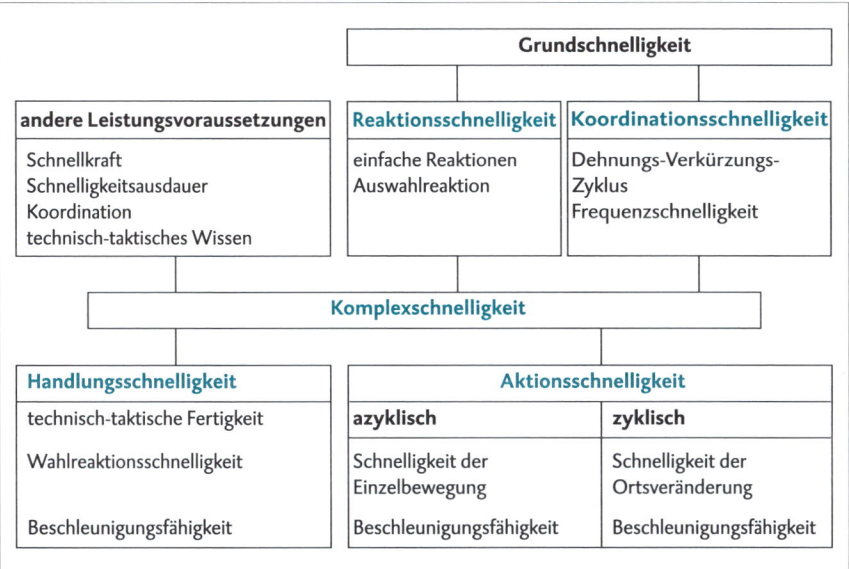

Abb. 48: Aspekte des Schnelligkeitsbegriffs

Überträgt man die in der Grafik verwendeten Begriffe auf den leichtathletischen 100-m-Sprint, erkennt man, dass Schnelligkeits-Komponenten in der Praxis in Mischform auftreten:

| Phase des Sprints | charakteristische Schnelligkeitskomponente |
|---|---|
| Startphase | Reaktionsschnelligkeit |
| Beschleunigungsphase | Beschleunigungsfähigkeit |
| Phase der maximalen Geschwindigkeit | Schnelligkeit bei Ortsveränderung |
| Phase des Geschwindigkeitsabfalls | Schnelligkeitsausdauer |

Tab. 40: Aspekte des Schnelligkeitsbegriffs

## 11.4 Methoden

Die Bedeutung der individuellen Veranlagung für Schnelligkeitsleistungen gilt insbesondere für die Grundschnelligkeit, während sich die Komplexschnelligkeit durch folgende Trainingsmaßnahmen beeinflussen lässt:

- Entwicklung der Kraftfähigkeiten: In sämtlichen Unterkategorien der Komplexschnelligkeit spielt die Beschleunigungsfähigkeit eine wesentliche Rolle, die ihrerseits weitgehend von den Schnellkraftfähigkeiten abhängt und dementsprechend trainiert werden muss (s. Krafttraining).

- Koordinative Übungen: Erfolgreiches Schnelligkeitstraining beruht auf Ko-ordinationstraining, das die gewünschte schnelle Bewegung bis ins kleinste Detail aufarbeitet.
- Kognitive Trainingsmaßnahmen: Erfordert eine Sportart, z. B. ein Sport-spiel, schnelle Komplexreaktionen, wird die Basis dafür durch eine gründ-liche technische und taktische Ausbildung der Sportler gelegt.

Schnelligkeitstraining stellt also ebenso wie Technik- und Koordinationstrai-ning höchste Ansprüche an das Nervensystem, weshalb es nicht unter Ermü-dung betrieben werden darf. Notwendige Belastungspausen werden bis zur vollständigen Erholung des Sportlers ausgedehnt, vergleichbar der **Wiederho-lungsmethode** im Ausdauertraining. Die Trainingshäufigkeit erfolgt nach dem Merksatz „Lieber viele kurze als wenige lange Trainingseinheiten". Die folgenden Regeln helfen, den gewünschten Effekt zu erzielen:

- Die Intensität muss sehr hoch bis maximal sein.
- Die Einzelbelastung darf nur so lange dauern, wie die Geschwindigkeit ge-halten werden kann.
- Die Dichte soll sehr niedrig sein. Die Pausen dauern z. B. mindestens 3 Mi-nuten bei 30-m-Sprints und mindestens 6 Minuten bei 60-m-Sprints. Leis-tungssportler mit der Möglichkeit entsprechend großzügiger Zeiteinteilung pausieren im Sprinttraining oft wesentlich länger.
- Pro Trainingseinheit sollten nur 5–10 Wiederholungen absolviert werden.
- Bei Beginn einer Ermüdung, erkennbar an der nachlassenden Leistung, ist das Schnelligkeitstraining abzubrechen.

Schnelligkeitsübungen sollen nicht monoton dasselbe Bewegungsmuster re-produzieren, sondern mit Bewegungs- und Beobachtungsaufgaben kombiniert werden.

**Beispiel**    Sprint-Schnelligkeitsübungen können mit folgenden Schwerpunkten sinnvoll gekoppelt werden: aktives Aufsetzen des Fußes in der vorderen Stützphase, aktives Abdrücken des Fußes in der hinteren Stützphase, Sprint mit betontem Anfersen, Sprint mit besonderem Kniehub, Sprint mit aktivem Kniesenken aus dem vorderen Kniehub.
Grundübungen zur Steigerung der Leistung im leichtathletischen Sprint, die ihrerseits mit den genannten Bewegungsaufgaben verbunden werden können, sind:

- Steigerungsläufe
- Sprints mit fliegendem Start zur Erhöhung der Laufgeschwindigkeit

- Tempowechselläufe (30 Meter maximal 50 Meter Freilauf) insgesamt 200–300 Meter zur Erhöhung der Laufgeschwindigkeit auch unter dem Gesichtspunkt der Schnelligkeitsausdauerfähigkeiten
- Bergabläufe zur Erhöhung der Laufgeschwindigkeit und Koordinationsfähigkeit bei ungewohnt hohem Tempo
- Anwendung der variablen Methode durch Wechsel von Sprints bergauf, bergab und in der Ebene (Beispiel: 30 m bergauf, 60 m eben, 30 m bergab, 30 m eben)

Im Sinne einer weiteren vielfältigen und variantenreichen Ausbildung bei koordinativ beanspruchenden Leistungen ist das Sprinttraining zu ergänzen durch Slalomläufe, Läufe mit abrupter Richtungs- und Geschwindigkeitsänderung, Hopserläufe vorwärts, rückwärts, seitwärts, auch mit Wechseln der Bewegungsrichtung, Läufe mit Variation der Art des Fußaufsetzens in der vorderen und Fußabstoßens in der hinteren Stützphase, Treppenläufe, Läufe auf verschiedenen Untergründen und viele andere Formen und Kombinationen mehr.

## 11.5 Leistungstests

Da Schnelligkeitsfähigkeiten eng mit den Kraftfähigkeiten verknüpft sind, werden viele Kraft- und Schnellkrafttests auch zur Diagnose von Schnelligkeitsfähigkeiten verwendet. Hinzu kommen Tests zur maximalen Fortbewegungsgeschwindigkeit, zur Grundschnelligkeit und zur Schnelligkeitsausdauer. Die Tabelle zeigt eine Testbatterie zur Diagnose der Sprintleistung:

| Testname und Testinhalt | Prognosebereich |
| --- | --- |
| Standweitsprung | Startkraft |
| Zehnersprung | Explosivkraft |
| 30-m-Lauf | Explosivkraft |
| 30-m-Lauf mit fliegendem Start | maximale Fortbewegungsgeschwindigkeit |
| 60-m-Lauf | Sprintleistung ohne Laktatbelastung |
| 100-m-Lauf | Wettkampfleistung |
| 150-m-Lauf | Schnelligkeitsausdauer |
| 200-m-Lauf | Wettkampfstrecke |
| 300-m-Lauf | Sprintleistung unter hoher Laktatbelastung |

Tab. 41:
Testbatterie zur Diagnose der Sprintleistung

Einen Transfer der Testergebnisse auf die Intensitätssteuerung des Schnellig-
keitstrainings erwartet man nicht, weil spezifische Übungen zur Verbesserung
der Schnelligkeit im Allgemeinen mit maximaler Intensität absolviert werden.
Schnellkoordinative Fähigkeiten werden in der Regel mithilfe eines Parcours,
der elementare Bewegungen wie Hüpfen, Laufen, Klettern, Krabbeln mit Richtungswechseln, Rotationen und Balanceakten kombiniert, überprüft; Kriterium ist die Zeit, die benötigt wird, einen Durchlauf zu absolvieren. Der Wie-
ner Koordinationsparcours nach WARWITZ reiht z. B. folgende Übungen an-
einander:

| 1. Rolle vorwärts | 2. Rolle rückwärts | 3. 360°-Drehung |
|---|---|---|
| 4. Balancieren | 5. Achterlauf | 6. Ballrollen um Slalomstangen |
| 7. Kreuzsprungkombinationen | 8. Karreehüpfen | 9. Hindernisklettern |

Tab. 42: Koordinationsparcours

## 11.6 Trainingsplanung

Das Training der Schnelligkeit wird beim Training stets mitberücksichtigt. Eine
alleinige Ausrichtung des Trainings und damit eine spezifische Planung in Bezug auf das Schnelligkeitstraining unterbleibt jedoch.

## Zusammenfassung

**Schnelligkeit** ist die Fähigkeit, Bewegungen bei minimalem äußeren Widerstand
in kürzester Zeit ohne Ermüdung auszuführen.
* Schnelligkeit ist in hohem Maße vom Anteil der FTG-Fasern abhängig, also stark
  anlagebedingt.
* **Reaktionsschnelligkeit**, **Koordinationsschnelligkeit**, **Aktionsschnelligkeit**
  und **Handlungsschnelligkeit** sind die Hauptformen der Schnelligkeit. Sie of-
  fenbaren sich in unterschiedlicher Weise, je nachdem, ob es sich um **zyklische**
  oder **azyklische Bewegungen** handelt.
* Komplexe Schnelligkeitsleistung ist in einigen Ausprägungen mit anderen motorischen Fähigkeiten verknüpft. Man spricht dann von **Schnellkraft**, **Schnellkraftausdauer** oder **Schnelligkeitsausdauer**.
* Schnelligkeit stellt höchste Ansprüche an das Nervensystem, weshalb im Training entsprechend der **Wiederholungsmethode** Pausen mit vollständiger
  Erholung eingehalten werden müssen.

**45. Geplantes Schnelligkeitstraining zum Ende einer Trainingseinheit**

Ein Fußballtrainer lässt zum Ende einer Trainingseinheit noch 10 Sprints mit Trabpause absolvieren, um die Schnelligkeit seiner Mannschaft zu verbessern. Welche Wirkung erzielt er?

**46. Schnelligkeit, Schnellkraft, Schnellkraft-, Schnelligkeitsausdauer**

Differenzieren Sie die Eigenschaften Schnelligkeit, Schnellkraft, Schnellkraftausdauer und Schnelligkeitsausdauer anhand von Beispielen aus den leichtathletischen Laufdisziplinen.

**47. Schnelligkeitstraining in Ballsportarten**

Einerseits liest man in Anweisungen zum Schnelligkeitstraining für Ballsportler, dass koordinative Anforderungen gestellt werden sollen, andererseits aber, dass der Ball bei Schnelligkeitsübungen außen vor bleiben müsse. Lösen Sie den scheinbaren Widerspruch auf und geben Sie für Ballsportler geeignete Übungen zur Schnelligkeitsverbesserung an.

# 12 Beweglichkeitstraining

**Beweglichkeit** ist die Fähigkeit eines Menschen, Bewegungen mit großer Schwingungsweite in einem oder mehreren Gelenken ausführen zu können.

## 12.1 Biologische Grundlagen

Die Beweglichkeit einer Person hängt von vielen unterschiedlichen Faktoren ab, ist also eine hoch individuelle Eigenschaft.

- **Alter:** Die Beweglichkeit nimmt schon etwa ab dem 5. Lebensjahr ab.
- **Geschlecht:** Statistisch gesehen sind Frauen beweglicher als Männer.
- **Bau des passiven Bewegungsapparates:** Der individuelle Bau von Knochen, Gelenken und Bändern ist für die häufig so bezeichnete Gelenkigkeit wesentlich verantwortlich. Die Gelenkigkeit einer Person ist also im Prinzip individuell vorgegeben, kann sich aber besonders durch Verletzungen, aber auch durch dauerhafte Beanspruchung, Überbeanspruchung oder Unterbeanspruchung sowohl im Sinne einer Zu- als auch einer Abnahme ändern.
- **Bindegewebe:** Mit der Muskulatur wird auch das sie begleitende Bindegewebe gedehnt, ebenso wie die Haut, die Blutgefäße und die Nerven. Deren Dehnwiderstand trägt somit auch zum Dehnwiderstand des betroffenen Muskels bei.
- **Nerven:** Die Art des Kontakts zwischen Muskeln und Nerven beeinflusst das Dehnungsverhalten der Muskulatur, etwa bei schlagartiger Stimulierung der Nerven oder dauerhafter Innervierung von dann nicht mehr erholungsfähigen Muskelfasern.
- **Aufwärmen:** Aufgewärmte Muskulatur ist dehnfähiger als kalte.
- **Aktuelle Belastungssituation:** Prinzipiell ist eine Trainingsbelastung nicht dauerhaft muskelverkürzend, doch kann sich bei ständiger Überbeanspruchung durch zu umfangreiches bzw. zu intensives Training oder durch einseitige Belastung unter Missachtung der optimalen Kraftverhältnisse von Agonisten und Antagonisten eine Verkürzung der Muskulatur bei eingeschränkter Beweglichkeit einstellen. Das gilt auch für einseitige Belastungen und Fehlhaltungen in Alltagssituationen, etwa am Arbeitsplatz, und für Situationen der dauerhaften Inaktivität etwa bei Schmerzen, Krankheit oder Verletzung. Entsprechende Fehlhaltungen treten dann auf, wenn bestimmte Haltungen erzwungen werden, um einen Schmerz zu meiden, oder wenn Schmerz auslösende Bewegungen prinzipiell unterdrückt werden, wodurch

eine Abschwächung der für das unterdrückte Bewegungsdetail verantwortlichen Muskulatur erzielt wird.

- **Psychische Situation:** Angespannte psychische Situationen führen eher zu verringerter Beweglichkeit, entspannte mehren sie.

### Muskeltonus

Als Muskeltonus wird die immer vorhandene Grundspannung (Ruhetonus) der Muskulatur bezeichnet, die z. B. nötig ist, um die Körperhaltung zu regulieren. Bei hohem Tonus ist die Dehnbarkeit der Muskulatur gering, bei niedrigem Tonus hingegen hoch.

Beim Muskeltonus lassen sich zwei Arten unterscheiden:
- Der **kontraktile Muskeltonus** (aktiver Muskeltonus) rührt von der aktiven Kontraktion der Muskeln her und wird über Reflexe gesteuert. Dabei werden von den Muskelspindeln, den Dehnungsrezeptoren der Muskeln, Afferenzen zum Rückenmark gesendet, die von spannungsregelnden Efferenzen beantwortet werden.
- Der **viskoelastische Muskeltonus** (passiver Muskeltonus) wird von der nicht aktiv beeinflussbaren Zähigkeit und Elastizität aller beteiligten Gewebe bestimmt. Für den passiven Tonus sind besonders die elastischen Titinfilamente verantwortlich, die dafür sorgen, dass ein Muskel nach Dehnung immer wieder in die Originallänge zurückgestellt wird. Insofern werden die Titinfilamente als Auslöser der spürbaren Dehnungsspannung oder gar eines Dehnungsschmerzes verantwortlich gemacht. Der Sinn der Arbeit des Titins liegt darin, dass die Kontraktionsfähigkeit des Muskels dadurch gesichert wird, dass die durch die Dehnung verursachte Verkürzung der überlappenden Bereiche zwischen Aktin- und Myosinfilamenten im A-Abschnitt wieder zurückgestellt wird, um die ursprüngliche Anzahl von Querbrücken-Bildungen zwischen Aktin und Myosin im Sinne der normalen Kontraktionsfähigkeit zu ermöglichen.

Folgende Faktoren haben Einfluss auf den Muskeltonus, was zwar empirisch bekannt, aber streng wissenschaftlich nicht gesichert ist:
- **Erhöhung des Muskeltonus:** schnelle, kräftige und ausdauernde Körperübungen, also nahezu alle athletisch geprägten Tätigkeiten, da sie zur Ermüdung der Arbeitsmuskulatur führen; kalte Umgebungstemperaturen; psychische Erregung; Gelenkblockaden, innere Erkrankungen oder Entzündungen
- **Absenkung des Muskeltonus:** Dehnung der Muskulatur; physiotherapeutische Maßnahmen wie Massagen oder warme Bäder; psychoregulative Maßnahmen wie autogenes Training oder Meditation

Ungünstige sportliche und alltägliche Belastungen der Muskulatur führen unter Umständen zu einer dauerhaften Erhöhung des Muskeltonus betroffener Muskeln. Dadurch wird die intermuskuläre Koordination gestört, weil die nötigen Entspannungsphasen im Zusammenspiel von Agonist und Antagonist bei bestimmten Teilbewegungen nicht mehr erreicht werden können. Auf Dauer muss man damit rechnen, dass die fortlaufenden, zunächst geringen Koordinationsstörungen sich zu einer ernsthaften Störung, z. B. einer Verletzung des Sportlers summieren. Verstärkt wird dieser Mangel noch, wenn die Muskulatur dysbalanciert ist, also Paare von Agonisten und Antagonisten nicht ihrem natürlichen Kräfteverhältnis entsprechend ausgeprägt sind.

Einige Muskeln, die sich infolge intensiver sportlicher Tätigkeit besonders häufig verkrampfen, sind der Gerade Oberschenkelmuskel *(m. rectus femoris)*, der Dreiköpfige Wadenmuskel *(m. triceps surae)*, der Rückenstrecker *(m. erector spinae)*, die ischiocrurale, das Bein beugende Muskelgruppe am hinteren Oberschenkel, der Hüftbeuger *(m. iliopsoas)*, der Große Brustmuskel *(m. pectoralis maior)*.

### Rückkopplungssysteme der Muskulatur

Der Spannungszustand der Muskulatur wird durch Regelkreismechanismen bestimmt. Afferenzen kommen von Rezeptoren in Muskeln, Sehnen, Bändern, Gelenken und sie umgebenden Geweben, Reaktionen auf diese Afferenzen werden im Rückenmark verarbeitet, wo Interneurone diese und andere Körperinformationen verarbeiten und entsprechende efferente Reaktionen an die Motoneurone senden. In unmittelbarer Nähe zur Arbeitsmuskulatur arbeiten zwei Rezeptor-Systeme:

- Die **Muskelspindeln** senden ständig Informationen über die Länge und über die Geschwindigkeit von Längenänderungen des Muskels, in dem sie untergebracht sind. Damit funktionieren sie als Messinstrumente des kinästhetischen Sinnes. Die Muskelspindeln lösen nicht – wie früher postuliert – gegen jede Dehnung des Muskels einen kontrahierenden Widerstand aus, sondern führen nur dann zu einer reflektorischen Kontraktion über den Dehnreflex, wenn ein Muskel unvorgesehen gedehnt wird, z. B. beim versehentlichen Stolpern, nicht aber, wenn eine Dehnung beabsichtigt ist.
- Die **Golgi-Sehnenorgane** sind Rezeptoren, die im Bereich der Übergänge von Muskeln zu Sehnen, in den Gelenkkapseln und Bändern vorkommen. Sie messen, wie stark die betroffenen Gewebe gespannt sind, kontrollieren und ermöglichen dadurch gleichmäßig gesteuerte Bewegungen, indem durch ihre Afferenzen hemmende oder fördernde Impulse ausgelöst wer-

den. Beim Auftreten extremer Dehnspannungen können sie eine Entspannung der betroffenen Muskulatur bewirken. Ihre Afferenzen werden ähnlich wie diejenigen der Muskelspindeln mit der willentlichen Bewegungssteuerung abgeglichen.

Weitere wesentliche Rezeptoren im Zusammenhang mit Dehnen und Beweglichkeit sind die Ruffini-Körperchen, welche die Geschwindigkeit und den Umfang von Gelenkbewegungen erfassen können, die Vater-Pacini-Rezeptoren, welche die Beschleunigungen in Geweben erkennen, sowie die freien Nervenendigungen im Gewebe, die Schmerz übermitteln.

Die Verarbeitung komplexer Körperinformationen in den Interneuronen des Rückenmarks macht plausibel, warum z. B. Beschwerden an den inneren Organen sich auch in Fehlspannungen der Skelettmuskulatur niederschlagen können und warum Schädigungen der Gelenke sofort Spannungsänderungen der umgebenden Muskulatur auslösen. Insofern ist Beweglichkeit aus heutiger Sicht mehr denn je als eine sehr komplexe Eigenschaft zu sehen, bei deren medizinischer Betrachtung sich einfache Ursache-Wirkungs-Rückschlüsse in der Regel verbieten.

## 12.2 Anpassung

Einer Beweglichkeitsschulung werden zahlreiche positive Wirkungen im sportlichen Training zugeschrieben, die sie als eine Fähigkeit ausweisen, die sowohl konditionell als auch koordinativ wirksam ist.

- **Höhere Bewegungsökonomie:** Höhere Beweglichkeit erleichtert die Durchführung vieler weiträumiger Bewegungen, weil Muskeln dann nicht kräfteraubend bis zum Limit ihrer Dehnfähigkeit geführt werden müssen.
- **Verletzungsprophylaxe:** Durch höhere Beweglichkeit erreichen weiträumige Bewegungen seltener einen „Anschlagpunkt": So entfallen unnötige und ungeplante Ausweichbewegungen und die Belastung auf Gelenkflächen, Gelenkkapseln, Bänder und Sehnen geht zurück. Einer Verletzung reduzierenden Wirkung des Beweglichkeitstrainings im Allgemeinen, besonders beim Aufwärmen, steht man heute allerdings sehr skeptisch gegenüber und sieht die Prophylaxe von Verletzungen viel eher im Bereich der intermuskulären Koordinationsverbesserung.
- **Verbesserung der intermuskulären Koordinationsfähigkeit:** Ein Beweglichkeitstraining ist Teil eines Vorbeugungsprogrammes zur Vermeidung von Dysbalancen der Muskulatur, weil es zu einem reibungslosen Zusammenspiel von Agonist und Antagonist beiträgt.

- **Erleichterung des Transfers konditioneller Eigenschaften** auf die sportliche Leistung durch Verbesserung des Anpassungsvermögens, des Kombinationsvermögens und des Steuerungsvermögens.

## 12.3 Formen der Beweglichkeit

Bei der Beweglichkeit kann nicht nur zwischen der allgemeinen Beweglichkeit, die ein Sportler von Natur aus aufweist, und der speziellen Beweglichkeit, die sportartspezifisch ist, unterschieden werden, sondern auch zwischen Dehnfähigkeit und Gelenkigkeit.

### Dehnfähigkeit

Die **Dehnfähigkeit** bezieht sich auf die Beweglichkeit der Muskeln, Sehnen und Bänder.

Die Dehnbarkeit der Muskeln ist erheblich, im Bereich der Bänder und Sehnen ist mit einem Dehnungsspielraum von bis zu 5 % zu rechnen. Ziel eines Beweglichkeitstrainings ist aus diesem Grund die Optimierung der Dehnfähigkeit der Muskulatur. Hierbei unterscheidet man die **aktive Beweglichkeit**, wenn ein Sportler die Weite der Gelenkbeweglichkeit ohne Schwung durch eigene Muskelkraft erreicht, von der **passiven Beweglichkeit**, wo die Schwingungsweite durch Nachdrücken oder besonderen Einsatz der Schwerkraft erreicht wird. Eine Erhöhung des Bewegungsspielraumes in den Gelenken selbst, den Sehnen und Bändern ist nicht wünschenswert, weil dadurch von Natur aus stabilisierendes Gewebe destabilisiert wird, wodurch eine Verletzungsanfälligkeit des Sportlers provoziert wird.

Bei übertriebenem Training der Dehnfähigkeit stellt sich eine überstarke Beweglichkeit, eine sogenannte **Hypermobilität** ein, die in einigen Sportarten (Turnen, rhythmische Sportgymnastik) erwünschtes Trainingsziel ist. Vom Standpunkt der Gesunderhaltung durch Sport ist Hypermobilität allerdings unerwünscht, weil die Muskeln so ungünstige Ansatzwinkel erhalten können, dass ihre Kraft nicht mehr reicht, Bewegungen ausreichend zu steuern. Die Gelenkkapseln und die Bänder sind besonders bei Sprüngen und anderen abrupt endenden Übungsteilen Leidtragende dieser Situation, weil sie die nicht oder nur wenig durch die Muskulatur kompensierten Bewegungsimpulse ausgleichen müssen.

## Gelenkigkeit

Unter **Gelenkigkeit** wird die Beweglichkeit der Gelenke und deren Gelenkkapseln verstanden.

Eine Ausnahme der Regel, dass die Beweglichkeit hauptsächlich über eine verbesserte Dehnfähigkeit gesteigert werden soll, bildet die Phase der Rehabilitation nach Operationen an Gelenken oder nach längeren Ruhigstellungen. Hier ist eine Erhöhung der Gelenkigkeit, die in solchen Fällen oft dramatisch eingeschränkt ist, ein vorrangiges Ziel des Beweglichkeitstrainings. Man spricht in diesem Zusammenhang von Mobilisation der eingeschränkten Strukturen.

## 12.4 Methoden

Um die „richtige" Dehn-Gymnastik wird schon seit längerer Zeit gestritten. Kaum ein Bereich des Körpertrainings ruft vergleichbar ideologisch geprägte Diskussionen hervor wie dieser, da viele Übungssysteme zur Entkrampfung dadurch, dass sie die gesamte Person einbeziehen, den Übenden mit dem Welt- und Menschenbild der entsprechenden Schule konfrontieren. Für den Sportler am pragmatischsten ist es festzustellen, welche Formen des Beweglichkeitstrainings ihm persönlich besonders zuträglich sind und welche weniger.
Prinzipiell unterscheidet man hinsichtlich des rein körperlichen Beweglichkeitstrainings folgende Formen:

- **Statische Dehnungen (statisches Stretching)** werden nach langsamer Einnahme der Dehnhaltung 10–30 Sekunden und länger gehalten, dabei aktiv aus eigener Kraft oder passiv durch äußere Kräfte verstärkt.
- **Postisometrische Dehnungen (postisometrisches Stretching)** sehen nach einer 10–20 Sekunden dauernden maximalen isometrischen Anspannung des Muskels und einer nachfolgenden 2–3 Sekunden dauernden Entspannungsphase eine 10–20 Sekunden (und mehr) dauernde Dehnungsphase vor, die auch aktiv oder passiv gestaltet werden kann.
- **Dynamische Dehnungen** mit schwunghafter Ausführung sind aufgrund ihrer extrem kurzen Verweildauer in der maximal möglichen Dehnungsstellung lange verpönt gewesen, da durch schlagartiges Dehnen unter Umständen der Dehnreflex ausgelöst wird und dann die maximale Ausdehnung unerreichbar bleibt. Dass schwunghaftes Dehnen seinen Platz trotzdem wieder erobert hat, liegt zum einen daran, dass dadurch die intermuskuläre Koordination in Hinblick auf Trainings- und Wettkampfübungen ge-

fördert werden kann, zum anderen, dass eine maximale Dehnung vor Trainingsbelastungen oft nicht gewünscht ist.

Beispiele

- In Sportarten mit hoher Schnellkraftanforderung wird beim Aufwärmen meist ein Methoden-Mix angewandt. Zunächst werden statische Dehnübungen mit kurzer Haltezeit durchgeführt, um unerwünschte Verspannungen beseitigen zu können. Darauf folgen dynamische Dehnübungen, da sie den in diesem Falle möglichen, ebenfalls unerwünschten Effekt einer Tonus-Absenkung vermeiden und die Zielübungen durch dynamische Muskelarbeit gut vorbereiten können.
- Sportarten mit hohem Anteil an Schnellkraftleistungen und gleichzeitig hohen Anforderungen an die Dehnfähigkeit, wie z. B. Gerätturnen, verlagern das Training der reinen Dehnfähigkeit unter Verwendung von Stretching-Formen am besten in den Anschluss eines Trainings. Hierbei gilt zu beachten, dass im Zustand starker Erschöpfung aufgrund der Schieflage des Wasser- und Elektrolythaushaltes und nachfolgender Krampfneigung nicht, zumindest aber nicht stark gedehnt werden sollte, sondern lieber zunächst durch passive Maßnahmen (Bäder, leichte Massage) die Erholung eingeleitet wird. Bei ausreichender Zeit bietet sich in Sportarten mit leistungsbestimmendem Bedarf an Fertigkeiten aus dem Spektrum der Beweglichkeit an, die Dehnfähigkeit in separaten Trainingseinheiten schwerpunktmäßig anzusprechen.

Die in jüngster Zeit oft geäußerten Meinungen, dass ein Muskel-Dehntraining sinnlos sei, greifen häufig einzelne Aspekte aus den kurz angedeuteten Diskussionen heraus und verallgemeinern sie unzulässig. Tatsächlich ist es so, dass etwa in den Spielsportarten die Beweglichkeit nicht unmittelbar so stark leistungsbestimmend ist, dass der Unterschied zwischen „gedehnt" und „nicht gedehnt" mess- oder sichtbar in der Spielleistung wahrgenommen werden könnte. Gleichwohl gehört auch in solchen Sportarten ein Dehnprogramm zum sinnvollen Trainingsregime. Ein umfassendes Dehnprogramm umfasst mindestens folgende Stationen:

| gedehnter Bereich | Bewegungshinweis | besonders angesprochene Muskeln |
|---|---|---|
| Waden | Bein im Knie gestreckt oder gebeugt | *m. gastrocnemius/m. soleus* |
| Vorderseite Oberschenkel | Bein anbeugen, Hüfte strecken | *m. rectus femoris* |
| Rückseite Oberschenkel | Beugen nach vorn; Rücken gerade | *m. biceps femoris* |
| Hüftbeuger | Ausfallschritt nach vorne; Oberkörper aufrecht | *m. iliopsoas* |

| gedehnter Bereich | Bewegungshinweis | besonders angesprochene Muskeln |
|---|---|---|
| Adduktoren | Ausfallschritt seitlich | *alle Adduktoren* |
| Rückenstrecker | Beugen nach vorn; Rücken gekrümmt | *m. erector spinae* |
| Brustmuskeln | Armführung nach hinten-oben | *m. pectoralis maior* |
| Schulter | Kopfneigen seitlich | *m. trapezius* |

Tab. 43: Dehnprogramm

## 12.5 Leistungstests

Tests zur Beweglichkeit sind nach den einführenden Bemerkungen des vorigen Abschnitts schwierig an allgemein gültige Normwerte zu koppeln, weil Beweglichkeit offenbar eine sehr individuelle Eigenschaft ist. Insofern sind die im Folgenden genannten Normzahlen des seit vielen Jahren renommierten JANDA-Tests vorsichtig auf Einzelpersonen anzuwenden. Sie geben eine statistische Orientierung wieder. Die Testübungen können ohne Probleme verwendet werden, um vor und nach einer Phase des Beweglichkeitstrainings Vergleiche durchzuführen. Die folgenden Tests nach JANDA prüfen, ob und wie stark zur Verkürzung neigende Muskulatur tatsächlich verkürzt ist.

| Muskelgruppe | geprüfte Muskeln | Prüfung und Kriterium<br>0 keine   1 leichte   2 deutliche Verkürzung |
|---|---|---|
| Waden-muskulatur | | Der Untersuchte liegt in Rückenlage. |
| | Zwillingswadenmuskel (*m. gastrocnemius*) | a) Das getestete Bein ist gestreckt, das andere gebeugt. Der Fuß des untersuchten Beines wird durch den Untersuchenden mit der hohlen Hand an der Ferse fixiert; dabei wird an der Ferse gezogen. Die andere Hand liegt mit dem Ballen und dem Daumen entlang der Fußsohle an und führt den Fuß so, dass die Wadenmuskulatur gedehnt wird. <br><br>Kriterium:<br>0: $\alpha \leq 90°$     1: $90° < \alpha < 100°$     2: $\alpha \geq 100°$ |
| | Schollenmuskel (*m. soleus*) | b) Unter Beibehaltung der Fußendstellung aus a wird nun das Knie durch den Untersuchenden gebeugt; falls sich danach das Ausmaß der Dehnung des Fußes erhöhen lässt, ist der Zwillingswadenmuskel verkürzt, andernfalls der Schollenmuskel. |

| Muskelgruppe | geprüfte Muskeln | Prüfung und Kriterium<br>0 keine  1 leichte  2 deutliche Verkürzung |
|---|---|---|
| Hüftbeuger | | Die Haltung wird entsprechend der Zeichnung eingenommen; der Untersuchende fixiert das angebeugte Bein zusätzlich, um Ausgleichsbewegungen aus der Hüfte vorzubeugen (Hohlkreuz). Das hängende Bein wird untersucht.<br> |
| | Lenden-Darmbein-muskel (m. iliopsoas) | a) Kriterium m. iliopsoas<br>  0: Oberschenkel des untersuchten Beins horizontal<br>  1: leichte Beugung in der Hüfte<br>  2: deutliche Beugung in der Hüfte; auch auf Druck kommt der Oberschenkel nicht in die Horizontale |
| | Gerader Oberschenkel-muskel (m. rectus femoris) | b) Kriterium m. rectus femoris<br>  0: der Unterschenkel des freien Beins hängt senkrecht<br>  1: der Unterschenkel ist schräg nach vorne gestreckt<br>  2: der Unterschenkel ist nach vorne gestreckt; Druck an den Unterschenkel von vorn wird mit Hüftbeugung kompensiert. |
| | Schenkelbinden-spanner (m. tensor fasciae latae) | c) Wenn hierbei der Oberschenkel nach außen abduziert, ist der m. tensor fasciae latae verkürzt. |
| Ischiocrurale Muskulatur | Oberschenkelbeuger (m. biceps femoris)<br>Halbsehniger Muskel (m. semitendinosus)<br>Halbhäutiger Muskel (m. semimembranosus) | Der Untersuchte liegt auf dem Rücken. Er beugt das völlig gestreckte Bein in der Hüfte. Der Winkel $\alpha$ zwischen den beiden Beinen wird gemessen.<br><br>Kriterium:<br>0: $\alpha \geq 90°$    1: $80° < \alpha < 90°$    2: $\alpha \leq 80°$ |
| Adduktoren | Kammuskel (m. pectineus)<br>Kurzer Anzieher (m. adductor brevis)<br>Großer Anzieher (m. adductor magnus)<br>Langer Anzieher (m. adductor longus)<br>Schlanker Muskel (m. gracilis) | Das untersuchte Bein wird in Rückenlage seitlich abgespreizt; der Untersuchende führt den Unterschenkel und fixiert die Hüfte. Der Adduktorentest wird bei leicht gebeugtem und bei gestrecktem Knie des abgespreizten Beines durchgeführt. Der Winkel $\alpha$ zwischen den beiden Beinen wird gemessen.<br><br>Kriterium:<br>0: $\alpha \geq 40°$    1: $30° < \alpha < 40°$    2: $\alpha \leq 30°$ |

| Muskelgruppe | geprüfte Muskeln | Prüfung und Kriterium<br>0 keine  1 leichte  2 deutliche Verkürzung |
|---|---|---|
| Rückenstreck-muskulatur | Rückenstrecker<br>(m. erector spinae) | Der Untersuchende fixiert die Hüfte von hinten, um ein Vorkippen des Beckens zu verhindern. Gemessen wird der Abstand d zwischen Stirn und Knie bei maximaler Beugung des Oberkörpers nach vorne.<br><br><br><br>Kriterium:<br>0: d ≤ 15 cm    1: 15 cm < d < 20 cm    2: d ≥ 20 cm |

Tab. 44: Tests hinsichtlich der Verkürzung von Muskeln (nach JANDA)

## 12.6 Trainingsplanung

Da Beweglichkeitstraining immer nur begleitend durchgeführt wird, richtet sich auch die Planung des Beweglichkeitstrainings an der des Trainings der übergeordneten konditionellen Grundeigenschaft aus.

# Zusammenfassung

**Beweglichkeit** ist die Fähigkeit eines Menschen, Bewegungen mit großer Schwingungsweite in einem oder mehreren Gelenken ausführen zu können.

- Die Beweglichkeit des Einzelnen ist von vielen Faktoren abhängig, die zum Teil nicht durch Training beeinflusst werden können.
- Die Dehnbarkeit der Muskulatur wird durch den **Muskeltonus** bestimmt. Ist er hoch, ist die Dehnbarkeit gering, ist er niedrig, ist sie hoch. Die Regulierung der Muskelspannung erfolgt über Regelkreismechanismen, an denen unter anderem die Muskelspindeln und die Golgi-Sehnenorgane beteiligt sind.
- Das Training der Beweglichkeit trägt zu einer Verbesserung der intermuskulären Koordinationsfähigkeit bei.
- Bei der Beweglichkeit kann grundsätzlich zwischen **Dehnfähigkeit** und **Gelenkigkeit** unterschieden werden. Die Beweglichkeit, die aufgrund eigener Muskelkraft erzielt wird, wird dabei als aktive Beweglichkeit bezeichnet, diejenige, die nur durch Unterstützung von außen erreicht wird, als passive.

- Mit welchen **Methoden** die Beweglichkeit am besten gefördert werden kann, ist umstritten. Als Formen kommen statische, postisometrische und dynamische Dehnübungen infrage.
- Mit den JANDA-**Tests** lässt sich überprüfen, inwieweit bestimmte Muskeln verkürzt sind.

Aufgaben 48. **Dehnübungen für verschiedene Muskeln bzw. Muskelgruppen**
Geben Sie Dehnübungen für die Wadenmuskulatur, die Beinbeuger, die Beinstrecker, die Rückenstrecker und die Brustmuskulatur an.

49. **Dehnreflexe**
Klären Sie, welche Rolle die Muskelspindeln und Golgi-Sehnenorgane in Verbindung mit den Interneuronen des Rückenmarks bei der Dehnung von Muskeln spielen.

50. **Kritische Ablehnung des Dehntrainings**
In der Diskussion um Sinn und Unsinn eines Beweglichkeitstrainings gibt es Sportler und Trainer, die das über Jahrzehnte intensiv gepflegte Dehntraining in der Aufwärmphase etwa zu einem Wettkampf ablehnen oder gar verbieten. Nehmen Sie zu dieser Position Stellung.

# 13 Koordinations- und Techniktraining

Unter **koordinativer Fähigkeit** (Gewandtheit) versteht man die allgemeine Fähigkeit, Bewegungen sicher und ökonomisch zu beherrschen und relativ schnell zu erlernen. Die koordinative Fähigkeit setzt sich aus verschiedenen Komponenten zusammen, der Kopplungsfähigkeit, der Differenzierungsfähigkeit, der Gleichgewichtsfähigkeit, der Orientierungsfähigkeit, der Rhythmusfähigkeit, der Reaktionsfähigkeit und der Anpassungs- und Umstellungsfähigkeit.

Eine **Technik** hingegen ist ein Verfahren, eine sportartspezifische Bewegungsaufgabe zweckmäßig zu lösen. Basis der Beherrschung von Techniken sind neben den Steuerungsfähigkeiten des zentralen Nervensystems die konditionellen Fähigkeiten des Sportlers.

## 13.1 Ziele

Dem allgemeinen Gewandtheitstraining kommt besondere Aufmerksamkeit zu, denn eine breite koordinative Grundlage ist Basis einer verbesserten motorischen Lernfähigkeit. Die Umsetzung dieser Erkenntnis hat Konsequenzen für das Kinder- und Jugendtraining, das Training von Sportarten mit koordinativem Schwerpunkt und für die Verletzungsprophylaxe: Für das **Kinder- und Jugendtraining** aller Sportarten und aller Leistungsklassen gilt der Grundsatz der vielfältigen Ausbildung. Man verfolgt mit seiner Anwendung Ziele, die von „Spaß an der Bewegung" bis „Basisbildung für internationale Erfolge" reichen.

Tradition hat ein vertieftes Gewandtheitstraining in **Koordinations-Sportarten** wie dem Kunstturnen, deren Leistungsprofil wesentlich durch ständiges Neu-Erlernen von Bewegungstechniken geprägt ist, wo die Koordinationsfähigkeit also unmittelbar leistungsbestimmend ist.

Ein breit angelegtes Gewandtheitstraining ist Teil der **Verletzungsprophylaxe**, weil einseitige Überbelastungen mit vermehrtem Koordinationstraining vermieden oder mindestens gemildert werden können. Besonders Sportler des Höchstleistungsbereiches, die sich so weit belasten, dass eine Mehrbelastung ohne schwerwiegende körperliche Schädigung mit nachfolgender Sportunfähigkeit nicht mehr machbar scheint, können durch vielfältigeres Training noch Belastungsreize setzen, die in der Spezialdisziplin nicht mehr möglich sind. So sind z. B. lange Trainingseinheiten mit dem Schwerpunkt Radfahren für Marathonläufer eine willkommene Gelegenheit, den Fettstoffwechsel zu trainieren, ohne durch einen überlangen Lauf die Gelenke zu belasten.

## 13.2 Methoden

Die Einschätzung der Schwierigkeit einer Bewegung ist sehr individuell. Was ein Sportler auf Anhieb z. B. durch „Abschauen und Nachmachen" ohne Mühe lernt, ist beim nächsten erst nach zahlreichen Übungsschritten möglich. Entsprechend gliedert man die Methoden des Techniklernens:

- **Ganzheitsmethode:** Bei für den Lernenden subjektiv einfachen Bewegungen ist eine methodische Aufbereitung nicht nötig, hier genügt oft das einfache „Vormachen – Nachmachen", bei dem die Bewegung als Ganzes präsentiert und sofort nachvollzogen wird.
- **Teillernmethode (Zergliederungsmethode):** Ist eine ganzheitliche Vermittlung nicht möglich, wird die Bewegung nach zeitlichen oder funktionellen Gesichtspunkten in Teilbewegungen gegliedert, die isoliert geschult und zur Zielbewegung kombiniert werden. Die daraus entstehende Übungsfolge heißt „methodische Übungsreihe".

Das Bewegungslernen stellt höchste Ansprüche an das Nervensystem. Deshalb werden neue Bewegungen niemals unter Ermüdung eingeübt, und die während der Lernphase notwendigen Pausen müssen zur vollständigen Erholung führen. Unter diesem Gesichtspunkt wird auch die Trainingshäufigkeit in Trainingsphasen mit dem Ziel „Erweiterung des Bewegungsrepertoires" so gestaltet, dass man lieber viele kurze als wenige lange Trainingseinheiten durchführt. Wenn es allerdings darum geht, bereits beherrschte Bewegungen zu stabilisieren, die Anwendung erlernter Techniken in verschiedenen Situationen zu fördern oder das Techniktraining zur allgemeinen Koordinationsschulung zu gebrauchen, dann wird vom Grundsatz der Ermüdungsfreiheit unter Umständen abgegangen. Das wesentliche trainingsmethodische Mittel zur umfassenden Koordinationsschulung ist die Variation.

Angesichts des hohen Grades der Inanspruchnahme des zentralen Nervensystems im Koordinations- und Techniktraining liegt es nahe zu fragen, ob man nicht das Nervensystem isoliert, also auch ohne körperliche Arbeit trainieren kann, um sich koordinativ zu verbessern. Eine Antwort darauf ist das **mentale Training**, das ohne die tatsächliche Ausführung von Bewegungen arbeitet.

Ausführlichere Erläuterungen zu den koordinativen Fähigkeiten und den Methoden finden Sie in dem in derselben Reihe erschienenen Band zur Bewegungslehre und Sportpsychologie (Best.-Nr. 94982, ISBN 978-3-89449-131-4) in den Kapiteln 9 (Koordinative Fertigkeiten und Fähigkeiten) und 11 (Motorisches Lernen).

# Zusammenfassung

- Zu unterscheiden ist zwischen der Technik als sportartspezifischem Verfahren, eine Bewegungsaufgabe zu lösen, und der koordinativen Fähigkeit (Gewandtheit) als allgemeine Fähigkeit, Bewegungen zu erlernen und zu beherrschen.
- Das Erlernen einer Technik erfolgt entweder mithilfe der Teillern- (Zergliederungs-) bzw. Ganzheitsmethode. Daneben kann auch mentales Training zum Einsatz kommen.

**fgaben**

51. **Dribbling im Fußball oder Basketball**
    Erläutern Sie, wie Übungen zur Verbesserung der Koordination beim Dribbling im Fußball oder Basketball auszusehen haben.

52. **Heidelberger Ballsportschule**
    Das Konzept der Heidelberger Ballsportschule sieht vor, mit Kindern Ballfertigkeiten und -fähigkeiten und grundlegende Situationsfertigkeiten vieler Sportarten einzuüben. So kommt es durchaus vor, dass in einer Stunde, teilweise sogar innerhalb einer Übung, verschiedene Bälle verwendet werden, deren Behandlungen mit Hand und Fuß erfolgen kann. Während man damit langfristig Spezialisten im Fußball, Handball, Basketball ausbilden möchte, vermeidet man kurzfristig im Kindesalter die Spezialisierung.
    Erörtern Sie den Sinn dieses Ansatzes vor dem Hintergrund des Prinzips der Alters- und Entwicklungsgemäßheit und der Erkenntnisse zum koordinativen Training.

53. **Komponenten der koordinativen Fähigkeit**
    Stellen Sie anhand der Sportart Volleyball die Bedeutung der Komponenten der koordinativen Fähigkeit dar.

# 14 Sportspieltraining

Sportarten wie die Spiele Basketball, Fußball, Handball oder Volleyball unterliegen vielfältigen Einflüssen auf die sportliche Leistungsentwicklung. Um Erfolg zu haben, müssen im Wettkampf taktische Überlegungen im Vordergrund stehen und im Training eigentlich sich widersprechende Eigenschaften vereinbart werden. Außerdem geht es im Training der Mannschaftssportarten um die Würdigung der Individualität des Einzelsportlers im Spannungsfeld mit den Anforderungen des mannschaftlichen Umfelds und übergeordneter Terminpläne, was ein nach den Erkenntnissen der Trainingslehre organisiertes Training oftmals sogar ausschließt.

## 14.1 Taktiktraining

> Unter **Taktik** versteht man die systematische Planung von Training und Wettkampf anhand von Entscheidungs- und Handlungsanweisungen mit dem Ziel, vorhandene Ressourcen optimal in einen sportlichen Erfolg ummünzen zu können.

Taktik ist von folgenden Gesichtspunkten geprägt:

- **Zeit:** Es können lang- und kurzfristige taktische Planungen unterschieden werden. Langfristig wird sich z. B. überlegt, wann im Wettkampf welche Stärke eingesetzt werden soll oder wo die unvermeidliche Offenbarung welcher Schwäche am wenigsten schadet, welche Trainingsmaßnahmen während einer Saison oder gar mehrerer aufeinanderfolgender Jahre eingesetzt werden sollen. Im Wettkampf selbst muss dagegen häufig kurzfristig reagiert werden, was sogar dazu führen kann, dass langfristige Planungen spontan geändert werden. Kurzfristige Änderungen sind auch nötig, wenn überraschende Termine auftreten, z. B. kurzfristig terminierte Pokalspiele, oder wenn Play-off-Runden geplant werden müssen, wo es um zusätzliche Umfänge von bis zu 20 Wettspielen gehen kann.
- **Art der Entscheidungsfindung:** Taktische Entscheidungen können entsprechend den Arten der Wahrnehmung Top-Down und Bottom-Up festgelegt werden. Bei Top-Down wird ein schlüssiges Konzept auf kognitiver Basis erstellt, dessen Regeln passend auf zutreffende sportliche Situationen angewendet werden. Heißt die Leitidee Bottom-Up, dann soll ein Sportler lernen, durch die Situation bedingte Informationen aufzunehmen und zutreffend zu interpretieren, um instinktiv richtig zu reagieren.
  Bei strikter Anwendung der Top-Down-Methode erhält der Sportler ein Repertoire an Maßnahmen, die – und nur die – er in gewissen Situationen an-

wenden darf. Diese Methode der Taktikvermittlung ist sicher und effektiv und kann auch sehr komplex auf Situationen Antworten geben. Sie vergibt aber unter Umständen Potenziale der im Wettkampf stehenden Einzelpersonen im Bereich der Kreativität oder der Begeisterung, wenn das taktische Konzept als fremdgesteuert, einschnürend oder langweilig erlebt wird. Für einen Gegner ist ein solches Konzept häufig berechenbar, da er es in vorhergehenden Wettkampfsituationen beim Gegner beobachten kann. Typische Top-Down-Problemlösungen sind in einfachen Situationen durch Standardantworten auf Aktionen des Gegners, in komplexeren Zusammenhängen durch fest umzusetzende Spielsysteme gegeben.

Bei einem ausschließlichen Bottom-Up-Vorgehen wird an guten Tagen der Wettkampf für die beteiligten Einzelsportler wie von selbst laufen, an schlechten wird ein Repertoire an Handlungsanweisungen vermisst werden, das über schwache, orientierungsarme Phasen hinweg tragen kann. Für den Gegner ist ein solches Konzept unberechenbar, aber auch für die eigene Mannschaft. Taktisches Training in der Bottom-Up-Denkrichtung bietet Prinzipien und zahlreiche Muster an, wie wenig komplex und effektiv auf gegnerische Aktionen reagiert werden kann, und lenkt die Aufmerksamkeit auf ausgewählte Gesichtspunkte, wenn die Komplexität der gegnerischen Handlungen die Fähigkeiten der individuellen Wahrnehmung übersteigt oder der Sportler im Wettkampf in Gefahr ist, auch einfachere Situationen unzutreffend zu bewerten.

- **Personelle Ausstattung:** Langfristige taktische Planungen sind eine Kernaufgabe der Trainer, können aber nicht losgelöst von den aktiven Sportlern vorgenommen werden, welche die Maßnahmen schließlich umsetzen sollen. Kurzfristige Maßnahmen sind teils Sache der Trainer, falls sie Einfluss auf einen laufenden Wettkampf nehmen können, sehr oft aber auch eine Angelegenheit der im Wettkampf stehenden Sportler, besonders der Führungsspieler, die spontan in der entsprechenden Situation entscheiden müssen.

- **Anzahl der betroffenen Personen im Wettkampf:** Je nachdem, wie viele Personen von taktischen Entscheidungen betroffen sind, werden folgende Formen unterschieden: Bei der Individualtaktik geht es um das Verhalten von Einzelpersonen in gewissen Situationen, bei der Gruppentaktik um Maßnahmen innerhalb von Teilen einer Mannschaft oder einer sonstigen Wettkampfgruppe, bei der Mannschaftstaktik um das Zusammenspiel der kompletten Wettkampfgruppe. Die Anordnung von individual-, gruppen- und mannschaftstaktischen Maßnahmen soll möglichst in einem nachvollziehbaren Gesamtrahmen stehen.

Beispiel

Ein Beispiel aus der Mann-Mann-Verteidigung im Basketballsport, wobei in den Zeichnungen die dreieckigen Symbole Verteidigungsspieler, die kreisförmigen Angriffsspieler kennzeichnen:

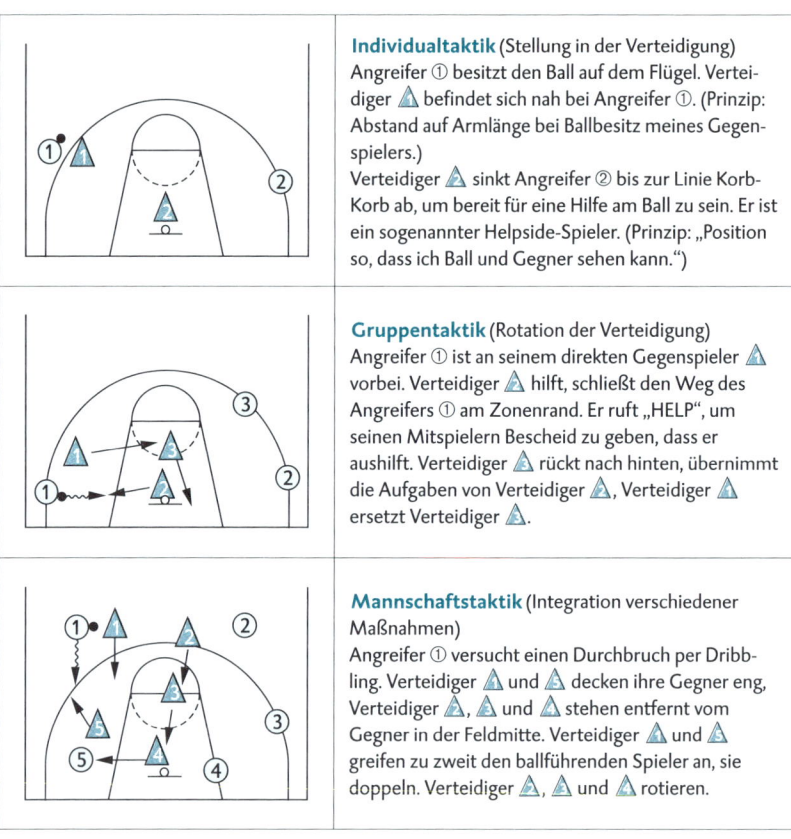

**Individualtaktik** (Stellung in der Verteidigung)
Angreifer ① besitzt den Ball auf dem Flügel. Verteidiger △ befindet sich nah bei Angreifer ①. (Prinzip: Abstand auf Armlänge bei Ballbesitz meines Gegenspielers.)
Verteidiger △ sinkt Angreifer ② bis zur Linie Korb-Korb ab, um bereit für eine Hilfe am Ball zu sein. Er ist ein sogenannter Helpside-Spieler. (Prinzip: „Position so, dass ich Ball und Gegner sehen kann.")

**Gruppentaktik** (Rotation der Verteidigung)
Angreifer ① ist an seinem direkten Gegenspieler △ vorbei. Verteidiger △ hilft, schließt den Weg des Angreifers ① am Zonenrand. Er ruft „HELP", um seinen Mitspielern Bescheid zu geben, dass er aushilft. Verteidiger △ rückt nach hinten, übernimmt die Aufgaben von Verteidiger △, Verteidiger △ ersetzt Verteidiger △.

**Mannschaftstaktik** (Integration verschiedener Maßnahmen)
Angreifer ① versucht einen Durchbruch per Dribbling. Verteidiger △ und △ decken ihre Gegner eng, Verteidiger △, △ und △ stehen entfernt vom Gegner in der Feldmitte. Verteidiger △ und △ greifen zu zweit den ballführenden Spieler an, sie doppeln. Verteidiger △, △ und △ rotieren.

Abb. 49: Mögliche Taktik bei der Mann-Mann-Verteidigung im Basketball

• **Gesichtspunkt der Ressourcenanalyse:** Nutzbare Ressourcen, die taktischen Überlegungen zugrunde liegen, finden sich in verschiedenen Bereichen. Dazu zählen angeborene Stärken wie die Konstitution oder erworbene Stärken, z. B. in den Bereichen Kraft, Schnelligkeit und Ausdauer, technisch-motorische Möglichkeiten, sportartspezifisches Wissen etwa zu Regeln, zu passenden Maßnahmen oder zur durchdachten Umsetzung von Erfahrungen und schließlich psychisch-charakterliche Stärken besonders im Bereich der Wahrnehmung sowie der Entscheidungs- und Ausführungskompetenz.

spiele

- **angeborene und erworbene Stärken:** Ein Langstreckenläufer mit besonderen Stärken für den Endspurt wird in der Regel ein relativ langsames Rennen mit einer Entscheidung erst ganz zum Schluss anstreben, sich entsprechend im Rennverlauf möglichst bremsend verhalten. Liegt die Stärke in der Ausdauer, wird er ein zügiges Rennen bevorzugen, das Tempo hochhalten wollen.
- **technisch-motorische Möglichkeiten:** Offensiv-Spielzüge im Basketballspiel dienen in der Regel dazu, einen Spieler so frei werden zu lassen, dass er seine besonderen Stärken etwa in der Situation 1-1 oder im Distanzwurf zur Geltung bringen kann.

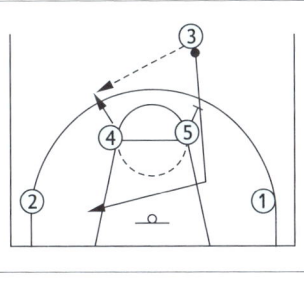

Spieler ② soll zum Distanzwurf freigespielt werden. Ablenkungsmanöver und weitere Chance durch das Freiblocken von Spieler ③ durch Spieler ⑤ nach Pass von ③ auf ④, der sich nach außen angeboten hat.

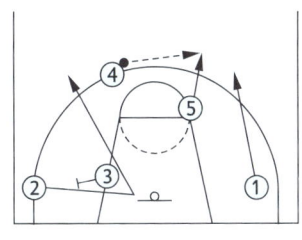

Spieler ④ passt zum heraustretenden Spieler ⑤. Spieler ② erhält zweimal in kurzer Folge im Bereich der Grundlinie einen Block zunächst von ③, dann von ④, kann dann von ⑤ zum freien Wurf angespielt werden.

Abb. 50: Taktik bei Offensiv-Spielzügen im Basketball

- **Wissen:** Bei Spielsportarten, in denen Personen aus- und eingewechselt werden können, ist der Trainer ständig mit Überlegungen beschäftigt, durch welche Wechselmaßnahmen er den Erfolg der Mannschaft verstärken und wie er die Kräfte von Einzelspielern so einteilen kann, dass zum Ende des Spiels noch die entscheidenden Reserven freigemacht werden können. Ähnlich kann er Auszeiten nützen oder Halbzeitansprachen führen, um die Mannschaft auf die aktuellen Situationen einzustellen.
- **psychisch-charakterliche Stärken:** Ein Trainer in den großen Sportspielen wird regelmäßig mindestens einen Spieler auf dem Feld haben

wollen, der als Entscheidungsträger die Ereignisse dort lenkt. Für den betroffenen Spieler ist das keine leichte Aufgabe, muss er doch als Spielgestalter neben seiner eigenen unmittelbaren Rolle auch Entscheidungen für andere mittragen. Deshalb nimmt diese Funktion in der Regel ein erfahrener, sehr guter Spieler ein, der persönliche und sportliche Autorität bei den Mitspielern hat. Oft füllt er auch die Kapitänsrolle aus. Er muss in entscheidenden Momenten auf dem Platz sein, weil er hoch zutreffend wahrnimmt, sowie richtig entscheidet und handelt. Wichtig sind aber auch Spielertypen, die nicht das ganze Spektrum der genannten Stärken vollständig abdecken, sondern durch ganz spezifische Stärken ebenfalls als Katalysator der Mannschaftsleistung wirken können, also hervorragende Rollenspieler sind. Gemeint sind etwa Top-Verteidiger gegen Spitzenspieler des Gegners beim Basketball und Fußball oder Stützen in der Feldabwehr bzw. im Mittelblock beim Volleyball. Auch im Angriff gibt es solche Typen, die der Mannschaft im richtigen Moment Last abnehmen können, etwa der zuverlässige Distanzschütze im Basketball, der Hauptangreifer im Volleyball oder der durchsetzungsstarke Rückraumspieler im Handball.

- **Gesichtspunkt der Eigen- und Fremdbeobachtung:** Basis der taktischen Entscheidungsfindung im Sport ist eine allgemeine und auf den Moment bezogene Analyse der eigenen Stärken und Schwächen, sowie eine Betrachtung der Situation der eigenen Mannschaftsmitglieder und, wenn möglich, der gegnerischen Potenziale. In Mannschaftssportarten ist es im Profibereich in diesem Zusammenhang üblich, Gegner und ihre Maßnahmen professionell per Video zu analysieren.

## 14.2 Wechselbeziehungen der konditionellen Eigenschaften

Überschaut man die Angebote an Ratgebern zu einzelnen Sportarten im Handel, dann fällt auf, dass zu Sportarten mit geringer Einflussvielfalt, damit auch geringer taktischer Entfaltungsmöglichkeit, zahlreiche sehr detaillierte Veröffentlichungen zur Gestaltung von Trainingsprozessen vorliegen, die sich häufig auch stark ähneln, wogegen etwa im Bereich der großen Ballsportarten umfassende Darstellungen von Trainingsprozessen kaum zu finden sind. Zu vielgestaltig und zu wenig individuell ist die mögliche Ausprägung.

Nicht nur, weil es zeitlich gesehen kaum zu bewältigen ist, sondern auch weil es vielfältige Wechselbeziehungen zwischen den einzelnen Komponenten

Kraft, Ausdauer, Schnelligkeit, Beweglichkeit und Koordination gibt, kann die Leistungsfähigkeit von Spielsportlern oft nicht nach erprobten und zuverlässigen Rezepten aus Sportarten mit athletisch eher eindeutig bestimmten Anforderungsprofilen gesteigert werden.

- **Kraft und Schnelligkeit:** Die Verbesserung der Maximalkraft ist eine wesentliche Komponente zur Steigerung der azyklischen Schnelligkeit (Schnellkraft) und, in leicht eingeschränkter Form, auch der zyklischen Schnelligkeit. Krafttraining ohne speziell entwickelndes koordinatives Training führt allerdings nicht zur vollen Ausbildung der Schnelligkeitseigenschaften. Koordinatives Schnelligkeitstraining allein bewirkt eine Steigerung der Maximalkraft nur bei Sportlern geringen Kraftniveaus.

- **Kraft und Beweglichkeit:** Prinzipiell wird durch Krafttraining die Beweglichkeit nicht eingeschränkt, wie man im Bereich des Kunstturnens leicht erkennt, wo Kraft und Beweglichkeit gleichermaßen hoch entwickelt sind. Manche Kraftübungen nutzen auch von sich aus die Schwingungsweite von Gelenken aus, steigern dadurch die Beweglichkeit, was noch verstärkt wird, wenn regelmäßig dehnende und lockernde Übungen im Training enthalten sind (Stretching) und eine balancierte Muskelentwicklung beachtet wird. Sportler, die besonders große Muskelmassen antrainiert haben (Bodybuilding), sind unter Umständen mechanisch nicht in der Lage, in gewissen Gelenkstellungen noch besonders beweglich zu sein.

- **Kraft und Koordination:** Wenn man die technische Aus- und Weiterbildung des Sportlers nicht vernachlässigt, so sind durch Krafttraining keine Koordinationsmängel zu erwarten. Umgekehrt profitiert ein Kraftsportler sicher von einem Koordinationstraining sowohl hinsichtlich seiner Kraft-Leistungsfähigkeit als auch durch Senkung des Verletzungsrisikos.

- **Kraft und Ausdauer:** Bei vergrößertem Muskelquerschnitt ist die Leistungsfähigkeit für Langzeitausdauer wegen des erhöhten Körpergewichtes und für Ausdauerleistungen ungünstiger Stoffwechselverhältnisse (verschlechterter Sauerstoff-, Substrat- und Stoffwechselschlackenaustausch) herabgesetzt. Sehr hohe aerobe Ausdauerleistungfähigkeiten und sehr hohe Kraftfähigkeiten sind also nicht gleichzeitig erreichbar.
  Dagegen ist die Leistungsfähigkeit im Kraftausdauerbereich dann durch erhöhte Maximalkraft begünstigt, wenn die Kraftausdauerleistung gegen hohe Widerstände (> 50 % der Maximalkraft) erbracht wird. Kraftausdauerleistungen mit hohem Maximalkraftanteil werden mithilfe des anaeroben Stoffwechselzweiges mit Energie versorgt, weil die Muskulatur durch den erhöhten Muskeldruck auf die Blutgefäße während der Kraftausdauerleistung nicht oder nur unvollständig durchblutet wird.

- **Ausdauer und Schnelligkeit:** Maximale Schnelligkeits- und maximale Langzeitausdauerfähigkeiten stehen in Widerspruch zueinander, weil die Maximalkraft eine wesentliche durch Training beeinflussbare Komponente der Schnelligkeit ist.
  Sportspieler ziehen daraus die Konsequenz, ihre aerobe Leistungsfähigkeit nicht über ein nötiges Maß hinaus zu entwickeln und im Ausdauertraining auf lang dauernde (> 1 h) extensive Formen zu verzichten; extensive Ausdauerformen werden von Sportspielern sinnvollerweise nur kurzzeitig zur Erholung eingesetzt.
- **Ausdauer und Beweglichkeit:** Ausdauersportler, besonders Läufer, haben häufig Probleme im Bereich der Muskulatur wie latente oder akute Krämpfe oder schmerzhafte Zustände an den Sehnen der vorwiegend beanspruchten Arbeitsmuskulatur, was zu eingeschränkter Beweglichkeit führt. Hervorgerufen werden solche Beschwerden durch Mangelversorgung besonders hinsichtlich des Mineralstoffhaushaltes sowie stark einseitige Belastungen. Gelingt es, diese Mängel zu beseitigen, dann beeinflussen sich Ausdauer- und Beweglichkeitsparameter nicht ungünstig, sondern können vielmehr zu einem gesundheitlich optimalen Programm ergänzt werden.
- **Ausdauer und Koordination:** Vernachlässigt man die technische Aus- und Weiterbildung des Sportlers nicht, so sind durch Ausdauertraining keine Koordinationsmängel zu erwarten. Ganz im Gegenteil, der Ausdauersportler wird von einem erhöhten Koordinationsniveau, das auch unter Belastung eingeübt wird, hinsichtlich seiner Leistung ebenso wie hinsichtlich verringerter Verletzungsanfälligkeit profitieren.
- **Schnelligkeit und Beweglichkeit:** Durch Schnelligkeitstraining wird die Beweglichkeit nicht eingeschränkt, wenn regelmäßig dehnende und lockernde Übungen im Training enthalten sind (Stretching) und eine balancierte Muskulatur aufrechterhalten wird. Ein Schnelligkeitssportler wird durch ein Beweglichkeitstraining profitieren. Koordinativ orientierte Sportler werden auch unter Ermüdung ihre Leistung abrufen können.
- **Schnelligkeit und Koordination:** Beide Eigenschaften haben eine große Schnittmenge und bedingen sich gegenseitig.
- **Beweglichkeit und Koordination:** Beide Eigenschaften fördern sich unmittelbar gegenseitig.

### Athletische Profile

Auf den ersten Blick ist die Bestimmung des athletischen Profils einer Sportart einfach. Es liegt auf der Hand, dass ein Marathonläufer seine Ausdauer und ein Kraft-Dreikämpfer seine Kraft trainieren sollte. Schwieriger wird es aber dann, wenn in einer Umgebung verschiedene Personen mit an sich gleicher Zielsetzung unterschiedliche Ausprägungen ihres Talentes erfahren sollen.

spiele

- Mitglieder von Mannschaften im Radsport müssen im Profibereich von der Grundlagenausdauer her in der Lage sein, bei Rundfahrten täglich etwa 200 km zu absolvieren, trotzdem aber noch spezialisiert sein als Kletterer, Sprinter, Helfer oder Fahrer für das Gesamtklassement.
- Bei Schwimmern ist die Differenzierung offensichtlicher. Anhand der Stoffwechselbeanspruchung nach vorwiegend anaerober bzw. aerober Ausprägung sind zumindest Kurzstreckler und Langstreckler unterschiedlich anzusprechen.

Die Komplexität der Anforderungen nimmt zu den Mannschaftssportarten hin unglaublich zu. Am stärksten zeigt sich die Unvereinbarkeit einzelner Spielertypen, die aber trotzdem zusammenarbeiten müssen, im Basketball. Unmöglich kann ein „nur" 1,80 m großer Aufbauspieler mit einem Körpergewicht von etwa 75 kg immer gleich trainieren wie ein 2,15 m großer Center, der 120 kg auf die Waage bringt. Sie tun ja auch im Dienst der Mannschaft sehr verschiedene Dinge. Trotzdem gehören sie natürlich einer interagierenden Mannschaft an, können also auch nicht nur jeder für sich trainieren.
Zur einfachen Orientierung kann man das athletische Profil von Sportlern im Dreieck der motorischen Grundfertigkeiten Kraft, Schnelligkeit und Ausdauer veranschaulichen. Einige Beispiele:

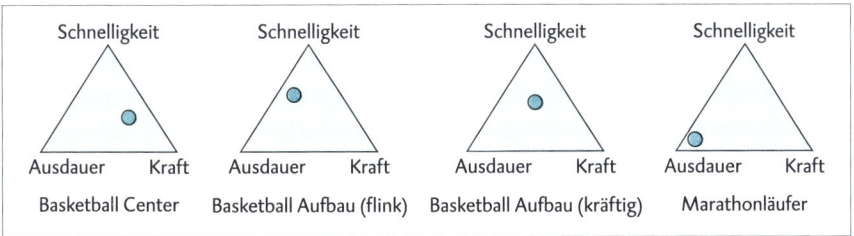

Abb. 51: Athletische Profile

Eine solche Darstellung ist allerdings nur für einen ersten Eindruck brauchbar, da man je nach Sichtweise die Punkte auch ein wenig anders platzieren könnte, ohne grundsätzliche Fehler zu begehen. Auch ist nicht klar, was man im Einzelfall wirklich unter Ausdauer oder Kraft verstehen will, wenn man etwa Marathonläufer, 400-m-Läufer und Sportspieler in Vergleich setzen möchte. Denn aussagekräftig wird eine solche Einschätzung erst, wenn man detailliert auf physiologische Gesichtspunkte eingeht, wobei sich daran für die Spielsportler unmittelbar Entscheidungskonflikte anschließen.

Beispiele

- **Ausdauer:** Ein Marathonläufer erbringt seine Spitzenleistung, wenn er möglichst gleichbleibend angestrengt in dominant aerober Stoffwechsellage den Lauf absolviert. Er greift dabei auf den aeroben Kohlenhydrat- und den Fettstoffwechsel zurück. Der 400-m-Läufer ist auf seine Art auch ausdauernd, bezieht seine Energie aber sehr viel stärker aus der Nutzung des anaerob-laktaziden Stoffwechsels, dessen so starken Einsatz ein Marathonläufer auf der langen Distanz nicht tolerieren kann.

  Der Sportspieler erbringt eine lang dauernde Leistung durch eine im Vergleich zu den leichtathletischen Läufern völlig unrhythmische und ungleichmäßige Belastungsform mit zahlreichen, in der zeitlichen Abfolge unregelmäßigen kurzen Belastungsspitzen. Dadurch wird sein Energiestoffwechsel während der Spielzeit im Ganzen im Bereich der anaeroben Schwelle belastet, kurze Belastungsspitzen sprechen den anaerob-alaktaziden Stoffwechsel besonders an, längere auch vermehrt den anaerob-laktaziden. Dazwischen gibt es aber auch immer wieder Pausen. Das bedeutet, dass auch er eine völlig andere Art der Ausdauerleistung vollbringt als ein Marathonläufer. Für den Ballsportler ergibt sich das Problem, wie er sich sinnvoll auf die Unregelmäßigkeiten einstellen soll.

- **Kraft:** Der Kugelstoßer und der Hochspringer haben gemeinsam, dass sie ihre Versuche so gestalten, dass alle Kraft in einen Versuch gelegt wird, und dass danach eine Erholung so erfolgt, dass der nächste Versuch in fast ganz erholtem Zustand möglich ist. Der Unterschied liegt darin, dass der Kugelstoßer eine sehr große Körpermasse aufweist, also mehr Muskelmasse einsetzen kann, während der Hochspringer die vorhandene vergleichsweise geringe Masse der Leistungsmuskulatur komplett mobilisieren muss.

  Ganz anders die Ballsportler, die Schnellkraft unter dem Gesichtspunkt der dauernd wiederholten Verfügbarkeit benötigen. Das Trainingsziel ist die Verbesserung der Schnellkraftausdauer, wobei sich bereits im Begriff der Entscheidungskonflikt spiegelt, ob das Training eher die Kraft, die Schnelligkeit oder die Ausdauer angesprochen sollte, und in welcher zeitlichen Anordnung die Maßnahmen zu treffen sind.

## Athletisches Profil von Sportspielern – Grundlagenausdauer

Gemäß den letzten Abschnitten kommt man zu folgenden Rückschlüssen für den athletischen Grundbedarf von Spielern: Ballsportler benötigen ein gutes Grundlagenausdauerniveau, das ihnen einerseits hilft, die kurzfristigen Erholungszeiten innerhalb einer Trainingseinheit oder während eines Spiels, andererseits die Erholungszeiten zwischen den Einheiten effektiver zu gestalten, was insgesamt eine verstärkte Belastbarkeit bewirkt. Mittelbar erwünschte Auswirkungen sind im Einzelnen:

- Höheres Tempo in den Spielen über längere Zeit durch verminderte Übersäuerung auch bei großer Belastung.
- Verbesserte Koordinations- und Konzentrationsleistungen trotz körperlicher Anstrengung, dadurch auch eine geringere Neigung zu Verletzungen.
- Verbesserte taktische Disziplin durch die erzielte verbesserte Konzentrationsfähigkeit.
- Höhere Belastungsmöglichkeiten im Training durch verbesserte Erholung.

Grundlagenausdauertraining ist nicht zu verwechseln mit dem spielspezifischen Ausdauertraining. Durch Spielen oder spielverwandte Trainingsformen wird man die erwünschten Effekte aus folgenden Gründen nicht erzielen:

- Grundlagenausdauertraining ist gekennzeichnet durch geringe Intensität im Bereich der aeroben Schwelle und Verwendung der Dauermethode. Beides kommt in Spielformen nicht vor. Die Beanspruchung dort führt den Energiestoffwechsel in der Regel nahe an die anaerobe Schwelle, eine gleichförmige Dauerbelastung ist spielfremd.
- Im Rahmen von Spielformen behält in der Regel jeder Spieler seine üblichen Verhaltensweisen bei. Der mannschaftsintern als gut angesehene Läufer wird viel laufen, trägere werden es weniger tun. Gewünschte spezifisch physiologische Trainingswirkungen werden so verpasst.
- Grundlagenausdauertraining erfordert eine starke Berücksichtigung der Individualität, um die passende Belastungsgröße zu setzen. Bei im Mannschaftsrahmen durchgeführten Ausdauereinheiten wird kaum ein Sportler individuell richtig belastet. Zwar kann die Mannschaft zeitgleich trainieren, die Vorgaben an die Sportler müssen sich aber unterscheiden.
- Grundlagenausdauertraining ist auch gekennzeichnet durch die Möglichkeit der Verwendung von Inhalten, die nicht der eigenen Sportart entsprechen. Ausdauertraining auf Fitnessgeräten etwa kann einen wesentlichen Beitrag dazu leisten, die sportartspezifische Leistungsmuskulatur nicht zu überlasten, dennoch aber die Organleistungsfähigkeit zu steigern.

Zusammenfassend stellt man fest: Grundlagenausdauertraining ist für Ballsportler ganzjährig sinnvoll und muss individuell durchgeführt werden. Eine
Maximierung der Grundlagenausdauer ist allerdings nicht sinnvoll, weil ihre
volle Ausprägung zur Benachteiligung anderer dringend benötigter Eigenschaften besonders im Bereich der Kraft- und Schnelligkeitsleistung führt.

### Athletisches Profil von Sportspielern – Spielspezifische Ausdauer

Im Spiel und während des Trainings sind Spieler überwiegend knapp unterhalb der anaeroben Schwelle belastet. Beanspruchungen, die darüber hinaus-
gehen, sollen möglichst gemieden werden, weil die Kontroll- und Koordina-
tionsfähigkeiten dabei nachlassen, trotzdem sollen kurzzeitige Belastungen im
anaeroben Stoffwechselbereich verträglich sein und die Erholung daher schnell
erfolgen. Die spielspezifische Ausdauer kann ohne Ball trainiert werden, indem etwa in Form eines Fahrtspiels der stete Wechsel zwischen Belastungs-
und relativen Entlastungsphasen vorgegeben wird. Allerdings soll die spielspezifische Ausdauer nicht immer ohne Ball trainiert werden, damit auch wirklich
alle spielspezifischen Elemente unter Ausdauerbelastung geübt werden können. Schwerpunkte werden durch die Auswahl der entsprechenden Übungen
gesetzt. Besonders gut eignen sich Kontinuumsübungen.

Beispiel

Basketball-Schnellangriff in Überzahl: Ziel ist es, einerseits spielspezifische Ausdauer zu fordern, andererseits aus taktischer Sicht Möglichkeiten
zum Korberfolg schnell zu erkennen und zu verwandeln.
Zwei Mannschaften zu je vier Spielern (ein Team dreieckig und eines rund
gekennzeichnet) spielen gegeneinander auf Zeit oder auf ein zählbares Ergebnis. Im Wechsel stehen sich hohe Belastungen und kurze Pausen gegenüber. Mit mehr als je vier eingesetzten Spielern wird die Belastung geringer.

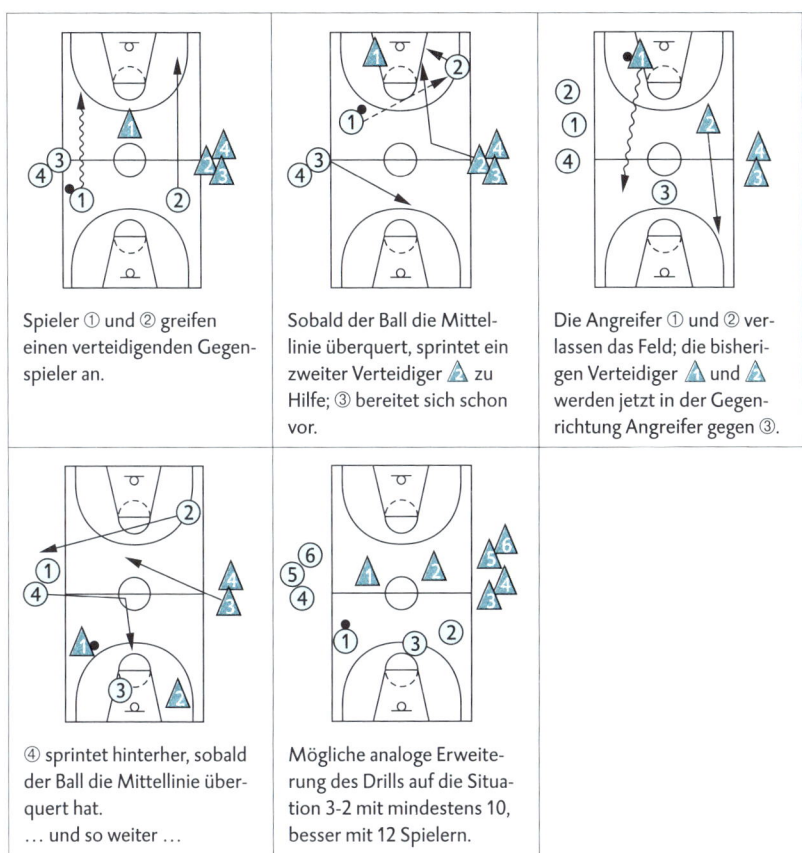

Spieler ① und ② greifen einen verteidigenden Gegenspieler an.

Sobald der Ball die Mittellinie überquert, sprintet ein zweiter Verteidiger 🔺 zu Hilfe; ③ bereitet sich schon vor.

Die Angreifer ① und ② verlassen das Feld; die bisherigen Verteidiger 🔺 und 🔺 werden jetzt in der Gegenrichtung Angreifer gegen ③.

④ sprintet hinterher, sobald der Ball die Mittellinie überquert hat.
… und so weiter …

Mögliche analoge Erweiterung des Drills auf die Situation 3-2 mit mindestens 10, besser mit 12 Spielern.

Abb. 52: Training spielspezifischer Ausdauer im Basketball

### Athletisches Profil von Sportspielern – Kraft und Schnelligkeit

Für den Sportspieler sind folgende **Krafteigenschaften** interessant:

- Die **Schnellkraft** wird aus athletischer Perspektive wesentlich vom Niveau der Maximalkraft bestimmt und ist aus spielerischer Perspektive für die in Angriff und Verteidigung gleichermaßen leistungsbestimmende Fähigkeit zu schnellen Antritten verantwortlich. Ein schneller erster Schritt ist überall dort, wo ein direkter Gegenspieler zu überwinden ist, von unschätzbarem Wert.

- Die **Schnellkraftausdauer** zeigt sich in der Fähigkeit, immer wieder und sehr häufig schnellkräftige Bewegungen auszuführen, wobei eine Zuordnung zu eher ausdauernden bzw. zu eher kraftorientierten Merkmalen diskutierbar ist.

- Bei der **Kraftausdauer** als spielspezifisches Leistungsmerkmal geht es darum, über längere Zeit Kraftleistungen aufrechtzuerhalten, etwa spezifische Körperhaltungen zu wahren, was einen hohen Anteil an statischer Kraftleistung erfordert. Ein Beispiel aus dem Basketball sind in der tiefen Verteidigungsstellung die dauerhaft gebeugten Knie bei fast aufgerichtetem Oberkörper oder die Bewahrung des Drucks beim Drängen gegen Gegner in Korbnähe, was im Handballsport mit der Arbeit am Kreis verglichen werden kann. Kraftausdauer ist aber auch als verletzungspräventives Merkmal der Körperstabilisierung wichtig. Trainingsphasen zur Stabilisierung sind gerade im Bereich der Sportspiele mit ihren ständig hohen Verletztenraten unbedingt notwendig, weil dort häufig eine sehr hohe Fremdsteuerung von Bewegungen vorliegt, wenn unplanbare Reaktionen auf überraschende Bewegungen des Gegners, der Mitspieler bzw. des Balles erforderlich sind, die individuell einerseits Balance und schnelle zutreffende Reaktion, andererseits eine gut trainierte Rumpfmuskulatur erfordern. Eine dauerhafte auch unter Ermüdung gut stabilisierte Körperhaltung hilft also, Schädigungen zu entgehen, ohne sie allerdings völlig vermeiden zu können.

**Schnelligkeit** als die Fähigkeit, motorische Aktionen in minimaler Zeit zu absolvieren, ist besonders für Spieler eigentlich keine in sich geschlossene motorische Leistungskomponente, denn sie äußert sich in zahlreichen und auch grundsätzlich verschiedenen Ebenen.

- Individuelle **azyklische Schnelligkeit**, begrifflich gleichbedeutend mit Schnellkraftleistungen, die beim Springen, Werfen, Schlagen oder bei Antritten gebraucht werden, werden stark vom Kraftniveau des Sportlers bestimmt. Allerdings ist mit und ohne Ball besonders die Qualität der sportartspezifischen Technik und Individualtaktik dafür ausschlaggebend, dass sich wirklich aus der individuellen athletischen Fähigkeit zur schnellen azyklischen Muskelarbeit auch ein schnelles Spielergebnis ergibt. Spielwirksame Schnelligkeit ist also auch eine Frage der sportartspezifischen Ausbildung, etwa der Schrittfolge und der Ballbehandlung beim Auftakt zu einem Dribbling oder der sinnvollen Fußarbeit bei der Orientierung in der Verteidigung beim Hand- oder Basketball, allgemeiner auch dem Zeitpunkt zum richtigen Einsatz schneller Bewegungen.
- Individuelle **zyklische Schnelligkeit** ist in ihrer Reinform in Ballspielen selten, weil die Beschleunigungsphase niemals in voller Länge ausgenutzt wird. Als Basiseigenschaft zur allgemeinen Konditionierung werden trotzdem z. B. Skipping- oder Tappingübungen eingesetzt, über deren unmittelbaren Sinn man durchaus diskutieren kann.

- **Reaktionsschnelligkeit** ist in Sportspielen äußerst wichtig. Während einfache Reaktionsleistungen wie etwa beim Startschuss zum Sprint in Spielen so gut wie gar nicht vorkommen, sind in Spielen durch das Interpretieren der jeweiligen Situation komplexe Reaktionen erforderlich, die etwa doppelt so viel Zeit beanspruchen wie einfache Reaktionen. Reaktionsschnelligkeit in Ballsportarten wird also auch durch Herabsetzen der Komplexität von Situationen erreicht, indem z. B. innerhalb einer Mannschaft Signale vereinbart werden, die eindeutige Reaktionen schneller auslösen, als wenn sie jeweils ungeplant immer wieder neu erfunden werden müssten. Die Ausbildung von Spielern ist also immer ein Thema, wenn es um Schnelligkeit geht. Deutlich erkennt man dies z. B. im Schulsport, wenn fortgeschrittene, auch aus verschiedenen Mannschaften kommende Spieler allgemein gültige Signale zu lesen wissen und so viel schneller agieren als unkundige, dann hölzern und langsam wirkende Mitspieler – und zwar unabhängig von der tatsächlichen, individuellen Fähigkeit zur schnellen Bewegung.

## 14.3 Methoden

Das Training der genannten Kraft- und Schnelligkeitsmerkmale ist deutlich zu differenzieren:

- Möchte man die reine Schnelligkeit oder Schnellkraft trainieren, also z. B. die Sprunghöhe oder die Zeit bei den spieltypischen Pendelsprints verbessern, muss vom Einzelspieler kurzzeitig maximaler Einsatz gefordert werden. Dies gelingt nicht durch ein Training in Spielformen, weil dort die Bewegungsschnelligkeit situativ angepasst werden muss, sodass sie kaum für alle Beteiligten wie gewünscht in passenden Zeiträumen maximal wird. Das gilt auch für die Verbesserung von Schnellkraft und Schnelligkeit, wofür aufgewärmte, aber nicht müde Athleten, und große Ruhepausen zwischen den einzelnen Maximalbelastungen gefordert sind. Zudem ist für dieses Trainingsziel eine Schulung mit Bällen auch deshalb nicht angebracht, weil die ungeteilte Aufmerksamkeit der Kraft- bzw der Schnellleistung entgegengebracht werden muss.
- Natürlich müssen Schnellkraft und Schnelligkeit in angestrengten Phasen während eines Spiels erhalten bleiben, weshalb man auch im Training unter ausdauernder Belastung oder in Verbindung mit technischen Anforderungen am Ball Schnelligkeit und Schnellkraft erwarten muss. Was man aber in dazu passenden Trainingssituationen lernt, ist nicht, schneller oder schnellkräftiger zu werden, sondern sein ohnehin vorhandenes Schnelligkeits-

oder Schnellkraftpotenzial auch in angestrengten oder komplexen Situationen anzubringen. Diese Fähigkeit lässt sich in spielnahen Situationen ebenso wie ohne Ball trainieren.

Beide genannten Gesichtspunkte müssen ihren Platz im Training erhalten. Sie können sich nicht gegenseitig ersetzen. Schnellkraft und Schnelligkeit müssen individuell trainiert werden. Sollen diese Fähigkeiten ausdauernd oder spielbezogen eingesetzt werden, setzt man Individual-, Gruppen- oder Mannschaftstraining ein, unter Umständen auch Mischformen davon, wenn man etwa an eine Spielform einen individuell Schnelligkeitsausdauer fordernden Drill unmittelbar anfügt. Die Übergänge zum Ausdauertraining sind hier besonders fließend, ein Grund mehr, sowohl die Ausdauer- als auch die Kraft- und Schnelligkeitseigenschaften in eigenen, dann aber hoch spezifischen Trainingsphasen anzusprechen. In diesem Zusammenhang sei besonders auch auf das Prinzip der richtigen Belastungsfolge hingewiesen, das fordert, Belastungen mit hoher Inanspruchnahme der Fähigkeiten des Nervensystems in ausgeruhtem Zustand, solche mit geringerer gegen Ende einer Einheit zu absolvieren. Konkret gilt die in aller Kürze formulierte regelhafte Abfolge Schnelligkeit, Schnellkraft, Schnellkraftausdauer, Kraft, Kraftausdauer, Ausdauer.

**Beispiel**  Es wäre also ein methodischer Fehler, vor einem Hallentraining mit Sprungserien über Hindernisse und schnellkoordinativen Laufübungen einen anstrengenden Waldlauf zu schalten. Die richtige Reihenfolge heißt für eine solche Einheit: Aufwärmen – Schnelligkeitsübungen – Sprungserien – gering intensiver Waldlauf. Besser ist es in der Regel, immer spezifische Trainingseinheiten anzubieten und Inhalte nicht zu stark zu mischen, hier also z. B. den Ausdauerlauf separat anzusetzen.

## 14.4 Trainingsplanung

Trainingspläne von Individualsportlern mit dem Ziel der seriösen und umfassenden Steigerung der Ausdauer sehen vor einer Wettkampfphase zwanzig Wochen und mehr vor, im Bereich Krafttraining sind es etwa fünfzehn Wochen. Die Phase der Wettkampfform fällt danach mit etwa 4–6 Wochen vergleichsweise knapp aus. Vergleicht man diese Zeitrahmen mit denen der Mannschaftssportler im Ballsport, bemerkt man zum Teil erhebliche Unterschiede in den Möglichkeiten. Die Übersicht zeigt Termine und Zeiträume im zeitlichen Ablauf der Spielsaison 2010/11 in zwei Sportarten auf je zwei Leistungsniveaus:

| | Basketball Bundesliga | Fußball Bundesliga | Basketball Regionalliga Südwest | Fußball Regionalliga West |
|---|---|---|---|---|
| Play-off-Saisonende 09/10 | 17.06.2010 | 08.05.2010 | 15.05.2010 | 29.05.2010 |
| Übergang/Vorbereitung | 14 Wochen | 14 Wochen | 18 Wochen | 9 Wochen |
| Saisonbeginn 10/11 | 01.10.2010 | 20.08.2010 | 25.09.2010 | 06.08.2010 |
| Ligaspiele | 34 | 34 | 26 | 34 |
| Europaspiele | bis zu 15 | bis zu 15 | – | – |
| Pokalspiele | bis zu 3 | bis zu 6 | bis zu 5 | bis zu 6 |
| Winterpause | keine | ca. 4 Wochen | ca. 2 Wochen | ca. 5 Wochen |
| Play-off-Spiele | bis zu 9 | keine | keine | keine |
| Saisonende | 18.06.2011 | 14.05.2011 | 16.04.2011 | 28.05.2011 |
| EM 2011 | 31.08.2011 – 18.09.2011 | – | – | – |
| Übergang/Vorbereitung | theor. 15 Wochen | 11 Wochen | 22 Wochen | 9 Wochen |
| Saisonbeginn 11/12 | 03.10.2011 | 05.08.2011 | 24.09.2011 | 05.08.2011 |

Tab. 45: Übersicht zu Terminplänen der Saison 2010/11

## Probleme

Aus der Übersicht erkennt man einige Problemlagen:

- Die Zeit außerhalb der Spielrunden, die der Vorbereitung auf die nächste Saison dienen soll, reicht oft nicht aus, um auf allen Trainingsebenen, also der Erholung, der allgemeinen und speziellen Konditionierung sowie der spielspezifischen Vorbereitung durch technische und taktische Inhalte Maßstäbe zu setzen. Denn im Hochleistungsbereich ist die Vorbereitungszeit häufig insgesamt zu kurz, für Nationalspieler entfällt sie eventuell sogar praktisch ganz, und im Basketballsport werden auch aus finanziellen Erwägungen die Kader häufig erst so spät zusammengestellt, dass nur noch einige Wochen der Vorbereitung verbleiben.

- Es besteht kein Zweifel, dass die Grundlagen in den Bereichen Ausdauer und Kraft als Fundament zur Erreichung der Spitzenform in der Abschlussphase der Saison unbedingt erforderlich sind. Platziert man das entsprechende Training aber nur in die Vorbereitungszeit, sind dessen Effekte in der mehrmonatigen Phase bis zum Erreichen der Play-off-Runde bzw. der Endphase der Spielrunde so weit verflogen, dass sie keine unmittelbare Rolle mehr spielen können. Also muss auch während der Saison das Grundlagentraining weiter betrieben werden.

- Das Niveau der Grundlagenfähigkeiten ist zudem zu einem guten Teil für die Verletzungsfreiheit während der Spielzeit verantwortlich, leistet damit auch auf diese Weise mittelbar einen Beitrag zur speziellen Leistungsfähigkeit. Dieser Aspekt gilt besonders für das Ende der Saison,wenn der Organismus der Spieler durch das spezielle Training hart an der Überlastungsgrenze oder auch darüber angelangt ist.
- Für Sportspielmannschaften ist der Erfolg zum Ende der Spielzeit maßgeblich. Um die psychologische Verfassung der Mannschaft nicht nachhaltig zu schädigen bzw. nicht schon frühzeitig alle Chancen zu verspielen, ist es allerdings auch wichtig, dass ein Fehlstart in die Saison vermieden wird. In diesem Zusammenhang ist bemerkenswert, dass Mannschaften in Ligen wie der Basketball-Bundesliga, wo eine Play-off-Runde vorgesehen ist, leichter trainingsmäßig zu planen sind, da ein achter Platz in der Hauptrunde schon ausreicht, um theoretisch alle Chancen auf die Meisterschaft zu konservieren. Entscheidet wie beim Fußball der Tabellenstand am Ende der Spielrunde über Meisterschaft, Teilnahme an lukrativen weiteren Wettbewerben oder Klassenerhalt, gerät man unter Umständen schon früh entgegen einer vorgenommenen Trainingsplanung in Zugzwang. Allerdings setzt im Fußball die längere Winterpause eine Zäsur, die es erlaubt, auf erkannte Defizite einzugehen.

### Orientierung

In Anlehnung an Steinhöfer (2008, S. 366 ff.) sollten als Reaktion auf die hier genannten Schwierigkeiten bei der Trainingsplanung für Ballsportler folgende Orientierungspunkte als vorrangig gelten:

- **Wellenförmige Leistungsentwicklung:** Der Einsicht folgend, dass unmöglich über eine ganze Spielzeit hinweg eine gleichbleibend hohe Form gewährleistet werden kann, muss man versuchen, Form steigernde und abmindernde Elemente so anzuordnen, dass die Hochform im entscheidenden Moment erreicht werden kann.
- **Ganzjährigkeit aller Trainingsinhalte:** Alle leistungsbestimmenden Komponenten, allgemeine wie spezielle, sind besonders im hohen Leistungsbereich ganzjährig zu trainieren, weil auf diesem Niveau alle Leistungskomponenten so stark entwickelt sind, dass jedes Absetzen von Trainingsreizen zu einer rapiden Leistungsminderung führen würde.
- **Blocktraining:** Um zeitlich alle interessierenden Sparten, besonders das spezielle Training mit dem allgemeinen Grundlagentraining vereinbaren zu können, wird Blocktraining in Zeiträumen von drei bis fünf Wochen angeboten. Das bedeutet, dass in diesen Fristen möglichst stark individualisiert

Schwerpunkte im Training gesetzt werden, also etwa einige Wochen lang ein Schwerpunkt auf Kraft- oder Ausdauertraining liegt. Das bedeutet nicht, dass Leistungskomponenten, die gerade nicht in der Schwerpunktsetzung betroffen sind, aus dem Training genommen werden dürfen. Vielmehr laufen auch die Leistungskomponenten, die gerade nicht im Fokus der Schwerpunktsetzung liegen, auf reduziertem Niveau weiter.

- **Kontinuität:** Zwar kann man durch intensives spezielles Training relativ schnell eine Form aufbauen, deren Timing aber schwierig und deren Beständigkeit besonders labil ist, wenn man durch kurzfristige Maßnahmen sehr schnell versucht hat, zum Erfolg zu kommen. Nur auf der Basis langfristig erworbener Grundeigenschaften erreicht man gleichbleibende Formstabilität.
- **Individualisierung:** Mannschaftstraining allein sichert in den Sportspielen nicht den Erfolg. Individualisiertes Athletiktraining und an die Spielrollen gebundenes Spezialtraining müssen das Mannschaftstraining ergänzen.
- **Körperstabilisierung:** Allgemeines Athletiktraining besonders mit Blick auf die Stabilisierung der Körpermitte und die Grundlagenausdauer muss nahezu täglich das sportartspezifische Trainingsprogramm ergänzen.

## Zusammenfassung

Spielsportarten sind durch eine hohe Komplexität gekennzeichnet.
- Taktiktraining zielt darauf, die Spieler zu befähigen, im Spiel gewinnbringend zu reagieren. Die Taktik unterscheidet sich je nach der angelegten Frist, der Art der Entscheidungsfindung, der personellen Ausstattung, der Anzahl der betroffenen Personen, der Ressourcen und der Art der Analyse.
- Bei Spielsportarten stehen die konditionellen Komponenten in einem besonderen Spannungsfeld. Das athletische Profil eines Spielsportlers basiert auf Grundlagenausdauer, spielspezifischer Ausdauer, Kraft und Schnelligkeit.
- Aufgrund der Komplexität der Anforderungen ist keine einzelne Methode hervorzuheben, sondern beim Training auf eine gute Mischung und stete Berücksichtigung aller erforderlichen konditionellen Komponenten zu achten.
- Zu den Richtlinien der Trainingsplanung in Sportspielarten (die im Leistungssport in der Regel missachtet werden), gehören wellenförmige Leistungsentwicklung, ganzjährige Durchführung aller Trainingsinhalte, Blocktraining, Kontinuität, Individualisierung und Körperstabilisierung.

**54. Diskussion sinnvoller Trainingsmaßnahmen im Basketballsport**

Ein Basketballtrainer hat mit seiner Mannschaft Diskussionen auszufechten wegen – aus Sicht der Mannschaft – sinnloser Dauerlauf-Trainingseinheiten. Ein Spieler meint, er habe sowieso genug Kondition, ein anderer zweifelt grundsätzlich den Wert solcher Ausdauertrainingseinheiten für die Spielleistung an.

a) Diskutieren Sie den verwendeten Konditionsbegriff.

b) Kategorisieren Sie die Sportart Basketball hinsichtlich der Ausprägung konditioneller Eigenschaften.

c) Ordnen Sie im Hinblick auf die Sportart Basketball die Trainingsmaßnahme Dauerlauf in das Begriffsfeld „allgemeines, spezielles und wettkampfspezifisches Training" ein und beurteilen Sie, unter welchen Gesichtspunkten eher der kritische Spieler, wann eher der Trainer recht hat.

**55. Ausdauer- und Krafttraining für Ballsportler**

Ballsportler hegen bei der Aufnahme eines begleitenden Ausdauer- oder Krafttrainings die Befürchtung, an Spritzigkeit zu verlieren. Nehmen Sie Stellung.

**56. Eine fehlerhafte Trainingseinheit im Basketballsport**

Untersuchen Sie folgenden Vorschlag für eine Trainingseinheit im Basketball auf methodische Fehler.

20' Aufwärmen mit Fußballspielen

20' Zirkeltraining

15' Spiel 3-3 ohne Dribbling

20' Technik Korbwurf

15' Sprints zur Erhöhung der Schnelligkeit

20' Spiel 5-5

# Sport und Gesundheit

Die Wechselbeziehungen zwischen Sport und Gesundheit werden häufig diskutiert. Auf der einen Seite gilt Sporttreiben als gesundheitsförderlich, auf der anderen Seite kann Sport auch zu Verletzungen und langfristigen körperlichen Schäden führen. Die positiven und negativen Seiten hängen stark davon ab, welche Art von Training durchgeführt wird. Besonders kritisch für die Gesundheit wird es aber, wenn versucht wird, durch bestimmte medizinische Maßnahmen, etwa Doping, die sportliche Leistungsfähigkeit über Maßen zu erhöhen.

## 15 Gesundheitsmodelle

Der **Begriff Gesundheit** kann sowohl in einem engeren als auch in einem weiteren Sinne definiert werden.

> Bei einem **engen Gesundheitsverständnis** wird Gesundheit als Freisein von Krankheit aufgefasst. Bei einem **erweiterten Verständnis** wird Gesundheit ganzheitlich gesehen, es werden also neben dem rein physischen Aspekt auch die Psyche und die soziale Komponente betrachtet.

Der erweiterte Gesundheitsbegriff liegt auch der Definition der **Weltgesundheitsorganisation** (WHO) zugrunde: „Gesundheit ist ein Zustand vollständigen körperlichen, geistigen und sozialen Wohlergehens und nicht nur das Fehlen von Krankheit oder Gebrechen." (*„Health is a state of complete physical, mental and social well-being and not merely the absence of disease or infirmity."*)

### 15.1 Risikofaktoren-Modell

Ein Modell, das Gesundheit in einem engen Sinne begreift, ist das Risikofaktoren-Modell. Danach gibt es zwei sich gegenseitig ausschließende Zustände, **Gesundheit oder Krankheit**. Als Maß für den Gesundheits- bzw. Krankheitszustand werden objektiv messbare Größen wie Laborwerte herangezogen. Subjektive Einschätzungen und Empfindungen werden kaum berücksichtigt. Auf Grundlage von wissenschaftlichen Studien werden bestimmte **Risikofaktoren** ausgemacht, die direkt oder indirekt das Auftreten von Krankheiten wahrscheinlicher machen. Beispiele für solche Risikofaktoren sind Bewegungsmangel, Bluthochdruck, Übergewicht, ein erhöhter Blutfettspiegel, Diabetes, Rauchen, Stress, Infekte oder eine ungünstige erbliche Belastung.

Um die Entwicklung von Krankheiten zu verhindern oder abzuschwächen, setzt die Medizin traditionellerweise auf Vorbeugung, also auf die Prophylaxe durch Vermeidung schädigender Einflüsse, auf Verhaltenskontrolle und Verhaltensveränderung im Falle gesundheitsbedrohlicher Verhaltensweisen. Da der „Ausbruch" bestimmter Krankheiten stets am Überschreiten definierter Schwellenwerte gemessen wird, zielt die Prävention darauf ab, zu verhindern, dass diese erreicht werden.

Die Kritik am Risikofaktoren-Modell zielt vor allem darauf ab, dass es den Menschen auf einen Risikofaktoren-Träger reduziert und seine psychische Gesundheit weitgehend ausgrenzt.

## 15.2 Salutogenese-Modell

Ein populäres Modell, das dem Risikofaktoren-Modell gegenübersteht, ist das Salutogenese-Modell von Aaron Antonovsky (1923–1994), einem amerikanischen Medizinsoziologen, der 1960 nach Israel emigrierte. Das Salutogenese-Modell setzt im Sinne eines erweiterten Gesundheitsbegriffs eine ganzheitliche Betrachtungsweise des Menschen an die Stelle der isolierten Risikofaktoren-Betrachtung. Es verzichtet auf die alternative Unterscheidung zwischen krank und gesund und setzt an diese Stelle die Vorstellung eines Gesundheits-Krankheits-Kontinuums. Es wird nicht nach den Auslösern von Krankheit gesucht, sondern es wird folgende Frage gestellt: „Welche Faktoren sind daran beteiligt, dass man seine Position auf dem Kontinuum zumindest beibehalten oder aber – besser noch – zum gesunden Pol hin bewegen kann?" Dabei wird festgestellt, dass keiner der beiden Pole des Kontinuums, völlige Gesundheit und völlige Krankheit, erreichbar sind. Jeder Mensch, selbst wenn er sich als völlig gesund erlebt, hat auch kranke Anteile, und solange Menschen am Leben sind, sind auch noch Teile von ihnen gesund.

In diesem Modell werden also nicht allein möglicherweise krank machende Risikofaktoren identifiziert, von Antonovsky Stressoren genannt, sondern auch gesundheitsunterstützende Schutzfaktoren, generalisierte Widerstandsressourcen, miteinbezogen.

- **Stressoren** stören das Gleichgewicht einer Person, die darauf keine unmittelbar verfügbaren Reaktionen hat. Nach ihrem Auftreten muss sie Energie aufwenden, um den Gleichgewichtszustand wiederherzustellen. Stressoren können positiv wirken, also vergleichbar mit einem optimalen Trainingsreiz im Endeffekt stark machend und motivierend sein, aber auch negativ wie ein Training, dessen Belastungsstruktur über den möglichen Rahmen hinausgeht oder ihn weit unterschreitet.

- **Generalisierte Widerstandsressourcen** helfen, Stressoren zu bewältigen. Sie sind gespeist aus individuellen Veranlagungen, wie den körperlichen Voraussetzungen oder der Intelligenz, aber auch aus sozialen Zusammenhängen wie einem unterstützenden sozialen Umfeld, Wohlstand, kultureller Identität oder auch dem Glauben.

Das individuelle Stressor-Management obliegt dem von Antonovsky so bezeichneten **Kohärenzsinn** *(sense of coherence)*, den man als die individuelle Lebenseinstellung gegenüber Stressoren ansehen kann. Der Kohärenzsinn setzt sich nach Antonovsky aus den folgenden drei Komponenten zusammen:

- Gefühl der Verstehbarkeit *(sense of comprehensibility)*: Das Gefühl, Situationen kognitiv erfassen und analysieren zu können, statt sie als ein bedrohliches, nicht kontrollierbares Chaos zu erleben.
- Gefühl der Handhabbarkeit *(sense of manageability)*: Das Gefühl, stressende Situationen mithilfe eines Repertoires interner oder externer Ressourcen bewältigen zu können.
- Gefühl der Bedeutsamkeit *(sense of meaningfulness)*: Das Gefühl, stressende Situationen als eine lohnende Herausforderung und Motivationsquelle zu begreifen, sein Leben insgesamt als sinnvoll zu empfinden, subjektiv wertvolle Dinge zu bemerken, die man aktiv fördern möchte und auch kann.

Zusammenfassend umfasst der Kohärenzsinn das Ausmaß an Zuversicht. Er entwickelt sich im Laufe der Kindheit und Jugend und wird von den persönlichen Erfahrungen beeinflusst. Im Erwachsenenalter ist der Kohärenzsinn ausgebildet und relativ stabil und deshalb nur noch schwer veränderbar. Eine möglicherweise gewünschte Veränderung erfordert also eine harte und kontinuierliche Arbeit an sich selbst.

Beispiel

In Hinblick auf einen Marathonlauf und das davor zu absolvierende Training kann man die Komponenten des Kohärenzsinns etwa so umsetzen:

- Gefühl der Verstehbarkeit: Indem man sich mit Formen des Ausdauertrainings beschäftigt, erkennt man, dass jeder ausreichend gesunde Mensch im Prinzip einen Marathonlauf schaffen kann. Dadurch verliert das ehrgeizige Ziel seinen Schrecken.
- Gefühl der Handhabbarkeit: Man schließt sich einer Trainingsgruppe an, die einen Tiefen während der Vorbereitung überwinden lässt und

die einen motiviert, auch bei schlechtem Wetter zu trainieren. Man besorgt sich einen passenden Trainingsplan, regelt mit Personen seines Umfeldes die Lebensbedingungen so, dass sonstige Belastungen nicht das Training verhindern müssen, und erhält schließlich durch die Summe dieser und ähnlicher Maßnahmen die Möglichkeit, mit der Situation umzugehen.

- Gefühl der Bedeutsamkeit: Vielen Leuten wird sich der Sinn eines Marathontrainings niemals erschließen. Für solche stellt sich der notwendige Trainingsprozess als eine Folge demotivierender, unsinniger, stressender Situationen dar. Andere hingegen ziehen aus dem Training viel persönliche Motivation, sei es dass sie den gesundheitlichen Aspekt der verbesserten Organleistung, sei es dass sie die Anerkennung in ihrem Umfeld in den Vordergrund stellen.

Antonovsky selbst vergleicht die krankheitsorientierte Betrachtungsweise des Risikofaktoren-Modells mit dem Versuch, eine in einem reißenden, verschmutzten Fluss treibende Person – zu spät oder nur mit unverhältnismäßig großem Aufwand – retten zu wollen. Im Sinne des Salutogenese-Modells stellt er die Frage, warum die Person nicht vorher besser schwimmen gelernt hat bzw. nicht rechtzeitig entscheiden konnte, ob eine Flussgabelung zu Stromschnellen oder in ruhig fließendes Wasser führt. Übertragen stellt sich für ihn also die Frage, wie Personen im Fluss des Lebens, das von historischen, soziokulturellen und physikalischen Umweltbedingungen bestimmt wird, gute Schwimmer werden. In der modernen Medizin identifiziert man die summierten Fähigkeiten dieses Schwimmers mit den Auswirkungen gelungener Prävention und stellt fest, dass die Positionierung des Menschen zwischen gesundem und krankem Pol außer bei gravierenden äußeren Bedingungen wie Krieg, Hungersnot oder soziale Verelendung durch eine individuelle mentale Lebenseinstellung gesteuert wird. Die summierten Fähigkeiten, auf diese Art mit Stressoren umzugehen und sie zu verarbeiten, nennt man Coping-Strategien.
Personen mit einem stark ausgeprägten Kohärenzsinn werden also Reize, die andere als ungünstig erleben, unter Umständen neutral bewerten können. Selbst dann, wenn ein starker Stressor registriert wird, können sie immer noch sehr genau differenzieren, ob der Reiz sich dauerhaft günstig, nachteilig oder irrelevant auswirken wird. Solche Personen nehmen prozentual gesehen stressende Einflüsse seltener als negativ wahr als Personen mit einem gering ausgeprägtem Kohärenzsinn. Sie können also wegen der so möglichen Konzentration zielgerichteter reagieren als jemand, der sich über einen längeren Zeitraum hinweg einer Vielzahl nicht zu überblickender Stressoren ausgesetzt

fühlt und kein Vertrauen in die Lösbarkeit der zugehörigen Probleme entwickelt, weil er schon von vorneherein kontrollierbare Stressoren nicht zuverlässig von unkontrollierbaren mit negativen Auswirkungen isolieren kann und deshalb angesichts der Überlast eher mit Gefühlen wie blinder Wut oder allgemeiner Verzweiflung reagiert.

## Zusammenfassung

Der Begriff Gesundheit kann in einem engen und einem erweiterten Sinne verstanden werden.

- Dem **Risikofaktoren-Modell**, das zwischen den Polen Gesundheit und Krankheit unterscheidet, liegt ein enges Gesundheitsverständnis zugrunde. Es gibt bestimmte Faktoren, die das Risiko zu erkranken, steigern.
- Das **Salutogenese-Modell**, das von einem Gesundheits-Krankheits-Kontinuum ausgeht, basiert auf einem erweiteren Gesundheitsverständnis. Den krank machenden Stressoren wirken Widerstandsressourcen entgegen. Zentraler Bestandteil des Modells ist der Kohärenzsinn, bestehend aus dem Gefühl der Verstehbarkeit, dem Gefühl der Handhabbarkeit und dem Gefühl der Bedeutsamkeit. Je ausgeprägter es ist, desto Erfolg versprechender ist das Stressor-Management.

Aufgaben

**57. Gesunde Trainingsübungen**

Leicht findet man im Internet Kataloge von „guten" und „schlechten" Übungen, „gesunden" und „ungesunden" Sportarten. Bewerten Sie vor dem Hintergrund des Risikofaktoren-Modells und des Salutogenese-Modells solche Listen.

**58. Prophylaxe, Behandlung und Rehabilitation**

Stellen Sie die drei Begriffe Prophylaxe, Behandlung und Rehabilitation in einen Zusammenhang mit den Gesundheitsmodellen (Risikofaktoren-Modell und Salutogenese-Modell).

**59. Kohärenzsinn**

Erläutern Sie den Kohärenzsinn anhand von Sportlern, die sich extremen Belastungen wie etwa dem Durchschwimmen des Ärmelkanals unterziehen.

# 16   Training unter dem Gesundheitsaspekt

Nach dem Salutogenese-Modell hat Gesundheitssport seinen Zweck erfüllt, wenn er dazu beiträgt, dass die Person, die das Training aufnimmt oder weiter betreibt, auf den Zustand des vollständigen körperlichen, geistigen und sozialen Wohlbefindens zusteuert. Das entlastet das Thema Gesundheittraining von dem individuellen Anspruch, der ihm die Lösung aller persönlichen Probleme mit der Erwartung aufbürden möchte, dass das aufgenommene Training „schön, fit, intelligent und selbstbewusst" machen solle. Sport kann zwar einen Beitrag zu diesen Wünschen leisten – dazu gibt es zahlreiche wissenschaftliche Belege –, aber sicher weder allein noch umfassend. Es ist nicht einmal klar, ob jede Person von der Aufnahme eines irgendwie gearteten Trainings profitieren kann, oder ob den einen aufgrund ihrer Anlage oder Erziehung der Weg zum Sport geebnet ist, anderen aber Sporttreiben niemals eine Möglichkeit bieten kann, sich wohler zu fühlen.

## Positive Aspekte des Sports

Trotzdem gibt es Gründe, die dafür sprechen, den Weg zur verbesserten Gesundheit über den Sport zu gehen:

- **Gesellschaftlich** ist Sport als Maßnahme zur Gesunderhaltung allgemein anerkannt. Durch diese soziale Unterstützung individuell unterschiedlicher Ausprägung fällt es leichter, den Vorsatz des Sporttreibens auch durchzuhalten.
- **Physisch** führt Sport nachweislich zu Veränderungen in Sinne einer Gesunderhaltung oder Gesundheitsverbesserung, wobei die Dosierung und die Übungsauswahl maßgebliche Aspekte beisteuern.
- **Psychisch** kann Sport einen Beitrag zum Wohlbefinden liefern. Wenn auch der streng wissenschaftliche Nachweis fehlt, dass dieses Ziel grundsätzlich erreicht wird, so wird Sport dennoch regelmäßig in Therapie-Umgebungen mit psychischer Zielrichtung eingesetzt.
- **Psychosozial** ist durch Sport der Aufbau von Kontakten deutlich erleichtert, kann also bei Defiziten in diesem Bereich zu einer Verbesserung beitragen.

Dem Salutogenese-Modell entsprechend führt ein Versuch, Sport zur Gesunderhaltung zu betreiben, dann zu einem gelungenen Resultat, wenn dadurch Ressourcen gestärkt werden und der Umgang mit Stressoren besser gelingt, wenn sich insgesamt also der Kohärenzsinn verbessert. Durch diese reduzierte Erwartung an die Aufnahme eines sportlichen Trainings ist den oben genannten überzogenen Erwartungen ein pragmatischer Riegel vorgeschoben.

## Gesundheitssport und Leistungssport

Gesundheitssport kann begrifflich nicht vom Leistungssport getrennt werden. Auch leistungsorientiert betriebener Sport kann einen Beitrag dazu leisten, dass die trainierende Person sich zum Pol „Gesundheit" des Kontinuums hinbewegt, und auch Gesundheitssport strebt Leistung an, da gesundheitlich erwünschte Änderungen nur durch überschwellige Trainingsreize ausgelöst werden können. Insofern sind die Grenzen zwischen den beiden, oft als Pole begriffene Arten der Sportausführung einerseits hoch individuell, andererseits nur für einen bestimmten Zeitpunkt gültig, insgesamt also fließend. Trotzdem können Unterschiede in der Grundausrichtung ausgemacht werden:

- **Normorientierung:** Ein Gesundheitssportler ist vorwiegend individuell normorientiert, das heißt, ihm ist wichtig, dass er sich selbst im Vergleich zu seinem Ausgangszustand verbessert. Eher in den Hintergrund gerät die Frage, wie er im Vergleich zu anderen steht. Im Leistungssport zählt hingegen in erster Linie der Wettkampf, die primären Normen sind also sozial orientiert. Elemente der individuellen Normorientierung spielen natürlich auch im Leistungssport eine Rolle, wenn es z. B. darum geht, den eigenen Formaufbau zu registrieren. Der Unterschied zwischen der individuellen Normorientierung der Gesundheitssportler und der sozialen Normorientierung der Leistungssportler wird folglich besonders in der übergeordneten Zielstellung ihrer Bemühungen deutlich.

- **Trainingsmaßnahmen:** Unterschiede gibt es auch bei der konkreten Gestaltung im Training. Ein Gesundheitssportler kann Maßnahmen, die mit hoher Wahrscheinlichkeit zu einer Schädigung führen, guten Gewissens ignorieren. Beispiele sind etwa Übungen mit starker schlagartiger Wirkung auf den Körper, wie man sie aus dem Niedersprungtraining kennt, oder auch überlange Belastungen, bei denen sowohl der Stoffwechsel als auch das Bindegewebe bis zum Äußersten belastet werden. Der Leistungssportler hinterfragt Trainingsmaßnahmen eher unter dem Gesichtspunkt, ob er nach einer harten Trainingsserie mit potenziell verletzungsinduzierenden Übungen die Chance hat, ein höheres Leistungslevel zu erreichen. Er möchte sich zwar nicht bewusst mit der notwendigen Folge einer Verletzung überlasten, was schließlich auch der Leistung abträglich wäre, sucht aber doch das gerade noch verträgliche Limit beim Einsatz leistungsfördernder Übungen.

- **Wahl der Sportart:** Ein erhöhtes Verletzungsrisiko spricht im Prinzip gegen die Wahl einer betreffenden Sportdisziplin als Gesundheitssportart. Aber man muss sich auch die Frage stellen, ob in der aktuellen Lebenssituation einer Person nicht besser eine Sportart mit gewissem Risiko gewählt werden sollte, als dass überhaupt kein Sport betrieben wird. Dieses Argument zählt besonders für die großen Ballspiele wie Fußball, bei denen zwar einerseits das orthopädische Verletzungsrisiko sehr groß ist, die aber andererseits durch die Faktoren „Spiel" und „Mannschaft" erst genügend Attraktivität mit sich bringen, um viele überhaupt zum Sporttreiben zu bewegen. Die wenigsten Sportler werden dauerhaft Zeit und Geld für eine Sportart aufwenden, die sie nur aus Vernunftgründen gewählt haben, zu der sie aber keine emotionale Bindung entwickeln können. Vergleichbare Schwierigkeiten ergeben sich auch, wenn man gezwungen ist, im Altersgang die Sportart wechseln zu müssen, dann eventuell aber keinen alternativen Zugang zum Sporttreiben mehr findet.

Entscheidend für die Wahl einer Sportart zum Zweck der Gesundheitsförderung ist nicht die Befolgung von häufig gehörten Ratschlägen wie „Jogging ist gut für die Gesundheit". Was soll eine Person mit Arthrose in den Fuß- oder Kniegelenken von diesem Ratschlag halten? Genauso wenig richtungsweisend sind aber auch ablehnende Aussagen wie „Bodybuilding ist schlecht für die Gesundheit". Was soll ein Reha-Patient davon halten, wenn ihn Methoden des Bodybuildings gerade wieder an die Möglichkeit eines geregelten Alltags herangeführt haben? In dieser Hinsicht sind auch Tabellen, die Rangfolgen von besonders gesunden bis hin zu besonders ungesunden Sportarten darstellen wollen, weitgehend sinnlos, da bei der Wahl der Sportart eine hoch individualisierte Mischrechnung unter folgender Leitfrage aufgemacht werden sollte: Welche Eigenheiten meiner Wunsch-Sportart bringen mir – physisch und psychisch – tendenziell Nutzen, welche Schaden?

- **Belastung:** Es gab eine Phase, in der Gesundheitssport nur mit auch subjektiv sehr geringen oder moderaten Trainingsintensitäten in Zusammenhang gebracht wurde. Heute wird wieder der Wert größerer Beanspruchungen gesehen, wobei konkrete Trainingsempfehlungen einen Mix aus nieder- und höherintensiven Maßnahmen vorsehen.

## 16.1 Ausdauertraining

Personen, die ihre Fitness aus gesundheitlichen Gründen verbessern wollen, wird in der Regel zu einer Sportart mit einem hohen Ausdaueranteil an der Gesamtleistung geraten. Tatsächlich beugt ein Ausdauertraining der häufigsten Todesursache, den Herz-Kreislauf-Erkrankungen, wirkungsvoll vor.

Demgegenüber stehen Meldungen, die über plötzliche Todesfälle durch Herz- oder Kreislaufversagen bei Hobby- und Profi-Ausdauersportlern berichten,

und gängige Bedenken wie „Ausdauertraining macht süchtig" oder „Ausdauertraining macht magersüchtig". Außerdem wird der Weg zum Ausdauertraining durch seinen Ruf als „sehr anstrengend" und „langweilig" versperrt.

### Gesundheitliche Risiken

- Die Meldungen plötzlicher **Todesfälle** während oder kurz nach Ausdauerbelastungen sind im Wesentlichen auf Überanstrengungen nach Doping bei
Leistungssportlern und auf nicht diagnostizierte bzw. nicht genügend be-
achtete schwerwiegende Erkrankungen vor der Belastung zurückzuführen.
Akute Entzündungen und Infektionen (besonders bei Fieber), angeborene
und erworbene Herzfehler und Herzschäden, Herzrhythmusstörungen, die
unter Belastung ausgelöst oder verstärkt werden, Bluthochdruck (systolisch
über 180, diastolisch über 110 mm Quecksilbersäule), unbehandelte schwerwiegende Schilddrüsenüberfunktion, schwere Leber- und Nierenschäden,
Krankheiten mit fortschreitender Geschwulstbildung, fortgeschrittene Lun-
generkrankungen oder Missbildungen besonders am Herzen.
In diesen Fällen ist die sportliche Anstrengung Auslöser, aber nicht Ursache
des Todes. Todesfälle beim Ausdauersport allein durch Überanstrengung
sind nahezu ausgeschlossen.
- Die unmittelbare **Sucht nach Ausdauerleistungen** wird einer körpereigenen Wirkstoffgruppe zugeschrieben, den Endorphinen, morphin-ähnli-
chen Stoffen, die ausgeschüttet werden, wenn der Körper angestrengt ist.
Die Wirkung der Endorphine trägt zu einem Hochgefühl während sportlicher Belastung bei („Runners High"). Mittelbar besteht durch die oft hohen
Umfänge eines Ausdauertrainings die Gefahr, dass nur noch das Training
das Leben des Sportlers bestimmt. Damit ist eine typische Konstellation zur
Entstehung einer Sucht gegeben, nämlich dass man sich vollständig mit
einem einzigen Inhalt identifiziert und damit riskiert, Persönlichkeit zu
verlieren, statt sie zu bereichern.
- Die Verengung der Sichtweise auf einen Einzelaspekt ist auch typisch für
**Magersucht**. Sind Sportler davon betroffen, steht am Anfang dieser Erkrankung häufig die Idee, durch geringeres Gewicht bessere Ausdauerleistungen
erzielen zu können. Dieses Argument ist auf den ersten Blick plausibel – bei
Läufern etwa, denn durch ein erniedrigtes Körpergewicht wird die entscheidende Messgröße für gute Laufleistungen, die relative maximale Sauerstoffaufnahme (rVO$_2$ max), erhöht. Das Pendel schlägt allerdings zurück, wenn
durch die fortschreitende Verweigerung von Nahrung wesentliche Nährstoffe nicht mehr aufgenommen werden und der Körper zunehmend eigene
Substanz (Eiweiß) in den Energiestoffwechsel einbezieht. Die Folge ist eine

zunehmende Entkräftung und ein Rückgang aller – nicht nur der sportlichen – Leistungen und Lebensqualitäten. Eine Einschätzung des Körpergewichtes liefert der Body-Mass-Index (BMI):

$$\text{BMI} = \frac{\text{Körpergewicht (kg)}}{\text{Körpergröße (m)} \cdot \text{Körpergröße (m)}}$$

Ein BMI von 20–25 gilt als normal, unterhalb eines Wertes von 18 diagnostiziert man krankhaftes Untergewicht, oberhalb von 30 krankhaftes Übergewicht. Kritisch muss man aber anmerken, dass solche „Gebrauchsanweisungen" für das „richtige" Gewicht nicht immer und auch nicht jeder Person gerecht werden und mehr von statistischem Wert sind. Der athletische, auf Kraft und Muskelmasse hochtrainierte Sportler hat leicht einen BMI von über 30, eine von Natur ausgesprochen hagere Person, die auf Langstreckenlauf trainiert ist, einen BMI von unter 18, ohne dass man jeweils von einer Fehlentwicklung sprechen müsste. Also kann der BMI nur als grobe Einschätzung dienen, der eine individuelle Beurteilung folgen muss.

- Zyklische Ausdauersportarten wie Laufen, Radfahren oder Schwimmen gelten als gesund und wenig riskant, da sie selten Verletzungen provozieren. Tatsächlich ist die Unfallgefahr bei diesen Sportarten vergleichsweise gering. Gesundheitliche Risiken sind aber doch bei **Überlastung** durch zu hohe Trainingsintensität oder zu zügige Steigerung des Trainingsumfangs einzukalkulieren. Typische Überlastungsschäden äußern sich in Entzündungen der Sehnen (Achillessehne beim Läufer) oder degenerativen Schädigungen der Gelenke (Knie beim Läufer oder Lendenwirbelsäule beim Brustschwimmer). Gelenkschädigungen ergeben sich besonders bei angeborenen oder erworbenen Fehlstellungen der Gelenke wie etwa X-Beinen, O-Beinen, Fehlstellungen der Hüfte oder Haltungsanomalien im Wirbelsäulenbereich.

Die für zyklische Ausdauersportarten typischen Verletzungsrisiken haben auch Sportler in Sportarten mit deutlichem Ausdaueranteil in Kauf zu nehmen, etwa Fuß-, Hand- oder Basketballspieler. Diese Sportarten belegen aber nicht nur wegen der ausdauertypischen Überlastungen, sondern auch wegen der Gelenkbelastungen bei ständigen schnellen Richtungswechseln und wegen der Verletzungsrisiken durch gegnerische Einwirkungen Spitzenplätze in der Verletzungshäufigkeit.

Eine Überlastung durch zu hohe Umfänge bzw. zu hohe Intensitäten im Ausdauertraining hat nicht nur negative Auswirkungen auf den Bewegungsapparat, sondern schädigt auch das Immunsystem mit der Folge, dass sich die Infektanfälligkeit des betroffenen Sportlers erhöht.

## Gesundheitlicher Nutzen

- Ausdauersportarten erlauben bei sorgfältiger Trainingsplanung – das ärztliche Einverständnis zur Aufnahme des Sportes vorausgesetzt – eine **gute Kontrolle des Verletzungsrisikos**. Bei der Wahl der Sportart sollten jedoch orthopädische Besonderheiten berücksichtigt werden, so ist z. B. bei Hüftfehlstellungen Radfahren dem Laufen vorzuziehen. Außerdem sollte eine Sportart gewählt werden, die Spaß macht, damit die Trainingseinheiten an sich erstrebenswert werden und nicht mittelbare Motive zur Motivation herhalten müssen. Ein typisches Beispiel für eine verunglückte Motivierung bietet ein Sportler, der aus Gründen der Gewichtsreduktion ein Ausdauertraining beginnt, sich von Einheit zu Einheit zwingt und den Spaß verliert, wenn das Gewicht nach anfänglichen Erfolgen nicht so schnell wie erwartet weiter sinkt. Hat man sich für eine Sportart entschieden, sollte man langsam beginnen, regelmäßig trainieren und Umfang und Intensität nur behutsam steigern. Die Kontrolle des Trainings sollte sich vorwiegend am eigenen Fortschritt orientieren, nicht aber an fremden Normen, schon gar nicht an Spitzenwerten. Hält man sich an diese Grundsätze, kann man von einem Ausdauertraining vielfältig profitieren.
- Sport unterstützt den **Stressabbau** und die **Stabilisierung des Immunsystems**. Durch Stress, ausgelöst durch eine dauernde einseitige Überlastung, wird permanent das Stresshormon Adrenalin ausgeschüttet, welches das vegetative Nervensystem in einer ständigen Alarmbereitschaft hält. Mögliche Konsequenzen dieser Dauerstimulierung sind z. B. ständig erhöhter Blutdruck, Schlaflosigkeit oder Reizbarkeit. Gleichzeitig wird durch solche Überlastungen die Immunabwehr durch einen Abfall der Globuline im Blut geschwächt. Ausdauertraining führt zu einem Abbau des Adrenalins und in der Folge zu einem Überwiegen der parasympathischen, beruhigenden Wirkungen des vegetativen Nervensystems. Es durchbricht also den „Daueralarm" im Körper auf natürliche Art, sofern nicht eine Trainingsüberdosierung gewählt wird, die ihrerseits wieder stressverursachend ist. Maßvolles Ausdauertraining schützt also vor Stressfolgen und stabilisiert das Immunsystem.
- Neben Stress führt Übergewicht durch ungünstige Ernährung zu wesentlichen Zivilisationserkrankungen, die durch Bewegungsmangel noch verstärkt werden. **Abnahme von Übergewicht** kann durch Ausdauerbelastung in Verbindung mit Kalorienreduzierung herbeigeführt werden. Im Fol-

genden sind Argumente zusammengetragen, die sinnvolle Gewichtskontrolle im Zusammenhang mit Sport begründen:

Strenges Fasten und Diätprogramme mit stark reduzierter Kalorienzufuhr bewirken eine Mangelernährung durch den Verlust an Wasser, Elektrolyten, Mineralien, Glykogen und Muskeleiweiß. Dadurch wird zwar eine Gewichtsreduktion erreicht, der eigentlich angezielte Körperfettverlust ist jedoch mittel- und langfristig minimal, weil oft der Phase der Unterernährung eine Phase der Überernährung folgt. Eine leichte Kalorienreduzierung führt hingegen weniger schnell in einen Zustand der Mangelernährung. Kombiniert man diese mit Ausdauertraining, wird das fettfreie Körpergewebe erhalten und die Gewichtsreduzierung geht wesentlich zulasten des Fettgewebes.

Die Kalorienreduzierung sollte sich nicht auf einseitige Ernährungsformen (Reis-Diät o. Ä.) und Grundsätze wie „Friss die Hälfte" (FdH) stützen, da bei halber Nahrungsaufnahme zwar nur halb so viele Kalorien aufgenommen werden, häufig aber ein Mangel an essenziellen Nährstoffen auftritt.

Das die Gewichtskontrolle begleitende Ausdauertraining soll den Fettstoffwechsel trainieren. Training mit niedriger Intensität und hohem Umfang gehört wegen der Schulung des Fettstoffwechsels ebenso dazu wie Einheiten mit erhöhter, aber nicht maximaler Anstrengung wegen des hohen unmittelbaren Fettverbrauchs. Der gewünscht hohe Umfang ist bei ungeübten Personen allmählich aufzubauen. Den Anfang bildet ein Pensum, das ohne übermäßige Anstrengung geleistet werden kann, und das wöchentlich um maximal 10 % gesteigert wird. Ruhewochen mit reduzierter Belastung in zwei- bis dreiwöchigen Abständen helfen, mit den Belastungen umzugehen.

Stark Übergewichtige sollten möglichst Sportarten wählen, die gelenkschonend das Körpergewicht auf Sportgeräte oder das Wasser verteilen. Geeignete Ausdauersportarten für Übergewichtige sind damit Radfahren, Bewegungsformen im Wasser wie Schwimmen oder Aquajogging, aber auch Bootssportarten. Weniger geeignet ist bei akutem Übergewicht das Laufen.

Das Ernährungs- und Bewegungsprogramm sollte so eingestellt werden, dass der Gewichtsverlust ein Kilogramm pro Woche nicht überschreitet.

Oberstes Ziel ist es, sich lebenslang bewegungsreich zu verhalten. Dabei muss sich die abnehmende Person auch abseits der Erfolge in der Gewichtsreduzierung mit den geänderten Lebensbedingungen wohlfühlen. Unwohlsein in der Situation führt irgendwann zum Abbruch der Maßnahmen und einen Rückfall in vorherige Gewohnheiten mit oft noch weiter überschießendem Übergewicht. Ein sich daraus oft ergebender ständiger Wechsel zwischen Diät- und Nicht-Diät-Phasen bewirkt in der Regel das Gegenteil dessen, was man sich vorgenommen hat (Jo-Jo-Effekt).

## 16.2 Krafttraining

Krafttraining gilt im Vergleich zu Ausdauersportarten in der öffentlichen Meinung als weniger gesundheitsförderlich, da es eine vergleichsweise geringe Wirkung auf das Herz-Kreislauf-System hat und bei unsachgemäßer Ausführung ein hohes Verletzungsrisiko birgt. Außerdem erreicht man über Krafttraining nicht das oft erwünschte niedrige Gewicht, wobei niedriges Gewicht als einziges Indiz für eine gesunde Lebensführung versagt.

### Gesundheitliche Risiken

Beim Krafttraining sind vor allem folgende Risiken zu beachten:

- Einige grundlegende Übungen des Krafttrainings führen bei unsachgemäßer Ausführung zu einer **Schädigung der Wirbelsäule**. Hierbei ist besonders die effektivste Übung zur Kräftigung der Beinstreckschlinge, die Kniebeuge mit Hantellast auf den Schultern, zu nennen. Schon ein minimales Abweichen des Oberkörpers aus der Senkrechten nach vorn führt zu einer Vervielfachung der bei dieser Übung ohnehin schon hohen Bandscheibenbelastungen mit der Gefahr eines Bandscheibenschadens.
- Bei der Bewegung hoher Gewichte ist **Pressatmung** nicht zu vermeiden. Dabei wird bei Überwindung der Last die eingeatmete Luft gegen die Stimmritze gedrückt und kann so nicht entweichen. Unter Pressatmung ist die Körperkraft höher als bei normal fließender Atmung. Ein ambitionierter Kraftsportler atmet also vor dem schwierigsten Punkt einer Übung ein und presst bei Überwindung dieses Punktes. Pressatmung erhöht zusammen mit der Muskelspannung bei Überwindung des Trainingsgewichtes den Körperinnendruck so stark, dass auf Personen mit Herz-Kreislauf-Problemen ernste Schwierigkeiten zukommen können.
- Einseitig forciertes Krafttraining ruft leicht chronische Verkrampfungen und Verkürzungen dafür anfälliger Muskeln und entsprechend **dysbalancierte Muskulatur** mit möglichen entzündlichen Beschwerden an den zugehörigen Sehnen hervor.
  Die folgende Tabelle zeigt eine Übersicht typischer Dysbalancen, die im Sport und alltäglich immer wieder vorkommen. Es ist jeweils angegeben, welche Muskeln bevorzugt zu dehnen und welche zu kräftigen sind. Inso-

fern gibt diese Tabelle auch erste Hinweise auf den gesundheitlichen Nutzen eines Krafttrainings.

| Bereich | Beschwerden | zu dehnen und zu lockern | zu kräftigen |
|---------|-------------|--------------------------|--------------|
| Unterschenkel, Fußgelenk | Schmerzen im Bereich der Achillessehnen | Dreiköpfiger Wadenmuskel | Schienbeinmuskel |
| Becken, untere Wirbelsäule | Kreuzschmerzen | Gerader Rückenmuskel, Hüftbeuger, Adduktorengruppe, Gerader Oberschenkel-muskel, Beinbeugemuskulatur | Bauchmuskulatur, Gesäßmuskulatur, Gerader Rückenmuskel, Beinbeugemuskulatur |
| Schulter, Brust, Hals | verkrampfte Haltung, Rückenschmerzen, Nackenschmerzen, Kopfschmerzen | Großer Brustmuskel, Schultermuskulatur | Schulterblattmuskulatur, Kapuzenmuskel |

Tab. 46: Dysbalancen und passende Dehnübungen

Eine **Minimierung der Risiken** kann durch folgende Maßnahmen erreicht werden:

- Anfänger im Krafttraining sollten unter Umständen wirbelsäulenbelastende Komplexübungen wie Kniebeugen mit Hantellast auf den Schultern vermeiden und zunächst Elementarbewegungen unter Belastung trainieren. Auf dem weiteren Weg schließt sich daran eine Schulung der Bewegungstechnik der gewünschten Komplexübung mit sehr geringer Gewichtsbelastung an. Nach Aufnahme des Trainings der Komplexübung wird die Intensität der Übung nur langsam gesteigert. Gelingt einem Sportler die Technik der Komplexübung nicht, sollte er auf verwandte wirbelsäulenschonendere Übungen wechseln, auch wenn deren Wirkungsgrad etwas geringer sein sollte. Eine Alternative zur Kniebeuge bietet etwa die Beinpressmaschine, in welcher der Sportler mit angelehntem Rücken aus einer sitzenden oder halb liegenden Position Gewichte mit den Beinen von sich drückt.
- Personen mit Herzproblemen sollten die Pressatmung beim Krafttraining vermeiden, indem sie Trainingsgewichte reduzieren und ihre Atemtechnik so umstellen, dass sie vor dem belastenden Punkt einer Übung ausatmen. Die mögliche Gewichtsbelastung verringert sich zwar dadurch möglicherweise deutlich, aber der Körperinnendruck bleibt moderat. Bei statischen Kraftübungen soll die Belastung so gewählt werden, dass eine fließende Atmung möglich ist.
- Kraftsportler sollten ein Dehnprogramm in ihr Training integrieren und dafür sorgen, dass sie sich ausgeglichen belasten.

### Gesundheitlicher Nutzen

Krafttraining kann aber auch im Rahmen des Gesundheitssports positive Seiten aufweisen, da es zur Verletzungsprophylaxe und -rehabilitation beiträgt:

- **Ausgleich muskulärer Dysbalancen**: Muskulären Dysbalancen wird vorgebeugt, indem nicht nur die agonistische Muskulatur trainiert, sondern auch die antagonistische speziell gekräftigt wird.

  Muskeldysbalancen werden durch eine Kombination von kräftigenden Übungen für unterentwickelte Muskelgruppen und dehnenden Übungen für überlastete, verkrampfte Muskelgruppen bekämpft. Eine Dehnung allein, z. B. durch intensives Stretching, bringt nicht den gewünschten Erfolg. Vielmehr ist die ausgleichend kräftigende Behandlung von Dysbalancen vorrangig.

- **Koordinative Leistungsfähigkeit**: Krafttraining ist eine Basis für eine gute koordinative Leistungsfähigkeit und fördert die Wahrung einer guten Körperhaltung. Auf eine gute Körperhaltung wirkt besonders das Training der Rumpfmuskulatur mit den Elementarbewegungen „Rumpfaufrichten aus der Rückenlage" und „Rumpfaufrichten aus der Bauchlage" und anderen körperstabilisierenden Übungen. Dazu kann ein Beweglichkeitstraining kombiniert werden.

- Beitrag zur **Rehabilitation nach Verletzungen**: Nach Verletzungen bietet Krafttraining, besonders mit seinen isometrischen Spielformen, die entscheidende Möglichkeit, muskuläre Stabilität in den betroffenen Körperpartien wiederherzustellen.

Beispiel

Ein Rumpfstabilisierungsprogramm könnte folgendes Aussehen haben:

| Zielmuskel-gruppe | Name der Übung | Bild | Durchführung der Übung Bewegungsdetails |
|---|---|---|---|
| Bauch-muskulatur | Rumpfaufrichten aus der Rückenlage mit gebeugten Knien und gebeugter Hüfte | | „Einrollen" des Bauches; Anheben des Oberkörpers bis zum Oberschenkel ist zum Training der Bauchmuskeln sinnlos. Schräge Bauchmuskeln werden betont trainiert, indem beide Arme zusammen rechts bzw. links der Beine geführt werden. |

| Zielmuskel-gruppe | Name der Übung | Bild | Durchführung der Übung Bewegungsdetails |
|---|---|---|---|
| Rücken-strecker | diagonales Strecken aus dem Vierfüßlerstand | | Die rechte Hand und das linke Bein bzw. die linke Hand und das rechte Bein werden zusammen gestreckt (diagonal). Der Rücken wird in bodenparalleler Lage festgehalten und darf nirgendwo abkippen, Blick auf die Stützhand. |
| Ganzkörper-stabilisierung | Stütz vorlings auf gebeugten Armen | | Der ganze Körper bildet eine Gerade (kein Absacken an irgendeiner Stelle); besonders die Körpermitte ist durchweg in der Höhe zu halten. Alle drei Übungen können verstärkt werden, indem ein Bein – bei gleichbleibender Stabilisierung des Körpers – mit angehoben wird (nicht zu empfehlen bei Kniebeschwerden). |
| | seitlicher Stütz auf gebeugtem Arm | | |
| | Stütz rücklings auf gebeugten Armen | | |

Tab. 47: Übungen zur Rumpfstabilisierung

Die Haltedauer beträgt pro Wiederholung jeweils 10 Sekunden oder länger, die Haltephase wird pro Übung fünf- bis zehnmal wiederholt. Solche Übungen für die Rumpfmuskulatur sind auch sinnvoll für dynamische Sportarten, weil der Rumpfmuskulatur grundsätzlich haltende Funktionen zufallen. Interessant ist die Durchführung solcher Übungen auch auf instabilen oder vibrierenden Plattformen, weil dadurch die Koordination zwischen Nerv und Muskel verbessert werden kann.

Gut zur Bekämpfung von Muskelverkürzungen und -fehlbelastungen geeignet sind auch ganzheitliche Ansätze wie Yoga, die auch auf die eventuell mentalen Ursachen von Verkrampfungen wirken können.

## 16.3 Auf- und Abwärmen

Auf- und Abwärmen sollten fester Bestandteil innerhalb eines Traings und bei einem Wettkampf sein.

### Aufwärmen

Trotz aktueller Diskussionen, die dagegensprechen, behaupten Formen des Beweglichkeitstrainings in Aufwärmprogrammen fast aller Sportarten ihren Platz.

Ziel des Aufwärmens (Warm-up) sind Anpassungsvorgänge des Herz-Kreis-lauf-Systems und der Atmung, des Muskelstoffwechsels, der Nerv-Muskel-koordination, des passiven Bewegungsapparates und der psychischen Einstellung. Mittelbar wird dadurch eine Vermeidung von Verletzungen, eine verbesserte Ausschöpfung der konditionellen Fähigkeiten und der Koordination sowie eine Erhöhung der psychischen Leistungsbereitschaft erwartet.

- **Maßnahmen:** Das Aufwärmtraining muss mit aktiven Maßnahmen gestaltet werden. Passive Maßnahmen wie Salbenanwendung oder Massagen führen weder zu ausreichender Muskelerwärmung noch zu einer wettkampf-spezifischen muskulären oder psychischen Einstellung und spielen dem Sportler – etwa durch Reizung und Erwärmung der Haut – einen nicht vorhandenen Aufwärmeffekt der Muskulatur vor.
- **Steuerung:** Das Aufwärmen sollte, wenn möglich, individuell gesteuert werden. Jeder Sportler hat seine eigene Art und Zeitgestaltung, um psychisch und physisch leistungsfähig zu werden.
- **Programm:** Bei der Gestaltung des Aufwärmprogramms sollten folgende Gesichtspunkte berücksichtigt werden:

  Dehnungen vor dem Training oder Wettkampf werden nicht besonders lange gehalten, es sei denn, eine besondere Beweglichkeit ist für die betreffende Sportart entscheidend. Der Zweck von Dehnübungen vor dem Training oder Wettkampf ist erreicht, wenn leistungshemmende Verkrampfungen gelockert werden können.

  Dehnübungen sollen gegen Ende des Aufwärmprogramms unterlassen werden, weil eine dadurch entspannte Muskulatur nicht optimal leistungsfähig ist. Grundsätzlich muss den Dehnübungen eine disziplinspezifische intensive Phase des „Aufweckens" der Leistungsmuskulatur folgen.

  Wenn, wie etwa im Krafttraining, der Aufwärmphase Teilkörperübungen folgen, kann man in der Aufwärmphase auf Ganzkörperübungen verzichten und gezielt die später trainierte Muskulatur durch gering intensive Übungen erwärmen.

  Das Aufwärmen vor einem Training oder Wettkampf soll zwischen 15 und 40 Minuten dauern und bei bevorstehenden Wettkämpfen 5 Minuten vor dem Beginn der Belastung abgeschlossen sein. Der Effekt eines gründlichen Aufwärmens bleibt für etwa 20 Minuten erhalten.

Unabhängig von der Person und der konkreten inhaltlichen Füllung hat sich folgende Reihenfolge im Aufwärmprogramm bewährt:

1. Ganzkörperübungen mit niedriger koordinativer Anforderung zur Ansprache des Herz-Kreislauf-Systems und der betroffenen Muskulatur.

2. Dehnung, anschließend dynamische gymnastische Übungen zur Ein-
   stimmung auf die kommenden Bewegungen. Ist Beweglichkeit ein leis-
   tungsbestimmendes Merkmal der betreffenden Sportart, muss der Anteil
   der Beweglichkeitsmaßnahmen erhöht werden.
3. Wettkampf- bzw. trainingsspezifische Übungen mit zunehmend koordinativer und zunehmend intensiver Belastung.

### Abwärmen

Ziel des Abwärmens (Cool-Down) ist, nach einer Belastung den Körper und
die Psyche zu beruhigen und zu entspannen und den Stoffwechsel durch aktive Beseitigung der unter Belastung entstandenen Abfallprodukte schneller zu
normalisieren.

Für das Gestalten des Abwärmtrainings gelten folgende übergeordnete Regeln:

* Die Beweglichkeitsübungen sollen der Senkung des Muskeltonus und damit
  der Entspannung dienen. Folglich werden die Dehnungen länger gehalten.
  Die Anwendung schwunghafter Gymnastikformen entfällt.
* Nach einer Belastung sind passive Maßnahmen wie Massagen oder warme/
  kalte Bäder oder Duschen sinnvoll.

Das Abwärmen wird in der Regel in folgender Reihenfolge durchgeführt:
1. Ganzkörperübungen mit geringer Intensität (Auslaufen, Ausschwimmen)
2. Übungen zur Beweglichkeit
3. passive Maßnahmen

Bei großer Erschöpfung werden nur passive Maßnahmen angewandt.

## Zusammenfassung

Sporttreiben kann sich positiv auf Physe, Psyche und soziale Aspekte auswirken,
birgt aber auch Risiken.

* Beim sogenannten **Gesundheitssport** steht das Erreichen der positiven Effekte
  des Sports im Vordergrund, aber auch **Leistungssport** steht nicht unbedingt im
  Widerspruch zur Gesundheitsförderung.
* Als Risiken des **Ausdauersports** gelten plötzliche Todesfälle aufgrund von Vor-
  erkrankungen, Sucht nach Ausdauerleistung, Magersucht und Überlastungen.
  Dem stehen Verletzungsprophylaxe, Stressabbau, Stabilisierung des Immunsystems und Abnahme von Übergewicht entgegen.
* Durch **Krafttraining** kann es zu Schädigungen der Wirbelsäure, zu starkem In-
  nendruck aufgrund von Pressatmung und Muskeldysbalancen kommen. Auf der

anderen Seite kann Krafttraining auch Muskeldysbalancen vorbeugen, die koordinative Leistungsfähigkeit steigern und zur Rehabilitation nach Verletzungen beitragen.

- **Beweglichkeits- und Koordinationstraining** steht in Zusammenhang mit dem Krafttraining.
- Wichtig ist richtiges **Auf- und Abwärmen**.

fgaben

### 60. Ausdauer- und Krafttraining unter Gesundheitsaspekten

Lange galt „Ausdauertraining ist gesund" sowie „Krafttraining ist ungesund". Beleuchten Sie beide Aussagen differenzierter.

### 61. Ausdauer- und Krafttraining

Entwerfen Sie je eine Übungsauswahl und ein grobes Trainingsregime zum Gesundheitsausdauertraining und zum Gesundheitskrafttraining für gesunde, aber bis dahin nicht trainierende 20-jährige Personen.

### 62. Prinzip der Individualität

Erläutern Sie, warum das Trainingsprinzip der Individualität im Gesundheitssport eine noch größere Rolle als im Leistungssport spielt.

### 63. Freude am Gesundheitssport

„Gesundheitssport muss Freude machen, sonst verdient er seinen Namen nicht." Stellen Sie diesen Satz in den Zusammenhang mit den großen Gesundheitsmodellen.

# 17 Doping

Versucht man zu beschreiben, was Doping ist, trifft man in einem ersten, eng gefassten Zugriff auf zwei Hauptkennzeichen, die zum einen den Sportler selbst, zum anderen seine Sozialumgebung betreffen: Der dopende Sportler führt dem Körper mit der Absicht der Leistungssteigerung Substanzen in außernatürlicher Dosierung zu und verstößt damit in sozialer Hinsicht betrügerisch gegen das Gebot der Fairness einerseits dem sportlichen Gegner, andererseits allen am Sportgeschehen beteiligten Personen gegenüber.

Da die Verabreichung von Doping im Sport heute eine starke strafrechtlich relevante Komponente aufweist, ist eine solche oder ähnliche Formulierung, die im Ungefähren verharrt, nicht als zutreffende Definition brauchbar, weil sie keine exakten Regeln beinhaltet, also z. B. nicht genau festlegt, wo das Spektrum der Natürlichkeit endet und wo eine außernatürliche Dosierung eines Wirkstoffs beginnt. Außerdem ist der Begriff Fairness kaum messbar und die „zweite Reihe" hinter einem dopenden Sportler, die für die Anstiftung oder die Verabreichung von Dopingpräparaten unter Umständen sogar ohne Wissen des gedopten Sportlers verantwortlich ist, wird gar nicht erst genannt.

Entsprechend ist die heute weltweit gültige Festlegung der WADA *(World Anti-Doping Agency)* zur Definition des Dopings, die in den Paragrafen 1 und 2 des *World-Anti-Doping-Codes* festgelegt ist, von einem großen Pragmatismus aufgrund langjähriger leidiger Erfahrung geprägt. Im Folgenden finden Sie eine zusammenfassende Darstellung der beiden Paragrafen:

---

**Artikel 1 Definition von Doping**

Doping ist definiert als Verstoß gegen die Anti-Doping-Regeln aus Artikel 2.1 bis 2.8.

**Artikel 2 Verstöße gegen die Anti-Doping-Regeln**

Verstöße gegen die Anti-Doping-Regeln sind:

2.1 Die Anwesenheit einer verbotenen Substanz oder deren Stoffwechselprodukte oder deren Kennzeichen in einer entnommenen Probe (wie einer Urin- oder Blutprobe).

2.2 Die Anwendung einer verbotenen Substanz oder Methode oder der Versuch dazu.

2.3 Die Verweigerung der Abgabe einer Probe nach Aufforderung zur Dopingkontrolle.

2.4 Die Verhinderung der persönlichen Anwesenheit bei Kontrollen.

2.5 Der Betrug oder der Versuch eines Betruges bei der Dopingkontrolle.

2.6 Der Besitz von verbotenen Substanzen oder Anwendung verbotener Methoden.

2.7 Die Weitergabe verbotener Substanzen oder verbotener Methoden.

2.8 Die Anstiftung, Beteiligung, Unterstützung oder Ermutigung zur Anwendung oder zum Versuch einer Anwendung einer verbotenen Substanz oder verbotenen Methode oder jegliche Art der Beteiligung an einem Verstoß gegen die Anti-Doping-Regeln.

---

Tab. 48: Auszug aus dem *World-Anti-Doping-Code*

## 17.1 Dopingmittel

Die beiden Artikel der WADA werden ergänzt durch eine Dopingliste, die konkret festlegt, welche Substanzen und Methoden verboten sind. Man unterscheidet vier Gruppen:

| | |
|---|---|
| **Gruppe I** (Grundsätzlich verbotene Substanzen und Methoden) | Solche Substanzen sind nummeriert mit den Symbolen S1 bis S5, die entsprechenden Methoden werden geführt unter M1 bis M3. Die so bezeichneten Gruppen sind teils auch aus der öffentlichen Berichterstattung bekannt:<br>S1 – Anabole Wirkstoffe<br>S2 – Peptidhormone<br>S3 – Beta-2-Antagonisten<br>S4 – Anti-Östrogene<br>S5 – Diuretika und andere maskierende Substanzen<br>M1 – Sauerstofftransport-Optimierung<br>M2 – Manipulationen<br>M3 – Gendoping |
| **Gruppe II** (Während des Wettkampfs verbotene Substanzen) | Hierunter fallen die Stoffgruppen S6 bis S9:<br>S6 – Stimulanzien<br>S7 – Narkotika<br>S8 – Cannabinoide<br>S9 – Glucocorticosteroide |
| **Gruppe III** (In einzelnen Sportarten verbotene Substanzen) | Beispiele solcher Substanzen sind Alkohol oder Beta-Blocker |
| **Gruppe IV** (Spezifizierte Substanzen) | Hierunter fallen in allgemein käuflichen medizinischen Präparaten häufig vorkommende, gleichwohl aber verbotene Substanzen, die so leicht verfügbar sind, dass sie sogar versehentlich eingenommen werden könnten, weshalb bei positiven Kontrollen auf diese Substanzen mit reduzierten Strafen gerechnet werden kann. Beispiele sind einige Stimulanzien, die Cannabinoide, einige Asthma- und Anti-Allergiemittel, Beta-Blocker, Corticosteroide und Alkohol. |

Tab. 49: Gruppen von Dopingmitteln

Ergänzend existiert eine Positivliste, auf der Medikamente genannt sind, die Sportler bei medizinischer Indikation bedenkenlos einnehmen können. Der Sinn dieser Liste ist, zu verhindern, dass Sportler sich bei notwendiger ärztlicher Behandlung versehentlich ein Dopingvergehen zu Schulden kommen lassen, weil nicht alle Wirkstoffe eines Medikaments überschaut wurden.

Die folgenden Abschnitte beschäftigen sich mit den verbotenen Wirkstoffgruppen S1 bis S9 sowie den untersagten Methoden M1 bis M3.

### Dopingklasse S1 – Anabole Wirkstoffe

Anabole Wirkstoffe (Anabolika) zählen zu den klassischen Dopingmitteln, die trotz ihrer Illegalität auch im Freizeitsport weit verbreitet sind, da durch ihre Wirkung den Bedürfnissen der Sportler nach Leistungssteigerung zielsicher nachgekommen werden kann. Anabolika sind dem männlichen Sexualhormon Testosteron verwandte Stoffe, weisen folglich neben den anabolen, den Körper aufbauenden Wirkungskomponenten auch androgene (vermännlichende) Nebenwirkungen auf. Da das Testosteron und ihm verwandte Hormone zu den fettlöslichen Steroidhormonen gehören, wird auch – eigentlich nicht exakt treffend – der Name Steroide für Anabolika verwendet.

Die Verabreichung von Anabolika ist in allen Sportarten Erfolg versprechend, die über einen Kraftgewinn Vorteile erzielen können, bieten sich aber auch dann an, wenn Erholungsprozesse nach harten Trainings- oder Wettkampfbelastungen die Reparatur zerstörter Körperzellen erforderlich machen, da sie dann aufgrund verkürzter Regenerationszeiten eine vertiefte Belastbarkeit gewährleisten. Im Einzelnen sind besonders folgende mögliche **Wirkungen** von Anabolika vom dopenden Sportler erwünscht: Zunahme der Muskelmasse, der roten Blutkörperchen und des Hämoglobins, Abnahme des Körperfetts und Knochenstärkung durch Calcium-Einlagerung. Anabole Steroide können oral oder per Injektion aufgenommen werden.

Die für den Sportler erwünschten Anabolika-Effekte werden durch zahlreiche mögliche **Nebenwirkungen** relativiert, die jeweils vom verwendeten Produkt abhängen. Nach außen sichtbar ist oft das Auftreten von Akne oder verstärkte Wassereinlagerungen im Körpergewebe, was auch eine Erhöhung des Blutdrucks zur Folge haben kann. Dazu kommen ebenfalls von außen beobachtbare Veränderungen der Persönlichkeit, die sich besonders in einer deutlichen Erhöhung der Aggressivität und einer grundsätzlichen Änderung des Sexualverhaltens, das sich in einer abnormen Steigerung der Libido oder auch deren Verlust äußern kann. Im Bereich der Geschlechtsidentität ergibt sich bei Frauen unter Umständen eine bleibende Vertiefung der Stimme, zunehmender Haarwuchs am Körper und im Gesicht, die Entwicklung männlicher Gesichtszüge, eine Verkleinerung der Brust, eine Vergrößerung der Klitoris, sowie eine Störung des Menstruationszyklus. Männer müssen durch Ausbleiben der eigenen Testosteron-Produktion mit Abnahme der Spermienanzahl und Schrumpfen der Hoden rechnen. Es können sich aber auch paradoxe Reaktionen ergeben, wenn der Körper durch einen Vorgang, der als „Aromatisierung" bekannt ist, Überschuss an Testosteron in Östrogen umzuwandeln versucht, was äußerlich zu Fett- und Wassereinlagerungen sowie zur Entwicklung einer weiblichen Brust (Gynäkomastie) führen kann.

Besonders betroffen sind im Bereich der inneren Organe das Herz, durch Zunahme des gefäßschädigenden LDL-Cholesterins oder durch eine Herzmuskelvergrößerung ohne Verbesserung der versorgenden Kapillargefäße, die Prostata, durch einen Wachstumsreiz und die Entwicklung von Tumoren, und die Leber, durch die Toxizität (Giftigkeit) mancher, besonders der oral aufgenommenen Produkte, die sich bis zur Entstehung von Leberzirrhose, Hepatitis oder Lebertumoren auswirken kann.

Aktiv mit Anabolika dopende Sportler setzen sich oft Dosierungen aus, die deutlich über einem medizinisch-therapeutischen Maß liegen, und kombinieren außerdem Präparate in mehrwöchigen Kuren und addieren sie in sogenannten Stacks. Durch diese Ballung treten auch die genannten Nebenwirkungen verstärkt auf, was die Sportler zwingt, auch diese zeitgleich oder im Anschluss durch eine Absetzkur medikamentös zu bekämpfen, was weitere unerwünschte Nebenwirkungen hervorrufen kann, die medizinisch nicht immer durchschaubar sind (Medikamenten-Cocktail). Denkt man diese Spirale des Medikamentenmissbrauchs weiter, wird klar, wieso ärztlich nicht mehr kontrollierbare Krisensituationen auftreten können, die mit dem Tod durch Multiorganversagen enden können. Tragische weithin bekannt gewordene Beispiele sind die Schicksale der ehemaligen Siebenkämpferin Birgit Dressel (✝ 1987) oder des ehemaligen Bodybuilders Andreas Münzer (✝ 1996).

### Dopingklasse S2 – Peptidhormone

Neben den anabolen, aus dem Bereich der Steroidhormone stammenden Stoffen haben sich besonders die Peptidhormone als Dopingmittel so stark durchgesetzt, dass sie auch in der öffentlichen Wahrnehmung einen Platz haben. In dieser Dopingklasse sind die wasserlöslichen Hormone zusammengefasst. Ihre chemische Struktur ist die eines Proteins oder eines Glykoproteins, das aus einem Protein mit Kohlenhydratzusätzen gebaut ist. Die Verbotsliste umfasst **reine Proteine** wie Insulin, ACTH oder HGH und **Glykoproteine** wie EPO oder HCG. Peptidhormone können von außen nur über Injektionen oder Infusionen verabreicht werden, weil ihre Proteinstruktur nach oraler Aufnahme während der Verdauung aufgespalten würde und die erwünschte Wirkung ausbliebe.

- ACTH (Adrenocorticotropes Hormon oder Corticotrophin) ist ein natürlicherweise von der Hypophyse ausgeschüttetes Hormon zur Stimulierung der Nebennierenrinde. Als Dopingmittel wird es verwendet, weil es die Ausschüttung der Glucocorticoide wie Cortisol anregt und damit für einen Energieschub verbunden mit einem euphorischen Gefühl sorgt.

- HGH (*Human Growth Hormone*, ein Wachstumshormon, auch Somatropin genannt) wird medizinisch bei Kleinwüchsigkeit eingesetzt. Es wirkt auf natürlichem Weg in der Kinder- und Jugendzeit wachstumsfördernd. Nimmt ein Sportler HGH ein, verzeichnet er einerseits eine Intensivierung des Fettabbaus, andererseits eine Intensivierung des Kohlenhydratstoffwechsels. Den seinem Namen entsprechend Körpersubstanz aufbauenden Effekt erzielt HGH mittelbar durch Stimulierung des IGF-1 *(Insulin Growth Factor)*, einer in der Leber gebildeten, dem Insulin ähnlichen Substanz, die auch isoliert verabreicht werden kann und so selbst auf der Dopingliste steht. Deren erwünschte Wirkung besteht darin, dass vermehrt Nährstoffe in die Muskeln transportiert werden können und so der Aufbau gefördert wird. Die Ausschüttung von HGH wird unterstützt, wenn der Blutzuckerspiegel niedrig ist. Deshalb nehmen mit HGH dopende Sportler gleichzeitig das den Blutzuckerspiegel senkende Insulin ein, wodurch auch Insulin selbst einen Platz in der Dopingliste erhalten hat. Natürlich sind Diabetiker vom Insulinverbot ausgenommen, da die regelmäßige Injektion für sie lebenswichtig ist. Risiken bei HGH-Insulin-Doping treten dann auf, wenn der Blutzuckerspiegel so weit sinkt, dass die Glucoseversorgung des Gehirns infrage steht (Hypoglykämie), was bis zur Ohnmacht oder gar zum Tod führen kann. Im Bereich der inneren Organe, besonders des Herzens, ist durch die Wirkung des HGH mit einem unkontrollierten Wachstum zu rechnen, wodurch, anders als beim Sportherzen des Ausdauersportlers, zwar die Organmasse, nicht aber deren Versorgung durch vermehrte Kapillare erhöht wird, was letztlich eine Organschwächung bedeutet.
- HCG *(Human Choriongonadotropin)* ist ein Hormon, das besonders Frauen zu Beginn einer Schwangerschaft erzeugen, um in dieser Zeit die Produktion von Östrogenen anzuregen. Nehmen Männer dieses Hormon ein, wird die Testosteronproduktion angeregt. Bei Frauen bewirkt HCG keinen Anstieg des Testosterons. Doping mit HCG ist folglich nur bei Männern untersagt, bei ihnen auch leicht nachzuweisen, weil es auf natürlichem Wege bei ihnen nicht oder nur minimal vorkommt.
- EPO (Erythropoietin) und das verwandte, als Präparat der Dopingszene jüngere CERA *(Continuous Erythropoiesis Receptor Activator)* werden eingenommen, um den Anteil der roten Blutkörperchen im Blut zu erhöhen. EPO wird in natürlicher Weise in der Niere gebildet. Als therapeutisches Medikament setzt man es ein, um die Sauerstoffkapazität des Blutes zu erhöhen, wenn durch Fehlfunktion der Nieren zu wenig rote Blutkörperchen im Blut vorkommen. Aus eben diesem Grunde greifen auch dopende Sportler zu EPO-Präparaten, denn die Möglichkeit, mehr Sauerstoff über

das Blut zur Muskulatur zu transportieren, erhöht die Ausdauerleistung beträchtlich. Entsprechend sind positive Dopingfälle in Verbindung mit EPO häufig aus dem Bereich der leichtathletischen Langstrecken oder des Radsports bekannt geworden. Nachteilig wirkt sich die Erhöhung der Anzahl der roten Blutkörperchen aus, wenn der Hämatokrit, der den Prozentsatz der festen Blutbestandteile im Blut angibt, auf deutlich über 50 % erhöht wird und es so zu einer Verschlammung des Blutes mit dem Risiko einer Thrombose oder eines Herzinfarktes kommt.

### Dopingklasse S3 – Beta-2-Agonisten

Beta-2-Agonisten werden therapeutisch verwendet, um Asthma-Patienten zu behandeln. Ähnlich wie die Stresshormone Adrenalin und Noradrenalin setzen sie an den für diese passenden Beta-Rezeptoren an und bewirken so als Antwort auf den vermeintlichen Stress eine Erhöhung der körperlichen Bereitschaft zum Kampf oder zur Flucht, indem die Bronchien schnell weit gestellt und damit die Sauerstoffaufnahme erleichtert wird. Einige Inhalationssprays, die zur Behandlung von tatsächlich an asthmatischen Erkrankungen leidenden Sportlern dienen, sind auf ärztliche Bescheinigung von der Dopingliste ausgenommen.

Ihren Platz dort haben die Beta-2-Agonisten erhalten, weil sie nicht nur momentan leistungssteigernd, sondern auch muskulär anabol wirken, weshalb sie nicht nur im Doping von Sportlern, sondern z. B. auch in der Mast von Kälbern illegal missbraucht werden. Die Substanz Clenbuterol, enthalten in einem über die Apotheke frei käuflichen Medikament, ist so Anfang der 90er-Jahre auch öffentlich sehr bekannt geworden. Die häufigste nach außen gut registrierbare Nebenwirkung von Clenbuterol ist ein auffälliges Zittern. Im Bereich der inneren Organe kann es, wie von Stresshormonen zu erwarten, zu einem heftigen, auch unrhythmischen Herzschlag, sowie Veränderungen im Blutbild kommen.

### Dopingklasse S4 – Substanzen mit anti-östrogener Wirkung

Diese Substanzen sind keine Dopingsubstanzen im Sinne einer Leistungssteigerung, sondern sie werden verwendet, um unerwünschte Folgen eines Anabolikamissbrauchs wie eine Gynäkomastie zu verhindern. Da solche Nebenwirkungen Männer betreffen, die auch keinen anderen Grund hätten, diese Mittel einzunehmen, sind sie als notwendige Begleiterscheinungen eines Konsums von Steroiden verboten. Die Nebenwirkungen der Anti-Östrogene sind zahlreich und betreffen alle Wirkungsbereiche des Vegetativums: Müdigkeit,

Benommenheit, Verdauungsstörungen, Appetitlosigkeit und Ähnliches teils auch mit schweren Auswirkungen.

### Dopingklasse S5 – Diuretika und andere maskierende Substanzen

Diuretika sind Medikamente, die zu einer Entwässerung des Körpers über den Harn führen. Sie werden im Sport aus zwei Gründen verwendet, zum einen, wenn es gilt, vor einem Wettkampf noch schnell Gewicht zu verlieren, was in Sportarten relevant ist, die Gewichtsklassen vorsehen. Zum anderen wird versucht, durch eine überstarke Wasserausscheidung vorgegebene Konzentrationsgrenzwerte im Urin zu unterschreiten. Zur Verschleierung dienen auch sogenannte Expander wie HES (Hydroxylethylstärke), die als Plasma-Ersatzstoff mittels Infusion direkt in die Blutbahn gegeben werden. Da die verabreichten Lösungen hyperton sind, entziehen sie dem Körpergewebe Wasser und fügen dieses dem Blut zu, wodurch das Blutvolumen insgesamt steigt und der Hämatokrit letztendlich niedriger ist als zuvor. Auf diese Weise kann auch die Konzentration von Dopingsubstanzen im Blut erfolgreich gesenkt werden.

### Dopingklasse S6 – Stimulanzien

Stimulanzien arbeiten vergleichbar den körpereigenen Katecholaminen Adrenalin und Noradrenalin, den körpereigenen Stresshormonen, die von Natur aus in gefährlichen Situationen für eine hellwache Situation sorgen. Sie versorgen die Muskulatur mit einem Schub an schnell verfügbaren Nährstoffen und verbessern die Atemfunktion durch Erweiterung der Bronchien. Führt man entsprechende Substanzen von außen zu – bekannte Vertreter sind Amphetamin, Ecstacy, Kokain und das in Hustensäften vorkommende, vergleichsweise mild wirkende Ephedrin –, wird die gedopte Person entmüdet und leistungsfähig. Allerdings wird der zusätzliche Energieschub aus der autonom geschützten Reserve genommen, die eigentlich lebensgefährlichen Situationen vorbehalten ist. Ist auch diese Reserve erschöpft, stirbt der Organismus, ähnlich einem gehetzten Tier, das wegen Totalerschöpfung oder Überhitzung auf der Flucht verendet. Das berühmteste Beispiel aus dem Sport ist der Tod des Radrennfahrers Tom Simpson, der mit Amphetamin versorgt beim Aufstieg zum südfranzösischen Mont Ventoux im Rahmen der Tour de France 1967 kurz vor der Bergankunft auf seinem Fahrrad sitzend starb, weil er aufgrund des Dopingeinflusses seine Grenzen nicht mehr realisieren konnte. Auch bei weniger dramatischem Ausgang ist bei der Einnahme von Stimulanzien mit schweren Nebenwirkungen wie Psychosen, Halluzinationen oder psychischer Abhängigkeit zu rechnen.

Die folgende Tabelle gibt genauere Auskunft über die Verteilung der dem Körper zur Verfügung stehenden Energie:

| Einsatz in % vom physiologischen Maximum | | Bezeichnung | Bemerkungen |
|---|---|---|---|
| untrainiert | trainiert | | |
| 65–100 | 90–100 | autonom geschützte Reserven | nur zugänglich in Extremsituationen (Lebensgefahr), unter Hypnose oder durch Einsatz von enthemmenden Medikamenten |
| Mobilisationsschwelle | | | |
| 35–65 | 35–90 | gewöhnliche Einsatzreserven | bei trainierten Sportlern ist der Bereich der gewöhnlichen Einsatzreserve vergrößert |
| 15–35 | 15–35 | physiologische Leistungsbereitschaft | Alltagsbewegungen |
| 0–15 | 0–15 | automatisierte Leistungen | |

Tab. 50: Mobilisierung der im Körper bereitstehenden Energie

### Dopingklasse S7 – Narkotika

Dieser Klasse werden dem Opium verwandte natürliche oder künstlich hergestellte Substanzen zugerechnet. Die bekanntesten sind Heroin, wissenschaftlich Diamorphin genannt, das als Heroin-Ersatzdroge bekannte Methadon sowie Morphin. Diese Substanzen wirken euphorisierend und schmerzverhindernd, im Allgemeinen stark dämpfend. Die dämpfenden Wirkungen betreffen neben dem Gehirn auch die inneren Organe wie die Ausscheidungsorgane, besonders aber die Atmung. Insofern kommen die starken Narkotika als Mittel zur Leistungssteigerung allenfalls in Ausnahmefällen infrage, zumal die Nebenwirkungen äußerst stark sind. Bereits nach kurzer Zeit der Einnahme droht körperliche und psychische Abhängigkeit gepaart mit persönlichem Verfall, bei Überdosierung eine Lähmung der Atmung.

Physiologisch betrachtet greifen Narkotika an den Rezeptoren der körpereigenen morphinähnlichen Substanzen, der endogenen Morphine, kurz Endorphine, an. Endorphine sorgen dafür, dass unter Stress, verursacht etwa durch Anstrengung, Verletzung oder die Wettkampfsituation, das Schmerzempfinden herabgesetzt ist. Sie werden auch in Verbindung gebracht mit Hochgefühlen, die etwa ein laufender Ausdauersportler erleben kann, wenn er das Gefühl hat, dass er trotz der objektiven Anstrengung subjektiv mühelos glatt und perfekt läuft, oder sich unterwegs so weit vergisst, dass er am Ende eines Laufes nicht mehr für alle Stationen, die er passiert hat, eine Anwesenheitsgarantie geben könnte. Vergleichbare Wirkungen der Endorphine werden oft allgemein als

„Flow-Erlebnisse" oder für den Laufsport speziell als „Runners High" bezeichnet.

Milder narkotisierend wirkende Arzneien werden im Sport häufig zur Schmerzbekämpfung verwendet. Bei besonders harten sportlichen Prüfungen mit starken orthopädischen Belastungen ist die Verabreichung von Schmerzmitteln (Analgetika) wie Aspirin oder Voltaren vorbeugend oder während der Belastung durchaus üblich und durch die Dopingliste nicht untersagt. Die Nebenwirkungen dieser Medikamente sind aber auch nicht vergleichbar mit denen der oben genannten harten Drogen. Trotzdem kann man bei der vorbeugenden Medikation durch Analgetika beim Sport durchaus die Grenzen zwischen Doping und Nicht-Doping hinterfragen.

### Dopingklasse S8 – Cannabinoide

Der Hauptwirkstoff der Cannabinoide, das THC, kommt in Produkten wie Haschisch, dem Harz der Hanfpflanze, oder Marihuana, einer tabakähnlichen Zubereitung von Teilen der Hanfpflanze, vor. THC wirkt entspannend und euphorisierend, sodass der Eindruck entsteht, dass Sinnesreize intensiver wahrgenommen werden. Die entspannende, sedierende Wirkung wird besonders bei eher niedriger Dosierung verzeichnet, bei hoher oder sehr hoher Dosierung nimmt die euphorisierende Erregung zu, die sich bis zur Psychose steigern kann. Cannabis-Produkte haben keine Steigerung der athletischen Fähigkeiten zur Folge, können aber im Sport als Beruhigungsmittel in riskanten Sportarten gebraucht werden, damit Hemmungen fallen. Gegen einen Einsatz als Dopingmittel sprechen auch die langen Fristen von mehreren Wochen, in denen komsumiertes THC im Körper nachweisbar ist.

### Dopingklasse S9 – Corticosteroide

Corticosteroide sind in Form von Cortison oft erste Wahl bei der Bekämpfung von Entzündungen, weshalb sie z. B. auch für Sportler des Hochleistungsbereiches eingesetzt werden, um Überlastungsbeschwerden zu dämpfen. Für diesen Zweck ist nach Genehmigung die lokale Applikation von Cortison-Spritzen z. B. im Bereich entzündeter Gelenke ebenso erlaubt wie die Verabreichung per Spray, wenn allergische Reaktionen der Atemwege bekämpft werden sollen. Dagegen sind intravenöse, orale oder intramuskuläre Einnahmen nicht erlaubt. Diese wurden verwendet, um über die Stoffwechselaktivierung einen euphorisierenden, entmüdenden und Schmerz dämpfenden Effekt zu erreichen. Als Muskelaufbaumittel sind die Corticosteroide ungeeignet. Sie haben vielmehr einen Eiweiß abbauenden Effekt. Entsprechende gravierende Nebenwirkungen sind als Cushing-Syndrom beschrieben.

## Dopingklasse M1 – Methoden zur Verbesserung des Sauerstofftransports

Die Verbesserung der Sauerstoffversorgung über das Blut und damit die Verbesserung der Ausdauerleistungsfähigkeit ist an das Vorhandensein von vermehrten Transportmöglichkeiten für Sauerstoff gebunden. Man kann die natürlich vorgesehenen Kapazitäten auf quasinatürlichem Wege durch zusätzliche Verabreichung von eigenen oder gespendeten roten Blutkörperchen erweitern oder auf künstliche Ersatzstoffe zurückgreifen, welche die Funktion des in den roten Blutkörperchen enthaltenen Sauerstoff-Transportmoleküls Hämoglobin in ähnlicher Art und Weise wahrnehmen können.

In der Praxis kann ein Sportler, wenn er eine solche Behandlung mit Eigenblut wünscht, eine gewisse Blutmenge abgeben, einige Wochen warten, bis der Körper die verlorene Kapazität wieder ersetzt hat, und dann das abgegebene Blut per Transfusion zusätzlich zur üblichen Blutmenge zurückerhalten. Durch die vermehrte Blutmenge weist der Sportler mehr rote Blutkörperchen auf, wodurch sich zusammen mit der Sauerstoffkapazität seines Blutes die Ausdauerleistungsfähigkeit steigert. Gibt der Sportler nach einem Höhentraining Blut ab, das zur Kompensation des niedrigeren Sauerstoffpartialdrucks in der Höhenluft mehr rote Blutkörperchen enthält, wird die Wirkung erhöht. Den Effekt der Eigenbluttransfusion kann man noch weiter steigern, wenn die Blutkonserve, die übertragen wird, Dopingmittel wie EPO enthält. Eigenbluttransfusionen erwecken den Eindruck, risikolos zu sein. Die Gefahr von Infektionen, die bei allen Infusionen besteht, darf jedoch nicht unterschätzt werden. Setzt man statt Eigenblutkonserven fremdes Blut ein, steigert sich das Risiko noch einmal, weil Abstoßungsreaktionen gegen die fremden Zellen drohen.

Neben den genannten natürlichen Sauerstoffträgern werden auch künstliche wie die hochgiftigen, mit möglicherweise gravierenden unerwünschten Nebenwirkungen behafteten Substanzen der Perfluorcarbon-Gruppe (PFC), die nichtsdestotrotz immer wieder in Dopingberichten auftauchen, zur Leistungssteigerung eingesetzt. PFC kann die Funktion roter Blutkörperchen übernehmen. Auch werden von den roten Blutkörperchen unabhängige Aufbereitungen von Hämoglobin, die dann im Blutplasma vorliegen, injiziert. Solche Substanzen werden unter dem Namen „quervernetztes Hämoglobin" geführt, weil die Hämoglobinmoleküle in chemische Verbindungen eingelagert werden, wodurch verhindert wird, dass das im Blut frei zirkulierende Hämoglobin schnell vom Körper abgebaut wird.

## Dopingklasse M2 – Manipulation einer Urinprobe

Seit vielen Jahren haben gedopte Sportler versucht, bei Dopingkontrollen manipulierte Urinproben abzugeben, sei es dass sie falschen Urin zur Probe abgaben, sei es dass sie den abgegebenen Urin durch Verdünnen manipulierten oder versuchten, die Nierenfunktion so zu beeinflussen, dass ein anderes Stoffspektrum als auf natürlichem Wege vorgesehen abgegeben wurde. Um diesen Manipulationen einen Riegel vorzuschieben, wurde jede Art der Urinprobenmanipulation verboten.

### Dopingklasse M3 – Gendoping

Ein lebendiger Organismus hält seinen Bauplan in der DNA, der Desoxyribonucleinsäure, fest. Diese bewahrt alle für den Organismus spezifischen Informationen in den Genen, sichert so, dass Zellen, die ersetzt werden müssen, funktionsgleich wieder entstehen, dass die Entwicklung von Zellen den geplanten Gang nimmt und dass Körper-Informationen vererbt werden. Gentechnik beschäftigt sich mit den Möglichkeiten, die sich ergeben, wenn man einzelne Gene der DNA ersetzt.

Im Tierversuch gibt es bereits Experimente, die im Hinblick auf kranke Patienten mit Muskelschwund oder Mangel an roten Blutkörperchen Erfolge erzielen. Dabei werden Viren oder Bakterien, die in die DNA eingreifen können, mit gewünschten Informationen versehen und ersetzen Gene, die krank sind, weil sie eben nicht genug Muskelwachstumsreize aussenden oder zu wenig die Bildung roter Blutkörperchen anregen. Auf diese Art gibt es bereits Berichte über Verfahren, mit deren Hilfe EPO gebildet oder das Muskelwachstum angeregt werden kann, indem das Wachstum hemmende Protein Myostatin ausgeschaltet wird. Diese Beispiele zeigen, wie interessant die Gentechnik-Forschung für dopingbereite Sportler ist. Die Erfahrung früherer Jahre zeigt auch, dass es im dopenden Sportumfeld durchaus Personen gibt, die bereit sind, Präparate, die noch keine Arzneizulassung besitzen, einzunehmen oder zu verabreichen, sodass es nicht ganz auszuschließen ist, dass Methoden der Genmanipulation bereits den Weg in die Dopingszene gefunden haben.

## 17.2 Verbot vs. Freigabe

Die öffentliche Wahrnehmung der Dopingproblematik ist je nach Betroffenheit höchst unterschiedlich.

Im Profiradsport etwa bietet Deutschland kein erstklassiges Team mehr auf und die öffentlich-rechtlichen deutschen Fernsehsender haben ihre Lizenzvereinbarung zur Berichterstattung von der Tour de France gekündigt und senden keine Live-Übertragungen mehr von diesem Ereignis, obwohl diese eine Tradition von Jahrzehnten aufweisen. Internationale Vertreter des Radsports fühlen

sich durch die deutsche Handhabung des Falles zu Unrecht an den Pranger gestellt und verweisen auf andere Sportarten mit einer mindestens gleich großen
Dopingproblematik, wo es entsprechende Reaktionen der deutschen Sender
und der deutschen Öffentlichkeit nicht gibt. Sie führen weiter an, dass sie
selbst besondere Anstrengungen unternehmen, das Dopingproblem im Radsport in den Griff zu bekommen, wobei sie die hohe Zahl der aufgefallenen
Dopingsünder als Indiz für ihr besonders gut funktionierendes Abwehrsystem
werten. Auch lässt sich feststellen, dass die deutsche Haltung von Vertretern
anderer Nationen nicht imitiert wird und dort alles wie gewohnt weiterläuft.
Der radikalste Vorschlag, das Dopingproblem in den Griff zu bekommen, wird
von namhaften Trainern sowie einigen weiteren öffentlichen Personen des
Sports vertreten, und zum Teil auch von Ärzten unterstützt: Doping soll ganz
freigegeben werden – zumindest im Profi-Bereich.

### Argumente pro Doping-Freigabe

Als Argumente der Befürworter einer Doping-Freigabe werden unter anderem
folgende angeführt:

- Die **Definition von Doping** hängt von einer intransparent zusammenge-
  stellten und mutwillig bestimmten, damit manipulierbaren Liste ab. Keiner
  kann angeben, was Doping wirklich ist, weshalb die Dopingbekämpfung de
  facto in einem rechtsfreien Raum operiert, der wenig trennscharf Doping
  und sauberen Sport abgrenzt und somit Sportlern die Unsicherheit belässt.

Beispiele

Ist eine regelmäßige Einnahme von Protein-Shakes oder der Verzehr von
hoch mit Kohlenhydraten versehenen Energieriegeln schon Doping? Wie
sieht es aus mit isotonischen Infusionen nach erschöpfenden Ausdauer-
wettkämpfen, womöglich bei großer Hitze? Oder wenn solche Infusionen
im Training gegeben werden, womöglich mit anderen Nährstoffen ver-
mengt? Wie ist es, wenn ein Spitzenspieler einer Mannschaft in einer entscheidenden Phase einer Saison oder während Europa- oder Weltmeisterschaften von einem Spiel zum nächsten „fitgespritzt" wird? Ist die vor-
beugende Einnahme von Schmerzmitteln vor einem harten Wettkampf
noch im Sinne des ursprünglichen Sports? Sind es anregende Substanzen
wie hoch dosiertes Koffein oder andere in Energy-Drinks verwendete
Stoffe? Wie weit ist es von dort zu den per Dopingliste verbotenen Auf-
putschern wie Amphetaminen oder Ecstasy? Wie leicht fällt der Übergang von regelmäßigen Elektrolyt-Infusionen zu solchen mit EPO?

- Da die **Finanzierung** eines ausreichend dichten Netzes an Dopingkontrollen nicht möglich ist, sind die Kontrollen insgesamt wirkungslos.
- Selbst wenn in der Dopingbekämpfung intensiv nach neuen **Nachweismethoden** geforscht wird, so wird man immer einen Schritt hinter den Entwicklern von neuen Dopingmitteln und -methoden zurück sein. Allein aus diesem Grund wird es niemals möglich sein, Doping komplett auszuschließen.
- Die Anti-Dopingmaßnahmen bedeuten zum Teil einen erheblichen **Eingriff in die Freiheit und das Privatleben**, da die Sportler bereits einige Zeit im Vorfeld genau angeben müssen, wann sie sich wo aufhalten, um unangekündigt kontrolliert werden zu können.
- In den Zivilisationsgesellschaften gibt es **legale Drogen** wie z. B. Alkohol, die sich jeder auf eigene Verantwortung beschaffen und in beliebigem Umfang konsumieren kann – gravierendste mögliche Nebenwirkungen inklusive. Aber hier wie auch bei Dopingmitteln besteht die Möglichkeit, einigermaßen vernünftig und in den Nebenwirkungen überschaubar mit den Stoffen umzugehen. Es stellt sich die Frage, warum gleiche Umstände mit zweierlei Maß gemessen werden sollten.
- Die Einnahme leistungsfördernder Mittel ist auch in nicht dem Sport zugehörigen stark **leistungsbezogenen Berufsumgebungen** üblich. Der Sport sollte sich also der gesellschaftlichen Wirklichkeit nicht verschließen.
- Die Freigabe von Doping bewahrt den Sportler davor, dem **Schwarzmarkt** ausgeliefert zu sein, wo er unter Umständen verunreinigte, vergiftete oder gefälschte Medikamente erhält, und die Grenzen zur **Kriminalität** zu überschreiten.
- Wenn an die Stelle von Dopingkontrollen die verpflichtende Teilnahme an Gesundheitstests tritt und die Einnahme und Dosierung der Mittel ärztlich gesteuert wird, dient das der **Gesundheit** der Sportler mehr, als sie mit den nicht ausrottbaren Dopingmitteln alleinzulassen.
  Da in den Hochleistungssportarten übermenschliche Leistungen gefordert sind, trägt eine medikamentöse Behandlung, etwa mit regenerationsstützenden anabolen Wirkstoffen, sogar zur Gesunderhaltung der Sportler bei.
- Die Freigabe von Doping trägt zur **Chancengleichheit** bei, da die genetischen Voraussetzungen ungerecht verteilt sind.

### Argumente contra Doping-Freigabe

Die Dopinggegner stützen sich hauptsächlich auf folgende Argumente:

- Lässt man eine medizinisch kontrollierte Dopinggabe zu, liegt die gesamte **Verantwortung** auf den behandelnden **Ärzten**, da sie mit der Entscheidung alleingelassen werden, was noch gesundheitlich zu verantworten ist und was zu unkontrollierbaren Risiken führt. Dies gilt umso mehr, da die Auswirkungen von neuartigen Medikamenten und Mitteln (und darum wird es sich bei den Dopingmitteln im Leistungssport hauptsächlich handeln, wenn man konkurrenzfähig bleiben möchte) nicht genau abzuschätzen sind und eigentlich erst durch jahrelange Tests geprüft werden müssten. Es steht zu befürchten, dass nicht die medizinische Ethik den Ausschlag gibt, sondern der Druck durch die Geldgeber und das Umfeld des Sportlers, da Existenzen bedroht sein können, wenn dieser nicht die erwartete Leistung bringt.

- Um zumindest einen Teil der Investitionen, die in die Entwicklung von neuen Dopingmitteln gesteckt werden, finanziell wieder ausgleichen zu können, dürfte unter der Hand eine **Weitervermarktung** dieser Profi-Mittel versucht werden. Betroffen wären in erster Linie wohl die Amateursportler, aber auch andere Mitglieder der Gesellschaft, die sich durch diese Mittel Erleichterung, Entspannung oder Leistungssteigerung versprechen. Das Übergreifen des Dopings auf Kreise außerhalb des Profibereiches würde auf jeden Fall eine **Gesundheitsgefährdung** für die betroffenen Personen darstellen. Die Erfahrungen auf dem Arbeitsmarkt, wo mit leistungssteigernden Mitteln versucht wird, den Anforderungen gerecht zu werden, oder mit dem unbedachten Umgang mit Medikamenten und den Alltagsdrogen Alkohol und Nikotin sollten eher lehren, den Missbrauch von medizinisch wirksamen Substanzen einzuschränken, als noch weitere ebenso fragwürdige Varianten zu ergänzen.

- Viele Dopingmittel können nicht nur eine **körperliche Abhängigkeit** hervorrufen, selbst wenn die Gabe medizinisch überwacht wird, sondern auch eine **psychische Abhängigkeit**. Letztere entsteht vor allem dann, wenn Sportler ihre Erfolge nur auf die Einnahme des Medikaments zurückführen, nicht aber auf ihre eigene Leistungsfähigkeit, und sie einen erfolgreichen Wettkampf ohne Einsatz von Dopingmaßnahmen ausschließen.

- Wenn man grundsätzlich der Meinung ist, dass **Regeln für das menschliche Zusammensein** nötig sind, sollte man diese nicht deswegen wieder zurücknehmen, weil es Personen gibt, die dagegen verstoßen und nicht belangt werden können. Vielmehr sollten sie neu angepasst und vereinbart werden.

- Sportler, die dopen, agieren nicht nur eigenverantwortlich, etwa wenn es darum geht, gesundheitliche Schäden am eigenen Körper in Kauf zu nehmen. Sie und ihr dopingförderndes Umfeld legen auch **mangelnde Solidarität** an den Tag, wenn etwa für die Kosten zur Behandlung eventueller Gesundheitsschäden die Gesellschaft aufkommen muss.
- Bei einer Freigabe müsste genau definiert werden, für welchen Kreis diese gilt. Denn bei Kindern und Personen, die nicht unter ärztlicher Aufsicht stehen, wären die Risiken nicht abschätzbar und daher nicht zu verantworten. Doch wo liegen die **Grenzen zum Hochleistungs- bzw. Profisport**? Gerade in Randsportarten wie Curling werden zwar auf der einen Seite bedeutende Wettkämpfe ausgetragen (beim Curling sogar auf olympischer Ebene), auf der anderen Seite sind bei Weitem nicht alle Sportler im Spitzenbereich Vollprofis. Ob der Sport als alleiniger Beruf betrieben wird, hängt zum Teil auch vom Land und den finanziellen Möglichkeiten der jeweiligen Verbände ab. Wenn also nur den Personen Doping erlaubt würde, die sich professionell dem Sport verschrieben haben und eine ausreichende ärztliche Betreuung nachweisen können, würde die Freigabe des Dopings die Ungleichheit noch verschärfen.
  Zudem stellt sich die Frage, ab welchem **Alter** bereits gedopt werden darf, da ja bereits Minderjährige (man beachte, dass die Definition von Minderjährigkeit international differiert) erfolgreich Leistungssport betreiben können. Allerdings können junge Erwachsene immer noch körperlich in der Entwicklung stecken, sind also größeren eventuellen Gesundheitsschäden ausgesetzt.
- Freigabe von Doping würde nicht, wie von Dopingbefürwortern vermutet, die Ungleichheit zwischen den Sportlern verringern, sondern sogar zu einer größeren Diskrepanz führen, da nun nicht mehr nur die anlagen- und trainingsbedingte Leistung einfließt, sondern auch die **Qualität der Dopingmittel**. Da davon auszugehen ist, dass diese wiederum sehr stark vom wirtschaftlichen Faktor abhängt, bedeutet das, dass nicht alle Sportler Zugriff auf vergleichbare Dopingmittel haben. Für echte **Fairness** wäre dann kein Platz mehr.
- Lässt man die Gabe von Dopingmitteln zu, stellt sich die Frage, ob dadurch der Weg für weitere Manipulationen, wie z. B. einer **Genveränderung**, bereitet wird.
- Damit **Sport im salutogenetischen Sinn** gesundheitsfördernd ist, muss er Spaß machen und die Freude, eine bestimmte Leistung aus eigener Kraft zu erreichen, im Vordergrund stehen. Wäre Doping erlaubt, würden Spaß und Freude verdrängt werden.

- Im Wissen, dass Doping im Spiel ist, dürfte die **Anerkennung sportlicher Leistungen** bei einem großen Teil des Publikums sinken und das Interesse am Sport insgesamt verringern. Sport würde nicht mehr für grundlegende Werte stehen.

Es ist also weder möglich, eine scharfe Trennlinie zwischen Doping und Nicht-Doping zu ziehen, noch kann Doping restlos bekämpft werden. Das kann aber nicht der Grund sein, jede ethische Verpflichtung über Bord zu werfen, alle Regeln aufzugeben, auch wenn diese nicht immer und in jedem Fall sinnvoll anwendbar zu sein scheinen, was sie übrigens mit religiösen Geboten oder bürgerlichen Gesetzen durchaus gemeinsam haben. Die Idee eines fairen Sports darf nicht verloren gehen und Verstöße gegen die Fairness müssen so bestraft werden können, dass diejenigen, die sich an Regeln halten eher die Chance haben, von ihrem Verhalten zu profitieren, als solche, die das nicht tun.

## Zusammenfassung

- Als allgemeine Richtlinie zum Thema Doping gelten die Vorgaben der **WADA**.
- Als Doping zählt nicht nur die Verwendung von **Mitteln**, sondern auch die Anwendung bestimmter **Methoden**.
- Die Dopingmittel und -methoden werden in insgesamt vier **Gruppen** eingeteilt (grundsätzlich verbotene Substanzen und Methoden, während des Wettkampfs verbotene Substanzen, in einzelnen Sportarten verbotene Substanzen, spezifizierte Substanzen).
- Aufgrund der Tatsache, dass Doping nicht komplett unterbunden werden kann, gibt es heftige Diskussionen um eine allgemeine **Freigabe von Doping**. Im Vordergrund der Argumentation, die sich gegen eine Freigabe ausspricht, stehen der Fairness- und Gesundheitsgedanke.

ufgaben **64. Formulierung der Anti-Doping-Regeln**
Erläutern Sie, warum die Anti-Doping-Regeln, selbst wenn man juristische Maßstäbe an die Texte anlegt, so ausgesprochen seelenlos formuliert sind und keine moralische Anforderung erkennbar gemacht wird.

### 65. Individualisierung der Dopingproblematik

In den meisten Dopingfällen gerät der dopende Sportler selbst als einzig Beteiligter ins Abseits, hat persönliche Nachteile finanzieller Art zu erleiden und verliert seinen guten Ruf in der Öffentlichkeit. Zu Recht?

### 66. Anabolika-Doping

Obwohl Langstreckenläufer oder Radprofis bestimmt kein Gramm Muskulatur zu viel am Körper wünschen, findet man bei ihnen doch regelmäßig positive Befunde auf anabole Wirkstoffe. Können Sie den scheinbaren Widerspruch erklären?

### 67. Psychische Abhängigkeit von Dopingmitteln

Erklären Sie, wieso besonders im Dopingumfeld – unabhängig vom verabreichten Mittel – die Gefahr einer psychischen Abhängigkeit besonders groß erscheint.

# Lösungen

1.  a) Beim Umknicken über die Fußaußenkante werden die seitlichen Bandstrukturen, die sogenannten Außenbänder, die Fersenbein *(calcaneus)*, Sprungbein *(talus)* und Wadenbein *(fibula)* verbinden, überbeansprucht. Eine Dehnung oder ein Riss können die Folge sein. Bei heftigen Verschiebungen der Knochengabel aus Schien- und Wadenbein werden auch deren verbindende Strukturen (Syndesmosebänder) in Mitleidenschaft gezogen. Beim Umknicken kommt es in der Regel auch zu Schädigungen der Gelenkkapseln.

    Erfolgt auf tiefem Boden ein Schuss aus der Körperdrehung heraus, treffen für das Standbein unglückliche Gegebenheiten aufeinander: Im Moment der Krafteinwirkung ist es im Fußbereich fixiert, zeitgleich gebeugt und im Kniegelenk gedreht. In dieser Situation sind die Kreuzbänder stark gespannt. Ist dann die auf sie wirkende Kraft aus der Körperdrehung zu stark, reißen sie.

    b) Die Adduktoren-Muskelgruppe verbindet an der Schenkelinnenseite das Becken mit dem Oberschenkel. Wenn sich einer dieser Muskeln verkürzt, wird das seitlich abgespreizte Bein nach innen geführt. Schädigungen dieser Muskeln können also entstehen, wenn das Bein unkontrolliert, besonders unter Einwirkung äußerer Kräfte zu weit nach außen abgespreizt wird oder in der Bewegung nach innen unvorbereitet große Kräfte bremsen. Fußballerisch entstehen solche Verletzungen bei weiten, seitlich orientierten Bewegungen, etwa bei Täuschungen, ungeschickter Ballmitnahme mit dem Innenrist und natürlich bei entsprechender Einwirkung des Gegners, der z. B. bei Fouls für ungeplante Bewegungsverstärkungen sorgen kann.

2.  Gerätturner sind, wenn sie kraftorientiert turnen, auf kurze Hebel angewiesen, also auf geringe Körpergröße und relativ kurze Extremitäten, besonders im Bereich der Arme. Bei einem mehr eleganten, schwungorientierten Turnstil wirkt etwas mehr Körperlänge besser. In jedem Fall ist eine große Relativkraft von Natur aus günstig, ein Turntalent sollte also im Vergleich zum Körpergewicht sehr gute Kraftwerte aufweisen.

    Je nach Spielposition weisen Basketballspieler eine große Körperhöhe auf. Spieler, die schwerpunktmäßig nah am Korb agieren sollen, sind international über zwei Meter groß, oft noch deutlich mehr. Im Spitzenbereich sind kleine Spieler auf allen Positionen selten. Günstig sind auch lange Extremitäten. Einen besonderen Vorteil haben Spieler dann, wenn sie extrem schnellkräftig sind, wobei besonders die Startkraft wichtig ist, da sie den oft entscheidenden schnellen ersten Schritt ermöglicht. Vorteilhaft ist also ein überdurchschnittlicher FT-Faseranteil, während eine starke Ausprägung in Richtung ST-Fasern der Spieldynamik entgegensteht.

Schwimmer haben einen Vorteil, wenn sie lange, schlanke Beine haben und dazu noch relativ breitschultrig sind. Denn lange schlanke Beine ziehen weniger nach unten, erzeugen aber in Beinarbeit einen guten Vortrieb, während breite Schultern die Möglichkeiten verbessern, mit den Händen am Wasser zu ziehen. Die Bewegungen sind beim Schwimmen durch den immer vorhandenen Wasserwiderstand im Vergleich zu an der Luft betriebenen Sportarten langsamer, besonders, weil in den Zug- und Druckphasen möglichst viel Fläche – z. B. der Hand – zur Verfügung stehen soll, um genug Wasser greifen zu können. Insofern ist ein besonders hoher FT-Faseranteil an der Muskulatur nicht nötig, mit zunehmender Streckenlänge sogar hinderlich, weil dann die oxydativen Fähigkeiten der ST-Muskelfasern mehr und mehr leistungsbestimmend werden.

3. Langzeitausdauersportarten setzen, wenn Spitzenleistungen anvisiert werden, einen hohen Anteil an ST-Fasern in der Muskulatur voraus. Da aber Erfolg in diesen Sportarten nur durch besondere Leidensfähigkeit im Wettkampf und durch sehr hohen Trainingsaufwand überhaupt möglich ist, findet hier der genannte Spruch volle Anwendung.

Sprinter auf Spitzenniveau kann man nur werden, wenn die Muskulatur einen hohen FT-Faseranteil aufweist. Trainingsdisziplin ist auch hier erforderlich, besonders da man sich aufgrund des Trainings, das sehr häufig maximale Konzentration und Maximalleistung erfordert, ständig auf dem schmalen Grat zwischen mentaler und muskulärer Überbeanspruchung bewegt. Im Vergleich zu den Langzeitausdauersportarten ist hier der Talentfaktor aber höher anzusiedeln.

Leistungen in Sportarten mit vielfältigem Einfluss wie etwa die Ballsportarten leben von der richtigen Mischung. Athletisch geprägte Sportler können hier ebenso erfolgreich sein wie solche, die die Sportart besonders gut verstehen oder spezielle Rollen besonders gut ausfüllen können. Um auf dem Weg zu einem Spitzensportler in möglichst vielen Komponenten sehr gut zu werden, ist in jedem Fall großer Trainingsaufwand erforderlich. Das „schlampige Talent" legt in der Regel keine lange Karriere auf Spitzenniveau vor. Auch hier bestätigt sich also die 80/20-Regel wieder.

4. Die Anteile der ST- und FT-Fasern sind von Geburt an festgelegt. Insofern ist man bei einseitiger Ausprägung der Muskulatur in Richtung FT-Fasern zum Sprinter geboren und bei einseitiger Ausprägung in Richtung ST-Fasern für Ausdauersport prädestiniert. Bei gleicher Verteilung ist man nach beiden Seiten offen, aber weder im Schnelligkeits- noch im Ausdauerbereich zu absoluten Spitzenleistungen fähig.

Dazu kommt jedoch, dass die athletische Komponente Ausdauer hervorragend trainierbar ist, dass also ein objektiv nur mäßig für Ausdauerleistungen talentierter Sportler hohe Ausdauerleistungen erbringen kann. Dagegen zeigt die athletische Komponente Schnelligkeit auch unter Training keine übermäßigen Verbesserungen.

Von medizinischer Seite her kann man, wenn man es für sinnvoll hält, die Muskelstruktur feststellen lassen, wobei ein wenig Muskelgewebe entnommen (Muskelbiopsie) und nachfolgend unter dem Mikroskop untersucht wird. Abgesehen von medizinischen Eingriffen erkennt man Talente im Sport in der Regel an einer rasanten Leistungsverbesserung nach Aufnahme des Trainings. Führt das Training trotz hoher Leistungsmotivation und geeigneten Trainingsmaßnahmen auf Dauer nicht zu den gewünschten Leistungszielen, kann man folgende Ratschläge erteilen:

- Ein Sprinter, der seine Ziele nicht ganz umsetzen kann, sollte innerhalb der Sportart Leichtathletik besser auf Mittelstreckenläufe umsatteln oder Erfolge in anderen Sportarten wie etwa Fußball, Handball oder Basketball suchen, wo sein erarbeitetes Sprintpotenzial gute Früchte tragen kann.
- Für Ausdauersportler, die den endgültigen Durchbruch in ihrer Disziplin nicht schaffen, die aber trotzdem weiter Ausdauersport betreiben möchten, bietet sich der Wechsel in verwandte Ausdauersportarten oder in Multi-Ausdauerdisziplinen wie z. B. Duathlon oder Triathlon an, wo die bisher erarbeitete Grundlage gute Möglichkeiten bietet.
- Sportler ohne einseitige Ausrichtung der Muskulatur betreiben unter dem Leistungsgesichtspunkt am besten Sportarten mit einem breiten Spektrum, z. B. Ballsportarten.

5. Maximale Kraft- und Schnelligkeitsleistungen sind besonders abhängig von einer stark durch Hypertrophie ausgeprägten FT-Muskulatur. Im Falle der Maximalanforderung müssen deren Fähigkeiten maximal in einem

Moment ausgeschöpft werden, was durch **intramuskuläre Koordination** ermöglicht wird.

Das **Hennemann'sche Größenordnungsprinzip** sagt in diesem Zusammenhang, dass erst bei großer Anstrengung die großen FT-Fasern angesprochen werden. Das bedeutet, dass auch im Training der Maximalkraft, Schnellkraft und Schnelligkeit maximaler Einsatz erbracht werden muss.

Die Effekte eines maximalen Spannungseinsatzes der FT-Muskulatur sind die **Frequenzierung**, wobei die Taktzeiten, in denen die motorischen Einheiten angesprochen werden, sinken, die **Rekrutierung**, womit bezeichnet wird, dass mehr Muskelfasern zugleich in einer Bewegung aktiviert werden können, und die **Synchronisation**, was bedeutet, dass auf den Punkt genau viele Muskelfasern zeitgleich aktiviert werden können.

6. Beim Sprintstart mit elektronischer Zeitnahme zählen alle Starts, die weniger als eine Zehntelsekunde nach dem Startsignal erfolgen, als Fehlstart. Damit soll garantiert werden, dass tatsächlich auf das Signal hin gestartet und nicht auf gut Glück versucht wird, noch knapper an das Startsignal heranzukommen. Das Zeitmaß von einer Zehntelsekunde liegt im Rahmen der Möglichkeiten der Reaktionsgeschwindigkeit.

7. Im Prinzip ist jede Muskeltätigkeit die Folge einer elektrischen Reizung von Motoneuronen durch ein Aktionspotenzial. Wenn es also gelingt, die Nervenzellen von außen elektrisch zu reizen, kann man dadurch eine Muskelkontraktion auslösen. Diese Möglichkeit wird beim Elektrotraining in Anspruch genommen, das z. B. in der Rehabilitation besonders dann angewandt wird, wenn die körpereigenen Wege etwa nach wochenlanger Ruhigstellung so außer Übung sind, dass sie nicht mehr zuverlässig arbeiten.

8. Offenbar ist es so, dass nach sehr großen Anstrengungen das Immunsystem in einem Ausmaß geschädigt ist, dass es für eine gewisse Zeitspanne danach nicht mehr seinen Aufgaben in gewohnter Form nachkommen kann. Insofern ist nach erschöpfenden Wettkämpfen oder auslastenden Trainingsphasen ein Infekt nicht außergewöhnlich. Erklären kann man diesen Zustand wohl damit, dass alle Reserven, die der Körper zu bieten hat, in die unmittelbare Regulation der Beanspruchungsfolgen durch die überstarke Belastung gesteckt werden müssen, und andere Bereiche, die nur sekundär damit zu tun haben, in diesem Moment unterversorgt bleiben. Insofern haben Leistungssportler keine andere Wahl, als in erschöp-

fenden Phasen öffentliche Situationen mit erhöhter Ansteckungsgefahr möglichst zu meiden.

Bei Trainingsprozessen in einem nicht erschöpfenden Rahmen ist der Effekt eher umgekehrt. Das Immunsystem passt sich an und wird im Vergleich zu einer passiven Lebensführung sogar stärker als zuvor. Insofern kann man Trainingsprozesse mit Prozessen der Immunabwehr durchaus parallel betrachten: Übertreibt man die Belastung, stellt sich auf der Trainingsseite ein Übertraining mit Leistungsabfall ein, auf der Seite des Immunsystems wird die Abwehr geschwächt. Findet man ein individuell passendes optimales Trainingsmaß, passt sich der Körper im Training wie in der Immunabwehr mit einer Leistungssteigerung an. Gesundheitssportler sollten sich also ganz auf diese Seite der Trainingsgestaltung stellen, sich zwar im Training kräftig beanspruchen, aber nicht den Bogen überspannen.

9. Schon in der Ebene wird bei Weitem nicht der durch die Atmung aufgenommene Sauerstoff komplett verbraucht. Der Sauerstoffanteil in der Luft beträgt etwa 21 %; in Ruhe enthält auch die ausgeatmete Luft noch etwa 16 % Sauerstoff. Geht man davon aus, dass unter stärkerer Belastung z. B. wegen der Öffnung der Kapillaren der Arbeitsmuskulatur etwa doppelt so viel Sauerstoff entzogen werden kann, dann enthält die ausgeatmete Luft immer noch mindestens 10 % Sauerstoff.

Die Anforderung an den Körper in Höhenlagen, wo die eingeatmete Luft weniger Sauerstoff anbietet als in der Ebene, ist also dadurch beschrieben, dass der effektiv weniger zur Verfügung stehende Sauerstoff besser ausgenützt werden muss. Reserven sind – wie oben dargestellt – vorhanden. Es gibt in diesem Zusammenhang zwei Mechanismen: Einmal nimmt das Blutplasmavolumen ab, zum anderen werden mehr rote Blutkörperchen gebildet. Beide Maßnahmen resultieren in einem Anstieg des Hämatokrits, und somit in einer Verbesserung des Sauerstofftransportes. Bis dieser Vorgang insgesamt zu einer stabilen Umbildung des Blutbildes geführt hat, dauert es etwa drei Wochen. Optimale Höhen für den Aufenthalt liegen zwischen 1 800 und 2 500 Meter über dem Meeresspiegel. In dieser Zeit stellen sich auch weitere Rahmenbedingungen für eine verbesserte Ausdauerleistung im Bereich des Stoffwechsels und der Muskelzellen um. Dementsprechend versprechen sich Sportler durch einen Trainingsaufenthalt in der Höhe eine verbesserte aerobe Kapazität und somit eine Verbesserung der aeroben Ausdauerfähigkeit.

10. Das Herz ist in zwei Hälften angelegt, rechts und links. Sowohl die rechte als auch die linke Hälfte haben zwei abgegrenzte Bereiche, den jeweiligen Vorhof und die jeweilige Kammer. Die Vorhöfe sind die Stationen für eingehendes Blut; sie haben also eine ansaugende Wirkung während der Diastole. Die Kammern werfen Blut aus, sie drücken also in der Systole Blut vom Herzen weg. Die rechte Seite empfängt im Vorhof sauerstoffarmes Blut aus dem Körper und sendet dieses weiter zur Lunge, wo es mit Sauerstoff angereichert wird. Von der Lunge tritt das nun sauerstoffreiche Blut in den linken Vorhof ein, von wo es in den Körper gepumpt wird. In jeder Herzhälfte befinden sich zwei ventilartige Herzklappen, die dafür sorgen, dass der Blutfluss in die vorgesehene Richtung orientiert bleibt, es nicht zu einem Rückfluss kommt. Die jeweilige Segelklappe liegt zwischen dem Vorhof und der Kammer, die jeweilige Taschenklappe trennt die Kammer von den großen ableitenden Gefäßen.

Bei einem Loch in der Wand zwischen den beiden Kammern vermischen sich das sauerstoffreiche Blut links und das sauerstoffarme Blut rechts. Es kommt zu einer geringeren Versorgung des Körpers, je nach Größe der Öffnung zwischen den Kammern mit unterschiedlichen Auswirkungen. Die Herzklappen können zwei grundsätzlich verschiedene Fehler aufweisen: Eine Stenose bezeichnet eine Verengung des Ventilganges, eine Insuffizienz zeigt eine Undichtigkeit an. Bei Stenosen kommt es zu einer Mangelversorgung wegen des verringerten Durchflusses und zu einer Überanstrengung des Herzens aufgrund des erhöhten Herzinnendrucks beim Pressen gegen die Engstelle. Wenn die Segelklappen undicht sind, werden die Kammern bei Kontraktion des Herzmuskels nicht nur planmäßig in Richtung der ableitenden Gefäße entleert, sondern ein Teil des Blutes wird auch wieder entgegen der vorgesehenen Flussrichtung  in die Vorhöfe zurückgepumpt. Im Falle eines Rücklaufs in den linken Vorhof und von dort aus in die Lungenvene, kann es dort zu einem lebensgefährlichen Rückstau kommen. Auf der rechten Seite ist der Rückstau weniger riskant, weil dort viel mehr Venenvolumen zur Verfügung steht, um den Rückstau aufzufangen. Sind die Taschenklappen defekt, kommt es zu einem Rücklauf aus den großen Blutgefäßen in die Kammern, wodurch mehr verbrauchtes Blut im Herz-Lungen-Bereich gehalten wird, die Versorgung der Peripherie des Körpers leidet. Eine solche Unterversorgung ist allen Herzfehlern gemeinsam.

11. Die Systole ist die Phase, in der der Herzmuskel kontrahiert, wodurch von der linken Herzkammer aus Blut in die Körperarterien ausgeworfen wird.

Spürbar wird dieser Auswurf am Pulsschlag, der die Druckwelle des Blutes durch den Körper anzeigt. In der Phase der Diastole ruht das Herz, es löst keinen Druck aus, und daher ist in dieser Phase auch der Blutdruck niedriger. Allerdings kommt während der Diastole der Blutfluss und damit der Blutdruck nicht völlig zum Erliegen, weil die Gefäße aktiv am Bluttransport beteiligt sind. Während der Systole geben sie dem höheren Druck elastisch nach, weiten sich aus, um in der Diastole wieder zusammenzuschnurren und damit das Blut weiterzubewegen. Unterstützt wird der Blutdruck auch dadurch, dass das Herz in der Diastole Blut ansaugt, damit für einen Unterdruck sorgt, dem der Blutfluss folgt. Weiterhin ist noch die Pumpwirkung der Muskulatur erwähnenswert, die bei Kontraktion Blut in die Venen pumpt, welche außerdem noch durch ventilartige Venenklappen gegen Rückfluss gesichert sind.

12. a) Alle technischen Wurf- und Sprungdisziplinen sind in kürzester Zeit erledigt. Daher kann allein der **anaerob-alaktazide Stoffwechsel** mit den ATP-Vorräten die notwendige Mehrversorgung sichern. Doch schon beim 100-m-Sprint sind Ausdauerfähigkeiten gefragt, da jenseits etwa der 60-m-Marke die Maximalgeschwindigkeit schon nicht mehr zu halten ist. Der Verbrauch der ATP-Vorräte in der Muskulatur muss durch Einsatz des Kreatinphosphats ausgeglichen werden. Auch der anaerob-laktazide Stoffwechsel leistet erste Beiträge. Dominant bleibt für die 100-m-Strecke aber die anaerob-alaktazide Energiebereitstellung.

Die Paradedisziplin des **anaerob-laktaziden Stoffwechsels** ist der 400-m-Lauf, der nach Ausreizung der Phosphatvorräte eintritt. Auch auf den kürzeren Mittelstrecken über 800 und 1500 Meter spielt die anaerob-laktazide Variante des Energiestoffwechsels noch eine führende Rolle, aber die aerobe Energiebereitstellung aus Kohlenhydraten, die nach etwa zwei Minuten harter Belastung voll hochgefahren ist, übernimmt die zweite Hauptrolle.

Ausdauerleistungen in einem Zeitrahmen zwischen 10 und 35 Minuten unter Ausschöpfung der individuellen Leistungsfähigkeit werden vom **aeroben Kohlenhydratstoffwechsel** beherrscht. Deutliche Anteile des anaerob-laktaziden Stoffwechsels begleiten solche Leistungen. Typisch ist der 5000-m-Lauf. Mit zunehmender Wettkampfdauer ist neben der Kohlenhydratverbrennung auch die Energiebereitstellung durch den **Fettstoffwechsel** mehr und mehr aktiviert, sodass etwa ein 10 000-m-Lauf noch sehr durch den aeroben Kohlenhydratstoffwechsel dominiert ist, beim Marathon oder noch längeren Strecken der Fettstoffwechsel beherrschend wird. Die Umschaltung des Energiestoffwechsels von Kohlenhydrat- auf Fettverbrennung bei Erschöpfung der Glykogenvorräte ist körperlich spürbar. Marathonläufer des Spitzenbereiches erleben dieses Energieloch nach etwa 30–35 km. Deshalb ist ein Lang- oder Ultralangstreckler bemüht, dem Körper noch während der Belastung Kohlenhydrate zuzuführen, um die hinsichtlich des Sauerstoffverbrauchs günstigere Kohlenhydratverbrennung länger in Anspruch nehmen zu können, als die Vorräte des Körpers reichen. Auf ultralangen Strecken muss der Körper bei Nährstoffmangel auch auf Notfallprogramme wie die Verstoffwechslung zum Energiegewinn durch **Proteine** zurückgreifen.

b) In den Ballsportarten findet ein ständiger Wechsel zwischen Phasen starker Anstrengung, geringer Anstrengung und nahezu körperlicher Ruhe statt. Von der Stoffwechselcharakteristik her gesehen beginnt man also umgangssprachlich gesagt „immer wieder von vorne", allerdings über einen langen Zeitraum hinweg.

Daraus ergibt sich folgendes, uneinheitliches Profil: Hinsichtlich der Gesamtdauer ist eine Ausschöpfung des Kohlenhydratvorrates im Wesentlichen auf aerobem Weg zu erwarten. Untersuchungen bestätigen diese Vermutung, die Belastung der Spieler liegt über ein Spiel hinweg im Bereich der anaeroben Schwelle, wo die Sauerstoffökonomie des Kohlenhydratstoffwechsels eine große Rolle spielt. Viele kurze Antritte, Sprünge, Sprints erfordern dazu immer wieder den besonderen Einsatz des anaerob-alaktaziden Stoffwechsels. Gelegentlich wird bei schnell aufeinanderfolgenden Aktionen, z. B. bei abruptem Wechsel zwischen Verteidigung und Angriff, der anaerob-laktazide Stoffwechsel kurzfristig dominant. Die Säuerungswerte werden aber bei Weitem nicht so extrem hoch wie etwa bei einem 400-m-Läufer.

c) Die Leistung von Ballsportlern wird ständig unterbrochen, weshalb man davon ausgehen kann, dass die Kohlenhydratvorräte über die Distanz eines Spieles gerade ausreichen, sofern die Glykogenspeicher vorher aufgefüllt waren. Allerdings kann es durchaus sein, dass diese nach intensiven Trainingsphasen nicht vollständig gefüllt sind, sodass eine Kohlenhydratgabe während eines Spiels sinnvoll erscheinen kann.

**13.** a) Reines **Fettstoffwechseltraining** gibt es nicht, da immer alle Varianten der Energiebereitstellung gleichzeitig aktiv sind, natürlich mit unterschiedlicher Gewichtung. Ein betont leichtes Training lenkt den

Energiestoffwechsel kaum aus der Ruhesituation, der Anteil der dafür benötigten Energie, die aus dem Fettstoffwechsel resultieren könnte, liegt schätzungsweise bei maximal 50 %. Allerdings ist der Verbrauch aufgrund der kurzen Zeitdauer sowieso gering, der Effekt auf den Fettstoffwechsel im Sinne einer grundsätzlichen Änderung zugunsten eines grundsätzlich vermehrten Fettverbrauchs marginal.

Fettstoffwechseltraining muss man aus zwei Blickwinkeln betrachten. Zeitlich lang ausgedehnte Ausdauertrainingseinheiten in geringem Tempo, in der Intensität also im **Bereich der aeroben Schwelle** angesiedelt, schulen den Körper, betont auf Fette zuzugreifen, verbrauchen aber pro Zeiteinheit nicht sehr viel Energie. Also ist der relative Anteil der Fettverbrennung am Energieaufkommen pro Zeiteinheit hoch, der Fettverbrauch selbst aber, absolut gesehen, gering. Im **Bereich der anaeroben Schwelle** ist der Anteil der Fette an der Energiebereitstellung stark zugunsten der Kohlenhydrate vermindert. Am meisten Fett wird unmittelbar im **Bereich des aerob-anaeroben Übergangs** umgesetzt, etwa bei einer Herzfrequenz von 80 % des Maximums. Dort erreicht das Produkt aus relativem Fettanteil an der Energiebereitstellung und verbrauchten Kalorien das Maximum. Besonders hoch fällt dieses aus, wenn der Fettstoffwechsel durch lange langsame Einheiten geschult ist.

b) Je nachdem, wie man das Angebot nützt, sind verschiedene Aspekte zu erwarten. Wird dieses Zirkeltraining niedrig intensiv durchgeführt, ist es als umfassendes Einstiegstraining für Personen ohne vorheriges sportliches Training geeignet. Für Trainierte ist die Beanspruchung auf diese Weise zu gering. Belastet man sich in den Arbeitsintervallen stark, dann entsteht eine Art „extensives Intervalltraining". So kann es als unspezifisches Fitnesstraining für Sportler wie Radfahrer oder Schwimmer mit Zielrichtung „Verbesserung der Kraftausdauer" dienen, weniger für schnellkraftorientierte Sportler. Von der Stoffwechselcharakteristik her gesehen ist bei niedrig intensiver Nutzung dasselbe zu sagen wie unter a) zur Voraufgabe. Bei hoher Auslastung bestimmt der anaerob-laktazide sowie der aerobe Kohlenhydratstoffwechsel die Energiebereitstellung. Innerhalb der angegebenen, recht kurzen Belastungsdauer ist mit einer unmittelbaren starken Auslastung des Fettstoffwechsels nicht zu rechnen.

14. Als **Übersäuerung** bezeichnet man eine übermäßige **Anhäufung von Laktat im Blut**. Sie ist Folge der Inanspruchnahme des anaerob-laktazi-

den Stoffwechsels bei Belastungen. Ausdauerbelastungen, die zur Übersäuerung führen, liegen oberhalb der anaeroben Schwelle, die gerade dadurch definiert ist, dass die Laktatproduktion bei darüberliegenden Belastungen die Laktatbeseitigung übersteigt, was zwangsläufig zu einer kontinuierlichen Zunahme des Blutlaktats bis zur Erschöpfung führt. Bei kraftorientierten sportlichen Übungen tritt eine Übersäuerung infolge der überhöhten Inanspruchnahme des anaeroben Stoffwechsels dadurch ein, dass ein stark kontrahierter Muskel keine Blutzirkulation und dadurch keine Sauerstoffversorgung des Muskels mehr zulässt.

15. Auch wenn es zahlreiche Tabellen gibt, die verschiedene sportliche Aktivitäten mit ihren Kalorienverbrauchsdaten auflisten, so ist deren Interpretation schwierig. Was bedeutet „Radfahren mit 15 km/h"? Radfahren in der Ebene, in hügeligem Gelände, in den Bergen? Ist „Basketball" ein komplettes Spiel? Auf welchem Niveau und mit welchem Spielstil? Am ehesten kann man Zahlen zum Laufen oder Schwimmen mit Geschwindigkeitsangaben trauen, aber auch hier können die äußeren Bedingungen, besonders persönliche Daten (Gewicht, Körperlänge, Ausgeruhtsein), das Wetter (Temperaturen, Wind, Niederschlag) sowie der Grad der Beherrschung der sportlichen Technik sehr unterschiedlich sein.

16. Wenn auf einer Packung Vollmilch angegeben ist „Nährstoffe pro 100 ml: 3,4 g Eiweiß, 4,8 g Kohlenhydrate, 3,8 g Fett, 67 kcal", dann werden 22 % der enthaltenen Kalorien durch Eiweiß abgedeckt ($3,4 \cdot 4,3 = 14,62$ kcal), 29 % durch Kohlenhydrate ($4,8 \cdot 4,1 = 19,68$ kcal) und 53 % durch Fette ($3,8 \cdot 9,3 = 35,34$ kcal).

17. Von der Durchführung der Saltin-Diät verspricht man sich, die Glykogenspeicher für den Wettkampf besonders gut füllen zu können, indem man sie in der ersten Phase in der Absicht, eine Gier des Körpers nach Kohlenhydraten zu entfachen, völlig entleert. Diese Gier soll dann in der Auffüllphase stärker als unter Fortführung einer normalen Ernährung befriedigt werden.
Zwei unter sportlichen Gesichtspunkten wesentliche Risiken werden in diesem Zusammenhang gesehen. Unter physiologischem Gesichtspunkt wird der Körper unter Umständen durch die radikale Änderung der Gewohnheiten so stark aus der Bahn geworfen, dass er mit verstärkter Infektanfälligkeit reagieren kann. Psychologisch kann es durchaus sein, dass der Sportler den Glauben an seine Leistungsfähigkeit verliert, zumindest aber befürchtet, nicht rechtzeitig mit der Auffüllung der Glykogenvorräte

fertig zu werden, wenn in den Tagen des Kohlenhydratmangels die Leistungsfähigkeit stark absinkt.

Allgemein rät man von einer besonderen Änderung der Gewohnheiten in der Nähe eines entscheidenden Wettkampfes ab. Insofern kann eine solch radikale Rennvorbereitung nur dann sinnvoll sein, wenn sie im Vorfeld anlässlich einer wettkampfähnlichen Herausforderung im Training bzw. in einem nachgeordneten Wettbewerb genauso erprobt ist, wie man sie am entscheidenden Tag auch durchführen möchte.

18. **Allgemein entwickelnd** sind Übungen des Ganzkörperkrafttrainings mit Gewichten, etwas spezieller in diesem Bereich der Kraftausbildung ein Kniebeugentraining mit der Langhantel zur Kräftigung der Beinstreckschlinge. Beim Kniebeugentraining wieder ist eine dynamisch-schnelle Ausführung spezieller entwickelnd als eine langsam-zügige.

    Insgesamt **spezieller entwickelnd** als ein Krafttraining mit Gewichten sind Übungen, die Bewegungen in Sprintlauftechnik erfordern. Mögliche Übungen auf diesem Niveau findet man im Lauf-ABC, wo mit Übungen wie Skippings, Kniehebeläufen, Hopserläufen Elemente des Sprint-Laufschrittes vertieft werden. Etwa auf gleicher Höhe anzusiedeln, aber mehr an der athletischen Qualität orientiert, sind Sprints mit Erschwernis, etwa beim Nachziehen eines an einem Gürtel befestigten Autoreifens oder bei Bergaufsprints, aber auch solche mit Erleichterung der Kraft-Bedingungen zur Beherrschung überschneller Sprintkoordination, wenn auf leicht abschüssigem Gelände trainiert wird.

    **Stark speziell entwickelnd** sind alle Übungen, die Komponenten der Sprintleistung unmittelbar ansprechen: Starts, 30-m-Sprints, 60-m-Sprints, 120-m-Sprints. Die speziellste Trainingsmaßnahme ist die Absolvierung von 100-m-Sprints in Serie oder innerhalb von Testwettkämpfen.

19. a) Im Punkt **Validität** stellt sich die Frage, ob tatsächlich das gemessen wird, was gemessen werden soll. In diesem Fall ist die Validität unter dem Aspekt der Athletik im Wesentlichen aus zwei Gründen sehr gering: Zum einen beinhaltet die Testzeitdauer von 30 Sekunden auch eine deutliche Ausdauerkomponente, gemessen werden soll aber ein Maximalkraftwert, zum anderen ist der erforderliche Kraftaufwand für trainierte Personen gering, es gelingt also keine Feindifferenzierung der Maximalkraftleistung. Technisch gesehen kann man zwar Eckpunkte vorgeben, die eine insgesamt ordentliche Durchführung der Liegestütze garantieren sollen, wenn man z. B. die Endpunkte der Bewegung definiert (unten: Kinn mit Bodenkontakt, oben: Arme ganz ge-

streckt), trotzdem ist auch dann z. B. durch die Steuerung über die Rumpfmuskulatur wieder ein Unsicherheitsfaktor gegeben. Insgesamt ist die Validität sehr fraglich.

**Reliabilität** ist im Ganzen gegeben, wenn die Durchführung der Liegestütze gut beschrieben ist und die Durchführung auch entsprechend gewährleistet ist. Im Prinzip ist der Test in gleicher Form immer wieder durchführbar.

Bei genauer Beschreibung der Durchführung gelingt eine gewisse **Objektivität**. Möglichkeiten, die Bewegung abzufälschen, sind aber nicht ganz zu vermeiden; insofern gibt es auch bei der Objektivität Abstriche.

**Ökonomie** ist gegeben, da der Test nicht aufwendig ist.

b) Unter der Voraussetzung, dass sich ein Sportler marathontypisch auf den Marathonwettkampf vorbereitet, besonders also betont lange und langsame Läufe in seinen Trainingsplan integriert, die in dieser Ausdehnung für das Bestehen eines 10-km-Laufes nicht notwendig wären, gibt ein 10-km-Test eine gute Prognose für den Marathon. Die **Validität** ist also recht gut, wenn sich die Charakteristik der beiden Läufe, besonders ihr Geländeprofil, ähnelt. Es gibt sogar unter Praktikern die Regel, dass der Marathon bestenfalls in einem Tempo durchzuhalten ist, das einer Zielzeit des $14/3$-Fachen der 10-km-Zeit entspricht. Gelingt also der 10-km-Lauf in 40 Minuten, dann ist nach dieser Regel die bestmögliche Marathonzeit etwa $560/3$ Minuten, also etwa 3:07 h.

Die **Reliabilität** ist theoretisch gegeben, jedoch wird kein Läufer in der Vorbereitung auf einen Marathon Serien von 10-km-Tests absolvieren wollen, wenn die Marathonzeit gut werden soll.

Die **Objektivität** ist weitgehend gesichert, weil die Zeitmessverfahren bei offiziellen Läufen zuverlässig funktionieren.

Der **Ökonomie** wird dieses Verfahren auch gerecht, wenn man für den Test in der Region bleibt.

20. Die fußballerische Leistungsfähigkeit hängt von vielen Punkten ab. Eine Testbatterie sollte einen Schnellkrafttest (z. B. einen 10-m-Antritt) und einen Schnelligkeitstest (z. B. einen 25-m-Sprint) enthalten. Hierbei kann man überlegen, nicht nur nach leichtathletischer Art zu starten, sondern noch eine seitliche Laufrichtung dazu anzubieten (z. B. Markierung rechts erreichen, Markierung links erreichen, dann Kurzsprint geradeaus). Weitere Elemente, die hinzugefügt werden sollten, sind ein Koordinationsparcours zur Überprüfung der Fußarbeit, ballorientierte Tests etwa zum

Jonglieren, zum Zuspiel oder zum Dribbling, ein Test zur Ausdauerleistung. Sehr schwierig in Testform abzuprüfen sind spielerische Elemente, die eine Messgröße für das Fußballverständnis liefern sollen, weil sich hier das für das Spiel nötige situative Reagieren nur schwer abbilden lässt; an ihre Stelle tritt häufig eine Expertenbeurteilung.

21. Zum Erreichen eines hohen Grundlagenausdauer-Niveaus wird im Radsport auf die **extensive Dauermethode** zurückgegriffen. Sie findet Anwendung bei langen, flachen Fahrten. Die **intensive Dauermethode** kann in der Ebene oder am gleichmäßig ansteigenden, nicht zu steilen Berg trainiert werden. Hier werden Grundlagen etwa für lange Passauffahrten oder für ein hohes Durchschnittstempo im Zeitfahren gelegt. Die **variable Dauermethode** ergibt sich bei Trainingsfahrten in wechselndem Gelände ebenso wie bei Ausfahrten in der Gruppe, wenn z. B. nach dem Kreiselprinzip („Belgischer Kreisel") wechselnd ein Fahrer im Wind, die anderen im Windschatten fahren.

    Wenn der Sportler über ein gutes Grundlagenausdauer-Niveau verfügt und streng so pausiert wird, dass die gewünschte unvollständige Erholung gewährleistet ist, kann auch mit der Intervallmethode trainiert werden. Im Bereich des Straßenradsports ist die **extensive Intervallmethode** mit Beanspruchungen knapp unterhalb der anaeroben Schwelle vorherrschend. Die **intensive Intervallmethode** mit Beanspruchungen oberhalb der anaeroben Schwelle ist aber beispielsweise für Sprinter, die in kurzer Zeit sehr hohe Intensitäten erbringen müssen, ebenfalls Pflicht.

    Im Radsport wird auch gern mit der Wettkampfmethode gearbeitet, indem Rennen in den Trainingsplan miteinbezogen werden. Ähnliche Effekte ergeben sich aber auch z. B. bei Fahrten über mehrere Pässe mit langen Abfahrten dazwischen.

22. **Intensive Dauermethode**; keine Pausen, zügiges Tempo
    Typische Übung: 1 000–2 000 m Dauerschwimmen bei einer Intensität, die dadurch beschrieben ist, dass die 100-m-Durchgangszeiten 5–10 Sekunden unter der auf der gewählten Strecke schnellstmöglichen Durchgangszeit liegen.

    **Extensive Dauermethode**; keine Pausen, mäßiges Tempo
    Typische Übung: 2 000 m oder mehr Dauerschwimmen bei einer Intensität, die dadurch beschrieben ist, dass die 100-m-Durchgangszeiten 15–20 Sekunden unter dem maximal möglichen 100-m-Schnitt auf der gewählten Strecke liegen.

**Variable Dauermethode**; keine Pausen, wechselndes Tempo
Typische Übung: 1 500 m Dauerschwimmen, in die verschiedene Aufgabenstellungen eingebunden werden. So können die 1 500 m folgendermaßen aufgeteilt werden: 400 m Kraul in insgesamt ruhigem Tempo, aber die ersten 25 m jedes 100-m-Abschnitts in Delfintechnik, dann insgesamt 800 m, die 100, 200, 200, 100 m Kraul in beschleunigtem Tempo mit jeweils 50 m Erholung im altdeutschen Rückenstil nach den Kraulstrecken beinhalten, schließlich auf den letzten 300 m nach Gefühl in Kraultechnik.

**Intensive Intervallmethode**; lohnende Pausen, sehr schnelles Tempo
Typische Übung: 10×50 m im 400-m-Wettkampftempo bei einer Intervallpause von 15 Sekunden.

**Extensive Intervallmethode**; lohnende Pausen, zügiges Tempo
Typische Übung: 6×200 m im 1500-m-Tempo bei einer Intervallpause von 30 Sekunden.

**Wiederholungsmethode**; vollständige Pausen, maximal mögliches Tempo
Typische Übung: 5×100 m im 100-m-Wettkampftempo bei einer Pause von 3 – Minuten.

23. Im Dreieck Kraft-Schnelligkeit-Ausdauer findet man Hochsprung als eine typische Schnellkraftsportart auf der Verbindungslinie Kraft-Schnelligkeit. Die Ausdauer spielt unmittelbar keine Rolle. Der Marathonlauf steht sehr nahe der Ecke „Ausdauer" mit geringer Bedeutung der Kraft und Schnelligkeit. Handball ist etwa in der Mitte des genannten Dreiecks einzuordnen; Kraft-, Schnelligkeits- und Ausdauerkomponenten beeinflussen die Leistung.
    In der speziellen Wettkampfvorbereitung geht es darum, im Training die kommende Belastung zu simulieren, ohne sich nachhaltig zu überanstrengen.
    - Das Hochsprungtraining wird in dieser Zeit entsprechend hochintensiv sein, der Umfang und die Dichte müssen entsprechend niedrig gehalten werden.
    - Marathontraining in der speziellen Vorbereitung beinhaltet neben „normalen" etwa einstündigen Dauerläufen sehr niedrig intensive Belastungen mit sehr großem Umfang und maximaler Dichte, aber auch Läufe im geplanten Wettkampftempo bei mittlerem Umfang und bei

höchster Dichte. Üblich sind auch Intervallbelastungen im geplanten Wettkampftempo (z. B. 3 × 5 km) bei damit etwas verringerter Dichte.

- Handballspieler arbeiten entsprechend der vielseitigen athletischen Ausprägung mit einem Methoden-Mix, wobei in Hinblick auf entscheidende Spiele der Intensität Vorrang vor dem Umfang gegeben wird. Die Dichte der Übungen ist im Ganzen als „mittel" zu bezeichnen. Wie intensiv der Einzelspieler durch ein spielspezifisches Handballtraining belastet wird, hängt von seiner Konstitution, seinem Trainingszustand und seiner Spielrolle ab. In Ballsportarten ist es also schwierig, den Belastungsgrad für den Einzelsportler genau festzulegen.

24. Im Zusammenhang mit der Betrachtung minimaler Trainingsprogramme muss man feststellen, dass dem Schulsport, dessen Umfang sich in der Regel aus zwei Einheiten à 45 Minuten bzw. einer Einheit à 1,5 Stunden zusammensetzt, kaum ein physiologischer Trainingseffekt und damit kaum ein gesundheitlicher Nutzen zuzuschreiben ist. Gründe dafür sind, dass in der genannten Trainingszeit Zeiten für das Umziehen und schulische Organisationsmaßnahmen enthalten sind, dass die Inhalte häufig wechseln, sodass z. B. nicht in jeder Stunde ein Ausdauertraining absolviert wird, und dass der Trainingsumfang durch Ferien und Stundenausfälle langfristig unter die absolute Minimalgrenze von einer Stunde pro Woche sinkt. Der Sinn des Schulsportes im jetzigen Rahmen kann also nur in den Feldern „Koordinationslernen" und „Motivationshilfe für privates Sporttreiben" gesucht werden, für einen unmittelbaren gesundheitlichen Nutzen im Sinne einer Strukturänderung des Körpers sind die Belastungen, wenn sie nicht durch private Maßnahmen ergänzt werden, nicht ausreichend.

25. Die Grafik zeigt auffallend **schwache Werte** bezüglich Erholung, Übermüdung und Schlaf, die teils weit aus dem durch Mittelwert und Standardabweichung vorgegebenen Rahmen der übrigen Trainingsgruppe herausfallen. Nach einem solchen Ergebnis müssen die dahinterstehenden erholungsfeindlichen Probleme angegangen und eine Erholungsphase eingeleitet werden.
Zur Förderung der Erholung stehen unterschiedlichste **Maßnahmen** zur Verfügung wie z. B. aktive Erholung durch Gymnastik oder Bewegungsbäder, physikalische Therapie etwa durch Massage, Sauna, Bäder oder Elektro-Behandlung, Entspannungsverfahren, Gespräche mit Trainern und Betreuern, Änderung des Trainings durch Variation der Pausen oder passende Umgestaltung, entspannende Freizeitbeschäftigungen, Pflegen

von Freundschaften und regenerationsförderliche Ernährung (Vitamine, Mineralstoffe, Eiweiße). Zur Bekämpfung eines Übertrainingszustandes muss zu den Erholungsmaßnahmen unbedingt eine Trainingsreduktion, unter Umständen eine Belastung in einer anderen Sportart hinzutreten. Ist die zugrunde liegende Erschöpfung schwerwiegend, muss die Reduktion zusammen mit erholenden Maßnahmen über Wochen ausgedehnt werden. Erkennt und bekämpft man die Überlastung frühzeitig, genügt in der Pause eine Trainingsunterbrechung von wenigen Tagen. In keinem Fall darf nach der Wiederherstellung versucht werden, vermeintlich Versäumtes durch Zusatzleistungen wieder aufzuholen.

26. Wenngleich der Sportler in seinem Training dem **Prinzip der Kontinuität** folgt, missachtet er gleichzeitig mehrere der übrigen Trainingsprinzipien. So werden hier besonders das **Prinzip der progressiven Belastungssteigerung** und das **Prinzip der Variation** nicht beachtet. Ebenso kommt das **Prinzip der optimalen Relation von Belastung und Erholung** nicht zur Geltung, da der Körper nach einiger Zeit das angebotene Training nicht mehr als Belastung, sondern als „normal" registriert und nicht mehr mit Anpassung reagiert. Eine Erholungsphase durch eine Trainingspause von einigen Wochen könnte eine erhöhte Leistung nach sich ziehen, wenn nach Wiederaufnahme des Trainings die körperliche Anpassung an das nun wieder als Belastung empfundene Training vollzogen ist. Dem **Prinzip der Individualität** mag zwar aus Sicht der angenehmen Lebensführung des Sportlers Genüge getan sein, im Sinne einer Leistungssteigerung ist es sicher verfehlt, weil die angebotenen Trainingsmaßnahmen keine Erfolge zeitigen.

27. Ein Trainingslager wird mit der Absicht durchgeführt, dem Organismus des Sportlers einen besonders starken Trainingsreiz zukommen zu lassen, der ihn verstärkt reagieren lässt und ihn vertiefter an zukünftige Belastungen anpasst als ein normaler Trainingsablauf. Der überstarke Reiz soll also eine überstarke **Superkompensation** bewirken.
Während eines Trainingslagers kann durch die völlige Konzentration auf den Sport eine höhere Beanspruchung realisiert werden, weil alltägliche **Belastungen** nicht zu verzeichnen sind. Allerdings befindet man sich durch die Ausschöpfung aller körperlichen Möglichkeiten auch in einer Randsituation, sodass man darauf achten muss, dass die **Beanspruchung** durch das Training nicht so stark wird, dass danach trainingsfreie Erholungsphasen in einem Umfang nötig werden, der jeglichen Formaufbau wieder zunichtemacht. Insofern sind Trainingslager nur für trainierte

Sportler nach einer grundlegenden Aufbauphase geeignet oder für solche, die in einem jahrelangen Trainingsprozess stehen. Doch auch für diesen Personenkreis sollte der Umfang im Trainingslager nicht das Doppelte des sonst Üblichen überschreiten.

Außerdem soll die Anreise ausgeruht erfolgen und sich dem Trainingslager eine Erholungsphase anschließen, eine Empfehlung, die dem **Prinzip der optimalen Relation von Belastung und Erholung** folgt.

28. Betrachtet man die summierten Wochenminuten bzw. die Höhen des Säulendiagramms, erkennt man das leitende Schema der Gestaltung: Bis einschließlich Woche 12 ist ein 3:1-Rhythmus mit je drei Wochen zunehmender Belastung und einer erholenden Reduktionswoche durchgehalten, danach folgt in den Wochen 13–16 der entscheidende vierwöchige Trainingsblock mit den maximalen Belastungen, gefolgt von vier insgesamt erholenden Wochen, die der Körper zur Umsetzung der Spitzenbelastung braucht.

Gemäß dem **Prinzip der Periodisierung** lassen sich drei Phasen identifizieren: Die Vorbereitungsphase I besteht unter dem Gesichtspunkt der Belastungsgestaltung aus zwei je dreiwöchigen belastenden Makrozyklen in den Wochen 1–3 und 5–7, wo von Trainingswoche zu Trainingswoche noch behutsam mit gleichmäßigen Umfangssteigerungen zwischen 10 und 20 % gearbeitet wird. Die Wochen 9–16 bilden die Periode der starken Herausforderungen (Vorbereitungsphase II). Der Makrozyklus in den Wochen 9–11, der jede Woche eine andere Einzeldisziplin in den Fokus rückt, sieht eine weit über das bis dahin übliche Maß hinausgehende Steigerung vor und sorgt so für eine erste überstarke Homöostasestörung. Nach der erholenden Woche 12 folgt in den Wochen 13–16 der umfassend belastende Makrozyklus, der den entscheidenden Anstoß für eine maximale Superkompensation am Wettkampftag geben soll. Der Makrozyklus der abschließenden vier Wochen besteht aus einer Entlastungswoche, dann einer letzten, im Vergleich zu den Spitzenwochen aber eher mäßigen Belastung für eine Woche, der schließlich ein starkes Nachlassen (Tapering) in den letzten zwei Wochen folgt.

Insgesamt lassen sich also das **Prinzip der progressiven Belastungssteigerung** und das **Prinzip der optimalen Relation von Belastung und Erholung** anhand eines typischen wellenförmigen Verlaufs gut nachvollziehen. Die oft entscheidenden Überlegungen zur Individualität bzw. zu Belastung und Beanspruchung sind dem trainierenden Sportler als Aufgabe gegeben. Von einem „Plan für alle" kann man deren Umsetzung aber auch nur schwer erwarten.

29. Die **Vorteile** beim Studium von gut durchdachten Trainingsplänen liegen darin, dass man an Expertenwissen teilhaben und sich Ideen holen kann, etwa bei der Umsetzung der Trainingsprinzipien.
    **Nachteile** ergeben sich dann, wenn man unbedacht Vorgaben umsetzt, die auf die eigene Person nicht passen, sei es, weil der persönliche Trainingszustand entweder für einen Einstieg nicht ausreicht oder die Anforderungen des Planes zu gering sind, sei es, weil der Plan nicht auf persönliche Empfindlichkeiten eingeht. Grundsätzlich kann man davon ausgehen, das vorgefertigte Pläne das Prinzip der Individualität verletzen.

30. Ein zu geringes Kraftniveau, besonders im Bereich der Körpermitte, kann bei Kindern Haltungsschäden auslösen, die sich im Lauf der Zeit zu irreversiblen Beschwerden auswachsen können. Ohne äußeren Reiz wird sich das Kraftniveau nicht entscheidend anpassen, obwohl bei Kindern im Wachstum das Kraftniveau allein aufgrund der körperlichen Entwicklung steigt. Allerdings steigt zeitgleich auch das Körpergewicht so, dass eine Verbesserung der Kraft relativ zum Körpergewicht nicht unbedingt zu erwarten ist, wenn eine passive Lebensweise beibehalten wird.
    Wie bei Erwachsenen muss auch bei Kindern auf die Person des Trainierenden eingegangen werden (Prinzip der Individualität), wenn es darum gehen soll, das körperliche Niveau zu verbessern. Im Bereich des Krafttrainings achtet man bei Kindern vorzugsweise darauf, nicht zu schwere Gewichte zu verwenden: Man sollte 15 Wiederholungen einer vorgegebenen Übung mit dem Trainingsgewicht bewältigen können, und zwar ohne auf die bei schweren Widerständen nötige Pressatmung zurückgreifen zu müssen. Außerdem sollen Übungen gemieden werden, welche die Haltungsschwäche noch verstärken würden, so etwa alle Übungen über Kopf, also z. B. das Drücken einer schweren Hantel aus dem Nacken, oder auch Übungen, bei denen, wie etwa bei der tiefen Kniebeuge mit Zusatzlast, ein Gelenk isoliert, hier das Knie oder bei schlechter Technik auch der untere Rücken, besonders stark belastet wird.
    Zusammenfassend kann man also sagen, dass Krafttraining auch im Kindes- und Jugendalter durchgeführt werden kann, solange man das Prinzip der Alters- und Entwicklungsgemäßheit berücksichtigt und die Übungen entsprechend anpasst. Haltungsschäden bei Kindern und Jugendlichen können sowohl auf übertriebenes Krafttraining als auch auf eine mangelnde Ausbildung der Kraft zurückgeführt werden.

31. Im Normalfall sollte eine gesunde Person einen Blutzuckerspiegel von 60–120 mg/dl aufweisen. Tritt der Zustand eines starken Kohlenhydrat-mangels (Hypoglykämie) verbunden mit einem Blutzuckerspiegel von unter 40 mg/dl ein, ist die betroffene Person durch Schweißausbrüche, Übelkeit, Schwindel, Zittern und Sehstörungen, bis hin zur Ohnmacht beeinträchtigt. Es handelt sich hierbei um eine ernsthafte gesundheitliche Störung, die sogar lebensgefährlich werden kann, weil etliche Organzel-len, besonders die des Gehirns, auf Kohlenhydrate angewiesen sind. Außerhalb des Sports kann eine Hypoglykämie z. B. Diabetes-Patienten bei akuter Insulin-Fehldosierung treffen. Schon allein also deshalb, weil Kohlenhydrate zur **Regulierung des Blutzuckerspiegels** unbedingt nötig sind, muss man dafür Sorge tragen, auch während der sportlichen Leistung kohlenhydratreiche Nahrung aufzunehmen.

Dass Kohlenhydrate auch leistungsphysiologisch eine Rolle spielen, liegt daran, dass bei der **Energiegewinnung** pro erzeugter Einheit ATP auf dem Wege der Fettverbrennung mehr Sauerstoff aufgewendet werden muss als bei Inanspruchnahme von Kohlenhydraten, und dass gleichzeitig die Sauerstoffaufnahme in den Kapillaren der arbeitenden Strukturen für Ausdauersportarten leistungsdeterminierend ist. Maximale Ausdauerleis-tung kann also nur erzielt werden, wenn bei der ATP-Erzeugung mit Sauerstoff gegeizt werden kann. Nicht umsonst wird Ausdauersportlern in den letzten Tagen vor einem Wettkampf zu einem hohen Kohlenhy-dratanteil in der Ernährung geraten, um die körpereigene Kohlenhydrat-reserve zu erhöhen (Carboloading). Auch während einer langen Aus-dauerbelastung ist die Aufnahme von Kohlenhydraten unumgänglich. Moderne Ernährungsformen, die auf Kohlenhydrate weitgehend verzich-ten (Low Carb), stehen kurz vor einem Ausdauerwettkampf dem Abrufen der maximalen Leistung im Weg, werden aber unter Umständen gezielt eingesetzt (Saltin-Diät).

32. Wie die Auswertung der Laktatproduktion zeigt, nehmen **Marathonläu-fer** den dominant anaeroben Stoffwechsel kaum in Anspruch. Dadurch liegt die maximal mögliche Durchschnittsgeschwindigkeit eines 10 000-m-Laufes bei trainierten Läufern knapp unterhalb der anaeroben Schwelle. (Praktiker errechnen eine gerade noch mögliche Marathonzeit als das $4\,2/3$-Fache der aktuellen 10-km-Bestzeit. Das maximale Marathon-Renntempo entspricht damit rund 90 % des 10-km-Renntempos bzw. rund 90 % des anaeroben Schwellentempos.) Der Grund dafür, dass die anaerobe Varian-te des Energiestoffwechsels kaum eine Rolle spielt, ist, dass sie aus einem

Molekül Glucose gerade einmal rund 5 % der Menge ATP liefert, die auf aerobem Wert hergestellt werden könnte. Eine solche **Energiever-schwendung** kann sich ein Langzeitausdauersportler gerade bei dem Brennstoff Glucose, der ja sauerstoff-optimiert arbeitet, dessen Vorräte aber während eines Marathonlaufes zu Ende gehen, nicht leisten. Auch der Versuch, durch anaerob versorgte „Sprinteinlagen" die Marathonzeit verbessern zu können, wird mit großer Sicherheit zur Aufgabe wegen Erschöpfung führen. Denn die in einer anaeroben Phase angefallenen **Lak-tatmengen** können nicht entsprechend schnell abgebaut werden und behindern den Sportler in der Fortführung des Laufes. Da selbst nach Belastungsende zur Behebung der Sauerstoffschuld die mit Abstand meiste Zeit in die Beseitigung laktazider Stoffwechselschlacken investiert werden muss, dauert eine Laktatbeseitigung während der Belastung folglich eher noch länger. Die anaerobe Stoffwechselvariante kann von einem Marathonläufer also nur zum Ende des Laufes eingesetzt werden, wobei zu diesem Zeitpunkt wohl die wenigsten Sportler noch in der Lage sein dürften, die Belastung für eine nennenswerte Zeit über die anaerobe Schwelle zu heben.

Anders als bei der Langzeitausdauerleistung Marathon ist bei einem **800-m-Lauf** die Größe der körpereigenen Glykogenspeicher nicht unmittelbar leistungsbestimmend, weil bei einer Belastungsdauer von rund zwei Minuten kaum auf die Kohlenhydrat-Energiespeicher zurückgegriffen werden muss. Ziel eines 800-m-Läufers ist vielmehr, möglichst alle in dieser kurzen Zeit **verfügbaren Energiequellen** auszunützen. Hierunter fallen besonders auch die anaeroben Stoffwechselvarianten (laktazid und alaktazid), die schnell auf geänderte Situationen reagieren. Ein 800-m-Läufer muss auch nicht Rücksicht auf spätere Wettkampfphasen nehmen, in denen ein frühzeitig hochgetriebener Blutlaktatgehalt zur Erschöpfung durch Behinderung des aeroben Stoffwechsels führen könnte. Da der aerobe Stoffwechsel mit dem Brennstoff Glucose träger reagiert, sollte man ihn daher schon in der Aufwärmphase des 800-m-Laufes mobilisieren. Der Fettstoffwechsel spielt keine Rolle, weil er erst nach viel längeren Zeiten verstärkt zum Tragen kommt.

33. Die Grenze zwischen den traditionell verwendeten Formen „aerobes Training" und „anaerobes Training" ist an der anaeroben Schwelle zu suchen. In diesem Buch werden Belastungen unterhalb der anaeroben Schwelle als dominant aerob, solche oberhalb der anaeroben Schwelle als dominant anaerob bezeichnet.

Nach den früheren Begriffen wurden nur Belastungen unterschieden, die schnell zur Erschöpfung führen und deshalb nur kurzzeitig zu tolerieren sind (anaerob), und solche, die über längere Zeit aufrechtgehalten werden können (aerob). Diese grobe Gliederung hat auch heute noch einen **Nutzwert**, wenn man bei langen (Wettkampf-)Belastungen darauf achtet, die anaerobe Schwelle allenfalls im Endspurt zu überschreiten, um eine frühzeitige Erschöpfung durch nicht kompensierbare Laktatbelastungen im Blut zu vermeiden, oder wenn man im Training die aerobe Kapazität über Herz-Kreislauf-Parameter verbessern möchte, indem man sich knapp unterhalb, sicher aber nicht oberhalb der anaeroben Schwelle belastet.

Die Gliederung der **dominant aeroben Belastungszone** in die Unterbereiche unterhalb und an der aeroben Schwelle sowie im aerob-anaeroben Übergangsbereich ist einerseits eine Konsequenz aus Trainingserfahrungen, die lehren, dass häufiges Training an der anaeroben Schwelle zu Überlastungen führt; andererseits wird so aus physiologischer Sicht deutlich gemacht, welche Menge Laktat aus der arbeitenden Muskulatur in das Blut übertritt. Entsprechend hat man in diesem Bereich mit der aeroben Schwelle einen weiteren Eckwert festgelegt, der **gering intensives aerobes Training** von **intensiverem aeroben Training** unterscheidet. Viele moderne Trainingspläne arbeiten heute mit weiter ausdifferenzierten Geschwindigkeitsvarianten.

34. Die Einstellung von passenden Trainingsbereichen gelingt mithilfe der Orientierung aus folgender Tabelle.

| Belastungsstufe | GA1 lang | GA1 mittel | GA1/2 | GA2 |
|---|---|---|---|---|
| Hf (% von $Hf_{max}$) | 65–75 | 75–80 | 83–88 | 88–93 |
| v (% von $v_{max}$ auf Strecke) | 75–80 | 80–85 | 85–90 | 90–95 |

Tab. 51: Trainingsbereiche (Orientierung)

Die Eckwerte eines **pulsorientierten Trainings** ergeben sich dann im vorliegenden Fall aus folgender Übersicht:

| Maximalpuls 100 % | 93 % | 88 % | 83 % | 80 % | 75 % | 65 % |
|---|---|---|---|---|---|---|
| 186 | 173 | 164 | 154 | 149 | 140 | 121 |

Tab. 52: Eckwerte eines pulsorientierten Trainings

Mit diesen Werten legt man das pulsorientierte Lauftraining fest.

| Belastungsstufe | GA 1 lang | GA 1 mittel | GA 1/2 | GA 2 |
|---|---|---|---|---|
| Hf | 121–140 | 140–149 | 154–164 | 164–173 |

Tab. 53: Trainingsbereiche (pulsorientiertes Lauftraining)

Für ein **geschwindigkeitsorientiertes Lauftraining** muss die Geschwindigkeit von min/km auf km/h umgerechnet werden. Der erzielten Zeit von 37:00 Minuten auf 10 km entspricht eine Geschwindigkeit $v_{max}$, die sich so errechnet:

$$v_{max} = \frac{\text{Testlauflänge [km]}}{\text{Testlaufzeit [min]}} \cdot 60 = \frac{10}{37} \cdot 60 = 16{,}216 \, [\text{km} / \text{h}]$$

Auf der Basis dieser $v_{max}$ werden die Eckwerte des geschwindigkeitsorientierten Lauftrainings ermittelt:

| Wettkampftempo 100 % | 95 % | 90 % | 85 % | 80 % | 75 % |
|---|---|---|---|---|---|
| 16,216 | 15,405 | 14,595 | 13,784 | 12,793 | 12,162 |

Tab. 54: Eckwerte eines geschwindigkeitsorientierten Lauftrainings

Die Rückrechnung der Geschwindigkeit von der Einheit km/h auf das im Training wesentlich besser zu handhabende Maß min/km erfolgt nach der Formel:

$$\text{benötigte Zeit [min / km]} = \frac{60 \, [\text{min}]}{\text{gelaufene Strecke pro Stunde [km]}}$$

Das Ergebnis dieser Rechnung gibt die benötigte Zeit dezimal in Minuten an. Um auch – wie üblich – die Sekunden zu erhalten, multipliziert man die entstandenen Nachkommastellen des Ergebnisses mit 60. Man erhält:

| Einheit | Wettkampftempo 100 % | 95 % | 90 % | 85 % | 80 % | 75 % |
|---|---|---|---|---|---|---|
| km/h | 16,216 | 15,405 | 14,595 | 13,784 | 12,793 | 12,162 |
| min/km | 3:42 | 3:54 | 4:07 | 4:21 | 4:38 | 4:56 |

Tab. 55: Umrechnung der Geschwindigkeit

Entsprechend legt man abschließend das geschwindigkeitsorientierte Lauftraining fest.

| Belastungsstufe | GA 1 lang | GA 1 mittel | GA 1/2 | GA 2 |
|---|---|---|---|---|
| min/km | 4:38 – 4:56 | 4:21 – 4:38 | 4:07 – 4:21 | 3:54 – 4:07 |

Tab. 56: Trainingsbereiche (geschwindigkeitsorientiertes Lauftraining)

**35.** Um die Umfänge des gezeigten Planes besser kalkulieren zu können, rechnet man alle Trainingsleistungen in guter Schätzung in Kilometer um, sofern sie nicht schon so notiert sind. Dass man sich bei Durchsicht eines Marathontrainingsplanes vorwiegend um die Umfänge kümmert, liegt an der umfangsbetonten Leistung, die schließlich im Wettkampf erbracht werden soll. Ein Marathontempo von 3 h 30 entspricht etwa einem Kilometerschnitt von 5 Minuten, das Trainingstempo wird in den meisten Dauerlaufeinheiten darunterliegen, etwa bei 5 min 30 pro gelaufenem Kilometer. Mit dieser Vorgabe kann man die Wochenumfänge ausreichend genau schätzen:

| Woche | 1 | 2 | 3 | 4 | 5 | 6 | 7 | 8 | 9 | 10 |
|---|---|---|---|---|---|---|---|---|---|---|
| Umfang (in km) | 63 | 68 | 72 | 78 | 81 | 87 | 82 | 71 | 54 | 21 |

Tab. 57: Trainingsplan

Die Umfangsgestaltung des Planes zeigt eine einfache Struktur. Bis zu den Spitzenwochen 5, 6, 7 wird in etwa linear und mäßig gesteigert. Daran dass es keine abrupten Belastungssteigerungen gibt, lässt sich erkennen, dass „auf Nummer sicher" gegangen wird, dass sich also möglichst wenige Sportler bei Einhaltung der Vorgaben durch Überlastung verletzen sollen. Natürlich ist das Einstiegsniveau mit einer Laufleistung von über 60 km pro Woche nur für jemanden zu realisieren, der schon länger im Training steht. Für Untrainierte, selbst bei ausreichendem Talent, ist dieser Plan nicht geeignet, auch deshalb, weil ohne Erholungswochen mit deutlich erkennbarer Reduktion durchtrainiert wird. Die für den Erfolg entscheidenden Trainingsvorgaben findet man wöchentlich besonders in den langen langsamen Fettstoffwechsel-Einheiten sonntags, in den Läufen im geplanten Renntempo freitags in den Wochen 4–7, sowie den schärferen Tempoläufen dienstags oder manchmal mittwochs. Das **Peaking** ist im Wesentlichen verengt auf den 10-km-Testwettkampf zwei Wochen vor dem Marathon, der aus dem vollen Training heraus gelaufen wird und deshalb nicht unbedingt zu einer Bestleistung führen wird. Nach dem Testwettkampf werden typische Elemente des bisherigen Plans noch einmal aufgenommen. Das Tempolauftraining mittwochs behält etwa bisheriges Format, der lange Lauf freitags über 22 km ist schon deutlich reduziert. Die Reduktion ist das Zeichen dafür, dass die **Tapering**-Phase begonnen hat. In der letzten Woche gibt es nur noch eine etwas fordernde Einheit dienstags, wo das richtige Tempo noch einmal über 5 km geübt wird, danach

sind ausschließlich noch aktive und passive Erholungsmaßnahmen angezeigt. Der kurze Lauf am Tag vor dem Marathon mit den anschließenden
Steigerungen bietet eine Vorwettkampfbelastung, die den Körper auf die
anstehende Großtat einstimmt.

36. **Objektivität:** Bei Absolvierung des CONCONI-Tests sind Einschränkungen in der Objektivität besonders durch äußere Bedingungen wie Witte-
rung oder Laufbahnbeschaffenheit gegeben. Außerdem kann der Läufer
von den Helfern unter Umständen unzutreffend informiert werden,
wenn diese sich in der Liste der zu kontrollierenden Zeiten verlesen oder
die laufende Zeit falsch ablesen. Insgesamt ist die Objektivität des CON-
CONI-Tests aber gut, wenn man vergleichbare Witterungsbedingungen
und immer dieselbe Teststrecke wählt oder aber gleich ein Laufband oder
einen Ergometer zur Durchführung wählt. Laktatstufentests finden in der
Regel bereits unter Laborbedingungen statt, also auf Laufbändern oder Ergometern. Einschränkungen in der Objektivität sind so kaum zu erwarten.

**Reliabilität:** Hält man die unter Objektivität genannten Bedingungen
ein, kann man dem CONCONI-Test eine gute Reliabilität bescheinigen. Das
gilt erst recht für Laktatstufentests, die außerdem noch vom Wetter unabhängig sind.

**Validität:** Die Leistungsprognose für Ausdauerleistungen anhand der Beurteilung der Höhe der CONCONI-Schwelle ist für sehr lange Ausdauerleistungen nicht trennscharf genug, weil der Test bei einer Dauer von etwa
10–20 Minuten z. B. über Fähigkeiten des Fettstoffwechsels kaum eine
Aussage treffen kann. Für kürzere Ausdauerstrecken, wie man sie z. B. im
Schulsport kennt, kann man mit ziemlicher Sicherheit behaupten: „Je
höher die Schwelle, desto höher die Leistungsfähigkeit." Ähnlich kann
man für Laktatstufentests auch argumentieren.

Bei CONCONI -Tests ist in jedem Fall die mangelnde Zuverlässigkeit bei der
Ermittlung der Schwelle zu bemängeln: Dass man nicht in jedem Fall
einen Schwellenwert ermitteln kann, ist ein schwerwiegendes Manko des
Tests. Laktatstufentests weisen dieses Manko nicht auf.

Im Hinblick auf die Steuerbarkeit des Trainings aufgrund des Wissens um
die Lage der CONCONI-Schwelle liegen sicher weniger wissenschaftliche
Erfahrungen vor als bei der Steuerung des Trainings aufgrund der laktatbezogenen anaeroben Schwelle, weil wissenschaftliche Institute ihre Empfehlungen zur Trainingssteuerung fast durchweg auf Basis einer Laktat-
analyse angeben. Insgesamt muss man aber auch bemerken, dass jegliche

Trainings- und Wettkampfsteuerung nach Schwellenwerten in letzter Zeit zunehmend kritisch hinterfragt wird.

**Ökonomie**: Im Vergleich zur laktatbezogenen Schwellenbestimmung schneidet der CONCONI-Test hinsichtlich der nötigen finanziellen Aufwendungen günstiger ab. Zur Ermittlung der CONCONI-Schwelle benötigt man lediglich einen einfachen Pulsmesser pro Teilnehmer sowie einige Helfer wie Protokollführer und Zeitnehmer. Die Lakatschwellen werden über regelmäßige Messungen von Blutproben aus dem Ohrläppchen ermittelt, die in einer ärztlichen Umgebung erfolgen. Mit Preisen von etwa 40–100 € pro Person fallen somit die Laktatmethoden für den unmittelbaren schulischen Bereich in der Regel aus.

Wenn man im Schulunterricht einen Schwellentest durchführen möchte, ist also der CONCONI-Test das Verfahren der Wahl, da hier einfache Pulsmessgeräte genügen, die oft vielleicht sogar von zu Hause mitgebracht werden können, und natürlich auch genügend Helfer verfügbar sind.

37. Hier die ergänzte Tabelle mit jeweils geeigneten Sportarten:

| Name der Methode | Spannung | Gewicht (% von Max.) | Tempo | Wiederh. (Anzahl) | Sätze (Anzahl) | Pause (min) | Sportart |
|---|---|---|---|---|---|---|---|
| Standard-methode | konzentrisch | 70–80 | zügig | 8–12 | 3 | 3–5 | Grundlage für fast alle Ziele |
| Pyramiden-methode | konzentrisch | 60–70–80–90–95 | zügig | 20–3 | 5 | 3–5 | Grundlage für fast alle Ziele |
| Isometrische Methode | isometrisch | 100 | statisch | 1 x 10–12" | 3–5 | 3–5 | Gerättur-nen, Ringen |
| Maximal-kraftmethode | konzentrisch | 95–100 | maximal | 1–2 | 5 | 3–5 | Kugelsto-ßen, Gewichtheben |
| Explosivkraft-methode | konzentrisch | 50–95 | maximal | 2–5 | 2–5 | 3–5 | Werfen |
| Schnellkraft-methode | konzentrisch | 30–50 | maximal | 6–12 | 3–5 | 3–5 | Springen |
| Mittelinten-sive KA | dynamisch | 50–75 | zügig | 30–50 | 6–10 | 2–3 | Schwimmen |
| Niedriginten-sive KA | dynamisch | 15–50 | zügig | 80–100 | 3–5 | 2–3 | Radfahren, Schwimmen |

Tab. 58: Methoden des Krafttrainings

**38.** a) Beim Absprung treten die Muskeln der Beinstreckschlinge als **Agonisten** auf (= leistungsbestimmende Muskelschlinge). Die wesentlichen darin enthaltenen Muskeln sind die Wadenmuskulatur zur Senkung der Fußspitze, der Vierköpfige Oberschenkelmuskel zur Streckung des Beines im Knie und die Gesäßmuskulatur zur Streckung der Hüfte.

Der genannten agonistischen Muskulatur wirken kontrollierend die zugehörigen **Antagonisten** entgegen. Die wichtigsten dieser Muskeln sind der Schienbeinmuskel zur Hebung der Fußspitze, der Zweiköpfige Oberschenkelmuskel zur Beugung des Beines im Knie und der Lenden-Darmbeinmuskel zur Beugung der Hüfte.

b) Folge eines einseitigen Trainings der leistungsbestimmenden Muskelschlinge ist eine **schlecht ausbalancierte Muskulatur**, die durch zu schwache Antagonisten gekennzeichnet ist. Der folglich überwiegende Agonist wird nicht mehr angemessen gebremst; nicht muskulär abgebremste Kräfte werden jedoch von den Gelenken, Sehnen und Bändern mit der Gefahr geschluckt, dort kleine Verletzungen oder Schädigungen davonzutragen, deren Summe sich zu einer spürbaren Beeinträchtigung addieren kann. Ein in diesem Zusammenhang typisch zu nennender Überlastungsschaden beim Hochspringer ist die Entzündung der Kniesehne unterhalb der Kniescheibe („Jumpers Knee").

Schlecht ausbalancierte Muskulatur führt auch im Alltag zu kleinen Störungen der Körperstatik, die durch physiologisch nicht vorgesehene Ausgleichsmuskelarbeit dauerhaft korrigiert wird. Die somit unphysiologisch belastete Muskulatur reagiert mit Dauerverkrampfung (Verhärtung). Werden Muskeln dauerhaft verkrampft, ziehen sie umliegende Gelenke in ungünstige Positionen, welche damit ihrerseits fehlbelastet sind. Gelenkfehlstellungen werden also wieder durch unphysiologische Muskelarbeit korrigiert. Ein Teufelskreis ist entstanden.

c) Einseitige Muskelbelastungen können durch ein breit angelegtes, abwechslungsreiches körperliches Training, das die gesamte Muskulatur anspricht, vermieden oder zumindest gemildert werden. Besonderes Augenmerk ist auf die antagonistische Muskulatur der Spezialdisziplin zu legen. Dazu kommt ein Dehnungs- und Lockerungsprogramm zur Pflege besonders beanspruchter Muskulatur. Ein Hochspringer z. B. tut gut daran, in sein Krafttraining nicht nur Übungen zur Beinstreckung wie Kniebeuge, Beinpresse oder vielfache Variationen von Sprüngen einzubauen, sondern auch die rückwärtige Oberschenkelmuskulatur z. B. an der Beinbeugemaschine aufzutrainieren. Außerdem muss er angesichts der extremen Belastungsverteilung auf wenige Körperstellen ein umfassendes Gymnastikprogramm in sein Repertoire aufnehmen.

39. Eine Maximalkraftverbesserung wird durch Hypertrophie oder durch intramuskuläre Koordinationsverbesserung der betroffenen Muskulatur erreicht. **Hypertrophietraining** erfordert in den Trainingsübungen ausreichend lange Anspannzeiten der Muskulatur, damit die Muskelvorräte an energiereichen Phosphaten erschöpft werden (Energiemangeltheorie). Entsprechend wählt man Belastungsformen, die etwa 10 bis 30 Sekunden dauern, und stellt das Übungstempo nicht zu schnell ein, damit die Anspannungen länger gehalten werden. **Intramuskuläres Koordinationstraining** bezweckt eine Verbesserung der Nerv-Muskel-Koordination durch verbesserte Synchronisation (mehr Fasern werden gleichzeitig angesprochen), verbesserte Frequenzierung (die Fasern werden in schnellerer Taktzahl ansprechbar) und verbesserte Rekrutierung (mehr Fasern können insgesamt angesprochen werden). Übungsformen zur Verbesserung der intramuskulären Koordinationsfähigkeit beruhen auf kurzen maximalen Krafteinsätzen, die man mit explosivem Muskeleinsatz an sehr schweren Gewichten oder mit schlagartiger Ansprache der Muskulatur etwa bei einem Niedersprungtraining erreicht.

40. Circuit-Training in der genannten Form mit 30 Sekunden Belastung im Wechsel mit 30 Sekunden Pause stellt eine unspezifische Trainingsform dar: Für ein gezieltes **Maximalkrafttraining** dauern die Belastungsphasen zu lange, als dass eine Kraftauslastung zu realisieren wäre, und für ein gezieltes **Schnellkrafttraining** sind die Umfänge und damit der Ermüdungsfaktor zu hoch, um durchgehend maximale Schnelligkeit entwickeln zu können, weil die Grenzen der maximalen Mobilisierungsmöglichkeit des Nervensystems überschritten werden. Am ehesten ist ein Circuit-Training der genannten Form dem Bereich **Kraftausdauer** zuzuordnen. Jedoch sollten in diesem Bereich je nach Ziel des Trainings etwas längere Belastungszeiten angestrebt werden, um den anaerob-laktaziden Stoffwechsel vertieft anzusprechen.

Dass mithilfe eines solchen Circuits trotzdem Trainingserfolge verzeichnet werden können, liegt daran, dass es einen Breitband-Effekt bietet. Zweifellos ist jede der Komponenten Kraft, Schnelligkeit und Ausdauer angesprochen. Sind die Trainierenden ungeübt, reagieren sie auch auf relativ unspezifische Reize. So wird ein ungeübter Sportler so lange mit einer Ausdauer-, Kraft- und Schnelligkeitsverbesserung auf das Circuit-Training reagieren, bis er ein gewisses Niveau erreicht hat. Danach wird es, als alleinige Trainingsmaßnahme, keine weiteren körperlichen Anpassungen in eine der angesprochenen Richtungen hervorrufen können. Im Hinblick auf Ungeübte muss an dieser Stelle noch erwähnt werden, dass der Wettkampfgedanke in einer Eingewöhnungsphase vermieden werden sollte, weil höchste Anstrengungen für Untrainierte weder gesund noch leistungsförderlich sind. Im Training geübter Sportler kann ein Circuit in einer allgemeinen Trainingsphase verwendet werden und dort für Abwechslung sorgen. Im speziellen Training ist er in der Regel eher fehl am Platz, wenn die Reizgebung wie beschrieben nicht zielorientiert ist.

41. So pauschal, wie der Satz „Krafttraining macht langsam" formuliert ist, ist er sicher falsch; genauso falsch ist aber auch der Satz „Krafttraining macht schnell".
Krafttraining im Sinne eines Maximalkrafttrainings liefert die wesentliche athletische Grundlage für eine Verbesserung der Schnelligkeit, sofern die Übungen so gewählt werden, dass die schnelle **FT-Muskulatur** zur Anpassung provoziert wird. Geeignete Kraftübungen sind durch sehr hohe Anspannungen mit schneller bis explosiver Ausführung gekennzeichnet, welche die Muskulatur so anreizen, dass auch die großen FT-Fasern intensiv mitarbeiten. Krafttraining der Art, wie es Bodybuilder zum Ausbau der Körpermasse ausführen, ist gekennzeichnet durch langsame Bewegungen, führt also nicht nur zu einer Hypertrophie der FT-Fasern (wegen des hohen Krafteinsatzes), sondern auch zu einer Hypertrophie der **ST-Fasern** (wegen der langen Anspannzeiten). Langsames Krafttraining verbessert die Schnelligkeit also langfristig nicht.
Für Langzeitausdauersportler wie Läufer, die ihr eigenes Körpergewicht transportieren müssen, wird ein gering dosiertes Kraftgymnastikprogramm zur Körperstabilisierung empfohlen. Formen des Maximalkrafttrainings sind hier leistungsabträglich und machen den Läufer langsamer. Spezifische Übungen mit größerem Kraftaufwand wie z. B. Bergaufsprints können aber sehr wohl das Trainingsprogramm eines Läufers sinnvoll ergänzen, sind aber nicht so kraftaufwendig, dass man bei trainierten Personen von einem Maximalkrafttraining sprechen könnte. Ausdauersportler wie Radfahrer oder Schwimmer, in deren Anforderungsprofil ein wesentlich größerer Kraftaufwand vorgesehen ist, haben Kraftausdauerübungen wie „Zugseil" oder „Schwimmen mit Paddles" (Schwimmer) bzw. Übungen mit niedrigen Trittfrequenzen bei großem Kraftaufwand (Radfahrer) im Repertoire. Ruderer schließlich führen neben dem Kraftausdauertraining auch ein echtes Maximalkrafttraining durch.

42. Unter allen Spielertypen im Basketball erfordert die Position des Center-Spielers wohl den größten Kraftaufwand. Klassische Center-Spieler sind in der Regel sehr groß (international mindestens 2,05 m), infolgedessen schon von Natur aus recht schwer und deshalb im Allgemeinen nicht für besonders ausdauerorientierte Aufgaben vorgesehen.

Man kann dem in der Aufgabe angesprochenen Spieler also ohne Weiteres einen umfassenden Kraftaufbau empfehlen, der sowohl **Hypertrophie-übungen** als auch **intramuskuläre Koordinationsübungen** enthält. Im Sinne einer umfassenden Konditionierung könnte man einen Aufbau mit starken Anteilen an Komplexübungen des Gewichthebens in Erwägung ziehen, bei sehr großen Personen mit dazu noch langen Extremitäten sind diese jedoch nicht selten schwer zu koordinieren und führen schon bei geringen Abweichungen von der Ideallinie zu großen unbeabsichtigten Korrekturspannungen. Deshalb wird hier davon Abstand genommen.

Das vom Trainer angestrebte Ziel „Zunahme an Körpermasse und allgemeiner Robustheit" wird mithilfe allgemeiner Übungen des Krafttrainings angesteuert. Spezielle Übungen, etwa zur Verbesserung der Sprungkraft und der Koordination sowie der Bewahrung des Gleichgewichts und der Schnelligkeit, sollten unbedingt angeschlossen werden. Trainingsbeispiele für das allgemeine Krafttraining sind:

| Übungen | Belastung | Pause | Ziel |
|---|---|---|---|
| | Hypertrophie | IKT | |
| Bankdrücken | 4 x 10<br>2' Pause | 4 x 3-5<br>3' Pause | Kräftigung der Brust und der Armstrecker |
| Zugmaschine | 4 x 10<br>2' Pause | 4 x 3-5<br>3' Pause | Kräftigung des Rückens und der Armbeuger |
| Oberkörperheben (Crunches) | 4 x 10-30<br>2' Pause | – | Kräftigung des vorderen Rumpfes |
| Rückenstrecken | 4 x 10-30<br>2' Pause | – | Kräftigung des hinteren Rumpfes |
| Kniebeuge oder Beinpresse | 4 x 10<br>2' Pause | 4 x 3-5<br>3' Pause | Kräftigung der Beinstrecker als Teil der Beinstreckschlinge |
| Beinbeugemaschine | 4 x 10<br>2' Pause | 4 x 3-5<br>3' Pause | Kräftigung der Beinbeuger als Antagonisten der Beinstreckschlinge |
| Wadenmaschine | 4 x 10<br>2' Pause | 4 x 3-5<br>3' Pause | Kräftigung der Waden als Teil der Beinstreckschlinge |

Tab. 59: Trainingsbeispiele für allgemeines Krafttraining

43. **Kraftausdauer** ist die Fähigkeit, eine Kraftleistung über einen längeren Zeitraum zu erbringen. Der Zeitraum einer Kraftausdauerleistung überschreitet die höchstmögliche Zeit, in der das Nervensystem die Muskeln besonders schnellkräftig kontrahieren kann. Bewegungen, die unter Ausnützung der Kraftausdauer durchgeführt werden, sind also relativ langsam. Typische Kraftausdauersportarten sind Rudern, Kanu, Kajak oder Radfahren (Mountainbike). Das Kraftausdauertraining besteht aus länger dauernden Kraftausdauerbelastungen wie z. B. einer Passfahrt auf dem Rad oder aber aus in Intervallen angeordneten Trainingsformen wie z. B. $3 \times 3 - 10$ Minuten Radfahren mit großer Übersetzung und möglichst großer Kraftentwicklung.

    **Schnellkraftausdauer** ist die Fähigkeit, schnellkräftige Bewegungen über einen längeren Zeitraum immer wieder zu erbringen. Im Gegensatz zur Kraftausdauer ist Schnellkraftausdauer ein Begriff, der intervallmäßige Belastungen voraussetzt. Nur aufgrund des – meist unregelmäßigen – Wechsels von schnellkräftigen Belastungsphasen und langsameren, weniger intensiven Erholungsphasen ist das Nervensystem überhaupt in der Lage, immer wieder schnellkräftige Leistungen zu erbringen. Typische Schnellkraftausdauersportarten sind Basketball oder Volleyball. Schnellkraftausdauertraining beinhaltet viele Wiederholungen kurzer schnellkräftiger Belastungen wie z. B. Serien von Kurzsprints. Eine Übungsform zur Verbesserung der Schnellkraftausdauer im Sprintbereich für Basketballspieler beinhaltet etwa eine fünfmalige Wiederholung von jeweils $5 \times 20$-m-Sprints mit 20 m Trabpause. Nach je 5 Sprints wird eine Gehpause von 20 m eingelegt. Für Volleyball und Basketball geeignet sind Serien von Sprüngen.

44. Ein Bodybuilder möchte eine Maximierung der Muskelmasse aller Körpermuskeln erreichen. Krafttraining mit dem Ziel Hypertrophie bildet folgerichtig den Trainingsschwerpunkt. Das Trainingsziel eines Hochspringers ist hingegen die Beschleunigung des eigenen Körpers, indem die zum Körpergewicht relativierte Kraft besonders der Beinstreckschlinge optimiert wird. Hier geht es also um Kraftverbesserung ohne deutliche Körpermassezunahme. Entsprechendes Krafttraining bezweckt folglich eine intramuskuläre Koordinationsverbesserung.

    Auch wenn gelegentlich die verwendeten Übungen für Hochspringer und Bodybuilder, wie z. B. bei der Übung Kniebeuge, gleich sind, muss doch im Hinblick auf die Ausführung differenziert werden. **Bodybuilder** streben lange Anspannzeiten durch vergleichsweise langsames Trainingstempo an. Die Folge ist **Muskelhypertrophie**.

**Hochspringern** kommt es auf maximal explosive Krafteinsätze an, wodurch die Anspannzeiten verkürzt sind, für den Moment der Anspannung aber maximal gespannt wird. Die Folge ist **intramuskuläre Koordinationsverbesserung**.

45. Diese Trainingsmaßnahme wird **keine Verbesserung der Schnelligkeit** beim 10-m-Antritt und dem 20-m- oder 30-m-Sprint bringen, da wirksames Schnelligkeitstraining ein aufgewärmtes, aber noch frisches Nerv-Muskelsystem und maximale Einsätze erfordert. Diese Grundvoraussetzungen sind beide zum Ende der Trainingseinheit nicht mehr zu realisieren. Die Wirksamkeit einer solchen Maßnahme kann psychologisch darin gesehen werden, dass es zu einer **Stärkung der Willensfestigkeit** kommt und die Trainierenden zur Überzeugung gelangen, hart an sich gearbeitet zu haben. Physiologisch lernt man unter Umständen eine weitgehende **Realisierung des vorhandenen Schnelligkeitspotenzials auch unter Ermüdung**. Zusätzlich ist noch anzumerken, dass zu diesem Zeitpunkt des Trainings die Verletzungsgefahr nicht unterschätzt werden und das Training besser in einer ruhigeren Atmosphäre (Cool-Down) ausklingen sollte.

46. **Schnellkraft** braucht ein Sprinter, wenn er aus den Blöcken kommt. Konkret sind die Komponenten Startkraft und Explosivkraft zu nennen, wobei die Startkraft beim Abdruck vom Block und die Explosivkraft bei der Geschwindigkeitsentfaltung auf den ersten Metern wirkt. „Reine" **Schnelligkeit** zeigt sich am ehesten in der Phase der höchsten Geschwindigkeit zwischen etwa 50 und 70 m besonders in der Fähigkeit zur Koordination der schnellen Bewegungen (**Koordinationsschnelligkeit**). Wenn das erreichte Maximaltempo zum Ende des 100-m-Sprints nur wenig nachlässt, zeugt dies von einer guten **Schnelligkeitsausdauer**.

**Schnellkraftausdauer**, die Fähigkeit immer wieder neu anzutreten, kommt in leichtathletischen Laufdisziplinen nicht vor.

47. Maximale Schnelligkeitsentwicklung erreicht man nur, wenn keinerlei Störungen den Ablauf beeinträchtigen. Daher wird Schnelligkeit ohne Ball entwickelt, denn er stellt eine Zusatzbeschäftigung dar, die den Fokus ablenkt. Eine zweite Blickrichtung des Trainings bildet die technische Fertigkeit der Ballsportler, die natürlich auch in schnellen Situationen geübt werden muss. Dazu muss die Schnelligkeit aber bereits entwickelt sein. So

ergibt sich **kein Widerspruch**, sondern nur die Erkenntnis, dass zwei differenzierte Bereiche trainiert werden müssen, diese aber nicht immer in einer Übung verknüpft werden sollten, da einerseits technische Raffinesse maximale Schnelligkeit behindert, gute Schnelligkeitsfähigkeiten aber oft die Grundlage für technisch erfolgreiche Aktionen bilden.

Schnelligkeitsverbesserung für Ballsportler bedeutet also, dass man auf bewährte **Übungen** der Schnellkraft- und Schnelligkeitsentwicklung zurückgreift. Für die spezielle Schnellkraftentwicklung sind Antritte nach vorwärts, seitwärts und rückwärts, Seriensprünge oder Tiefsprünge Mittel der Wahl. Zur Schnelligkeitsentwicklung wird in Ballsportarten mittels Skippings und Tappings häufig auch an der agilen Fußarbeit gearbeitet. Fliegende Sprints mit einer Länge von über 50 m, wie sie ein Sprinter zur Schnelligkeitsentwicklung trainiert, sind dagegen in der Regel selbst für Fußballer nicht nötig.

48. Die **Wadenmuskulatur** dehnt man in zwei Positionen, einmal mit gebeugtem Knie, einmal mit gestrecktem. Die Dehnhaltung kann nach Abstützen an einer Wand durch Vorbeugen des Körpers eingenommen werden. Günstig ist auch das Dehnen auf einer Stufe bei aufrechter Körperhaltung und Absenken über das Fußgelenk. Bei gestrecktem Bein wird eher der Zweiköpfige Wadenmuskel *(m. gastrocnemius)* gedehnt, bei gebeugtem Bein liegt der Akzent stärker auf dem tiefer liegenden Schollenmuskel *(m. soleus)*.

Die **Beinbeuger** an der Rückseite des Oberschenkels, besonders der Zweiköpfige Oberschenkelmuskel *(m. biceps femoris)*, werden gut erreicht, wenn man in Rückenlage das gestreckte Bein anhebt und dabei unter Umständen den Fuß mit einer Schlinge führt. Ähnliche Effekte findet man, wenn der Fuß des zu dehnenden Beines gestreckt vor sich hochgelegt wird. Der Dehneffekt kann dann verstärkt werden, wenn der Oberkörper in aufrechter Haltung ein wenig weiter nach vorne gebeugt wird. Der häufig gesehene Rundrücken ist in diesem Zusammenhang nicht wünschenswert, weil er in der Regel unter der Zielvorgabe „Nase auf Knie" unkontrolliert ausgeführt wird.

Die **Beinstrecker**, besonders der Vierköpfige Oberschenkelmuskel *(m. quadriceps femoris)*, werden bei Anfersen des Fußes ans Gesäß dann gedehnt, wenn die Hüfte des entsprechenden Beines gerade geführt ist. Bei angebeugter Hüfte ist der Effekt besonders für den Geraden Oberschenkelmuskel *(m. rectus femoris)* nicht gegeben. Wenn in gestreckter Bauchlage das Bein angebeugt wird, kann durch einen Partner die Streckung der

Hüfte gut kontrolliert werden und die beinstreckende Muskulatur passend gedehnt werden.

Die **Rückenstrecker**, im Speziellen der Große Brustmuskel *(m. pectoralis maior)*, werden gedehnt, wenn der Rücken gleichmäßig, also nicht etwa nur über die Brustwirbelsäule, eingerollt wird. Eine günstige Position dafür lässt sich erreichen, wenn beim Sitzen auf einer Stuhlkante der Oberkörper nach vorne eingerollt wird.

Die **Brustmuskulatur** wird gut gedehnt, indem man mit dem Rücken auf einer Turnbank liegend die Arme seitlich weit von sich streckt und die Schwerkraft wirken lässt. In diesem Zusammenhang ist es günstig, in verschiedenen Winkelstellungen zwischen gestreckten Armen und Körperlängsachse (Hand über Kopf, auf Schulterhöhe, unter Schulterhöhe) zu üben. Bei gebeugten Armen können weitere Effekte erreicht werden, wenn bei etwa rechtwinkliger Armhaltung die Schultergelenke rotiert werden (Handrücken über Schulterniveau weist zum Boden, Handrücken unter Schulterniveau weist zur Decke).

49. **Interneurone** sind Nervenzellen, die Verbindungen im Nervensystem herstellen. Im Bereich der Bewegungskontrolle außerhalb der Steuerung durch das Großhirn spielen Interneurone im Rückenmark, die Verbindungen zwischen afferenten sensorischen und efferenten motorischen Nervenfasern ohne bewusste Steuerung herstellen können, eine zentrale Rolle.

    Die Nervenfasern liefern zum Rückenmark sowohl Informationen von den **Muskelspindeln** bezüglich der Muskelspannung als auch von den **Golgi-Sehnenorganen** bezüglich der Spannungssituation am Übergang vom Muskel zur Sehne. Über die motorischen Nerven werden nach Übermittlung der afferenten Signale durch die Interneuronen Antworten auf die eingehenden Signale direkt zur Muskulatur gesandt, die wieder Aussagen über Spannungszustände afferent zuliefert. Durch dieses ständige Wechselspiel ist ein Regelkreis zur Spannungskontrolle, damit also zur Kontrolle der Körperhaltung installiert.

    Wird die Spannung der Muskulatur stark und ungeplant gesteigert, lösen die Muskelspindeln eine reflektorische Kontraktion des gedehnten Muskels aus, den sogenannten Dehnreflex. Bei extremen, ungeplanten Dehnspannungen können die Golgi-Sehnenorgane eine Entspannung der Muskulatur auslösen, den inversen Dehnreflex.

    Insofern gelingt eine Dehnung der Muskulatur unter Vermeidung des Dehnreflexes nur, wenn sie mit kontrollierten Bewegungen ausgelöst wird. Das bedeutet nicht, dass nur statisches Dehnen zum Erfolg führt, wichtig ist die Planbarkeit der Bewegung und das Ausbleiben unbeabsichtigter gravierender Störungen des Spannungszustandes der Muskulatur; die entspannende Wirkung des inversen Dehnreflexes erreicht man bei langsam aufbauender starker Dehnung.

50. Intensives Dehntraining ist in der Tat bei der Vorbereitung auf **Schnellkraftleistungen** im Training und Wettkampf abzulehnen, da eine maximale Spannung der trainierten Muskulatur erwünscht ist, die aber durch das Dehntraining herabgesetzt wird.

Auch ein Dehntraining im Anschluss an sehr erschöpfende sportliche Leistungen ist eher nicht sinnvoll, weil dann die Muskulatur, z. B. durch Schieflage des Elektrolythaushaltes oder durch Schmerz beeinträchtigt, kaum gedehnt werden kann, und die **Psyche** kaum noch bereit ist, aktiv zu entspannen. In dieser Situation sind passive Maßnahmen zur Entmüdung günstiger.

Für ein Dehntraining spricht allerdings, dass es dadurch bisweilen durchaus **unerwünschte Spannungszustände** beseitigt, sodass Wohlbefinden und Leistungsbereitschaft gefördert werden. Die Kopplung an die psychische Befindlichkeit und deren Bereitschaft und Fähigkeit zur Entspannung spielt sicher eine große Rolle.

Als **Fazit** lässt sich sagen, dass ein generelles Verbot von Dehnübungen durch einen Trainer nicht angezeigt ist, wenn es engagiert und genau betrieben wird. Das häufig zu beobachtende, für den sportlichen Erfolg unmittelbar sinnlose „Herumliegen" unter Absolvierung schiefer Körperhaltungen mag manchen Trainer dazu gebracht haben, sich auf eine solche Linie zu begeben.

51. Sofern es nicht ums Übersprinten geht, lebt gekonntes Dribbling in beiden genannten Sportarten vom Spiel mit der Antizipation des Gegners, indem man versucht, falsche Absichten vorzuspiegeln. Um überhaupt so mit dem Verteidiger umspringen zu können, benötigt man ein **umfangreiches Bewegungsrepertoire**, dessen wesentliche Elemente Beidhändigkeit bzw. Beidfüßigkeit, die sichere Ballführung bei trickreichen Wechseln der Laufrichtung und des ballführenden Körperteils, der günstige Einsatz von Stopps, Drehungen und Antritten sowie der geschickte Einsatz des Körpers sind. Diese Elemente lassen sich mit Aufmerksamkeitsübungen und Passübungen kombinieren und mit Geländehilfen wie Hütchen, Kästen oder anderen Hindernissen strukturieren. Das Übungstempo muss dem **Stand der Ausbildung** angepasst werden. So muss die

Genauigkeit der Abläufe zuerst in langsamem bis mäßigem Tempo erfühlt werden, bis zu einer höheren Geschwindigkeit übergegangen wird. Schließlich können die Drills in Übungen mit gegnerischer Verteidigung in Unterzahl, Gleichzahl oder gar Überzahl münden. Die sich daraus ergebenden Kombinationen von Übungen sind nahezu unbeschränkt.

52. Kinder im späten **Grundschulalter** erleben eine Phase der besonders guten **motorischen Entwicklungsfähigkeit** gepaart mit einem großen **Entdeckungsdrang**. Kombiniert man diese Feststellung der Entwicklungspsychologie mit der Beobachtung der individuellen motorischen Entwicklung internationaler Sportstars, so ist festzustellen, dass sich viele von ihnen im Grundschulalter und auch darüber hinaus mit zahlreichen Sportarten auseinandergesetzt haben und nicht nur linear mittels ihrer Zielsportart eine umfassende Entwicklung gefunden haben. Es fällt auch auf, dass einige dieser Stars, wie z. B. der Basketballer Dirk Nowitzki, multisportliche Methoden auch innerhalb ihres Hochleistungstrainings verwenden.

All diese und ähnliche Betrachtungen haben wohl die Betreiber der Ballsportschule inspiriert, den natürlichen Bewegungsspaß der Kinder auszunützen und ihnen eine ganz breite Grundausbildung zu geben, damit sich nicht nur wenige Bewegungsmuster einschleifen, sondern die Offenheit gewahrt bleibt. Wissenschaftlich ausgedrückt schulen sie unter den **koordinativen Fähigkeiten** besonders die Differenzierungsfähigkeit, die Orientierungsfähigkeit, die Reaktionsfähigkeit und die Anpassungs- und Umstellungsfähigkeit. Sie nehmen Kinder an der Entwicklungsstelle auf, wo sie gerade stehen, und machen kein Mini-Erwachsenenangebot, womit sie ihnen in späteren Jahren das frühzeitige Ausbrennen und zunehmende Lustlosigkeit ersparen.

53. **Kopplungsfähigkeit** bezeichnet die Fähigkeit zur Verknüpfung von Teilkörperbewegungen zur Sicherung eines Bewegungszieles im Ganzen. Kopplungsfähigkeit erweist sich besonders beim Lernen zusammengesetzter Bewegungen. Beim Volleyball treten zusammengesetzte Bewegungen besonders dann spielentscheidend auf, wenn auf Bewegungen der Feldverteidigung sehr kurzfristig Aktionen des eigenen Angriffs folgen. Einfacher, weil besser trainierbar, erfährt man Kopplungen in Kombinationen wie Zuspiel – Rückpass – Angriffsschlag.

**Differenzierungsfähigkeit** dient der Feinabstimmung von Teilkörperbewegungen und damit der Bewegungsgenauigkeit. Sie ist die Fähigkeit, einzelne Muskeln und Muskelgruppen sowie ihre Arbeit und Spannungszustände voneinander zu unterscheiden, was durch die Leistungsfähigkeit des kinästhetischen Sinns gesichert wird. Im Bereich des Volleyballsports wird besonders an Zuspieler eine hohe Anforderung in Bezug auf die Differenzierungsfähigkeit gestellt, wenn z. B. trotz eigener, nicht optimaler Stellung zum Ball ein genauer Pass gespielt werden soll.

Die **Gleichgewichtsfähigkeit** soll statisch das Gleichgewicht halten bzw. dynamisch wiederherstellen. Für Volleyball ist sie die Basisfähigkeit für viele andere, denn auf Grundlage der ständigen schnellen Wiederherstellung eines normierten Gleichgewichtszustandes basieren alle Grundtechniken, die ja im Volleyball sehr genau ausgeführt werden müssen, was unter oft geübten Normbedingungen viel besser gelingen kann.

Wie in allen Ballsportarten ist auch im Volleyball die **Orientierungsfähigkeit** die zentrale Eigenschaft der Spielfähigkeit, wenn es darum geht, in der eigenen Wahrnehmung die Positionen des Balles und der Spieler der eigenen und der gegnerischen Mannschaft zu einem treffenden Gesamtbild zu koordinieren.

**Rhythmusfähigkeit** ist im Volleyballsport kein tragendes Element, denn die Bewegungen sind fast alle azyklisch. Einzelne Bewegungsfolgen lassen aber durchaus einen Bewegungsrhythmus erkennen, etwa die Kombination Schlusssprung – Strecksprung – Angriffsschlag, die man dann auch rhythmisch schulen kann.

Die **Reaktionsfähigkeit** gehört zu den Schlüsselfähigkeiten des Volleyballsportlers, hier besonders die Reaktionsfähigkeit auf komplexe Situationen. Die Reaktionsfähigkeit wird dann gesteigert, wenn es gelingt, Situationen schnell zutreffend zu bewerten. Erleichtert werden kann eine solche Antizipation etwa durch die Vereinbarung von Orientierungszeichen innerhalb einer Mannschaft.

Die **Anpassungs- und Umstellungsfähigkeit** ermöglicht die schnelle Änderung geplanter Bewegungen bei sich ergebender neuer Situation. Typisch beim Volleyball sind solche neuen Situationen dann, wenn der Ball unberechenbar von einem Block, von der Netzkante oder von einer missglückten Annahme abspringt. Solche Situationen sind an der Tagesordnung, weshalb die Anpassungs- und Umstellungsfähigkeit eine zentrale Eigenschaft guter Volleyballer ist.

**54.** a) Der Begriff **Kondition** ist, wenn man ihn als Synonym für „Ausdauerfähigkeit" gebraucht, falsch verwendet. Kondition ist der **Oberbegriff für alle athletischen Eigenschaften**.

b) Als Spielsportart weist Basketball ein **konditionelles Mischprofil** auf. Ausdauer, Kraft und Schnelligkeit bestimmen die Leistungsfähigkeit eines jeden Spielers, wobei die Verteilung von der Position abhängt. Im Allgemeinen ist eine optimale Mischung anzustreben.

c) **Dauerlauf** dient der **allgemeinen Konditionierung** eines Basketballspielers. **Wettkampfspezifisch** ist eine Dauerlaufbelastung sicher nicht. In der **speziellen Vorbereitung** kann man Dauerlaufbelastungen durchführen, wenn man sie mit spezifischen Elementen wie Sprüngen oder Kurzsprints versetzt. Eine Dauerbelastung im eigentlichen Sinne, also mit gleichmäßiger Belastung über einen längeren Zeitraum, ist die dadurch entstehende Sonderform allerdings nicht.

Der Basketball**trainer** verwendet reine Dauerläufe als Belastungselement sinnvoll in der **frühen Saisonvorbereitung** sowie auf niedrigem Intensitätsniveau ganzjährig in der **Regeneration**, schließlich auch, wenn ein **Ausdauerblock** in den Jahresablauf eingeschoben wird.

Die **Spielerkritik** ist jedoch berechtigt, wenn der Dauerlauf als **unmittelbar formbringendes Element** geplant wird, also etwa mit einem schnellen Lauf kurz vor einem entscheidenden Spiel.

55. Betreibt ein Ballsportler ausschließlich Ausdauertraining der Art „lang und langsam", bildet er bevorzugt die langsamen ST-Muskelfasern aus; das gleiche gilt auch, wenn Krafttraining mit langsamer Geschwindigkeit und nur mäßiger Nerv-Muskelbeanspruchung getrieben wird. Bei **übertriebenem Einsatz dieser Formen**, kommt es durch die Umgestaltung der Muskeltypologie zum **Verlust** der mindestens ebenso nötigen **Schnelligkeitsfähigkeiten**. Das kann so nicht gewollt sein.

Andererseits ist völlig klar, das Ballsportler sowohl Ausdauer als auch Kraft benötigen. So wird der Sportler wohl auf Ausdauer- und Kraftformen zugreifen, darf aber nie vergessen, sie mit der sportartspezifischen Schnellkraft, Schnelligkeit, Schnellkraftausdauer und Koordination zu koppeln und einen lohnenden **Mix** in der Wahl der Trainingsmethoden und -inhalte anzustreben. Oft wird in diesem Zusammenhang bei entsprechendem Zeitbudget empfohlen, immer eine Trainingseinheit einem Ziel zu widmen. Es werden aktuell aber auch Mischmethoden diskutiert. Ein Beispiel einer ganz engen Kopplung von Inhalten bietet die Kontrastmethode des Schnellkrafttrainings: Hier werden z. B. zur Verbesserung der Sprungkraft Sätze absolviert, die zunächst vier Wiederholungen Kniebeuge mit schwerem Gewicht, anschließend direkt ohne Pause je vier Kastenaufsteiger pro Bein mit Gewichtsbelastung, daran sofort wieder anschließend vier Sprünge ohne Gewichtsbelastung an ein Hochziel vorsehen.

56. Die Ziele der einzelnen Abschnitte zu dieser Trainingseinheit sind:
    - Aufwärmen
    - Kraft-, Schnelligkeits- und Schnellkraftausdauer
    - spielerische Übung unter erhöhter Belastung
    - Technik
    - Schnelligkeit
    - spielspezifische Belastung

Allerdings verbergen sich im Aufbau der Einheit **methodische Fehler**: Das **Aufwärmen** mit Fußballspielen verdient seinen Namen nicht. Denn Fußballspielen ist hochintensiv, von einer allmählich steigernden Einleitung des Trainings kann keine Rede sein. Erschwerend kommt noch hinzu, dass – wie in allen Ballspielen – die Bewegungen eines Spielers nicht nur selbstbestimmt, sondern auch durch den Gegner oder Mitspieler vorgegeben sind, womit bei nicht vorbereitetem Organismus eine besondere Verletzungsgefahr einhergeht. Gymnastische Übungen zur Vorbereitung des kommenden Trainings sind nicht erwähnt.

Die Reihenfolge der Inhalte widerspricht dem **Prinzip der richtigen Belastungsfolge**. Das Nervensystem besonders belastende Abschnitte (die angebotenen Technik- und Schnelligkeitsübungen), die im Anschluss an das Aufwärmen geübt werden müssten, werden erst gegen Ende der Einheit eingebaut und werden somit ihre beabsichtigte Trainingswirkung verfehlen. Der Ausdauerblock (bestehend aus „Zirkeltraining" und „Spiel 3-3 ohne Dribbling") muss hinter dem Technik- und Schnelligkeitsblock platziert sein.

Die Gestaltung des **Ausdauerblocks** selbst ist kritisch zu hinterfragen: Zum einen ist Zirkeltraining wegen der besonderen Belastung des anaeroben Stoffwechsels eine für Basketball unspezifische Belastungsform, zum anderen ist es zweifelhaft, dass die beabsichtigte sehr hohe Intensität über einen Zeitraum von insgesamt 35 Minuten erbracht werden kann.

Das „Spiel 5-5" am Ende der Einheit kann richtig plaziert sein, wenn Spielen unter Ermüdung geübt werden soll. Werden neue Elemente eingebaut oder anspruchsvolle taktische Varianten geprobt, darf es nicht an dieser Stelle stehen. Ein **Abwärmen** findet nicht statt.

Insgesamt ist noch festzustellen, dass sich Trainingseinheiten, die wie hier alle Facetten des Spiels abdecken sollen, bei geringer **Trainingshäufigkeit** zwangsläufig ergeben, bei größerer Trainingshäufigkeit jedoch im

Allgemeinen vermieden werden, um genauer an Einzelinhalten feilen zu können. Man bevorzugt bei häufigem Training also viele kürzere Einheiten, die an einem Thema verharren.

57. Die pauschale Unterscheidung in gesunde bzw. ungesunde Sportarten ist aus jeder Sicht höchst fragwürdig.

Unter der Annahme des **Risikofaktoren-Modells**, dessen Idee darin besteht, dass schädliche Einflüsse auf den Organismus möglichst vermieden werden sollen, wobei diese Einflüsse durch medizinisch-naturwissenschaftliche Messgrößen festgelegt sind, tritt die Fragwürdigkeit unter Umständen nicht so stark in den Vordergrund, denn je nach Auswahl der Messgrößen ergibt sich immer ein anderes Bild. Ein Beispiel: Normalerweise gilt Jogging als sehr gesunde Sportart, ein Eindruck, der sich bei gesunden Personen in der Regel bestätigt, wenn man vorwiegend internistische Messwerte zurate zieht. Zur Verbesserung der muskulären Körperstabilisierung ist Jogging als alleinige Trainingsmaßnahme aber kein besonders taugliches Hilfsmittel. Ein physiotherapeutisch orientiertes Messtableau käme wahrscheinlich zu ganz anderen Aussagen als das internistische. Dadurch würde Jogging unter Hinzunahme kraftorientierter Messwerte, die zweifellos Aussagen zur Gesundheit machen, im Endeffekt weniger gut bewertet werden. In der Orientierung an der Individualität der betrachteten Person kann Jogging sogar als ausgesprochen ungesund durch das Raster fallen, wenn orthopädische Besonderheiten ein regelmäßiges Joggingtraining ausschließen oder so starke Nebenwirkungen auftreten, dass die positiven Effekte dadurch getilgt werden.

In der ganzheitlichen Sicht des **Salutogenese-Modells** wird in einer Art Mischkalkulation darüber entschieden, wie individuell gesund eine betriebene Sportart sein mag. Wenn insgesamt die Position auf dem Kontinuum zwischen ganz krank und kerngesund verbessert wird, dann hat die Sportart einen passenden Beitrag geliefert. Auch hier ein Beispiel: Jemand, der regelmäßig im Fitness-Studio einen Kurs zur Gesundheitsgymnastik vorwiegend deshalb besucht, weil die Krankenkasse einen finanziellen Beitrag zusteuert und man ja etwas für die Gesundheit tun müsse, dem aber das Angebot überhaupt keine Freude bereitet und der sich von Sitzung zu Sitzung aus reiner Pflichterfüllung durch das Programm arbeitet, eventuell sogar bei einigen Übungen mit orthopädischen Beschwerden reagiert, hat im Endeffekt wohl wenig für seine Positionsverbesserung auf dem Kontinuum getan, sie wahrscheinlich sogar verschlechtert. Ein Wechsel in der sportlichen Betätigung wäre anzuraten, gelegentlich vielleicht sogar ein Unterlassen sportlicher Übungen, wenn sich dadurch das Wohlbefinden nicht steigern lässt oder die Entwicklung sogar in gegenteiliger Richtung verläuft. Eine in diesem Sinne getroffene Entscheidung zählt aber nur, wenn man ernsthaft und offen verschiedene sportliche Angebote ausprobiert und schließlich ablehnen musste. Denn zweifelsfrei ist es so, dass unter der Vielfalt möglicher sportlicher Ausdrucksformen für die allermeisten Personen eine für sie günstige Möglichkeit ausfindig zu machen ist.

Die Bewertung einer Sportart kann also niemals pauschal erfolgen, sondern muss auf das **Individuum** abgestimmt sein.

58. Prophylaxe ist die Domäne des **Risikofaktoren-Modells**, da es besagt, dass bestimmte Verhaltensweisen zu vermeiden sind, wenn gesundheitlich unerwünschte Folgen ausbleiben sollen – ein ganz klar prophylaktischer Ansatz. Auch bei den anderen beiden Begriffen geht es dem Risikofaktoren-Modell gemäß darum, bestimmte Dinge nicht zu tun, um einen eingetretenen gesundheitlichen Mangel nicht noch zu verschlimmern (Behandlung) bzw. einen Rückfall zu vermeiden (Rehabilitation).

Das **Salutogenese-Modell** ist in diesem Begriffsfeld offener aufgestellt. Sein Credo „Tue, was dir im Endeffekt gesundheitlich einen Nutzen erweist" ist unabhängig davon, ob man prophylaktisch vorgehen möchte, in Behandlung oder Rehabilitation steht. Es ist universell anwendbar.

59. Das Durchschwimmen des Ärmelkanals wird in der Regel von Dover in England nach Calais in Frankreich in Angriff genommen. Die Streckenlänge beträgt rund 33 km, kann sich aber bei Schwierigkeiten etwa durch Schiffsverkehr auch länger hinziehen. Die Wassertemperatur ist mit erfahrungsgemäß maximal 16° kühl bis sehr kühl, der starke Unterschied zwischen Ebbe und Flut in dieser Region sorgt auf offener See für unberechenbare Strömungen. So schaffen es jährlich nur etwa 20 % der Schwimmer in die Annalen der CSA (Channel Swimming Association), die einerseits Zeiten und Rekorde überwacht, andererseits aber auch die Versuche der Querung mit Rettungsbooten überwacht.

Untersucht man das Verhalten eines Sportlers in einer solchen extremen sportlichen Situation anhand der Teilkomponenten des Kohärenzsinnes, kommt man zu widersprüchlichen Erkenntnissen aus verschiedenen Ansichten der Situation:

Für einen Nicht-Sportler liegt ein solches Unterfangen jenseits der Vorstellungsmöglichkeiten, unfassbar im Sinne des **sense of comprehensibility**. Für einen interessierten Sportbeobachter hingegen scheint die Belastung, was die nackten Rahmendaten angeht, zu bewältigen zu sein. Auch bei Weltmeisterschaften im Schwimmen werden 25-km-Strecken im Freiwasser angeboten, die von der Weltelite in etwa 5 Stunden bewältigt werden. Auch für einen an lange Ausdauerbelastungen gewöhnten Sportler ist ein Durchschwimmen des Ärmelkanals ein verstehbares, handhabbares Ziel, was z. B. Streckenlänge, Versorgung, Vorsorge vor Unterkühlung betrifft. Weniger einschätzbar, weil dem Zufall unterworfen, sind Ereignisse durch Schiffsverkehr, einzelne Strömungen, die Gesamtsituation im offenen Meer. Die Sicherheit ist aber anscheinend einigermaßen gegeben, weil ein Begleitboot das Unterfangen begleitet. Zuversichtlich stimmt auch, dass viele andere Sportler die Aufgabe schon erfolgreich gemeistert haben.

Bereitet sich ein Sportler intelligent auf so ein Unternehmen vor, wird er sich auf Krisensituationen gedanklich einstellen und sie im Training simulieren, etwa das Schwimmen in der Dunkelheit, wenn die Durchquerung doch unvorhergesehen lange dauern sollte, das Bewegen in kaltem Wasser, das Erkunden von Möglichkeiten des Schutzes vor der Kälte. Also scheint auch der **sense of manageability** Sicherheit geben zu können, dass die Querung gelingen könnte.

Der **sense of meaningfulness** kann hingegen in Stress- und Krisensituationen schon eine ernste Herausforderung erfahren. Denn das Queren des Kanals ist zuerst ein Egotrip des Schwimmers. „Warum mache ich das bloß?", ist dann die existenzielle Frage, die in einer krisenhaften Situation, wie z. B. Übelkeit, Schwierigkeiten mit Aufnahme und Verdauung von Nahrung, zur Aufgabe führen kann. Bleibt der Schwimmer aber bei seiner Linie, versteht er seine Querung als Herausforderung, die ihm selbst zeigt, was er zu leisten im Stande ist, zieht er also im Endeffekt einen Vorteil daraus und kann diesen Vorteil auch in Krisensituationen gut visualisieren und hat er schließlich auch ein motivierendes Umfeld, dem er sich unter Umständen auch verpflichtet fühlt, wird er eher durchkommen.

60. Jede Art von Training kann gesund oder ungesund sein und mit Worten des Salutogenese-Modells gesprochen, den Sportler in der Summe seiner Wirkungen auf den gesunden oder ungesunden Pol des Spektrums hintreiben.

    **Ausdauertraining** als Jogging betrieben verschlechtert den Gesamtzustand der trainierenden Person, wenn dadurch entzündliche Achillessehnenbeschwerden ausgelöst werden oder jemand in einen zwanghaften Abhängigkeitszustand von der sportlichen Tätigkeit gelangt. Ausdauertraining verbessert den Zustand auch bei sehr starkem Einsatz, wenn es gelingt, dadurch insgesamt leistungsfähiger zu werden, Gemeinschafts- oder Naturerlebnisse zu haben, Selbstbestätigung zu finden oder sich entspannen zu können.

Ähnliches lässt sich auch über **Krafttraining** sagen. Veränderungen auf dem Befindlichkeitskontinuum hin zum positiven Pol ergeben sich z. B., wenn man sich nach einem Krafttraining in einer Reha-Behandlung wieder besser bewegen kann, mit zunehmender Stärke das Selbstbewusstsein einen Schub erhält, man zufriedener mit dem eigenen Erscheinungsbild wird, sich die Körperhaltung optimiert, insgesamt die Leistungsfähigkeit gesteigert wird. Zum ungünstigen Ende des Kontinuums verändert sich jemand, der in ein Abhängigkeitsverhältnis von der Trainingstätigkeit gerät, diese gar noch mit Dopingmitteln unterstützt, in Verletzungen hineintrainiert und Übungen verwendet, die nicht zu den eigenen Möglichkeiten passen.

Als **Fazit** lässt sich zusammenfassen: Training jeglicher Art ist gesund, wenn daraus insgesamt ein Nutzen gezogen wird, ungesund, wenn die Bilanz negativ ausfällt. Alle Versuche, gesunde von ungesunden Sportarten zu trennen, sind nur individuell sinnvoll und für generelle Aussagen nicht hilfreich.

**61.** Trainingshäufigkeiten, die unter einmal pro Woche liegen, gelten als weitgehend wirkungslos im Hinblick auf die körperliche Anpassung. Im Ausdauerbereich sind Trainingsumfänge unter 10 Minuten nicht sinnvoll, weil die physiologischen Prozesse, die angesprochen werden sollen, in noch kürzeren Übungszeiträumen nicht ausreichend beansprucht werden. Im Gegenzug sind zur Steigerung der Kraft Mindestintensitäten erforderlich. Koordinative Übungen zur Gesundheitssteigerung sind zunehmend mehr in die Diskussion gekommen und haben in den letzten Jahren dem Beweglichkeitstraining seinen Platz streitig gemacht.

Ein **minimales Gesundheitstraining** umfasst z. B. einen Ausdaueranteil von 60 Minuten pro Woche, sinnvoll verteilt auf zwei bis drei Einheiten, dazu Krafttraining in gleichem Gesamtumfang. Ergänzt werden koordinative gymnastische Übungen. So erhält man also zwei Trainingseinheiten zu je etwa zwei Stunden pro Woche.

Ein **optimales Gesundheitstraining** besteht aus insgesamt etwa drei Stunden Ausdauerleistungen pro Woche mit einer relativ langen, langsamen Einheit, einer zweiten Einheit, die im Vergleich intensivere Beanspruchungen vorsieht, sowie weiteren, wo nach Gefühl mittelstark trainiert wird. Dazu kommt Krafttraining zweimal pro Woche. Die Trainings-einheiten werden von koordinativ anspruchsvolleren Übungen sowie Be-weglichkeitstraining begleitet.

62. Gesundheitssport und Leistungssport unterscheiden sich wesentlich in der Art der Normorientierung. **Leistungssport** ist vorwiegend **sozial normorientiert**, d. h., man vergleicht seine eigenen sportlichen Leistun-gen mit denen anderer. **Gesundheitssport** hingegen ist besonders **indi-viduell normorientiert**, was bedeutet, dass man Trainingserfolge an der Verbesserung der eigenen Leistung festmacht, unabhängig davon, was an-dere für Leistungen erbracht haben mögen. Beiden Arten der Sportaus-übung gemeinsam ist die sachliche Normorientierung, womit beschrie-ben wird, dass die anstehenden Aufgaben angemessen bewältigt werden, im Prinzip also der richtige Weg eingeschlagen wurde.

Allein schon durch diese Orientierung ist klar, dass Individualität im Ge-sundheitssport Vorrang hat, woraus sich ergibt, dass hier auf individuelle Einschränkungen, aber auch Stärken Rücksicht genommen werden kann und muss. Das bedeutet aber nicht, dass im Leistungssport Individualität verzichtbar wäre – man kommt an den beteiligten Personen nie vorbei –, aber im Zweifelsfall überwiegt hier die soziale Orientierung, z. B. wenn Sportler trotz leichter Verletzung sich für das Spiel einer Mannschaft durch den Arzt spielfähig, also schmerzfrei, aber nicht gesund, behandeln lassen. Individualität ist im Leistungssport auch deswegen reduziert, weil die Sportler hier oft stärker fremdbestimmt sind, z. B. durch Trainer, Mannschaftskameraden oder das Vereins- bzw. Verbandsumfeld.

63. Das **Risikofaktoren-Modell** trifft zum Thema Spaß oder Freude keine Aussage, weil der grundlegende Gedanke die Vermeidung bestimmter Verhaltens- oder Ernährungsformen ist. Insofern erhält man außer „Ver-meidung von Bewegungsmangel" keine weitere Aussage zum Sport, erst recht nicht zu seiner vermeintlich freudvollen Wirkung.

Das offenere **Salutogenese-Modell** lässt sich leicht mit Spaß in Verbin-dung bringen, da Spaß die Bewältigung von Stressoren erleichtern kann (*sense of manageability*). Wenn also Spaß hilft, im Befindlichkeits-Konti-nuum in die richtige, positive Richtung zu kommen, ist er wohl ange-bracht. Allerdings ist Spaß nicht der einzige Faktor, der dazu beiträgt, sich dem positiven Pol des Kontinuums anzunähern.

Insgesamt ist die Feststellung, dass Gesundheitssport ohne Spaß keine Chance hat, nicht ganz von der Hand zu weisen. Wenn die Ausführung dieses Sportes gar nur dumpfe Pflichterfüllung ist, wird der Kohärenzsinn in allen Bereichen geschädigt, der Erfolg infrage gestellt. Andererseits darf der Spaß sich nicht ausschließlich in „läppischem Herumgeturne" aus-drücken. Spaß stellt sich auch durch Freude an der eigenen Leistung ein, längerfristig durch Freude an der eigenen Leistungsfähigkeit. Insofern ist die Annahme, dass man durch die eine oder andere wenig Freude berei-tende Einheit hindurch muss, um später vollere Befriedigung und damit Spaß zu erfahren, ebenso begründet.

64. Moralische Instanzen zählen im Dopingumfeld kaum, denn der **Erfolg** im Sinne von Gewinnen gegen den sportlichen Gegner wird über alles ge-stellt. Insofern wäre das Formulieren moralischer Vorschriften für den be-treffenden Täterkreis weitgehend wirkungslos. Um Nachweise führen zu können ist man deshalb überein gekommen, konkrete Listen von Wirk-stoffen und Verfahren anzulegen, die als verboten angesehen werden. Diese Listen müssen jederzeit ergänzbar sein, weil ein Wettlauf zwischen den Produzenten von Dopingmitteln und den Ermittlern im Gange ist. Während die Dopingproduzenten immer neue Mittel erfinden, die noch keinen Eingang in die Listen und vor allem in die Prüfverfahren gefunden haben, versuchen die Ermittler, möglichst zeitnah alle aktuell verwende-ten verbotenen Wirkstoffe und Verfahren in ihr Netz einbeziehen zu kön-nen.
Außerdem legen die Listen sehr genau die Grenze zwischen Doping und Nicht-Doping fest, wobei darüber und über formulierte Ausnahmegeneh-migungen intensiv diskutiert werden kann, wenn man z. B. an die hohe Zahl an Ausdauersportlern denkt, die unter ärztlich bescheinigtem Asth-ma leiden und deswegen mit dopingrelevanten Medikamenten behandelt werden dürfen, oder an die Diskussion um Wirkstoffe wie Kreatin oder L-Carnitin, deren Einschätzung als Doping- oder Nicht-Dopingmittel schon länger strittig ist.

65. Stellt man allein den dopenden Sportler an den Pranger und unterstellt ihm grenzenlosen Egoismus oder doch mindestens mangelnde Fairness, kommt man nur zu einem **unvollkommenen Bild**. Man muss auch hin-terfragen, wer in welchem Interesse über seine Leistungen richtet, welche existenziellen Grundlagen für ihn auf dem Spiel stehen und wer diese Grundlagen sichert und deswegen ein Wörtchen mitsprechen möchte oder auch nur auf irgendeine weitere Art indirekt Druck ausübt.
Die Leistungen von Hochleistungssportlern werden in der Öffentlichkeit wahrgenommen. Daher ist der Sportler bei einem Dopingvergehen auch in der Regel derjenige, der im Falle eines Dopingvergehens in die Diskus-

sion gerät. Während Skandale, die mit seinem Namen verbunden werden, Aufsehen erregen, sind die Hintermänner uninteressant, außer es kommen wieder bekannte Namen ins Spiel. Insofern ist der Sportler aufgrund seines **Bekanntheitsgrades** von Natur aus derjenige, der ins öffentliche Abseits gerät, alle weiteren Beteiligten bleiben im Skandalfall eher im Hintergrund.

Gerecht ist das in der Regel nicht, vor allem, wenn dem Sportler ohne sein Wissen Doping verabreicht wurde. Es gibt zudem etliche Situationen, die den Sportler (teilweise erpresserisch) verführen, sich auf Doping einzulassen. So liegt der **Antrieb zum Dopen** nicht immer beim Sportler selbst.

Da viele Hochleistungssportler alles auf eine Karte gesetzt haben und sich ihr aktuelles Selbstwertgefühl sehr stark auf der sportlichen Leistung begründet, droht bei Verlust der erworbenen Stellung im Vergleich mit anderen Sportlern auch der **Verlust der Sinnhaftigkeit**. Diese Situation trifft besonders Sportler zu Beginn einer Karriere, die noch um ihre Position in der Szene kämpfen, ebenso aber ältere, deren Leistungszenit überschritten ist (Verlust der Karriere).

Eng mit der persönlichen Situation gekoppelt sind normalerweise **wirtschaftliche Gesichtspunkte**. Der Verlust der staatlichen Förderung bei Nichterfüllen der geforderten Normen und Platzierungen setzt unter Umständen einer jungen Karriere ein Ende, die zunehmend schwächeren Resultate beenden die des älteren Sportlers, der unter Umständen schlecht beraten, ohne finanzielle Reserven, im schlimmsten Fall auch ohne Beruf dasteht. Privatwirtschaftlich gesehen muss man registrieren, dass nur ganz wenige Hochleistungssportler in Dimensionen vorstoßen, die sie zu lebenslang abgesicherten Großverdienern machen. Diejenigen, die den gleichen Aufwand betrieben haben, aber etwas weniger Erfolg hatten, geraten möglicherweise in die wirtschaftliche Falle.

Zusammenfassend stellt man fest, dass das **Risiko** im Leistungssport im Allgemeinen sehr stark zum **Sportler** hin verlagert ist, was auch für die Dopingproblematik gilt. Insofern ist eine alleinige Schuldzuweisung an den Sportler nicht gerecht, da die Situation in der Regel wesentlich vielschichtiger angelegt ist.

66. Anabolika verstärken den Baustoffwechsel, sorgen also einerseits für Muskelaufbau, andererseits aber auch für den laufenden Erhalt der Muskulatur. Sportler mit hohem Trainingsaufwand verschleißen im Vergleich zu Normalpersonen sehr viele Muskelstrukturen. Das gilt besonders auch für

Ausdauersportler, die den im Vergleich der Sportarten höchsten Trainingsumfang absolvieren. Insofern verstärkt die Gabe von Anabolika die Erholungsfähigkeit und wird deshalb zur Regeneration eingesetzt.

67. Es gibt einige Gründe, warum ein Sportler in eine psychische Abhängigkeit vom Doping gerät. Ein wesentlicher Grund findet sich bereits beim Einstieg in die Dopingszene, wo der Sportler häufig im sicheren oder vermeintlichen Wissen, dass die anderen Athleten um ihn herum auch dopen, keine andere Alternative sieht, als ebenfalls zu unerlaubten Mitteln zu greifen. Im weiteren Verlauf der Dopingerfahrung kann es dazu kommen, dass sich der Sportler allmählich keine guten eigenen Leistungen ohne medizinische Unterstützung mehr zutraut und verstärkt versucht, die Effekte des Dopings zu maximieren. Durch beide hier genannten Gründe versetzt sich der Sportler in zwanghafte Situationen, die von der Realität zumindest teilweise entkoppelt eine Eigendynamik entwickeln, womit ein typisches Suchtmuster erreicht wird.

# Literaturverzeichnis

BeginnerTriathlete.com

Boeckh-Behrens, Wend-Uwe/Buskies, Wolfgang: Fitness-Krafttraining. Reinbek bei Hamburg 2000

Ehlenz, Hans/Grosser, Manfred/Zimmermann, Elke: Krafttraining. Grundlagen, Methoden, Übungen, Leistungssteuerung, Trainingsprogramme. München: blv Verlag [6]1998

Freiwald, Jürgen: Optimales Dehnen. Balingen: Spitta 2009

Gärtner, Karl/Zapf, Volkmar: Konditionstraining am Beispiel Basketball. St. Augustin: Academia [2]2006

Grosser, Manfred/Starischka, Stephan: Das neue Konditionstraining für alle Sportarten. Unter Mitarb. von Andrea Eisenhut, Ferdinand Tusker, Fritz Zintl. München: blv Verlag 2008

Hick, Christian/Hick, Astrid: Intensivkurs Physiologie München: Elsevier/ Urban und Fischer Verlag [6]2009

Hohmann, Andreas/Lames, Martin/Letzelter, Manfred: Einführung in die Trainingswissenschaft. Wiebelsheim: Limpert Verlag [5]2010

Hottenrott, Kuno/Neumann, Georg: Methodik des Ausdauertrainings. Schorndorf: Hofmann-Verlag 2008

Janda, Vladimir: Manuelle Muskelfunktionsdiagnostik. Berlin: Ullstein Mosby [3]1994

Marées, Horst de: Sportphysiologie. Bearbeitet durch Hermann Heck und Ulrich Bartmus. Köln: Verlag Sport und Buch Strauß [9]2003

Neumann, Georg/ Hottenrott, Kuno: Das große Buch vom Laufen. Aachen: Meyer & Meyer 2002

Peters, Wolfram: Bewegungslehre, Sportpsychologie. Freising: Stark Verlagsgesellschaft 2008

RUNNER'S WORLD, www.runnersworld.de

Schänzer, Wilhelm: Doping im Sport. Skript des Instituts der Deutschen Sporthochschule Köln veröffentlicht auf http://www.dopinginfo.de/rubriken/07_info/info_02.pdf

Schnabel, Günter/Harre, Dietrich/ Krug, Jürgen/Borde, Alfred (Hrsg.): Trainingswissenschaft. Berlin: Sportverlag [3]2003

Steinhöfer, Dieter: Athletiktraining im Sportspiel. Münster: Philippika Verlag 2008

Tour. Europas Rennrad-Magazin Nr. 1, Delius Klasing Verlag, 2/2011, Beilage

Weineck, Jürgen: Sportanatomie. Erlangen: Perimed Verlag, 1991

Weineck, Jürgen: Optimales Training. Balingen: Spitta, [15]2007

Zintl, Fritz: Ausdauertraining: Grundlagen, Methoden, Trainingssteuerung. München: blv Verlag 2009

# Bild-/Quellennachweis

Umschlag: © Jacob Ammentorp Lund/iStockphoto

Abb. 36: nach: Grosser, Manfred/Starischka, Stephan/Zimmermann, Elke: Das neue Konditionstraining. München: blv Verlag 2012, S. 26

Abb. 37: nach: Grosser, Manfred/Starischka, Stephan/Zimmermann, Elke: Das neue Konditionstraining. München: blv Verlag 2012, S. 27

Abb. 38: nach: BeginnerTriathlete.com

Abb. 47: nach: Weineck, Jürgen: Optimales Training. Balingen: Perimed-Spitta, 1996

Tab. 12: nach: Schnabel, Günter/Harre, Dietrich/Borde, Alfred (Hrsg.): Trainingswissenschaft. Berlin: Sportverlag 1994, S. 205

Tab. 13: ergänzt nach: Zintl, Fritz: Ausdauertraining: Grundlagen, Methoden, Trainingssteuerung. München: blv Verlag 2009, S. 65

Tab. 14: Zahlen nach Kindermann, aus: Zintl, Fritz: Ausdauertraining: Grundlagen, Methoden, Trainingssteuerung. München: blv Verlag 2009, S. 74

Tab. 28: Tour. Europas Rennrad-Magazin Nr. 1 (2/2011, Beilage) © Delius Klasing Verlag. Mit freundlicher Genehmigung von TOUR – Das Rennradmagazin/www.tour-magazin.de.

Tab. 29: RUNNER'S WORLD, www.runnersworld.de/%20marathon/trainingsplan_/der_marathon_trainingsplan_fuer_profis.76657.htm

Tab. 30: nach: Weineck, Jürgen: Sportanatomie. Erlangen: Perimed 1991, S. 181 ff.

Tab. 32: nach: Hohmann, Andreas/Lames, Martin/Letzelter, Manfred: Einführung in die Trainingswissenschaft. Wiebelsheim: Limpert Verlag 52010, S. 77

Tab. 33: nach: ibid., S. 81

Tab. 34: nach: ibid., S. 85

Tab. 37: nach: Ehlenz, Hans/Grosser, Manfred/Zimmermann, Elke: Krafttraining. Grundlagen, Methoden, Übungen, Leistungssteuerung, Trainingsprogramme. München: blv Verlag 1998, S. 134

Tab. 38: ibid.

# Stichwortverzeichnis

# Bist du bereit für deinen Einstellungstest?

**Hier kannst du testen, wie gut du in einem Einstellungstest zurechtkommen würdest.**

**1.** **Allgemeinwissen**
Der Baustil des Kölner Doms ist dem/der ... zuzuordnen.

a) Klassizismus    b) Romantizismus
c) Gotik            d) Barock

**2.** **Wortschatz**
Welches Wort ist das?

N O R I N E T K T A Z N O

**3.** **Grundrechnen**
-11 + 23 - (-1) =

a) 10     b) 11     c) 12     d) 13

**4.** **Zahlenreihen**
Welche Zahl ergänzt die Reihe logisch?

17 14 7 21 18 9 ?

**5.** **Buchstabenreihen**
Welche Auswahlmöglichkeit ergänzt die Reihe logisch?

e d f f e g g f h ? ? ?

a) h i j    b) h g i    c) f g h    d) g h i

**Alles zum Thema Einstellungstests findest du hier:**

www.stark-verlag.de/einstellungstest **STARK**

# **Eure** Lern**tipps**

aus der
Insta-Community

*Chiara, 16*

Verwendet Farben zum Lernen! Es wird viel über-sichtlicher. Und wenn man den Lernzettel anschaut, ist man viel motivierter beim Lernen, weil er schön bunt ist.

*Özgür, 20*

Vergiss nicht, wie weit du bisher gekommen bist, und wie viel Potenzial in dir steckt.

*Miriam, 18*

Bewusst eine Auszeit zu nehmen ist effektiver, als alles nur aufzuschieben.

www.stark-verlag.de

Mehr Lerntipps findet ihr in unserer Instagram-Community: @stark_verlag

**STARK**

# Dein kostenloses
# **Stärkenprofil**

Du wagst dem-
nächst den Schritt
in die Berufswelt,
aber weißt noch
nicht, was du als
Stärken angeben
kannst?
Mit **Aivy** findest du
es auf spielerische
Art heraus.

 **Aivy** ist...

...für dich kostenlos.

...interaktiv und
spielerisch.

...ganz auf deine
Person fokussiert.

Lerne dich
selbst besser
kennen und

**entdecke
deine
Berufung!**

www.stark-verlag.de/staerkenprofil  **STARK**